中国旅游教育蓝皮书

2016

China Tourism Education Blue Book

中国旅游协会旅游教育分会　编

中国旅游出版社

《中国旅游教育蓝皮书 2016》编委会

编委会主任： 保继刚

编委会成员： 邹统钎　吴必虎　张　辉　黄先开

　　　　　　　徐　虹　谢彦君　康　年　周春林

　　　　　　　王昆欣　周玲强　郑向敏　陈国忠

　　　　　　　樊豫陇　马　勇　董家彪　程道品

　　　　　　　赵晓鸿　范德华　田　里　梁学成

　　　　　　　刘莉莉　彭　青　田　华　王　琬

谨此感谢旅游教育分会会长、副会长单位对蓝皮书的全力支持；感谢各位作者在繁重的教学科研任务下勇于承担、精益求精，确保蓝皮书具有较高的质量水准；感谢中国旅游出版社的专业服务。

中国旅游研究转向与旅游哲学构建
（代序）

保继刚

一、社会科学研究与哲学思想

在国内，哲学思想对自然科学学者的影响是潜移默化的，而对于做社会科学研究的人，哲学思想的指导是很少甚至是没有的。在中国受到比较好的自然科学训练的学生，逻辑实证主义的哲学思想不用教，它是慢慢潜移默化地植入你的骨髓里面去的。而学习社会科学的人，起码在20世纪80年代和90年代读大学的那一代人，并没有经历过社会科学哲学训练。这就可以解释为什么地理学家在旅游研究中做出了较好的成果，原因之一是他们遵循逻辑实证主义的哲学思想，自觉或不自觉地使用了科学的方法来研究旅游；还有，北京大学地理系已故陈传康先生在20世纪80年代中期就已经开设了科学哲学与地理学方法论这样的课程了，库恩和拉卡托斯的书已经是必读书目。

对自然科学出身的人而言，自然科学哲学已经潜移默化到你的骨子里面了，但是对社会科学出身的人而言，哲学这部分是缺乏的。对于旅游研究而言，仅仅是自然科学哲学还不够，还必须有社会科学哲学的指导。我个人的经历中，在指导偏社会学的博士生的时候就很吃力，因为不懂。不懂怎么办？那就学。中国台湾大学黄光国教授的《社会科学的理路》是一本比较好懂的社会科学哲学的书，他在把西方科学哲学融会贯通，完完全全理解之后，用我们看得懂的中文写出来了。

二、中国旅游研究转向迫切需要构建旅游哲学

旅游研究是广义的（社会）科学研究的一部分。经历了30多年的发展后，中国旅游研究正在经历几个转向：一是代际转向；二是学科转向；三是方法转向。

第一，代际转向。代际转向在国际、国内都很明显。一方面是年龄上的代际转向；另一方面是知识结构的代际转向，或者说专业背景的代际转向正在开始。国际旅游研究院（International Academy for the Study of Tourism）的创建会士（fellow）大都已经超过

70岁了，年纪最大的90多岁了。代际转向最重要的是 T-generation（Tourism-generation，即"旅游一代"）慢慢地要成为这个圈子里的主力。我们下一代的旅游人，学位拿的可能是地理学或者管理学，但是所受的教育实际上已经是比较专业的旅游了。像我们那个时代的学者，完全是其他学科的背景，直接进入旅游研究。然而，这种可能性会越来越小，因为已经有学术门槛了。要进入旅游这个圈子，必须经过专门的训练。

第二，学科转向。学科转向，就是研究者的学科背景的转向，是与代际转向相匹配的。今后，跨学科的学者，特别是著名学者"客串"进行旅游研究的情况可能还有，但是，相比以前会减少。举个例子，还是早在1997年，在北京香山饭店，北京大学某个特别知名的经济学教授，去做了一场报告，讲了三个主要观点："我认为旅游有三个功能。第一，可以促进经济发展；第二，可以解决就业；第三，可以……"下面的人说："哇，这个大教授在讲 ABC 啊！在普及 ABC 知识。"学科转向意味着，跨学科的人，不下功夫休想进来赢得大家的尊重。

第三，方法转向。方法转向也是与代际转向联系在一起的。国内第一代旅游研究者，研究方法可以以经验性总结为主导。但随着旅游发展的日益复杂，仅仅靠经验已经无法回答新的问题。还有，就大学而言，知识创造一定会成为今后大学评估的主要指标。这两个方面将成为方法转向的强大驱动力。

在面临上述三大转向的背景下，中国旅游研究迫切需要构建旅游哲学。原因如下：其一，旅游研究的哲学视角重要但至今未受到足够重视。即便在西方学界，尽管哲学与（广义）科学关系紧密（即哲学是科学的母体），哲学与旅游研究——广义科学的一部分——的结合也不太明显。一个见证：熟悉贾法里（Jafari）的"旅游学科之轮"的人知道旅游研究领域（或者萌芽中的旅游学）与诸多母学科相连。但是，在贾法里的学科之轮中我们找不到哲学。在国内，旅游与哲学研究的结合则更加缺乏。其二，随着"旅游一代"的学者越来越广泛地参与到中国的旅游研究中来，以及在"知识创造"越来越成为学者主要使命的背景下，扎实的社会科学哲学训练对于学者的个人成长以及旅游学科的发展都至关重要。对中国旅游研究长期缺少知识贡献的现象，我曾经以"学术规范的缺失"和"研究问题的缺失"等来进行解释。实际上，学术规范及研究问题的缺失都内在地与中国旅游学者所受的社会科学哲学训练不够有关。其三，近年来，国际旅游研究逐渐体现出一种具有哲学精神的自我反思，值得"旅游一代"的学者关注，也需要学者们能够广泛地参与国际旅游学界对旅游研究的哲学反思。

总之，旅游研究一定要吸收社会科学哲学。一方面，要吸收哲学思想指导旅游研究；另一方面，应该形成旅游哲学问题，在旅游研究的圈子里形成对旅游本质性的理解，即建构旅游哲学。此外，在旅游哲学研究方面，应该有一批坚定的跟随者，成为学术共同体的一部分。

中国旅游教育蓝皮书2016

目录

中国旅游研究转向与旅游哲学构建（代序）……………………………保继刚 / 1

第一部分　中国旅游教育总报告

我国旅游教育与旅游学科发展的新机遇与新挑战……………………张凌云 / 2
2014年全国旅游教育培训统计……………………………………国家旅游局 / 17
2015年全国旅游教育培训统计……………………………………国家旅游局 / 20

第二部分　中国旅游教育分报告

中国旅游研究生教育
　年度报告（2014—2015）………保继刚　朱利斌　辛晓东　陈宇斌　李　凯 / 24
中国旅游本科教育
　年度报告（2014—2015）…………………………………田里　吴信值 / 45
中国旅游高等职业教育
　年度报告（2014—2015）………………………浙江旅游职业学院课题组 / 73
中国旅游中等职业教育
　年度报告（2014—2015）……………………广东旅游职业技术学校课题组 / 117
中国旅游管理硕士专业学位（MTA）教育项目
　年度发展报告（2014—2015）…………………………白长虹　杨德进 / 134

第三部分　中国旅游教育理论研究

旅游管理一级学科研究……………………旅游管理一级学科申报专家组 / 150
全域旅游：发展哲学与政策工具……………………………吴必虎　王梦婷 / 175

第四部分　中国旅游教育专题报告

中国酒店管理专业高等教育
　　现状分析报告………………………………谷慧敏　李　彬　贾　卉　黄　伟 / 184
基于胜任力指标的旅游高等教育毕业生行业胜任力分析………彭　青　程露悬 / 213
简论旅游职业院校专业教师的成长与发展…………………………………余昌国 / 238
问题与思维：变革时代的旅游教育…………………………郑向敏　殷　杰 / 241
国外大学创建世界一流旅游管理学科的经验借鉴…………邹统钎　胡　莹 / 254
基于文本的酒店管理专业中高职衔接人才
　　培养方案的比较研究…………………………………吕胜男　周春林 / 263
旅游高职院校校园文化建设的理论思考与实践探索…………陈国忠　马保烈 / 276

第五部分　中国旅游教育典型案例

旅游管理专业品牌建设与教学模式创新
　　——湖北大学旅游管理专业………………………………马　勇　包　雪 / 286
项目驱动型实践教学案例………………………………康　年　王承云　宋　波 / 298
创特色名校　育旅游能人
　　——桂林旅游学院应用型人才培养典型案例……………程道品　高元衡 / 306
四川省旅游学校如何提升社会服务能力
　　——以大坪村为例……………………………………赵晓鸿　张宏敏 / 314

第一部分

中国旅游教育总报告

我国旅游教育与旅游学科发展的新机遇与新挑战

张凌云①

2015年是全面实现我国"十二五"旅游发展规划收官之年,也是承前启后,为"十三五"转型升级、创新发展、夯实基础的重要时间节点。目前,我国经济正处于增长速度换档期、结构调整阵痛期和前期刺激政策消化期"三期叠加"的新常态中;在国际舞台上,"一带一路"国家战略的提出,勾勒出"和平、交流、理解、包容、合作、共赢"的后冷战时代的国际政治经济新秩序。国内外宏观形势基本面的变化给旅游业发展带来了新的机遇和挑战。旅游业在国民经济结构调整、产业结构转型升级、促进居民消费、提高居民生活满意度、增加就业岗位、提供创新创业机会,以及促进国际交流,开展旅游外交等诸多方面都发挥出越来越重要的作用,旅游业的战略地位日益凸显。同时,旅游业也同样面临着转型升级的压力。随着经济社会的发展,旅游成为一种现代生活方式,后大众旅游时代,国民旅游需求日益多元化,给旅游供给提出了新的要求。现代信息技术的发展和广泛运用对旅游管理、旅游营销和旅游服务等方面都产生了革命性的影响,以互联网、物联网、4G移动通信、云计算技术、多媒体技术、数字旅游技术为代表的新技术,为目的地营销模式、旅游文化传播、旅游资源保护、旅游各环节的信息综合服务等领域的发展创新提供了支撑和动力。

我国旅游业能否实现转型升级和产业融合协同发展,除资金和技术外,最为关键的是人才资源。旅游业的应用技术创新、管理创新、服务创新和商业模式创新,需要大批复合型创新性人才。旅游教育是旅游人才培养的基地,关系到我国旅游业的竞争

---

① 张凌云(1960.12—),男,上海市人,教授。北京第二外国语学院旅游发展研究中心主任、北京联合大学旅游发展研究院院长、《旅游学刊》执行主编。中国旅游研究院学术委员、中国旅游研究院旅游学术评价研究基地首席研究员;中国旅游发展改革咨询委员会委员、中国社会科学院旅游研究中心特约研究员、中国地理学会旅游地理专业委员会副主任、中国自然资源学会旅游资源研究专业委员会副主任;中国人民大学报刊复印资料《旅游管理》执行编委、《旅游科学》学术委员、"Journal of Tourism and Cultural Change"国际编委;西南财经大学、华侨大学博士生导师。

力和可持续发展。

2016年是"十三五"开局之年，教育部宣布失效一批包括《关于继续实施"985工程"项目中的意见》《关于补充高等教育"211工程"三期建设规划的通知》《关于实施"重点特色学科项目"的意见》《关于继续实施优秀学科创新平台建设的意见》在内的规范性文件，将"985工程""211工程"等重点建设项目，决定统一纳入世界一流大学和一流学科建设。我国的高等院校和学科专业面临又一次重新洗牌，这有利于打破我国高等教育系统业已形成相对固化的"差序格局"，遏制教育资源配置上的马太效应。这对于处于相对弱势地位的旅游教育既是新的机遇，又是新的挑战。

一、旅游教育发展现状和特点

本年度报告中，收录的"旅游管理类本科教育""旅游研究生教育""旅游管理类本科教育""旅游管理硕士专业学位（MTA）教育项目年度发展报告""旅游高等职业教育""旅游中等职业教育"等多个专题报告，对2014—2015年我国旅游专业各级各类教育现状做了较为详尽的统计分析，这里只扼要地对目前我国旅游专业高等教育的基本面做一概述。

（一）本科层面

2015年全国共有542所高校招收旅游管理类本科专业，全国共招生55611人，比2014年多2225人；在校209986人，比2014年多8825人，2015年旅游管理类本科招生单位比2014年多了27所。

从地域分布看，旅游管理类本科专业的招生单位遍布全国31个省（市、自治区），其中东部最多，211所，占38.9%；其次是中部178所，占32.8%；最后为西部，占153所。招生单位的数量差距在一定程度上也反映了我国东、中、西部地区经济社会发展水平不平衡的状况。但东、中部的差距在扩大，而中、西部的差距在缩小。此外，一些知名大学如西安交通大学、上海交通大学、浙江大学、复旦大学、厦门大学、吉林大学等已经不再招收旅游管理类本科专业学生，在创"双一流"大学战略中，这些学校的本科教学资源更多地开始向本校的优势学科集聚，这也为二线院校腾出了发展空间。

从院校隶属看，隶属于教育部及其他中央部委的高校27所，占4.98%。部属高校在数量上跟2014年持平，但所占比例下降了0.26个百分点；隶属于地方的高校515所，占95.02%，数量同比增加了27所。

从院校等级看，上述542所招生单位中，187所为大学，227所为学院，127所为独立学院，分别比上一年增加 7 所、12 所和 8 所。

从院校类型看，这 542 所招生单位分属于综合、师范、工科、财经、农业、语言、民族、林业、医药、艺术和体育 11 种类别。其中，综合 180 所，师范 130 所，工科 93 所，财经 70 所，农业 25 所，语言 16 所，民族 14 所，林业 6 所，医药 4 所，艺术 2 所，体育 2 所。

（二）研究生层面

2015 年我国共有 146 所高校（院所）具有旅游管理专业（或相关方向）硕士招生资格，其中 985 高校 14 所，211 高校 50 所，115 所高校具有旅游管理专业（或相关方向）博士学位授予点。据国家旅游局人事司统计，2015 年全国旅游相关专业（方向）博士研究生招生 257 人，毕业 201 人，在校 947 人。旅游相关专业（方向）硕士研究生全国招生 1619 人，毕业 1298 人，在校 4029 人。上述 146 个旅游研究生授予单位基本覆盖了全国绝大部分地区。到目前为止，旅游研究生授权点最多的三个省份（直辖市）依次是辽宁（11 个）、上海（10 个）、北京（9 个），该三个省份（直辖市）全部集中在东部地区。全国范围内还没有设立旅游研究生授予点的有宁夏、西藏 2 个省份(自治区)，全部集中在西部地区。另外，东部地区共有旅游研究生授权点 76 个，东部每省平均 5.4 个；中部地区共有旅游研究生授权点 29 个，中部每省平均 4.8 个；西部地区共有旅游研究生授权点 41 个，西部每省平均 3.7 个。这种分布格局基本反映了我国当前旅游发展和旅游教育非均衡分布的现状。

除了学术学位外，自 2011 年起，旅游管理开始增设两年学制的专业硕士学位，2015 年全国共有 70 所院校具有招生资格，但有 10 余所院校没有招生。全国实际招生人数为 652 人。与学术学位不同的是，西部地区的专业硕士学位招生形势好于东部地区。2015 年广西师范大学录取了 94 名专业硕士研究生，是全国招生人数最多的院校。云南师范大学计划招生工作完成比例最高，达到了 150%（比计划扩招 5 个名额）。

（三）高职高专层面

2015 年全国共有 1068 所院校开设高职高专旅游大类专业，高职高专旅游管理类专业全国共招生 110935 人。其中开设旅游管理专业的院校 826 所，全国共招生 48043 人，占招生总量的 43.3%；开设酒店管理专业的院校 644 所，全国共招生 43306 人，占 39.0%；开设会展策划与管理专业的院校 177 所，全国共招生 8090 人，占 7.3%；开设导游专业的院校 102 所，全国共招生 3889 人，占 3.5%；开设涉外旅游专业的院校 108 所，全国共招生 3492 人，占 3.1%；开设休闲服务与管理专业院校 38 所，全国共招生 1190 人，占 1.1%；开设景区开发与管理专业的院校 45 所，全国共招生 996 人，占 0.9%；开设旅游服务与管理专业的院校 22 所，全国共招生 944 人，占 0.9%；开设旅行社经营管理专业的院校 29 所，全国共招生 808 人，占 0.7%。此外，招生规模较小的还有：开设历史文化旅游专业的院校 5 所，全国共招生 83 人；开设邮轮服务与管理的院校 2 所，全国共招生 54 人；开设英语导游专业的院校 3 所，全国共招生 21 人；开设休闲旅游专业院校 3 所，全国共招生 19 人。

从区域分布来看，华东地区是开设旅游类专业院校数量最多的地区，达 358 所，其次是华中地区，为 198 所，华北和华南分别为 170 所和 135 所，西南、西北和东北地区分别为 144 所、95 所、79 所。与上一年同比，华东地区和西南地区各增加了 20 所和 13 所，华北、华中、西北和东北地区的院校数量均有不同程度的减少。

（四）中等职业层面

2015 年全国旅游中职教育共有学校 789 所，招生人数为 9.3 万人，按专业规模分布依次为：旅游服务与管理、高星级饭店运营与管理、旅游外语专业、导游服务专业、会展服务与管理以及其他相关专业。从近年来的发展看，受市场需求影响，生存空间狭窄，全国旅游中职教育逐年萎缩，院校数量和招生规模逐年下降，与高职高专发展呈此消彼长趋势。

综上可见，目前旅游教育的招生规模虽然不断扩大，但结构仍有待进一步优化，以不断满足旅游行业和社会需要。2015 年全国旅游专业研究生（含博硕士、专业硕士等）与本科生、高职高专、中等职业教育的招生人数比为 1∶24.49∶48.85∶40.95，呈底部（中职）收缩的金字塔结构。我们从 2015 年的招生情况已经可以看出旅游学科和专业结构的变化趋势，包括在区域、等级、层次、专业等方面的结构性调整，但对于一些旅游业中出现的新业态所急需的人才，旅游教育在学科专业和培养方向上都响应不够，当然，这与跨学科复合型、双师型师资人才的短缺也不无关系。

二、我国旅游科学研究现状与评价

教学、科研和社会服务是高等院校的三大基础功能，这三者之间既有区别，又有关联。旅游是一门应用性和实用性都很强的学科（专业），科学研究是改进和改善教学和社会服务的知识基础和理论支撑，也使高等教育区别于技术技能的岗位培训。

我们对 2003—2014 年期间，发表在 CSSCI 和中文核心期刊上的 19324 篇论文，按旅游论文 3016 家作者单位对论文发表数量和论文影响力 h 指数进行了统计排行（表 1、表 2）。由于存在多名作者以及作者单位不同的情形，我们采取了按照论文发表时的排序分别予以赋值得到分值，而频次则不考虑论文的作者人数和排序，只要在一篇论文中出现就计一个频次，同一篇论文不重复计算；h 指数是指某作者单位（主要是高等院校）所有发表学术文章中最多有 N 篇论文分别被引用了至少 N 次，其 h 指数就是 N。h 指数越高，表明其发表论文影响力越大。

表1 2003—2014年论文数量TOP100机构单位

排名	作者机构	分值	频次	排名	作者机构	分值	频次
1	陕西师范大学	536.13	642	30	江西财经大学	111.99	135
2	中山大学	422.22	557	31	广东财经大学	110.82	130
3	中国科学院	350.04	558	32	山东大学	107.33	148
4	四川大学	308.27	403	33	湖北大学	106.19	137
5	南京师范大学	280.97	373	34	福建师范大学	105.19	131
6	安徽师范大学	272.16	339	35	浙江旅游职业学院	103.28	118
7	华东师范大学	252.42	328	36	华南师范大学	102.58	141
8	南京大学	251.11	365	37	复旦大学	101.29	134
9	北京大学	226.04	322	38	四川师范大学	101.16	127
10	北京联合大学	218.89	266	39	东北财经大学	98.99	123
11	吉首大学	207.00	241	40	广西大学	97.68	119
12	暨南大学	203.94	237	41	中国旅游研究院	97.20	157
13	云南大学	202.13	260	42	兰州大学	96.23	141
14	中南林业科技大学	185.71	254	43	华南理工大学	93.67	115
15	上海师范大学	181.12	233	44	湘潭大学	90.79	106
16	浙江大学	170.68	210	45	武汉大学	89.47	113
17	桂林理工大学	165.29	198	46	广西师范大学	88.22	109
18	北京第二外国语学院	164.46	195	47	北京师范大学	86.95	134
19	华侨大学	160.73	187	48	广州大学	85.88	110
20	河南大学	153.88	186	49	中南财经政法大学	81.92	99
21	西北大学	151.72	195	50	成都理工大学	80.58	103
22	厦门大学	144.25	176	51	福建农林大学	80.47	98
23	西北师范大学	141.38	174	52	南昌大学	77.67	92
24	南开大学	139.63	178	53	海南大学	76.13	100
25	湖南师范大学	130.86	176	54	燕山大学	74.87	83
26	浙江工商大学	129.74	149	55	上海财经大学	73.83	100
27	中国社会科学院	127.27	158	56	华中师范大学	71.58	100
28	中国地质大学	126.41	166	57	青岛大学	71.55	82
29	西南民族大学	112.68	137	58	云南师范大学	70.50	94

续表

排名	作者机构	分值	频次	排名	作者机构	分值	频次
59	中央民族大学	70.17	85	80	贵州大学	58.25	70
60	中国海洋大学	69.78	76	81	江南大学	57.73	72
61	九江学院	69.63	76	82	江西师范大学	55.54	72
62	重庆工商大学	69.58	83	83	辽宁师范大学	55.08	75
63	北京林业大学	67.94	107	84	西安外国语大学	54.33	79
64	天津大学	67.93	88	85	郑州大学	53.78	62
65	湖南商学院	66.58	83	86	云南财经大学	53.58	51
66	浙江农林大学	65.64	90	87	西南财经大学	53.29	82
67	苏州大学	65.59	85	88	东北师范大学	53.13	72
68	宁夏大学	65.36	86	89	中国人民大学	52.27	81
69	乐山师范学院	63.43	70	90	贵州财经大学	49.92	70
70	河北师范大学	62.43	76	91	西南大学	49.58	69
71	桂林旅游高等专科学校※	62.38	87	92	广西民族大学	49.38	60
72	东南大学	62.17	76	93	吉林大学	47.54	62
73	江西科技师范大学	61.83	70	94	清华大学	47.33	76
74	渤海大学	61.67	69	95	北京交通大学	46.98	60
75	中南民族大学	60.58	72	96	重庆理工大学	46.58	53
76	同济大学	60.00	73	97	上海大学	46.54	58
77	重庆师范大学	59.44	76	98	山西大学	46.21	57
78	深圳职业技术学院	59.00	69	99	重庆大学	46.17	60
79	东北林业大学	58.80	75	100	河南财经政法大学	45.93	51

※注：2015年经教育部批准正式更名为桂林旅游学院,下同。

表2　发表旅游论文h指数TOP104的机构单位

排名	机构	h指数	分值	频次	排名	机构	h指数	分值	频次
1	中山大学	47	422.22	557	9	北京第二外国语学院	30	164.46	195
2	安徽师范大学	41	272.16	339	10	西北大学	30	151.72	195
3	南京大学	38	251.11	365	11	北京联合大学	29	218.89	266
4	北京大学	37	226.04	322	12	暨南大学	29	203.94	237
5	华东师范大学	35	252.42	328	13	南京师范大学	28	280.97	373
6	陕西师范大学	33	536.13	642	14	云南大学	28	202.13	260
7	中国科学院	33	350.04	558	15	上海师范大学	29	181.12	233
8	浙江大学	30	170.68	210	16	复旦大学	28	101.29	134

续表

排名	机构	h指数	分值	频次	排名	机构	h指数	分值	频次
17	中南林业科技大学	26	185.71	254	50	华中科技大学	17	43.54	59
18	四川大学	25	308.27	403	51	广西大学	16	97.68	119
19	河南大学	25	153.88	186	52	中南财经政法大学	16	81.92	99
20	东北财经大学	25	98.99	123	53	南昌大学	16	77.67	92
21	南开大学	24	139.63	178	54	中央民族大学	16	70.17	85
22	浙江工商大学	24	129.74	149	55	江南大学	16	57.73	72
23	中国社会科学院	24	127.27	159	56	江西师范大学	16	55.54	72
24	湖北大学	24	105.19	137	57	云南财经大学	16	53.58	51
25	厦门大学	22	144.25	176	58	西南民族大学	15	112.68	137
26	湖南师范大学	22	130.86	176	59	北京师范大学	15	86.95	134
27	广东财经大学	22	110.82	130	60	广州大学	15	85.88	110
28	同济大学	22	60	73	61	福建农林大学	15	80.47	98
29	桂林理工大学	21	165.29	198	62	上海财经大学	15	73.83	100
30	华侨大学	20	160.73	187	63	浙江农林大学	15	65.64	90
31	山东大学	20	107.33	148	64	郑州大学	15	53.78	62
32	福建师范大学	20	105.19	131	65	北京交通大学	15	46.98	60
33	四川师范大学	20	101.16	127	66	西南交通大学	15	45.91	61
34	西北师范大学	19	141.38	174	67	南京财经大学	15	36.33	43
35	浙江旅游职业学院	19	103.28	118	68	上海社会科学院	15	29.58	32
36	广西师范大学	19	88.22	109	69	成都理工大学	14	80.58	103
37	吉首大学	18	207	241	70	中国海洋大学	14	69.78	76
38	中国地质大学	18	126.41	166	71	天津大学	14	67.93	88
39	华南师范大学	18	102.58	141	72	河北师范大学	14	62.43	76
40	华南理工大学	18	93.67	115	73	深圳职业技术学院	14	59	69
41	湘潭大学	18	90.79	106	74	东北林业大学	14	58.8	75
42	武汉大学	18	89.47	113	75	西安外国语大学	14	54.33	79
43	青岛大学	18	71.55	82	76	东北师范大学	14	53.13	72
44	重庆工商大学	18	69.58	83	77	中国旅游研究院	13	97.2	157
45	西南大学	18	49.58	69	78	海南大学	13	76.13	100
46	江西财经大学	17	111.99	135	79	华中师范大学	13	71.58	100
47	兰州大学	17	96.23	141	80	云南师范大学	13	70.5	94
48	辽宁师范大学	17	55.08	75	81	北京林业大学	13	67.94	107
49	中国人民大学	17	52.27	81	82	湖南商学院	13	66.58	83

续表

排名	机构	h指数	分值	频次	排名	机构	h指数	分值	频次
83	苏州大学	13	65.59	85	94	湖州师范学院	13	29.5	35
84	宁夏大学	13	65.36	86	95	燕山大学	12	74.87	83
85	乐山师范学院	13	63.43	70	96	西南财经大学	12	53.29	82
86	东南大学	13	62.17	76	97	重庆理工大学	12	46.58	53
87	贵州大学	13	58.25	70	98	山西大学	12	46.21	57
88	清华大学	13	47.33	76	99	安徽大学	12	41.01	62
89	河南财经政法大学	13	45.93	51	100	浙江海洋学院	12	35.5	39
90	江苏师范大学	13	43.63	73	101	西安交通大学	12	35.33	46
91	国家旅游局	13	32.58	48	102	山西财经大学	12	29.17	39
92	曲阜师范大学	13	32.17	43	103	山东师范大学	12	25.51	34
93	佛山科学技术学院	13	30.17	40	104	太原师范学院	12	15.75	24

前100家只占总样本的3.3%，因此进入前100名的机构单位是旅游学术的主要机构成员，从表1和表2中可以看出，由于旅游学科的综合性、应用性和实用性，进入榜单的高等院校中并不都是研究型或教学研究型大学，各级各类旅游院校都有。榜单中许多是地方性院校、中西部院校，甚至还有像浙江旅游职业学院、深圳职业技术学院、桂林旅游高等专科学校（现已升级为本科院校）等高职高专院校。此外，师范院校普遍都开设有旅游学科或旅游专业。与其他学科相比，总体上看，旅游院校的"差序格局"较为平缓。从学术背景看，虽然目前旅游管理是归在管理学门下，但地理学科的贡献最为突出，经济学、管理学、历史学、社会学、心理学、信息技术等也都分别在其母学科的基础上，与旅游学科交叉融合构建了旅游学科中的各分支学科。总之，旅游业的综合性和开放性，给其他学科介入发展提供了广阔的空间，也为各级各类旅游院校根据自身的特点，对接旅游人才市场需求，走特色化、专业化发展开创了无限的前景。

三、中国大陆和港澳台地区旅游科学研究国际影响力评价

我国旅游学术研究经过30多年的发展已经初具规模，随着中国旅游业的崛起，亚太地区在世界旅游业中扮演着越来越重要的角色，中国大陆和港澳台地区旅游学者之间的学术交流也日趋频繁，包括港澳台地区在内的中国学者所做的旅游学术研究也越来越为国际同行所关注。为较为全面系统地检视和评价中国大陆和港澳台地区学者

在国际旅游学术界的影响，我们对2001—2014年期间中国学者在SSCI国际学术期刊上发表的旅游论文进行统计分析，由此，对于中国旅游教育和研究增加了一个新的维度和参照系，用国际化视野来反观和展望我们旅游学术研究的现状及其未来走向。

由于港澳台地区社会制度的特殊性，人员国际化流动频繁，这里所界定的中国学者中的港澳台学者，是指在港澳台地区院校聘用的专职教师和研究人员，不包括短期的访问学者、特聘教师和兼职教师，也不考虑学者本人的国籍和族裔。事实上，即使是居住在港澳台地区的华人也有不少人是拥有外国国籍，学者的这些个人信息无法从发表的论文中获得。因此，本文涉及的学者中也有不同国籍的人士，尤其是在香港地区这一现象较为普遍。

我们选取了2001—2014年期间22种旅游类SSCI期刊，包括：《旅游管理》（Tourism Management）、《旅游研究纪事》（Annals of Tourism Research）、《国际当代接待业管理》（International Journal of Contemporary Hospitality Management）、《旅行研究》（Journal of Travel Research）、《可持续旅游》（Journal of Sustainable Tourism）、《国际接待业管理》（International Journal of Hospitality Management）、《休闲科学》（Leisure Sciences）、《旅行与旅游营销》（Journal of Travel and Tourism Marketing）、《国际旅游研究》（International Journal of Tourism Research）、《斯堪的纳维亚接待业与旅游》（Scandinavian Journal of Hospitality and Tourism）、《休闲研究》（Leisure Studies）、《接待业与旅游研究》（Journal of Hospitality and Tourism Research）、《旅游地理》（Tourism Geographies）、《旅游经济》（Tourism Economics）、《康奈尔接待业季刊》（Cornell Hospitality Quarterly）、《旅游热点问题》（Current Issues in Tourism）、《亚太旅游研究》（Asia Pacific Journal of Tourism Research）、《酒店、休闲、运动与旅游教育》（Journal of Hospitality, Leisure, Sports and Tourism Education）、《旅游与文化变迁》（Journal of Tourism and Cultural Change）、《休闲研究》（Journal of Leisure Research）、《目的地营销与管理》（Journal of Destination Marketing & Management）、《旅游者研究》（Tourist Studies），以及一些刊登旅游学术论文的相关学科的SSCI期刊共347种。使用53组旅游相关的关键词，提取出中国学者撰写的论文共2399篇。

从图1可以看到，2001年中国学者SSCI旅游类论文发表数量仅为23篇，2004年的增长接近翻番，但一直到2007年也仅为71篇，其间还有个别年份（2005年）呈负增长，但到了2008年论文数量出现了爆发式的增长，达到了158篇，随后呈逐年递增趋势，2014年论文数量已经达到了456篇，2001—2014年的中国学者在SSCI上发表的论文年均增长率达到了23.8%。

从论文发表的数量看，进入分值≥3的旅游院校共有107所，其中台湾学校有67所、大陆28所、香港8所、澳门4所（表3）。

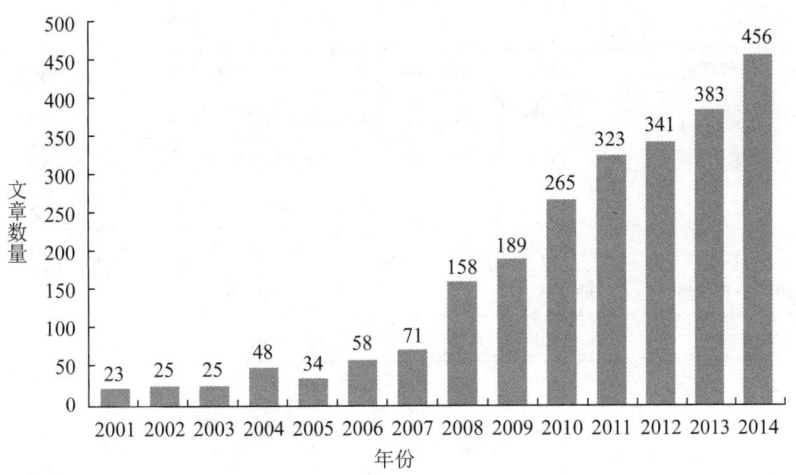

图1 2001—2014年中国学者SSCI旅游类论文年度数量分布

从分值的分布看：大于100的仅香港理工大学一所，达到了424.11（频次更高达650）；其次是大于30的院校有10所，其中台湾的大学占了5所，台湾高雄餐旅大学、成功大学和铭传大学都名列前5，大陆的中山大学和澳门旅游学院分别列第4位和第9位，前10名以后的分值都低于30，分值在10~30的有35家；分值在3~10的有62家，分值的分布呈典型的金字塔结构。

表3 2001—2014年论文发表数量TOP107作者单位

排名	作者机构	分值	频次	排名	作者机构	分值	频次
1	香港理工大学	424.11	650	14	台湾师范大学	24.85	71
2	台湾高雄餐旅大学	57.92	82	15	台湾中正大学	24.79	51
3	台湾成功大学	51.81	119	16	台湾开南大学	24.76	61
4	中山大学	44.63	110	17	中国文化大学（台湾）	24.23	60
5	台湾铭传大学	42.65	100	18	台湾中华大学	22.93	52
6	香港中文大学	32.59	61	19	台湾景文科技大学	21.83	48
7	台湾嘉义大学	32.43	84	20	香港城市大学	21.79	52
8	台湾大学	31.92	108	21	台湾辅仁大学	20.49	46
9	澳门旅游学院	31.83	57	22	台湾暨南国际大学	20.27	51
10	香港大学	30.83	68	23	澳门大学	18.17	50
11	台湾交通大学	29.79	86	24	浙江大学	17.61	55
12	台湾中央大学	29.25	81	25	北京大学	17.09	71
13	中国科学院	26.59	133	26	台湾勤益科技大学	16.00	36

续表

排名	作者机构	分值	频次	排名	作者机构	分值	频次
27	台湾海洋大学	16.00	26	60	台湾高雄海洋大学	7.20	14
28	中国科学技术大学	14.45	39	61	台北科技大学	6.99	17
29	台湾逢甲大学	14.33	37	62	台湾静宜大学	6.92	16
30	香港浸会大学	13.98	30	63	台湾东海大学	6.82	18
31	高雄第一科技大学	13.80	27	64	台湾朝阳理工大学	6.78	24
32	台湾中山大学	13.09	37	65	台湾中原大学	6.58	16
33	南京大学	12.94	67	66	北京第二外国语学院	6.48	18
34	台湾中兴大学	12.92	37	67	台湾明道大学	6.32	14
35	台湾义守大学	12.75	25	68	台湾元智大学	5.75	18
36	台湾云林科技大学	12.62	24	69	山东大学	5.75	13
37	四川大学	12.45	58	70	厦门大学	5.67	19
38	台湾屏东科技大学	12.40	26	71	台湾大叶大学	5.33	12
39	哈尔滨工业大学	11.45	43	72	台湾虎尾科技大学	5.25	7
40	台湾真理大学	11.33	25	73	台北大学	5.17	34
41	台湾长荣大学	11.00	21	74	北京师范大学	5.10	19
42	台湾德霖技术学院	10.33	33	75	台湾致理技术学院	5.08	9
43	台湾淡江大学	10.25	23	76	中国人民大学	4.87	8
44	台湾澎湖科技大学	10.23	20	77	南京林业大学	4.83	11
45	澳门理工学院	9.90	17	78	复旦大学	4.77	16
46	澳门科技大学	9.87	20	79	台湾南华大学	4.75	13
47	台湾科技大学	9.33	22	80	华南师范大学	4.70	12
48	台湾东华大学	9.25	23	81	台东大学	4.49	8
49	台南科技大学	8.88	24	82	台北海洋技术学院	4.42	11
50	台湾亚洲大学	8.73	26	83	台中科技大学	4.42	9
51	台湾万能科技大学	8.71	22	84	台湾大仁科技大学	4.17	8
52	台湾世新大学	8.58	11	85	台湾首府大学	4.17	7
53	香港岭南大学	8.42	14	86	清华大学	4.14	14
54	浙江工商大学	8.25	18	87	台湾树德科技大学	4.08	9
55	台湾实践大学	8.08	22	88	高雄大学	4.08	8
56	台湾东吴大学	7.67	20	89	台湾政治大学	4.07	10
57	台湾高雄应用科技大学	7.62	17	90	台湾屏东商业技术学院	4.00	7
58	华东师范大学	7.58	24	91	暨南大学	3.97	8
59	上海交通大学	7.20	16	92	台湾彰化师范大学	3.96	12

续表

排名	作者机构	分值	频次	排名	作者机构	分值	频次
93	海南大学	3.95	9	101	台湾观光学院	3.25	8
94	台湾明新科技大学	3.87	8	102	对外经济贸易大学	3.13	8
95	东南大学	3.77	8	103	北京联合大学	3.12	10
96	大连理工大学	3.75	6	104	中国农业大学	3.12	5
97	台湾中央研究院	3.71	11	105	香港教育学院	3.10	10
98	台湾弘光科技大学	3.69	10	106	香港科技大学	3.00	6
99	台北商业技术学院	3.67	5	107	台湾远东科技大学	3.00	5
100	上海财经大学	3.57	8				

注：2010年8月1日台湾高雄餐旅学院改名为"台湾高雄餐旅大学"。

表4 发表旅游论文h指数TOP80的机构单位

排名	作者机构	h指数	分值	频次	排名	作者机构	h指数	分值	频次
1	香港理工大学	25	424.11	650	20	台湾嘉义大学	6	32.93	84
2	台湾高雄餐旅大学	12	57.92	82	21	澳门旅游学院	6	31.83	57
3	台湾铭传大学	12	42.65	100	22	台湾景文科技大学	6	21.83	48
4	台湾中央大学	11	29.25	81	23	北京大学	6	17.09	71
5	中国文化大学（台湾）	11	24.23	60	24	台湾逢甲大学	6	14.33	37
6	台湾成功大学	10	51.81	119	25	香港浸会大学	6	13.98	30
7	香港大学	10	30.83	68	26	台湾高雄第一科技大学	6	13.80	27
8	台湾开南大学	10	24.76	61	27	台湾中山大学	6	13.09	37
9	香港中文大学	9	32.59	61	28	台湾云林科技大学	6	12.62	24
10	台湾交通大学	9	29.79	86	29	北京第二外国语学院	6	6.48	18
11	中国科学院	8	26.59	133	30	中山大学	5	44.63	110
12	台湾师范大学	8	24.85	71	31	台湾勤益科技大学	5	16.00	36
13	台湾中华大学	8	22.93	52	32	台湾海洋大学	5	16.00	26
14	香港城市大学	8	21.79	52	33	南京大学	5	12.94	67
15	华东师范大学	8	7.58	24	34	台湾中兴大学	5	12.92	37
16	台湾大学	7	31.92	108	35	哈尔滨工业大学	5	11.45	43
17	台湾中正大学	7	24.79	51	36	台湾长荣大学	5	11.00	21
18	台湾辅仁大学	7	20.49	46	37	台湾澎湖科技大学	5	10.23	20
19	台湾静宜大学	7	6.92	16	38	澳门理工学院	5	9.90	17

续表

排名	作者机构	h指数	分值	频次	排名	作者机构	h指数	分值	频次
39	上海交通大学	5	7.20	16	60	中国科学技术大学	3	14.45	39
40	台湾高雄海洋大学	5	7.20	14	61	澳门科技大学	3	9.87	20
41	台北科技大学	5	6.99	17	62	台湾台南科技大学	3	8.88	24
42	台湾东海大学	5	6.82	18	63	台湾世新大学	3	8.58	11
43	台湾暨南国际大学	4	20.27	51	64	台湾高雄应用科技大学	3	7.62	17
44	台湾屏东科技大学	4	12.40	26	65	台湾中原大学	3	6.58	16
45	台湾真理大学	4	11.33	25	66	山东大学	3	5.75	13
46	台湾德霖技术学院	4	10.33	33	67	台湾虎尾科技大学	3	5.25	7
47	台湾淡江大学	4	10.25	23	68	北京师范大学	3	5.10	19
48	台湾科技大学	4	9.33	22	69	台湾南华大学	3	4.75	13
49	台湾东华大学	4	9.25	23	70	台北海洋技术学院	3	4.42	11
50	台湾亚洲大学	4	8.73	26	71	台湾大仁科技大学	3	4.17	8
51	台湾朝阳理工大学	4	6.78	24	72	清华大学	3	4.14	14
52	台湾明道大学	4	6.32	14	73	台湾树德科技大学	3	4.08	9
53	台湾大叶大学	4	5.33	12	74	台湾政治大学	3	4.07	10
54	台北大学	4	5.17	34	75	台湾明新科技大学	3	3.87	8
55	台湾致理技术学院	4	5.08	9	76	台北商业技术学院	3	3.67	5
56	复旦大学	4	4.77	16	77	香港科技大学	3	3.00	6
57	台湾远东科技大学	4	3.00	5	78	台湾岭东科技大学	3	1.46	3
58	华南理工大学	4	2.38	9	79	台湾卫生研究院	3	1.00	3
59	台湾国防大学	4	2.25	6	80	内蒙古大学	3	0.67	4

从发表论文的影响力看，h≥3的作者单位共有80所，其中台湾学校有56所、大陆15所，香港6所，澳门3所，其中香港理工大学h指数达到25，遥遥领先其他院校（表4）。从h指数的分布看：大于20的仅香港理工大学一所，其次是大于10的，台湾有8所、香港2所，大陆和澳门无一所h指数大于10；h指数在6~9之间的有21所，台湾有13所、大陆4所、香港3所、澳门1所；h指数在3~5之间的有51所，台湾学校有35所、大陆11所，香港1所、澳门2所。作者单位h指数的分布与分值分布类似。

总之，自2008年以来，中国大陆和港澳台地区的旅游学者在SSCI期刊上发表的论文数量增长迅速。虽然，香港总体上高等院校数量不多，但研究成果具有较强的国际影响力，其中香港理工大学在旅游学术研究领域已经具有国际顶尖水准，多项指标列全球第一，研究团队和梯队阵容强大，在国际旅游学术圈内具有广泛的影响力。而台湾拥有一批开设旅游专业的院校,除了公办的综合性大学外,不少私立民办大学也设有旅游专业,这些院校的教师许多有国外留学和访学经历,在 SSCI 期刊上发表的论文数量和影响力都超过了大陆学者。尤其是台湾高雄餐旅大学的发展值得我们研究和关注。该校前身是台湾高雄餐旅学院,属于公办高等职业技术类学校,也就是所谓的注重实操性,培养技能性人才为主的院校,特色专业以餐饮管理、空乘服务、酒店管理等为主。2010 年 8 月 1 日,高雄餐旅学院经台湾教育主管部门批准改名为"台湾高雄餐旅大学"。这不是一次简单的更名,而是完成了台湾高雄餐旅学院的转型升级,学校增加了博士点招生和培养,充实了学术研究队伍,成为研究和教学并重,学术与实操兼容的全链式旅游院校。作者单位的学术论文发表数量和 h 指数,都名列第二,仅次于香港理工大学,超过了许多实力雄厚的研究型大学。此外,台湾的成功大学、铭传大学以及澳门旅游学院的旅游学术研究也很具有国际影响力。台湾高雄餐旅大学的发展模式,对于我们那些地方普通院校和高职高专院校具有一定的借鉴和启示。

与港澳台地区相比,大陆旅游学术研究的国际化还处于起步阶段,尽管我们旅游院校的数量、师资队伍和招生规模都超过港澳台地区的总和,但我们旅游学术研究在国际学术圈内影响力仍非常有限,作为一个具有世界影响的旅游业大国,旅游教育的国际化和"走出去"都应有我们自己原创的,并在国际上有一定影响的旅游学术研究成果作为基础。这样才能与我们在全球旅游市场的影响力和建设世界旅游强国目标相匹配,这是当下我国旅游教育和科研工作者的共同的历史使命,也是将我国旅游教育和旅游学科做大做强的必由之路。

四、结论与展望

我国的旅游教育和研究已经初步完成了由 20 世纪 80 年代初创期的泛一代("30 后"—"60 后")向第二代的新老代际交替(第一代旅游学者大多是半路出家,与其早期指导的学生几乎是同时出道成名的,国家旅游局副局长杜江博士将其称为"泛一代"——作者注)。泛一代所处的社会环境是改革开放初期,是以入境旅游为主的旅游发展阶段。早期开设旅游系(或专业)的院校也寥寥无几,屈指可数。而第二代则正处于急剧的社会转型之中,经济的快速发展,外汇储备的丰盈,旅游发展的目标和模式也随之发生变化,发展入境旅游动力不足,旅游已经成为我国居民的一种生活方式,面对日益成长和多元多样的国民旅游市场,旅游消费也逐渐大众化、社会化,旅游研究向多学科方向拓展,跨学科研究逐渐盛行。开设旅游系(或专业)的院校数量快速增长,一些非经管类学科也开始招收旅游专业的研究生。但是我国旅游教育的发展与旅游业人才供给不足，尤其是与知识复合型人才短缺的现状不相适应。旅游是一门实践性很强的学科，需要政（府）、产（业）、研（究）、（教）学的协同发展。旅游业也是综合性很强的产业集群，产业的跨界融合需要以多学科的融合为基础，旅游教育应该处理好，学术型和应用型、理论研究和实际操作、学科建设和专业建设的关系，或许我们可以从香港理工大学和台湾高雄餐旅大学的发展中获得启发。

保继刚教授将我国旅游学科的发展分为三个阶段：1978—1989 年的理想主义阶段、1990—1998 年的现实主义阶段、1999 年后的理想主义的理性回归并与现实主义相结合的阶段。他认为，在 1999 年之后，一部分对 20 世纪 80 年代理想主义时期深有体会的学者，开始重新审视旅游学科的任务、性质和发展方向。展现的理性回归现象是知识分子自我审视后的一种觉醒，是对现实洞察后的冷静思考以及对理想追求的践行，是与现实主义相结合的理性回归。经过十多年的快速发展和经验积累，旅游教育与旅游学科将迎来一个新的富有活力的、知识积累加快，并且将有旅游知识溢出的新阶段，成为旅游知识创造和学科建构的高峰期。而更具国际化视野的 70 后、80 后无疑将成为旅游知识创造的主力。

随着旅游业在国民经济中的地位日益提高，并成为国家战略的重要组成部分，旅游教育与旅游学科的改革创新迫在眉睫，旅游教育与旅游学科只有顺应社会经济发展的形势需要，服务于现代旅游业发展的需要，为中国旅游研究开宗立派，在国际学术界发出中国的声音，才能赢得应有的学科地位，受到社会、业界和学术界的广泛尊重。

主要参考文献

［1］张凌云，齐飞，黄晓波，黄玉婷，张雅坤．2003—2014 年我国旅游学术期刊和学术论文评价［J］．旅游学刊，2015，30（12）：85-100.

［2］保继刚．中国旅游研究新阶段［EB/OL］．中国旅游教育网，http://www.cteweb.cn/index.php?a=shows&catid=16&id=689.

［3］张凌云，金洁，魏云洁，孙业红．中国旅游研究的国际影响力研究——基于 2001—2014 年中国学者旅游类 SSCI 论文统计分析［J］．旅游学刊，2016，31（10）.

2014年全国旅游教育培训统计

国家旅游局

一、全国旅游教育基本情况

2014年全国招收旅游管理类本科专业的普通高等院校565所，招收旅游管理类高职高专专业的普通高等院校1068所，有147所院校既招收本科专业，也招收专科专业。全国招收旅游管理类专业的中等职业学校933所。

（一）研究生教育

2014年全国旅游相关专业（方向）博士研究生招生167人，毕业115人，在校579人。旅游相关专业（方向）硕士研究生全国招生1569人，毕业1317人，在校4742人。

（二）本科教育

2014年招收的本科旅游管理类专业包括旅游管理专业（专业代码120901）、酒店管理专业（专业代码120902）、会展经济与管理专业（专业代码120903）、旅游管理与服务教育专业（专业代码120903）和旅游管理类专业（专业代码120999）5个专业。全国共招生53386人，毕业45353人，在校201161人。

其中招收旅游管理专业的院校500所，全国共招生36165人，毕业40778人，在校156897人。招收酒店管理专业的院校131所，全国共招生10165万人，毕业1336人，在校23875万人。招收会展经济与管理专业的院校74所，全国共招生3803人，毕业2133人，在校13038人。招收旅游管理与服务教育专业的院校21所，全国共招生1177人，毕业906人，在校4067人。招收旅游管理类专业的院校20所，全国共招生2076人，毕业200人，在校3284人。（备注：本科数据来源为教育部发展规划司备案数据）

（三）高职高专教育

2014年招收的高职高专旅游管理类专业包括：旅游管理（专业代码640101）、涉外旅游（专业代码640102）、导游（专业代码640103）、旅行社经营管理（专业代码640104）、景区开发与管理（专业代码640105）、酒店管理（专业代码640106）、会展策划与管理（专业代码640107）、历史文化旅游（专业代码640108）、旅游服务与管理（专业代码640151）、休闲服务与管理（专业代码640161）、休闲旅游（专业代码640162）、英语导游（专业代码640119）、邮轮服务与管理（专业代码640181）13个专业。全国共招生110835人。

其中招收旅游管理专业的院校788所，全国共招生46083人。招收涉外旅游专业的院校145所，全国共招生3996人。招收导游专业的院校107所，全国共招生3434人。招收旅行社经营管理专业的院校38所，全国共招生892人。招收景区开发与管理专业的院校48所，全国共招生1056人。招收酒店管理专业的院校641所，全国共招生45275人。招收会展策划与管理专业的院校177所，全国共招生8109人。招收历史文化旅游专业的院校5所，全国共招生71人。招收旅游服务与管理专业的院校17所，全国共招生896人。招收休闲服务与管理专业院校34所，全国共招生755人。招收休闲旅游专业院校2所，全国共招生141人。招收英语导游专业的院校3所，全国共招生25人。招收邮轮服务与管理的院校2所，全国共招生102人。（备注：高职高专数据来源为教育部职业教育与成人教育司备案数据）

（四）中职教育

2014年中职旅游管理类专业全国共招生12.30万人，毕业10.88万人，在校31.87万人。其中高星级饭店运营与管理专业全国共招生3.16万人，毕业2.56万人，在校7.96万人。旅游服务与管理专业全国共招生4.99万人，毕业4.71万人，在校12.20万人。旅游外语专业全国共招生8651人，毕业9049人，在校2.35万人。导游服务专业全国共招生7492人，毕业8540人，在校1.65万人。会展服务与管理专业全国共招生970人，毕业736人，在校2473人。其他相关专业全国共招生2.44万人，毕业1.77万人，在校7.46万人。

二、行业从业人员培训基本情况

2014年旅游行业从业人员培训总量为462.13万人次，分为岗位培训和成人学历教育两大类，岗位培训428.77万人，成人学历教育33.36万人。岗位培训中，资格类培训 52.94 万人次，技术等级类培训 57.30 万人次，适应性培训 318.53 万人次；成人学历教育中，中等教育 16.07 万人，高等教育 17.29 万人。

全年旅游饭店从业人员培训 282.58 万人次，其中正、副总经理培训 5.78 万人次，部门经理培训 16.95 万人次，主管培训 32.78 万人次，服务员培训 151.73 万人次，其他人员培训 55.93 万人次。

全年旅行社从业人员培训 96.18 万人次，其中正、副总经理培训 6.02 万人次，部门经理培训 10.15 万人次，导游培训 60.03 万人次，其他人员培训 20.46 万人次。

全年旅游景区从业人员培训 63.83 万人次，其中正、副总经理培训 2.91 万人次，部门经理培训 6.27 万人次，讲解员培训 11.81 万人次，服务员培训 22.77 万人，其他人员培训 20.49 万人次。

全年旅游车船公司从业人员培训 11.52 万人次，其中正、副总经理培训 5990 人次，部门经理培训 1.24 万人次，司机培训 7.16 万人次，其他人员培训 2.50 万人。

全年旅游行业管理人员培训 8.02 万人次，其中局处级干部培训 8183 人次，科级干部培训 2.56 万人次，其他人员培训 4.31 万人。（国家旅游局人事司）

2015 年全国旅游教育培训统计

国家旅游局

一、全国旅游教育基本情况

2015 年全国开设旅游管理类本科专业的普通高等院校 583 所，开设旅游管理类高职高专专业的普通高等院校 1075 所，开设旅游管理类专业的中等职业学校 789 所。

（一）研究生教育

2015 年全国旅游相关专业（方向）博士研究生招生 257 人，毕业 201 人，在校 947 人。旅游相关专业（方向）硕士研究生全国招生 1619 人，毕业 1298 人，在校 4029 人。

（二）本科教育

2015 年招收的本科旅游管理类专业包括旅游管理（专业代码 120901）、酒店管理（专业代码 120902）、会展经济与管理（专业代码 120903）、旅游管理与服务教育（专业代码 120904）和旅游管理类专业（专业代码 120999）5 个专业。全国共招生 55611 人，毕业 46888 人，在校 209986 人。

其中旅游管理专业全国共招生 34900 人，毕业 40493 人，在校 151995 人。酒店管理专业全国共招生 13029 人，毕业 2614 人，在校 35089 人。会展经济与管理专业全国共招生 4628 人，毕业 2584 人，在校 15620 人。

（三）高职高专教育

2015 年招收的高职高专旅游管理类专业全国共招生 110935 人。其中开设旅游管理专业的院校 779 所，全国共招生 48043 人。开设涉外旅游专业的院校 108 所，全国共招生 3492 人。开设导游专业的院校 102 所，全国共招生 3889 人。开设旅行社经营管理专业的院校 29 所，全国共招生 808 人。开设景区开发与管理专业的院校 45 所，全国共招生 996 人。开设酒店管理专业的院校 644 所，全国共招生 43306 人。开设会展策划与管理专业的院校 177 所，全国共招生 8090 人。开设历史文化旅游专业的院校 5 所，全国共招生 83 人。开设旅游服务与管理专业的院校 22 所，全国共招生 944 人。开设休闲服务与管理专业院校 38 所，全国共招生 1190 人。开设休闲旅游专业院校 3 所，全国共招生 19 人。开设英语导游专业的院校 3 所，全国共招生 21 人。开设邮轮服务与管理的院校 2 所，全国共招生 54 人。

（四）中职教育

2015 年中职旅游类相关专业全国共招生 9.3 万人，毕业 8.8 万人，在校 22.6 万人。其中高星级饭店运营与管理专业全国共招生 2.1 万人，毕业 2.1 万人，在校 5.6 万人。旅游服务与管理专业全国共招生 4 万人，毕业 3.6 万人，在校 9.7 万人。旅游外语专业全国共招生 3813 人，毕业 4309 人，在校 8164 人。导游服务专业全国共招生 7332 人，毕业 8052 人，在校 1.4 万人。会展服务与管理专业全国共招生 652 人，毕业 719 人，在校 2071 人。其他旅游类专业全国共招生 2 万人，毕业 1.8 万人，在校 4.9 万人。

二、行业从业人员培训基本情况

2015 年旅游行业从业人员继续教育总量为 475.4 万人次，分为岗位培训和成人学历教育两大类，岗位培训 441.5 万人，成人学历教育 34 万人。岗位培训中，资格类培训 39.2 万人次，技术等级类培训 50.5 万人次，适应性培训 351.8 万人次；成人学历教育中，中等教育 14.4 万人，高等教育 19.6 万人。

全年旅游饭店从业人员岗位培训 272.3 万人次，其中正、副总经理培训 4.8 万人次，部门经理培训 14.2 万人次，主管培训 29.8 万人次，服务员培训 172 万人次。

全年旅行社从业人员岗位培训 91.2 万人次，其中正、副总经理培训 5.4 万人次，部门经理培训 10.9 万人次，导游培训 51.1 万人次。

全年旅游景区从业人员岗位培训 58 万人次，其中正、副总经理培训 2.4 万人次，部门经理培训 5.7 万人次，讲解员培训 11 万人次，服务员培训 22.8 万人。

全年旅游车船公司从业人员岗位培训 12.2 万人次，其中正、副总经理培训 0.6 万人次，部门经理培训 1.2 万人次，司机培训 7.8 万人次。

全年旅游行业管理人员培训 7.7 万人次，其中局处级干部培训 0.8 万人次，科级干部培训 2.2 万人次。

Part 2 第二部分

中国旅游教育分报告

中国旅游研究生教育年度报告
（2014—2015）

保继刚　朱利斌　辛晓东　陈宇斌　李　凯[①]

一、中国旅游研究生教育基本情况

我国的旅游专业教育是在改革开放以后，伴随着旅游业的兴起而快速成长起来的。为适应旅游业发展对行业高等人才的需求，1989年，上海旅游高等专科学校成立，标志着我国旅游高等教育的起步。随后，国家旅游局先后和南开大学、杭州大学（现已并入浙江大学）、中山大学等8所高校联合开办旅游专业，为我国旅游高等教育打下了基础。1990年，浙江大学旅游管理成立我国第一个旅游经济硕士点（现为旅游管理硕士点）。2000年，中山大学管理学院成为我国高校中最早成立的旅游管理专业博士点。经过30多年的发展，已经形成中等职业教育、专科（含高职）、本科、研究生4个培养层次。研究生的教育培养工作则显得至关重要，逐渐成为衡量一个学科竞争力的一项重要指标，旅游研究生的人才培养甚至对旅游管理专业创建一级学科产生重要的影响。

据国家旅游局人事司统计，2015年全国旅游相关专业（方向）博士研究生招生257人，毕业201人，在校947人。旅游相关专业（方向）硕士研究生全国招生1619人，毕业1298人，在校4029人。

[①] 保继刚，中山大学研究生院、中山大学旅游学院院长，教授，博士生导师，中国旅游协会旅游教育分会会长。朱利斌，中山大学研究生院质量管理处副处长，助理研究员。辛晓东，中山大学地理科学与规划学院人文地理硕士研究生。陈宇斌，中山大学地理科学与规划学院人文地理硕士研究生。李凯，中山大学旅游学院旅游管理硕士研究生。

(一)中国旅游研究生教育发展

根据中国研究生招生信息网全国硕士研究生招生专业目录查询(http://yz.chsi.com.cn/zsml/queryAction.do)以及部分高校2015年硕士研究生招生专业目录查询得知,至2015年,我国有146所高校(院所)具有旅游管理专业(或相关方向)硕士招生权限,而在这146所高校中,有14所985高校,有50所211高校,有115所高校具有旅游管理专业(或相关方向)博士授予点。

1. 旅游研究生授予单位的地理分布

上述146个旅游研究生授予单位基本上覆盖了全国绝大部分地区。到目前为止,旅游研究生授权点最多的三个省份(直辖市)依次是辽宁(11个)、上海(10个)、北京(9个),该三个省份(直辖市)全部集中在东部地区。全国范围内还没有设立旅游研究生授予点的有宁夏、西藏2个省份(自治区),全部集中在西部地区。另外,东部地区共有旅游研究生授权点76个,东部每省平均5.4个;中部地区共有旅游研究生授权点29个,中部每省平均4.8个;西部地区共有旅游研究生授权点41个,西部每省平均3.7个(图1、表1)。这种分布格局基本反映了我国当前旅游发展和旅游教育的不平衡性。

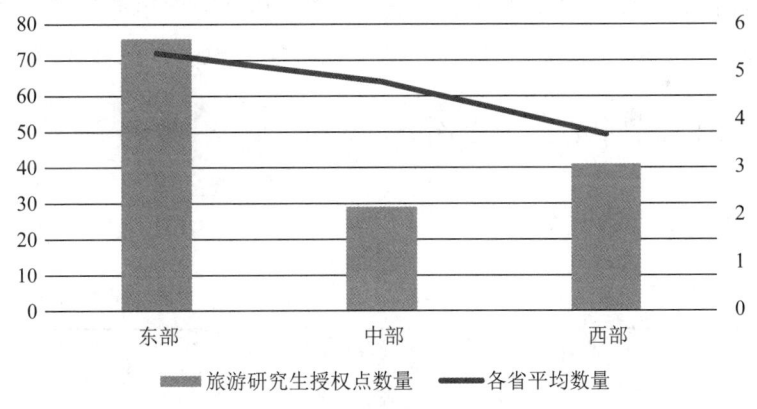

图1 旅游研究生授予单位地理分布

表1 具体授予单位省份分布

	省份	江苏	上海	浙江	福建	广东	山东	安徽
东部地区	数量	6	10	2	4	6	6	3
	省份	海南	黑龙江	辽宁	吉林	河北	天津	北京
	数量	2	5	11	5	4	3	9

续表

中部地区	省份	河南	湖北	湖南	江西	山西	内蒙古	
	数量	7	7	5	5	2	3	
西部地区	省份	陕西	宁夏	甘肃	四川	重庆	贵州	
	数量	8	0	4	7	5	3	
	省份	广西	云南	西藏	青海	新疆		
	数量	4	6	0	1	3		

2.旅游研究生学位授予单位的数量变化

2000年前后,教育部进行学科目录调整,将旅游管理专业划归到工商管理之下,旅游学科独立生存的空间很小,这与我国旅游业的快速发展不相适应。尽管如此,随着旅游业的发展,旅游研究生学位授予单位仍在增加。从数量上看,硕士学位授予单位从2005年前的73个增至2007年的116个,新设43个,增幅达58.9%,是旅游管理硕士点增长最多、最快的一次。而从2007年发展以来,经过十年的平稳发展,目前授予点已经增长至146个,平均每两年增长6个。从这个统计结果来看,2005年之前,是旅游学科发展的初级阶段,规模不大,分布零散;2005年到2007年是学科发展的快速增长阶段,旅游研究生授予点在数量上突破了有关障碍;2007年至今则是学科发展的稳步增长阶段,学科授予点尚未达到饱和,在未来,授予点的数量不会有大幅的变动。

(二)中国旅游研究生招生学校

1.旅游管理专业(或与旅游相关方向)硕士研究生招生单位情况(表2)

表2 2015年中国省(市)旅游管理专业(相关方向)硕士点招生单位情况

省(市)名称	高校(院所)名单	数量
北京市	北京交通大学、北京工商大学、北京林业大学、首都师范大学、北京第二外国语学院、中央财经大学、首都经济贸易大学、中央民族大学、中国社会科学院研究生院	9
天津市	南开大学、天津商业大学、天津财经大学	3
河北省	河北大学、石家庄经济学院、燕山大学、河北经贸大学	4
山西省	山西大学、山西财经大学	2
内蒙古自治区	内蒙古大学、内蒙古师范大学、内蒙古财经大学	3
辽宁省	辽宁大学、大连理工大学、沈阳工业大学、辽宁石油化工大学、沈阳农业大学、沈阳师范大学、渤海大学、大连外国语大学、东北财经大学、沈阳大学、辽宁师范大学、辽宁航空航天大学	12

续表

省（市）名称	高校（院所）名单	数量
吉林省	延边大学、东北师范大学、北华大学、吉林师范大学、长春大学	5
黑龙江省	黑龙江大学、哈尔滨理工大学、东北林业大学、牡丹江师范学院、哈尔滨商业大学	5
上海市	复旦大学、上海海事大学、东华大学、华东师范大学、上海师范大学、上海财经大学、上海对外经贸大学、上海大学、上海工程技术大学、上海社会科学院	10
江苏省	苏州大学、东南大学、南京农业大学、南京师范大学、南京财经大学、扬州大学	6
浙江省	浙江工商大学、宁波大学	2
安徽省	安徽大学、安徽师范大学、安徽财经大学	3
福建省	厦门大学、华侨大学、福建农林大学、福建师范大学	4
江西省	南昌大学、江西农业大学、江西师范大学、江西财经大学、江西科技师范大学	5
山东省	山东大学、中国海洋大学、山东师范大学、曲阜师范大学、青岛大学、山东工商学院	6
河南省	华北水利水电大学、郑州大学、中原工学院、河南大学、河南师范大学、信阳师范学院、河南财经政法大学	7
湖北省	武汉大学、中国地质大学（武汉）、武汉轻工大学、华中师范大学、湖北大学、中南财经政法大学、中南民族大学	7
湖南省	湘潭大学、吉首大学、湖南师范大学、湖南商学院、湖南工业大学	5
广东省	中山大学、暨南大学、华南理工大学、华南师范大学、广东财经大学、广州大学	6
广西壮族自治区	广西大学、桂林理工大学、广西师范大学、广西师范学院	4
海南省	海南大学、琼州学院	2
重庆市	重庆交通大学、西南大学、重庆师范大学、重庆理工大学、重庆工商大学	5
四川省	四川大学、西南交通大学、成都理工大学、四川农业大学、四川师范大学、西南财经大学、西南民族大学	7
贵州省	贵州大学、贵州师范大学、贵州财经大学	3
云南省	云南大学、昆明理工大学、西南林业大学、云南师范大学、云南财经大学、云南民族大学	6
陕西省	西北大学、西安科技大学、西安石油大学、陕西科技大学、长安大学、陕西师范大学、西安外国语大学、西安财经学院	8
甘肃省	兰州大学、西北师范大学、兰州财经大学、甘肃政法学院	4
青海省	青海大学	1
新疆维吾尔自治区	新疆大学、新疆师范大学、新疆财经大学	3

资料来源：中国研究生招生信息网旅游管理专业硕士研究生目录查询（http://yz.chsi.com.cn/zsml/query-Action.do）。

2014年，国务院学位委员会发布了《关于下达2014年审核增列的硕士专业学位授权点及撤销的硕士学位授权点名单的通知》，其中，17所高校获批新增MTA硕士点，2所高校MTA硕士点被撤销，至2015年，全国共有MTA硕士点授权点高校70家，名单如表3所示。

表3　2015年中国省（市）旅游管理专业MTA招生单位情况

省（市）名称	高校（院所）名单	数量
北京市	北京工商大学、北京林业大学、北京第二外国语学院、首都经济贸易大学	4
天津市	南开大学、天津商业大学、天津财经大学	3
河北省	河北大学、燕山大学	2
山西省	山西大学、山西财经大学	2
内蒙古自治区	内蒙古师范大学	1
辽宁省	辽宁师范大学、沈阳师范大学、大连外国语大学、东北财经大学	4
吉林省	吉林师范大学	1
黑龙江省	牡丹江师范学院、哈尔滨商业大学	2
上海市	复旦大学、华东师范大学、上海师范大学	3
江苏省	南京师范大学	1
浙江省	浙江工商大学、宁波大学	2
安徽省	安徽师范大学、安徽财经大学	2
福建省	厦门大学、华侨大学、福建师范大学	3
江西省	南昌大学、江西师范大学、江西财经大学、江西科技师范大学	4
山东省	山东大学、中国海洋大学、山东师范大学、曲阜师范大学、青岛大学	5
河南省	河南大学、信阳师范学院	2
湖北省	武汉大学、中国地质大学（武汉）、湖北大学、中南财经政法大学	4
湖南省	湘潭大学、湖南师范大学	2
广东省	中山大学、暨南大学、华南师范大学	3
广西壮族自治区	广西大学、桂林理工大学、广西师范大学	3
海南省	海南大学、琼州学院	2
重庆市	西南大学、重庆师范大学	2
四川省	四川大学、四川农业大学、四川师范大学、西南财经大学	4

续表

省（市）名称	高校（院所）名单	数量
贵州省	贵州师范大学	1
云南省	云南大学、云南师范大学	2
陕西省	西北大学、长安大学、陕西师范大学、西安外国语大学	4
甘肃省	西北师范大学	1
新疆维吾尔自治区	新疆大学	1

资料来源：全国MTA教育指导委员会网站院校信息（http://www.mta.edu.cn/School.php）。

2. 旅游管理专业和旅游相关方向博士研究生招生单位情况

2015年，我国旅游管理专业和旅游相关方向博士点45个，其中旅游管理专业博士点28个，旅游相关方向博士点21个。其中，旅游相关方向包括人文地理学、自然地理学、产业经济学（旅游电子商务）、中国少数民族经济（西南地区旅游经济发展）等方向。具体招生单位情况统计如表4和表5所示。

表4　2015年中国省（市）旅游管理专业博士点招生单位情况

省（市）名称	高校（院所）名单	数量
北京市	北京交通大学、中国社会科学院研究生院	2
天津市	南开大学	1
辽宁省	大连理工大学、东北财经大学	2
上海市	复旦大学、上海财经大学、上海师范大学	3
江苏省	南京航空航天大学	1
浙江省	浙江大学、浙江工商大学	1
福建省	厦门大学、福州大学、华侨大学	3
山东省	山东大学、中国海洋大学	2
湖北省	中南财经政法大学	1
湖南省	中南林业科技大学	1
广东省	中山大学、暨南大学、华南理工大学	3
重庆市	重庆大学	1

续表

省（市）名称	高校（院所）名单	数量
四川省	四川大学、西南财经大学	2
云南省	昆明理工大学、云南财经大学、云南大学	3
陕西省	陕西师范大学、西北大学	2

资料来源：中国研究生招生信息网旅游管理专业博士研究生目录查询（http://yz.chsi.com.cn/bsmlcx/query.do? method=queryD）。

表5　2015年中国省（市）旅游相关方向博士点招生单位情况

省（市）名称	高校（院所）名单	数量
北京市	北京大学、北京师范大学、首都师范大学、北京科学院大学、对外经济贸易大学、北京林业大学	6
上海市	华东师范大学	1
江苏省	南京大学、南京师范大学	2
安徽省	安徽师范大学	1
山东省	山东大学	1
湖北省	湖北大学	1
湖南省	湖南师范大学、中南林业科技大学	2
广东省	中山大学、华南师范大学	2
重庆市	重庆大学	1
四川省	西南民族大学	1
云南省	云南师范大学、昆明理工大学	2
甘肃省	兰州大学	1

资料来源：中国研究生招生信息网旅游管理专业博士研究生目录查询（http://yz.chsi.com.cn/bsmlcx/query.do? method=queryD）。

3. 中国旅游管理学科专业设置

旅游管理硕士（编号120203）在国家学科目录中，处于工商管理一级学科（编号1202）之下。但是旅游是一门新兴学科，在我国的发展过程中，各高校依托自己学科优势开展旅游研究生教育，因此广泛分布于各类学院中。旅游研究生在不同高校所属的学院不尽相同，经管学院（主要包括经济学院、管理学院、工商学院等）、旅游学院（这里指的是独立的旅游学院）、地理学院（主要包括地理学院、资环学院、农林学院等）、人文学院（主要包括历史学院、人文学院、外语学院等）等都有可能具有旅游研究生授权点。根据对国务院学位办印发《学位授予和人才培养学科目录（2011年）》的整理，可将旅游管理专业的学科门类归属到管理学、经济学、理学、工学、农学、历史学，具体情况如表6所示。

表6 旅游管理学科专业设置

学科门类	一级学科	二级学科	研究方向	代表高校
管理学	工商管理、管理科学与工程	旅游管理、企业管理、农林经济管理	旅游地理与产业规划、旅游目的地管理、旅游规划与营销、旅游服务管理与连锁经营、旅游规划、生态旅游、文化及遗产旅游、旅游景区管理、旅游管理、旅游资源管理、会展经济与管理研究、旅游度假区管理、饭店管理与创新、信息化与智慧旅游、旅游经济、节事旅游与会展管理、旅游与宗教文化、旅游开发管理与区域经济战略、旅游企业管理等	北京交通大学、中国社会科学、南开大学、东北财经大学、中山大学等
经济学	应用经济学、理论经济学	产业经济学、人口、资源与环境经济学、中国少数民族经济学	旅游产业经济与规划、生态旅游经济、西南民族地区旅游经济发展、民族地区生态旅游与资源经济	华东师范大学、湖北大学、西南民族大学
理学	地理学、地质学、环境科学	自然地理学、人文地理学、生态地质学	旅游与城市游憩空间规划、旅游开发与管理、旅游功能区规划与设计、旅游地理与旅游规划、旅游与文化地理、生态旅游与景观地质学、区域旅游规划、遗产地保护与旅游可持续发展等	北京大学、南京师范大学、安徽师范大学、中国地质大学（北京）、中山大学、南京大学、北京师范大学等
工学	城乡规划学、风景园林学	资源产业经济	旅游与游憩规划设计理论，风景旅游规划设计与理论、生态与旅游经济	天津大学、北京林业大学、中国地质大学（武汉）
农学	林学	森林游憩与公园管理	森林游憩	中南林业科技大学
历史学	中国史	中国近现代史	中国近现代旅游文化史、文化资源与文化产业（旅游、传媒、艺术等）	湖南师范大学、山东大学

二、中国旅游研究生教育抽样分析

为了解中国旅游研究生教育的相关情况,笔者于 2016 年 6—8 月期间,向中国旅游教育分会具备旅游研究生学位授权点的 64 所高校发函,希望了解相关信息。截至 8 月底,共收到 36 所高校回复。其中,985 高校 1 所,占总数 3%;211 高校 9 所,占比 25%;普通高校 26 所,占比 72%(图 2)。

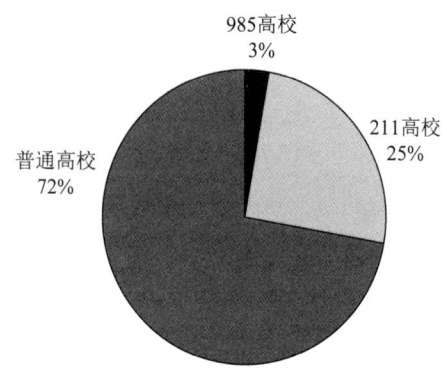

图2 参与调研的高校类别比例

如表 7 所示,该 36 所高校地域分布较广,分属于 23 个省市或自治区,囊括我国大部分行政区划,因此该样本具有一定的代表性。

表7 参与调研的高校地域分布

地域	北京市	天津市	河北省	山东省	上海市	浙江省	福建省	广东省	广西壮族自治区	辽宁省	吉林省	黑龙江省	安徽省	河南省	湖北省	江西省	内蒙古自治区	山西省	陕西省	甘肃省	云南省	重庆市	新疆维吾尔自治区
数量	3	1	2	2	1	1	2	2	3	2	1	1	2	1	1	1	1	2	3	1	1	1	1

为方便起见,将旅游研究生分为硕士生和博士生两个方面,硕士生进一步划分为旅游管理专业、旅游相关专业和 MTA。对这些专业的研究生教育质量主要通过规模与现状、质量与成效两个方面进行分析。

（一）硕士

1. 旅游管理专业

（1）规模与现状

a. 硕士生的招生规模

在这 36 所高校中，2014 年共招收硕士 242 名，平均每所学校招收 6.72 名研究生；2015 年共招收硕士 296 名，平均每所学校招收 8.22 人，较上一年有明显增加。此外，2015 年招生人数比 2014 年多的高校有 20 所，招生数量持平的高校有 9 所，招生数量减少的高校有 5 所，其余 2 所高校未填写 2015 年招生数，未列入统计（图 3）。由此可以看出，旅游管理专业基本处于扩招阶段。

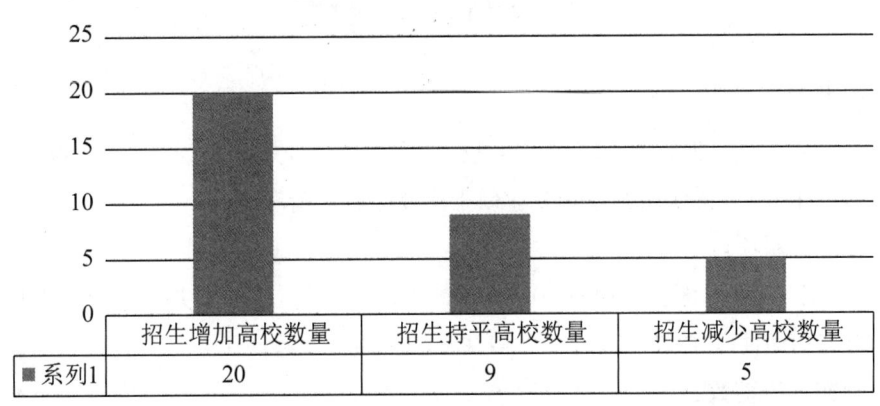

图3　招生增减情况统计

b. 硕士生的在校规模

2014—2015 年国内旅游管理硕士生总体规模适中，旅游管理硕士生以普通本科类型毕业的高校为主要特征：目前 36 所高校中在校硕士生总人数共有 709 名，平均每个学校 20 名旅游管理硕士研究生。本科毕业于普通高校的 557 名，占比 78.56%；本科毕业于 211 高校的 127 名，占比 17.91%，本科毕业于 985 高校的 25 名，占比 3.53%。

c. 导师数量及师生比

在这 36 所高校中，共统计有 334 名硕士生导师，在校总共硕士人数为 709 人，师生比约为 1∶2.12，一名硕士生导师大约指导 2.1 名硕士。

（2）质量与成效

a. 学位授予人数

在学位授予上，2014 年，36 所学校硕士学位授予人数共计 319 人；2015 年，硕士学位授予人数共计302人（图4）。

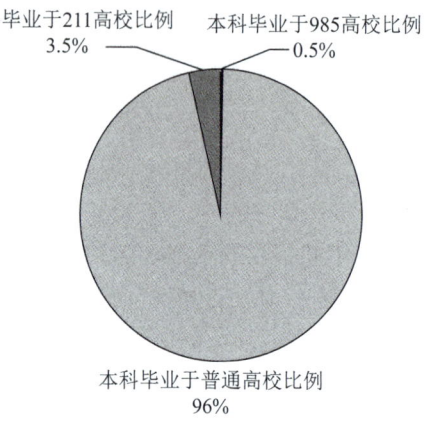

图4 旅游管理硕士生源来源

b. 就业率

在就业率方面，2014年和2015年高校的硕士生就业率分别为96%和99%，就业率高，接近100%，说明旅游管理专业硕士毕业生就业情况良好。

c. 参与科研项目

科研项目数量方面，2014—2015年硕士参与科研项目数量共442个，平均每个人参与0.71个项目。旅游管理专业学生注重项目培养，趋向于与社会化接轨。

d. 论文发表篇数

在学术论文发表数量方面，2014—2015年，硕士累计发表论文达780篇，人均发表1.25篇文章。说明旅游管理专业注重专业技能和科学研究挖掘，且在成果项目方面获得了比较好的成果。

总体来说，旅游管理专业硕士生在校期间能够参与一定的科研项目并且发表相当数量的论文，就业率较高，接近100%，表明近两年我国旅游管理硕士生教育质量和成效较好。

2. 旅游相关专业

本次参与调研的36所高校中，有旅游相关专业的硕士学位授予点共17个，相关专业例如北京林业大学的风景园林学和城乡规划学，广西师范学院的人文地理学（旅游开发与旅游规划）和民俗学（民俗旅游文化），河北经贸大学的旅游经济与新业态、旅游规划与目的地管理和旅游市场营销，石河子大学的旅游规划和旅游文化，黑龙江大学的历史学（旅游文化方向）等专业。

（1）规模与现状

a. 硕士生的招生规模

在这些高校中，2014年共招收硕士126名，2015年招收硕士115名，招生人数略有减少。

b. 硕士生的在校规模

2014—2015年国内旅游相关专业硕士生总体规模较小，在校硕士总人数共210人；旅游相关专业硕士生以普通本科类型毕业的高校为主要特征；目前在校硕士生总人数共有202名，其中本科毕业于普通高校的有194名，占比96%；本科毕业于211高校的有7名，占比3.5%，本科毕业于985高校的有1名，占比0.5%（图5）。

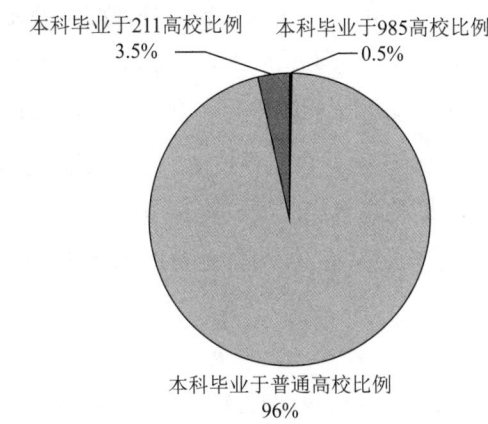

图5　旅游相关专业生源质量

c. 导师数量及师生比

在10所高校（其余未填写）中，共统计有96名硕士生导师，在校总共硕士人数为210人，师生比约为1∶2.187，也就是说一名硕士生导师大约指导2.1名硕士。其中，师范类院校硕士生导师数量明显高于其他类型学校。

（2）质量与成效

总体来说，旅游相关专业硕士生在校期间能够参与一定的科研项目并且发表论文，就业率较高，接近100%；但是获得学位人数在逐渐减少，专业学位人数有下降的趋势。

a. 学位授予人数

在学位授予上，2014年，硕士学位授予人数共计132人；2015年，硕士学位授予人数共计118人。

b. 就业率

在就业率方面，2014年和2015年高校的硕士生就业率分别为99.38%和99.44%，就业率高,接近100%,说明旅游相关专业就业情况良好。

c.参与科研项目

科研项目数量方面,2014—2015年硕士参与科研项目数量共196个,平均每个人参与0.78个项目。

d.论文发表篇数

在学术论文发表数量方面,2014—2015年,硕士累计发表论文达196篇,人均发表0.78篇文章;论文发表情况上少于旅游管理专业。

3.MTA

MTA(Master of Tourism Administration),旅游管理硕士专业学位。随着中国旅游业的日益发展,旅游企业对高级管理人才的需求日益旺盛。MTA主要招收具有一定实践经验,并在未来愿意从事旅游业工作的人员,其目标是培养具有社会责任感和旅游职业精神、掌握旅游管理基础理论、知识和技能,具备国际化视野和战略思维能力、敢于挑战现代旅游业跨国发展的高级应用型旅游管理人才。

在参与调查的36所高校中,共有24所具有MTA学位授权点。

(1)规模与现状

a.硕士生的招生规模

在这24所高校中,2014年共招收MTA硕士215名,2015年招收209名,人数大体持平。

b.硕士生的在校规模

目前在校MTA人数共有354名,其中本科毕业于普通高校的有268名,占比76%,本科毕业于211高校的有62名,占比18%,本科毕业于985高校的有24名,占比6%(图6)。

统计高校目前MTA在校生平均每校人数为15人,与旅游管理学术型硕士生在校生平均每校人数为20人相比,规模相对较小,仍未达到国家制定的学术型硕士与专业学位硕士比例为1:1的总体目标。但从本科毕业于985高校和211高校的学生比例均高于旅游管理学术型硕士情况可看出,MTA生源质量相对较好。

c.导师数量及师生比

在这24所高校中,共统计有272名硕士生导师,师生比约为1:1.3,也就是说一名硕生导师大约指导1.3名MTA硕士。总体上,师生比值较低。

(2)质量与成效

a.学位授予人数

在学位授予上,2014年14所高校(其余10校未填写)MTA学位授予人数共计

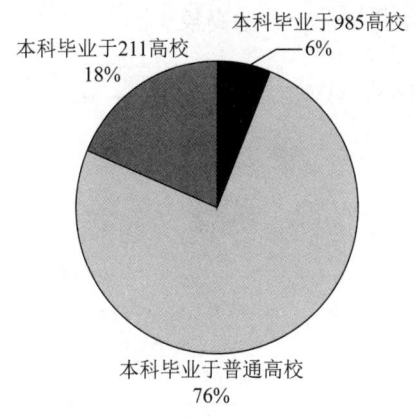

图6 MTA生源质量

103人，平均每校7人；2015年19所学校（其余5校未填写）MTA学位授予人数共计182人，平均每校10人，学位授予人数相对不足。

b. 就业率

按照MTA专业学位设置要求，招生对象必须是本科毕业后具有三年实践工作经验的人员，可采取全日制和非全日制形式培养。从2014年16所学校（其余未填写）MTA就业率为100%，2015年19所学校（其余未填写）MTA就业率亦为100%可看出，目前各高校MTA的招生对象以本科毕业后具有三年工作经验的在职人员为主，且均采取非全日制的在职攻读培养形式。

c. 参与科研项目

科研项目数量方面，2014年和2015年MTA硕士参与科研项目共计49次，人均参与0.17个项目，与旅游管理学术型硕士生相比明显偏低。

d. 论文发表篇数

在学术论文发表数量方面，2014年和2015年，MTA硕士累计发表论文78篇，人均发表0.27篇，人均发表论文数量明显低于旅游管理学术型硕士生。

综上，MTA硕士生与旅游管理学术型硕士生相比，在校期间科研项目参与度较低，论文发表数量也较少，但生源质量相对较好，就业率均达到100%。以上现象的出现主要缘于MTA与学术型硕士在招生对象、培养理念、培养目标及培养模式的差异性，MTA硕士更加重视在实践领域对专门人才的素养培养，而学术型硕士更加重视对理论和知识的训练。在一定程度上体现了MTA硕士与学术型硕士的分类培养。

4. 总结

基于以上的基本分析，我们可以得到旅游研究生教育在硕士层次的一些特征。

（1）绝大部分硕士生本科毕业于普通高校（图7）

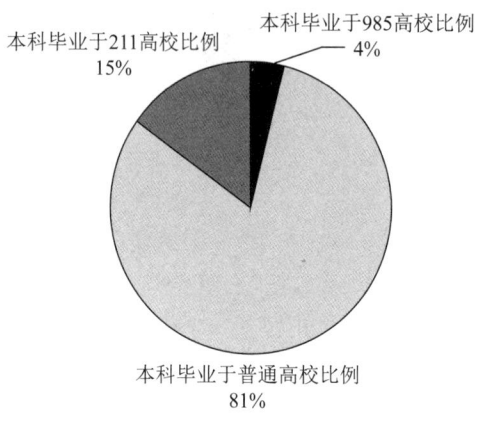

图7　三种高校生源比例

将上述数据汇总，本科毕业于普通高校的硕士生共有1019人，占比81%；本科毕业于211高校的硕士生有196人，占比15%；本科毕业于985高校的硕士生有50人，占比4%。

（2）旅游管理专业硕士生、旅游相关专业硕士生、MTA在论文发表数量方面有下降趋势（图8）。

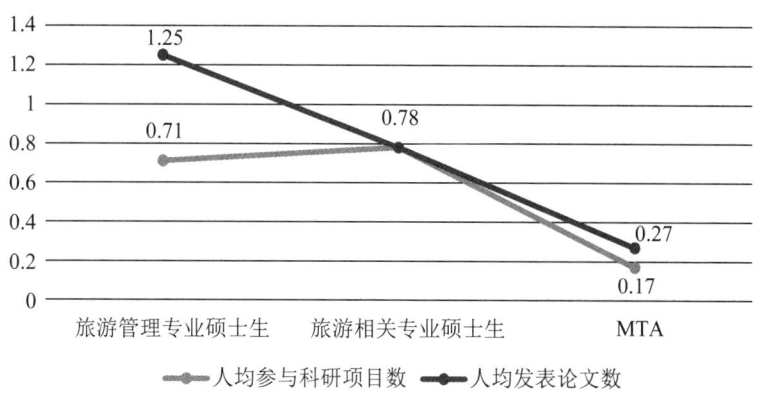

图8　不同专业人均参与科研项目数和人均论文发表对比

旅游管理专业、旅游相关专业、MTA三种硕士生在就业率方面相差不大，且都接近于100%，但是在人均参与科研项目数量和人均发表论文数量方面存在明显差距。旅游管理专业硕士生人均发表论文数量最多，约为1.25篇，MTA约为0.27篇。在人均参与科研项目方面，旅游管理专业和旅游相关专业大体一致，MTA科研项目参与程度较低，人均参与0.17个项目。

（3）高校分布东中西部差异较大（表8）

表8　高校数量区域分布

区域	旅游管理及相关专业高校数量	MTA高校数量
东部	76	37
中部	29	15
西部	41	18

由表8可以看出，我国旅游管理及相关专业高校东部省份有76所，中部省份29所，西部省份41所。MTA高校数量东部省份37所，中部省份15所，西部省份18所。东部地区高校数量远超过中、西部地区，空间分布不均匀。

（二）博士

在参与调查的36所高校中，共有9所具有旅游管理博士学位授权点，4所有旅游相关专业（人文地理、风景园林等）的博士点。

（1）规模与现状

在参与调研的这些高校中，招生规模：2014年共招收博士32名，2015年招收博士28名。在校规模：目前在校博士生人数共有127名，其中本科毕业于普通高校的75名，占比59%；本科毕业于211高校的42名，占比33%，本科毕业于985高校的10名，占比8%（图9）。

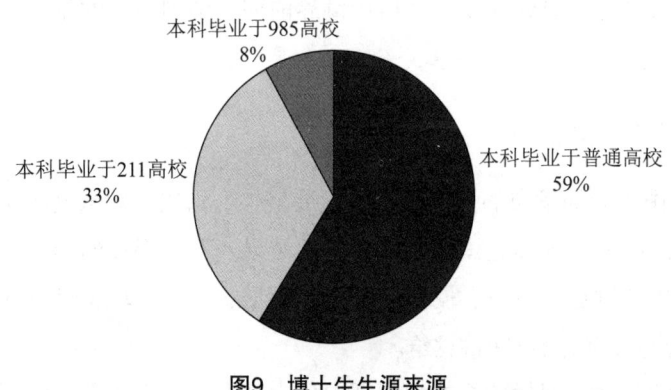

图9　博士生生源来源

总体来说，国内旅游管理博士生规模较小，并且大部分旅游管理博士生本科毕业于普通高校。

在这9所高校中，师生比：共统计有50名博士生导师，师生比约为1∶2.54，即 1 名博士生导师大约指导 2.54 名博士。

（2）质量与成效

在学位授予上，2014 年，8 所学校（其余 5 所学校未填写）博士学位授予人数共计 19 人。2015 年，8 所学校（其余 5 所学校未填写）博士学位授予人数共计 31 人。

在就业率方面，2014 年和 2015 年这几所高校的博士生就业率均为 100%。

科研项目数量方面，2014 年和 2015 年博士参与科研项目共计 117 次，人均参与 2.34 个项目。

在学术论文发表数量方面，2014 年和 2015 年，博士累计发表论文达 233 篇，人均发表 4.66 篇文章。

总体来说，旅游管理专业博士生在校期间能够参与一定的科研项目并且发表相当数量的论文，就业率也均达到 100%，表明近两年我国旅游管理博士生教育质量和成效较好。

三、机遇与问题

（一）新时期的供求关系带来机遇

受国家发展战略整体转向创新驱动、消费转型影响，相关的人才需求增长；此外，正在实施的"一带一路"国家战略更需要旅游业支撑，相关研究与咨询需求日益增长。发展旅游业已经成为国家战略，对旅游人才与科学研究的需求将日益增强。

而中国旅游教育与研究规模已经居于世界前列，中国当下的旅游教育现状可以支撑相应的人才需求。

1. 空前膨胀的人才需求

2016 年中国旅游局发布的《中国旅游发展报告》指出，中国已经步入大众旅游的时代。国民出游频率的提高是国民收入提高的结果。不断提高的消费需求对旅游业经营管理水平产生"倒逼"效应。同时，随着迪士尼、环球影城相继进入大陆，国内企业被迫与国外成熟旅游企业同台竞争。

消费需求的升级、同行竞争的加剧都内化为高端管理人才需求的压力。当下大多数旅游企业的主管经理、项目负责人或许是"半路出家"，但未来行业深度发展必然需要更多专业化人才。未来的旅游管理人才必须具备旅游系统运作基础知识，熟知旅游发展前沿领域。对旅游系统知识的需求将大大促进旅游高等人才的培养。旅游研究生作为未来旅游界的储备精英，将承担支撑新时期旅游高速高质发展的使命。

2. 多年积累形成较成熟的培养体系

经过 20 多年多学科的开拓和积累，部分中国高校已经开发出较成熟的旅游人才培养体系。系统全面的旅游研究生教育是培养高素质旅游从业人员的保障，为旅游学术界、旅游管理部门、旅游企业发展提供强大的支撑。

我国已经形成中等职业教育、专科（含高职）、本科、研究生 4 个培养层次；至 2015 年，我国有 146 所高校（院所）具有旅游管理专业（或相关方向）硕士招生权限，而在这 146 所高校中，有 14 所 985 高校，有 50 所 211 高校，有 115 所高校具有旅游管理专业（或相关方向）博士授予点。各开设旅游相关专业的学院的培养都有其自身特色，且能兼顾旅游的综合性开展教育。以中山大学旅游学院为例，研究生的培养包括了学术能力及实践能力的培养，学院开设了旅游方法论、旅游哲学导论等课程，同时提供实地调研、实习机会。

（二）学科等级与其属性的制约

1. 非一级学科带来综合影响

从学科发展的角度来看，存在着本科教学目录和学位不匹配的情况。虽然在教育部发布《2012 年高考普通高等学校本科专业目录》中，已经把"旅游管理"升格为专业类（专业代码 1209），成为一级学科类，与"工商管理类"平级（原来是在工商管理下，即工商管理类的专业）。然而，在国务院学位办的专业目录里，旅游管理学仍然是二级学科，这样的一种不匹配方式，导致大学的管理会出问题。

大学的管理基本上以一级学科来管理，学院的设置基本上是以一个一级学科或几个一级学科为基础，而这样会导致教育资源的匹配和招生上出现诸多问题。

2. 知识输出与社会影响

大众旅游作为"二战"后蓬勃发展的社会现象进入各学科学者视野。从 20 世纪 70 年代的"创汇"定位转变为当下新常态的"增长点"，中国旅游业的高歌猛进也带动了各学科的旅游研究。旅游是一个牵涉众多行业的经济部门。由于旅游快速、短暂的发展历史，旅游领域的研究成果大多引用社会学、经济学、地理学、管理学等较成熟的社会科学理论作支撑。大多数第一代旅游研究者都是其他学科背景出身，转而投身旅游研究。旅游领域内尚未形成成熟的知识体系，相关理论也在逐步完善中。行业发展迅速与知识积累缓慢的矛盾，使得部分生长于旅游领域的知识得不到其他学科的认可，同时对社会发展的影响力相对疲软。旅游知识输出的现实影响仍待提升。

四、对策与反思

（一）博士训练营

旅游博士训练营是由中国旅游协会旅游教育分会、中山大学旅游学院和香港理工大学酒店及旅游业管理学院共同举办，邀请国内外著名学者、各高校旅游管理专业的博士生和中国旅游教育分会会员单位的优秀青年教师参加的学术活动。

利用举办方在旅游管理学科上的科研优势、师资团队以及广泛的国际学术资源，让全国旅游管理专业（含港澳台地区）的博士生、海外从事旅游研究的博士生，有机会了解和把握现代旅游学科的学术发展动态和最新研究成果，拓宽国际学术视野、提高创新研究能力。

2014年8月，中山大学举办"第一届中国旅游管理博士生学术训练营"，共有各大高校100名博士生参加。第一届学术训练营的主题是"旅游研究方法论"，主要内容包括"旅游研究思想发展史和国内外旅游研究动态""旅游研究的定量方法和定性方法""高级计量经济学方法、社会网络分析、实验研究和案例研究等方法在旅游研究中的应用""旅游研究论文（英文）写作规范和研究设计""旅游研究方法论"和"实地调研常用方法、技术与范例"等。

2015年8月，香港理工大学举办"第二届中国旅游管理博士生学术训练营"。以"促进旅游与酒店业学术研究"为主题，共有来自世界各地的近60名博士生参加，学术活动主要包括有关旅游研究方法的系列专题讲座，以及有关研究方法应用的互动讨论和专题研讨会。

2016年7月，中山大学举办"第三届中国旅游管理博士生学术训练营"。本届训练营以"旅游基础理论与研究方法创新"为主题，采用"学术讲座＋移动课堂"的教学方式，吸引了中山大学、香港理工大学、复旦大学、南京大学等40余所高校旅游管理专业百名博士生参加。学术讲座就"旅游、扶贫与社区发展""旅游、空间与地方""旅游、新技术与产业发展"和"旅游者行为与体验"4个议题展开学习与讨论。移动课堂是指开展了"百名旅游管理博士江门行"案例教学实践活动，既探索了旅游教学的新模式，也为地方旅游发展提供了智力支持，影响巨大。

盲目地闭关锁校，会导致学术落后、故步自封的现象发生。因此，高校与高校之间，需要交流与合作的机会，互相学习，才能更快、更好地促进高水平大学建设。中国旅游管理博士学术训练营构建了博士生学术交流的平台，增进了各高校间的相互了解与学习，能够促进旅游管理学科的进一步发展。

(二)建立良好的研究范式,树立正确的研究观念

改革开放以来,中国的旅游研究有了长足的进步,突出表现在最近几年出版的著作和发表的论文呈几何级数增长,呈现出欣欣向荣的气象。但是,如果从学术研究的观点去审视我们已经取得的研究成果时,会发现众多"研究成果"中,真正有知识贡献的还不多。优秀成果较少的根本原因有两点:在观念上,对研究的理解存在偏差;在方法上,研究规范相对欠缺。

观念偏差的重要体现之一就是,旅游研究与旅游规划不分。大量的旅游规划任务给中国旅游学者提供了研究问题和研究的可进入性,同时这也造成了将旅游规划与旅游研究等同的错误认识。将学术贡献与应用性工作例如规划混淆起来评价的做法,将使旅游学者的"社会价值"掩盖或超越其"学术价值"。并深刻地影响着他们在研究与应用上的精力分配,这就可能使学科本身面临严重危机。

研究规范的欠缺主要体现在:没有明确的学术问题、没有清晰的研究方法、没有为该问题研究调查的第一手资料、不知道前人研究的成果。最终导致了这些研究都缺乏学术贡献。

中国旅游研究范式还在建立之中,大学教育缺失了这个环节,加之旅游研究者学术背景多元化,影响到旅游研究的高质量成果相对较少。中国旅游业的高速发展给中国旅游研究提供了大量的可供研究的前沿问题,但是如果我们的研究观念没有改变、研究规范没有建立,那么未来研究中除了案例研究的数量增加以外将难有别的什么进步。

(三)加快代际转向、学科转向、方法转向

中国正在发生社会转型,在这一转型过程中,中国的旅游研究正在朝着代际转向、学科转向以及方法转向三个层面跨越,旅游研究将迎来一个新的富有活力的、知识积累加快并且将有旅游知识溢出的新阶段。

代际转向一方面是年龄上的代际转向,另一方面是从知识结构的代际转向,或者说专业背景的代际转向正在开始。代际转向最重要的是 T-generation(旅游一代)慢慢成为这个圈子里的主力。

学科转向的标志是专门化学科背景的形成。当前,必须是经过专业的学科背景相关训练,才有可能从事旅游研究。第一代旅游人完全是其他学科的背景,"支撑腿在母学科,前进腿在旅游",这种情况会越来越少,因为旅游研究已经有门槛,要顺利跨过这个门槛必须经过专门的训练才行。

方法转向是指方法从经验转向规范,是一个学科成熟的必然过程,当前经验科学

已不能适应研究的需要,对未来的判断和探索,需要有方法和规范。

创建旅游一级学科、提高研究成果的社会影响力有助于提高旅游学科地位和社会地位,加强对旅游研究生的学术训练、促进旅游研究生及旅游学者建立良好的研究范式和树立正确的研究观念,有助于提高旅游学科的教育水平和学术价值。

我们相信,随着这几个转向的完成,中国旅游研究生的培养和旅游科学研究,将会上一个台阶。

中国旅游本科教育年度报告
（2014—2015）

田里　吴信值[①]

近年来，随着我国旅游业的持续发展，旅游管理类本科教育规模也在不断扩大。根据国家旅游局人事司公布的统计数据，2015年旅游管理类专业本科全国共招生5.5万人，在校近21万人，分别比2014年增加2000余人和8000多人。然而，当前旅游管理类本科教育在学科发展、专业建设、人才培养、教学改革、师资队伍、就业质量等方面仍存在着不少亟待解决的问题。在此背景下，本报告通过权威渠道[②]对2014年至2015年的相关资料和数据进行广泛收集并认真梳理，再结合一定数量的样本和案例分析，从总体上把握当前我国旅游管理类本科教育的基本情况，并针对所存在的问题提出一些解决思路，以期得到旅游教育界的广泛共鸣。

一、旅游管理类本科教育发展现状

（一）招生情况

1. 全国招生概况

为了全面而客观反映我国旅游管理类专业的本科招生情况，通过教育部、国家旅游局、各招生单位等官方网站以及阳光高考（教育部高校招生阳光工程指定平台）收集有关招生信息。

[①] 田里，云南大学工商管理与旅游管理学院教授、博士生导师；吴信值，云南大学工商管理与旅游管理学院2015级旅游管理专业博士研究生。

[②] 资料来源包括教育部官网、国家旅游局官网、阳光高考（教育部高校招生阳光工程指定平台）、中国社会科学网以及各高校官网等。

从近几年的情况来看,全国旅游管理类本科招生规模在持续增长。国家旅游局人事司公布的统计数据表明,2015年全国共招生55611人,比2014年多2225人;在校209986人,比2014年多8825人。

根据阳光高考信息平台上收集到的数据,2015年全国共有542所高校招收旅游管理类本科专业(表1)。2015年旅游管理类本科招生单位比2014年多了27所,其中东部增加15所,中部增加2所,西部增加10所。与此同时,一些知名大学如西安交通大学、上海交通大学、浙江大学、复旦大学、厦门大学、吉林大学等已经不再招收旅游管理类本科专业学生。

表1　2015年全国旅游管理类本科专业招生单位名单

所在地	招生单位	数量(所)
辽宁	东北财经大学、辽东学院、辽宁大学、辽宁科技学院、辽宁师范大学、大连海事大学、大连外国语大学、鞍山师范学院、渤海大学、大连民族学院、沈阳航空航天大学、沈阳师范大学、沈阳体育学院、沈阳大学、大连大学、沈阳农业大学、沈阳城市学院(原沈阳大学科技工程学院)、辽宁理工学院(原渤海大学文理学院)、大连财经学院(原东北财经大学津桥商学院)、辽宁师范大学海华学院、大连艺术学院、辽宁对外经贸学院、沈阳工学院(原沈阳理工大学应用技术学院)、辽宁科技大学	24
北京	北京林业大学、首都师范大学、中央民族大学、北京联合大学、首都经济贸易大学、北京第二外国语学院、北京农学院、北京石油化工学院、北京第二外国语学院中瑞酒店管理学院、北京城市学院、中国劳动关系学院、首都师范大学科德学院	12
天津	南开大学、天津财经大学、天津商业大学、天津商业大学宝德学院、天津师范大学津沽学院、天津财经大学珠江学院、天津农学院、天津师范大学、天津外国语大学、天津科技大学、天津外国语大学滨海外事学院	11
河北	河北大学、燕山大学、河北经贸大学、河北师范大学、石家庄学院、唐山师范学院、河北大学工商学院、河北师范大学汇华学院、河北经贸大学经济管理学院、燕山大学里仁学院、河北农业大学现代科技学院、燕京理工学院(原北京化工大学北方学院)、北京交通大学海滨学院、河北地质大学(原石家庄经济学院)、河北农业大学、河北民族师范学院、邯郸学院、河北科技师范学院、廊坊师范学院、河北北方学院、沧州师范学院、唐山学院、华北理工大学轻工学院	23
山东	山东大学、中国海洋大学、青岛大学、山东师范大学、聊城大学、山东财经大学、泰山医学院、临沂大学、潍坊学院、济南大学、山东协和学院、山东财经大学燕山学院、齐鲁工学院(原曲阜师范大学杏坛学院)、山东师范大学历山学院、山东女子学院、山东农业大学、曲阜师范大学、泰山学院、鲁东大学、山东工商学院、烟台南山学院、枣庄学院、济宁学院、青岛滨海学院、山东青年政治学院、山东大学威海分校、山东交通学院	27

续表

所在地	招生单位	数量(所)
江苏	南京财经大学、常熟理工学院、南京林业大学、苏州大学、南京师范大学、南京农业大学、无锡太湖学院、盐城师范学院、苏州大学应用技术学院、江苏理工学院、盐城工学院、南京师范大学中北学院、扬州大学广陵学院、江苏师范大学科文学院、江苏科技大学苏州理工学院、扬州大学、江苏科技大学、苏州科技学院、南通大学、江苏师范大学、淮阴师范学院、南京晓庄学院、金陵科技学院、徐州工程学院、三江学院、常州工学院、南京工业大学浦江学院、南京审计学院金审学院、苏州科技学院天平学院	29
上海	上海杉达学院、东华大学、上海师范大学、上海对外贸易大学、上海商学院、上海建桥学院、上海外国语大学贤达经济人文学院、上海师范大学天华学院、上海工程技术大学、上海理工大学、上海第二工业大学	11
浙江	宁波大学、浙江师范大学、湖州师范学院、浙江工业大学、浙江工商大学、浙江海洋大学、台州学院、浙江大学城市学院、浙江大学宁波理工学院、杭州师范大学钱江学院、宁波大学科学技术学院、浙江工商大学杭州商学院、浙江工业大学之江学院、浙江海洋学院东海科学技术学院、浙江农林大学暨阳学院、浙江师范大学行知学院、浙江外国语学院、浙江农林大学、杭州师范大学、丽水学院、浙江越秀外国语学院、浙江万里学院、浙江传媒学院	23
福建	福建农林大学、华侨大学、莆田学院、福建师范大学、集美大学、闽南师范大学（原漳州师范学院）、武夷学院、厦门大学嘉庚学院、福建农林大学东方学院、福建农林大学金山学院、闽江学院、龙岩学院、宁德师范学院、三明学院、福建师范大学协和学院、阳光学院（原福州大学阳光学院）、厦门理工学院	17
广东	中山大学、暨南大学、华南师范大学、广东海洋大学、广东工业大学、广州大学、韶关学院、韩山师范学院、嘉应学院、吉林大学珠海学院、肇庆学院、五邑大学、惠州学院、中山大学南方学院、广州商学院（原华南师范大学增城学院）、中山大学新华学院、广东海洋大学寸金学院、广东财经大学华商学院、广东外语外贸大学南国商学院、佛山科学技术学院、华南农业大学、广东财经大学、华南理工大学、广东技术师范学院、北京师范大学珠海分校、广东金融学院、仲恺农业工程学院、广东培正学院、电子科技大学中山学院	29
海南	海南大学、海南师范大学、三亚学院、海口经济学院、海南热带海洋学院（原琼州学院）	5
山西	山西大学、山西财经大学、山西大同大学、长治学院、太原师范学院、晋中学院、忻州师范学院、山西师范大学、山西农业大学、运城学院、山西工商学院、山西大学商务学院、太原学院、山西应用科技学院	14
吉林	东北师范大学、吉林师范大学、吉林华桥外国语学院、吉林工商学院、北华大学、长春大学、吉林工程技术师范学院、长春师范大学、通化师范学院、吉林农业大学、长春光华学院（原长春大学光华学院）、长春财经学院（原吉林财经大学信息经济学院）、长春科技学院（原吉林农业大学发展学院）、东北师范大学人文学院、吉林师范大学博达学院、长春大学旅游学院、白城师范学院、吉林财经大学	18

续表

所在地	招生单位	数量(所)
黑龙江	东北农业大学、哈尔滨师范大学、黑河学院、哈尔滨学院、哈尔滨理工大学、佳木斯大学、黑龙江工程学院、哈尔滨商业大学、黑龙江大学、黑龙江工程学院昆仑旅游学院、东北石油大学、牡丹江师范学院、大庆师范学院、绥化学院、黑龙江东方学院、黑龙江外国语学院、黑龙江财经学院、齐齐哈尔大学	18
安徽	黄山学院、安徽师范大学、安徽大学、安徽农业大学、安庆师范学院、巢湖学院、安徽外国语学院、安徽师范大学皖江学院、阜阳师范学院、池州学院、滁州学院、皖西学院、淮北师范大学、宿州学院、安徽三联学院、合肥师范学院、河海大学文天学院	17
江西	江西财经大学、南昌大学、江西农业大学、井冈山大学、九江学院、宜春学院、赣南师范大学、南昌大学科学技术学院、江西农业大学南昌商学院、江西师范大学科学技术学院、江西财经大学现代经济管理学院、江西科技师范大学理工学院、南昌师范学院、南昌工程学院、江西师范大学、上饶师范学院、江西科技师范大学、江西科技学院、华东交通大学理工学院	19
河南	郑州大学、河南城建学院(原平顶山工学院)、河南大学、河南科技学院、河南师范大学、河南科技大学、信阳师范学院、安阳师范学院、河南财经政法大学、南阳师范学院、洛阳师范学院、郑州工业应用技术学院(原郑州华信学院)、河南大学民生学院、安阳师范学院人文管理学院、河南师范大学新联学院、河南科技学院新科学院、信阳师范学院华锐学院、郑州升达经贸管理学院、河南理工大学、河南工业大学、河南城建学院、河南农业大学、许昌学院、黄淮学院、郑州航空工业管理学院、平顶山学院、洛阳理工学院、中原工学院、郑州工商学院	29
湖北	中国地质大学(武汉)、华中师范大学、中南财经政法大学、三峡大学、中南民族大学、江汉大学、湖北文理学院(原襄樊学院)、湖北汽车工业学院、湖北经济学院、湖北科技学院(原咸宁学院)、武汉东湖学院、湖北大学知行学院、三峡大学科技学院、武昌理工学院、武汉工商学院(原武汉长江工商学院)、江汉大学文理学院、湖北汽车工业学院科技学院、湖北民族学院科技学院、湖北文理学院理工学院、武汉工程科技学院(原中国地质大学江城学院)、湖北大学、武汉轻工大学(原武汉工业学院)、黄冈师范学院、湖北民族学院、湖北师范学院、华中师范大学武汉传媒学院、湖北师范学院文理学院、武汉大学珞珈学院、湖北第二师范学院、武汉商学院、武汉学院(原中南财经政法大学武汉学院)	31
湖南	湖南师范大学、湖南科技大学、吉首大学、湖南第一师范学院、湘南学院、湖南理工学院、衡阳师范学院、湖南商学院、湖南城市学院、中南林业科技大学、湖南人文科技学院、湖南师范大学树达学院、湖南商学院北津学院、中南林业科技大学涉外学院、湖南科技大学潇湘学院、湘潭大学兴湘学院、湖南文理学院芙蓉学院、吉首大学张家界学院、湖南工程学院应用技术学院、衡阳师范学院南岳学院、湘潭大学、湖南文理学院、湖南工程学院、怀化学院、湖南科技学院、邵阳学院、长沙学院、湖南女子学院、湖南涉外经济学院、湖南工学院、长沙师范学院、湖南信息学院	32
内蒙古	内蒙古大学、内蒙古民族大学、内蒙古财经大学、内蒙古师范大学、赤峰学院、集宁师范学院、呼伦贝尔学院、内蒙古师范大学鸿德学院、内蒙古农业大学	9

续表

所在地	招生单位	数量(所)
陕西	西安文理学院、陕西师范大学、延安大学、长安大学、陕西理工学院、安康学院、宝鸡文理学院、西安外国语大学、西安财经学院行知学院、西安科技大学高新学院、西北大学、西安科技大学、咸阳师范学院、渭南师范学院、榆林学院、西安欧亚学院、西安外事学院、西安翻译学院、西京学院、延安大学西安创新学院、陕西国际商贸学院	21
甘肃	西北民族大学、兰州财经大学陇桥学院、兰州财经大学长青学院、西北师范大学、河西学院、兰州财经大学(原兰州财经大学)、兰州城市学院、兰州文理学院、甘肃民族师范学院、天水师范学院	10
青海	青海大学、青海民族大学、青海师范大学	3
宁夏	北方民族大学、宁夏大学	2
新疆	新疆农业大学、伊犁师范学院、新疆大学、新疆师范大学、石河子大学、塔里木大学、新疆大学科学技术学院、新疆农业大学科学技术学院、新疆财经大学商务学院、喀什大学(原喀什师范学院)、新疆财经大学	11
四川	成都信息工程大学银杏酒店管理学院、成都理工大学、绵阳师范学院、四川师范大学、西南财经大学、四川农业大学、四川大学、西南民族大学、西华师范大学、成都体育学院、攀枝花学院、乐山师范学院、成都信息工程大学、成都理工大学工程技术学院、成都文理学院(原四川师范大学文理学院)、四川大学锦城学院、西南财经大学天府学院、四川理工学院、西昌学院、四川民族学院、宜宾学院、成都学院、四川旅游学院、四川文理学院、四川工业科技学院	25
重庆	西南大学、重庆工商大学、重庆理工大学、四川外语大学、重庆师范大学、重庆交通大学、重庆三峡学院、重庆师范大学涉外商贸学院、重庆工商大学融智学院、重庆工商大学派斯学院、重庆第二师范学院、长江师范学院、重庆文理学院、重庆人文科技学院、四川外语大学重庆南方翻译学院、重庆科技学院	16
广西	广西大学、桂林理工大学、广西师范大学、广西师范大学漓江学院、桂林理工大学博文管理学院、广西民族大学相思湖学院、广西大学行健文理学院、梧州学院、百色学院、钦州学院、广西民族师范学院、河池学院、广西师范学院、玉林师范学院、广西财经学院、广西民族大学、贺州学院、桂林航天工业学院、桂林旅游学院	19
云南	云南大学、云南师范大学、云南民族大学、玉溪师范学院、昆明学院、云南财经大学、大理大学、云南大学旅游文化学院、云南大学滇池学院、云南师范大学商学院、云南师范大学文理学院、云南农业大学、西南林业大学、楚雄师范学院、昆明理工大学、曲靖师范学院、红河学院、昆明理工大学津桥学院	18
贵州	贵州大学、遵义师范学院、贵州民族大学、贵州大学科技学院、贵州财经大学商务学院、贵州民族大学人文科技学院、贵州师范学院、贵州师范大学、黔南民族师范学院、安顺学院、凯里学院、铜仁学院、贵阳学院、贵州财经大学、六盘水师范学院、贵州商学院、贵阳医科大学神奇民族医药学院	17
西藏	西藏大学、西藏民族大学	2
合 计		542

资料来源:阳光高考http://gaokao.chsi.com.cn/

2. 招生情况分析

（1）招生单位分布。2015 年，旅游管理类本科专业的招生单位遍布全国 31 个省（自治区、直辖市），其中东部最多，有 211 所；其次是中部，有 178 所；最后为西部，有 153 所[①]。招生单位的数量差距在一定程度上也反映了我国东、中、西部地区经济社会发展水平不平衡的状况。当然，如果单从总量看，东、中部的差距在扩大，而中、西部的差距在缩小。2014 年东部的旅游管理类本科招生单位比中部多 20 所，2015 年差距扩大到 33 所；2014 年中部的招生单位比西部多 33 所，2015 年差距则缩小到 25 所（图 1）。

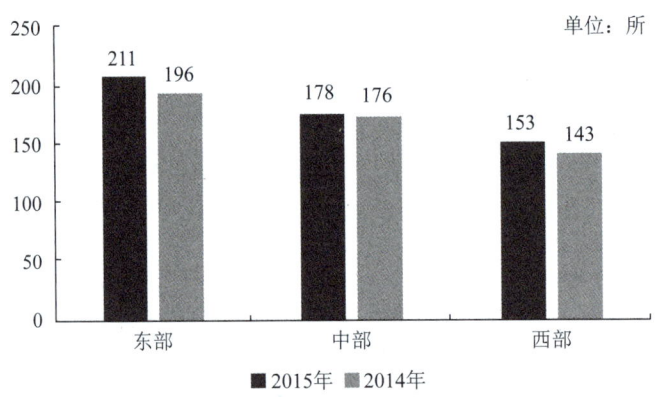

图1 2014—2015年旅游管理类本科招生单位的地区分布情况

（2）招生单位类型。在 2015 年 542 所旅游管理类本科招生单位中，属于 211 高校的有 42 所，与上一年持平，其中东部 17 所，中部 9 所，西部 16 所；属于 985 高校的有 8 所，比上一年多 1 所（即中央民族大学），其中东部 7 所，西部 1 所。

从院校隶属看，隶属于教育部及其他中央部委的高校 27 所，占 4.98%。部属高校在数量上跟上一年持平，但所占比例下降了 0.26 个百分点；隶属于地方的高校有 515 所，占 95.02%，数量上比去年多 27 所（图 2）。

从办学类型看，上述 542 所招生单位中，187 所为大学，227 所为学院，127 所为独立学院，分别比上一年增加 7 所、12 所和 8 所（图 3）。另有一所为高等学校分校（即山东大学威海分校）。

---

① 东部包括辽宁、北京、天津、河北、山东、江苏、上海、浙江、福建、广东、海南11个省（直辖市），中部包括山西、吉林、黑龙江、安徽、江西、河南、湖北、湖南8个省，西部包括内蒙古、陕西、甘肃、新疆、四川、重庆、广西、云南、贵州、西藏等12个省（自治区、直辖市）。

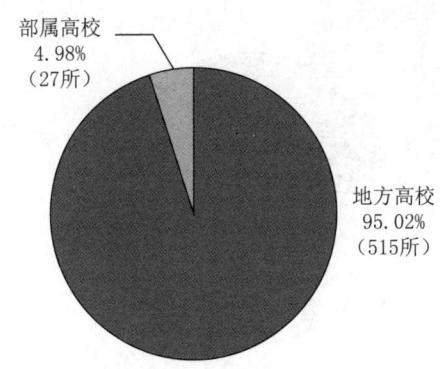

图2　2015年旅游管理类本科招生单位隶属情况

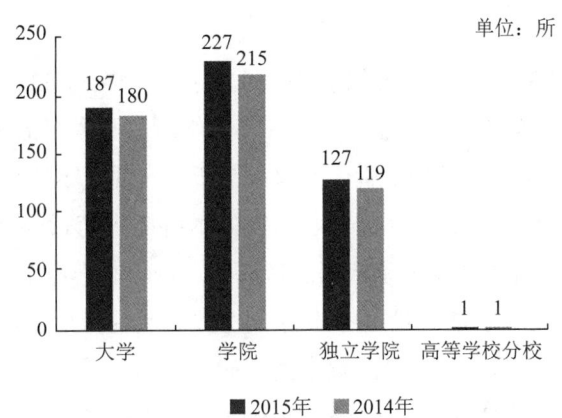

图3　2014—2015年旅游管理类本科招生单位的办学类型

从院校类型看，这542所招生单位分属于综合、师范、工科、财经、农业、语言、民族、林业、医药、艺术和体育11种类别。其中，综合180所，师范130所，工科93所，财经70所，农业25所，语言16所，民族14所，林业6所，医药4所，艺术2所，体育2所。很明显，综合、师范、工科、财经院校是招生主力，分别占到33.2%、24.0%、17.2%和12.9%，其他类型的院校仅占12.7%（图4）。

（3）专业开设情况。目前，旅游管理类本科包括4个专业，分别是旅游管理、酒店管理、会展经济与管理、旅游管理与服务教育，其中旅游管理与服务教育为特设专业。从2015年的招生情况来看，专业结构还比较单一，仅招一个专业的高校占多数。其中，仅招旅游管理的有309所，占57.01%；仅招酒店管理、会展经济与管理、旅游管理与服务教育的分别有50所、14所和10所。有小部分高校同时招两个专业，其中招旅游管理和酒店管理的有75所，招旅游管理、会展经济与管理的有16所。只有极少数高校同时招收三个以上专业，其中招旅游管理、酒店管理、会展经济与管理的

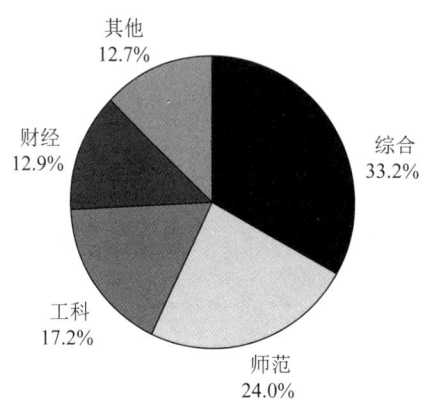

图4　2015年旅游管理类本科招生单位的院校类型结构

有27所。另外，有33所高校按旅游管理大类来招生。在这33所高校中，17所招收旅游管理类（中外合作办学）专业，比上一年多2所。其中东部占9所，比上一年多1所；中部占6所，比上一年少1所；西部占2所，实现了零的突破。

（4）生源质量要求。从2015年各所高校的本科招生简章看，多数高校对旅游管理类本科专业的录取规则主要还是依据高考成绩。近年来，有部分高校考虑到旅游行业的特点，为保证生源质量，对报考旅游管理类专业的考生提出一些特殊要求。例如，桂林理工大学在2015年招生简章中就明确要求考生形体较好，五官端正，身高标准要求男女生分别在168厘米和156厘米以上，英语口语水平较高。华侨大学在2015年招生简章中也提出"旅游管理、酒店管理专业优先录取男生身高1.70米以上、女生身高1.58米以上，形象气质较好的考生"的录取要求。

（二）人才培养

受学科专业发展背景的影响，目前我国旅游管理类本科院校在人才培养上既有许多共同特征，又存在诸多不同之处。为此，本报告在进行广泛调研的基础上，选择30个样本进行重点分析。在选取样本时，既考虑到地区差异，又要考虑到不同的办学层次和类型。这30个样本包括10所大学、10所学院和10所独立学院，东、中、西部均有分布，分别代表着综合、师范、工科、财经等主要类型。

1. 培养目标与培养方向

（1）培养目标。通过分析30个样本的人才培养目标，本报告发现"高级""复合型""应用型""管理（专门）人才"是常见的关键词（表2至表4）。这也反映出当前我国大多数高校在对旅游管理类本科人才培养的定位上大同小异。"大同"表现为培养高级复合型、应用型管理（专业）人才的定位很普遍。"小异"表现为不同办学类型的高校，所提出的培养目标也有一些差别。10所大学的培养目标主要集中在高级管理人才方面，也有的高校提出国际化或者教学科研培养目标。10所学院的培养目标多集中在复合型、应用型的专门（专业）人才方面。相对于前两者而言，10所独立学院重点提出培养应用型的专门人才。

表2　10所大学旅游管理类本科人才培养目标

院校名称	院校类型	培养目标
南开大学	综合	素质高、能力强、知识广的高层次旅游管理人才
青岛大学	综合	能够胜任旅游项目策划开发、旅游项目运营与管理工作的项目经理人，以及国际旅行、会展等相关企业中高级管理岗位的职业经理人
上海工程技术大学	工科	能从事邮轮公司运营管理、邮轮母港管理、邮轮市场营销的国际化复合型邮轮经营管理人才
中山大学	综合	具有国际视野和沟通技能的创新性、复合型专业人才
华侨大学	综合	可以从事涉外、涉侨工作的专门管理人才
中南财经政法大学	财经	能在政府部门、企事业单位从事经济管理或经营管理工作，以及在大专院校与科研单位从事教学与科研工作的复合型高级专门人才
郑州大学	综合	毕业后能直接进入旅游企业管理岗位的应用型管理人才
陕西师范大学	师范	能够在各级旅游行政管理部门、旅游企事业单位从事旅游管理、旅游开发的专门旅游人才，以及各级各类旅游专业院校师资
云南大学	综合	熟练掌握一门外国语，具有较强的旅游经济分析和经营管理能力，掌握当代国际上有关旅游管理知识的高级专业管理人才
四川农业大学	农业	能从事旅游经营管理、旅游区规划、旅游资源的开发与建设、导游服务以及旅游酒店管理的高级专门人才和教学科研人才

资料来源：各高校招生简章。

表3　10所学院旅游管理类本科人才培养目标

院校名称	院校类型	培养目标
辽宁对外经贸学院	财经	能胜任各级旅游行政管理部门、旅游企事业单位管理、教学工作的高级人才
北京城市学院	综合	可以在国家各级旅行行政管理部门、各类涉外饭店或度假村从事经营管理的复合型、应用型高级专门人才
南京晓庄学院	师范	能从事旅行社管理、旅游咨询、中外文导游、饭店服务与管理、旅游业规划、旅游资源开发与景区规划管理以及旅游专业教学的应用型人才

续表

院校名称	院校类型	培养目标
肇庆学院	综合	能够在各级旅游行政管理部门、各种涉外旅游企业及相关企事业单位从事旅游经营管理工作的中高级复合型专门人才
黄山学院	师范	具备较高的能力和经营水平，能在各级旅游行政管理部门、企事业单位从事旅游管理工作的高级专业人才
湖北民族学院	民族	具有旅游业相关产业部门经营与管理、规划与研究能力的高级专门人才
长沙学院	工科	培养能够在饭店、旅行社、旅游景区等旅游企事业单位和各级旅游行政管理部门从事旅游管理工作的应用型高级专门人才
晋中学院	师范	能在各类旅游企事业单位从事管理及策划的复合型人才
四川理工学院	工科	能在各级旅游行政管理部门、旅游企事业单位从事旅游管理工作的高级专门人才
凯里学院	综合	能在旅游企事业单位从事管理、咨询、教育、科研的应用型、复合型高级专门人才，也可在中等职业学校从事教育教学工作

资料来源：各高校招生简章。

表4　10所独立学院旅游管理类本科人才培养目标

院校名称	院校类型	培养目标
浙江大学宁波理工学院	工科	能在各级旅游行政管理部门和企事业单位从事接待管理工作，实践能力强的应用性、职业型、开放式的专门人才
苏州大学应用技术学院	综合	能从事本专业及相关业务工作的复合型、应用性高级专门人才
山东财经大学燕山学院	综合	能在各级旅游行政部门、旅游企事业单位从事旅游管理工作的，具有一定创新能力、研究能力、管理能力和终身学习能力的高级应用型专门人才
福建农林大学金山学院	农业	能从事旅游资源开发规划、旅游行政管理、旅游企业管理和旅游教育等工作的高素质应用型人才
吉林大学珠海学院	综合	适应旅游业国际化发展需要的，乐于从事旅游行业各类企业服务及管理的应用型人才
南昌大学科学技术学院	综合	在旅游管理学科方面具有扎实专业知识、基本理论和基本技能，知识面宽、适应能力强的高级应用型专门人才
湖北大学知行学院	工科	掌握旅游管理专业相关工作的应用型人才
湖南商学院北津学院	财经	具有较强创新精神和服务意识的高级应用型旅游管理专门人才
重庆工商大学派斯学院	财经	较好掌握旅游经营与管理所需要的基本理论、基本知识和基本技能，富有创新精神的应用型高级专门人才

续表

院校名称	院校类型	培养目标
新疆大学科学技术学院	综合	能在各级旅游、酒店行政管理部门，旅游、酒店企事业单位从事旅游管理、酒店管理工作的高级专门人才

资料来源：各高校招生简章。

（2）培养方向。从我国旅游管理类本科教育的实际来看，人才培养方向大致分为"明确"和"不明确"两种，且以"不明确"占多数。通过上述30所高校所发布的招生简章可以看出，对旅游管理类专业明确提出培养方向的只有7所，仅占23.33%（图5）。例如，上海工程技术大学把"邮轮经济"作为一个明确的培养方向，中山大学提出"旅游规划与景区管理""酒店与俱乐部管理"两个培养方向，北京城市学院则提出"国际会展""涉外旅游""国际酒店运营与管理""空中乘务"四个培养方向。

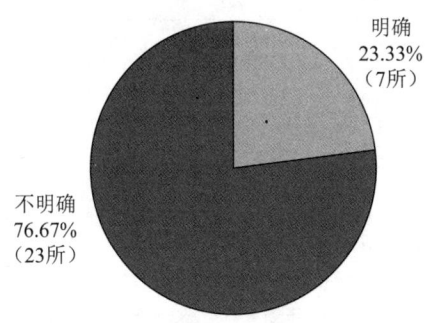

图5　30所高校人才培养方向情况

2. 课程设置与学分要求

（1）课程设置。当前我们旅游管理类本科专业在课程设置上一般分为两大类，即理论课程和实践课程。当然，部分理论课程也包含有实践部分。而理论课程一般又包括通识课程（公共课）、专业基础课（必修课）、专业方向课（选修课）几大模块。在对上述30所高校所开设的主要课程进行统计后，本报告发现旅游管理类本科主干专业课程所涉及的学科领域比较广，包括经济学、管理学、地理学、心理学等，因而所开设的专业课程众多（表5）。

表5　30所高校主干专业课程开设情况

课程名称	大学（所）	学院（所）	独立学院（所）	合计（所）
旅游学概论	9	10	9	28

续表

课程名称	大学（所）	学院（所）	独立学院（所）	合计（所）
市场营销	7	9	8	24
饭店管理	8	8	8	24
旅游经济学	7	8	9	24
管理学基础	5	9	8	22
经济学相关课程	7	8	7	22
旅行社管理	6	6	6	18
财务管理	5	8	5	18
旅游资源学	5	5	7	17
旅游心理学	7	4	5	16
会计学	4	5	5	14
旅游英语	4	6	4	14
导游业务	3	5	5	13
旅游规划（与开发）	4	4	3	11
人力资源管理	5	4	3	12
旅游法规	5	2	5	12
管理信息系统	1	5	3	9
旅游地理学	4	2	3	9
统计学	0	5	3	8
会展相关课程	4	0	3	7
旅游文化学院	2	0	4	6
旅游景区管理	1	1	3	5
礼仪相关课程	0	1	4	5

资料来源：各高校招生简章（注：表中数字表示开设该门课程的高校数量）。

（2）学分要求。我国旅游管理类本科教育的毕业要求一般应取得相应的学分。以中山大学为例，该校在 2012 级旅游管理人才培养方案中将课程分为必修课（公共课、专业课）、选修课（公共课、专业课）两类，如表 6 所示。总学分为 156 学分，其中必修课 123 学分，占 78.8%；选修课 33 学分，占 21.2%，其中学生必须选修通识教育课 16 学分，选修限选课程 10 学分，至少选修任选课程 7 学分。专业必修课和专业选修课共 105 学分。四年课内总学时为 2808 学时。

表6　中山大学2012级旅游管理专业学分要求

课程类别	学分数	所占比例	备注
公共必修课程	35	22.4%	含实践类学分5分
公共选修课程	16	10.3%	
专业必修课程	88	56.4%	含实践类学分19分
专业选修课程	17	10.9%	含实践类学分17分
毕业总学分（实践教学学分）	156（41）		
课内总学时	2808		

资料来源：中山大学官网。

3. 办学条件与教学质量

办学条件与教学质量，一个作为人才培养的硬件，一个作为人才培养的软件，在旅游管理类本科教育中起着关键作用。办学条件的好坏，教学质量的高低，直接关系到人才培养的质量。因此，将二者作为考察的重要对象。

（1）办学条件。随着我国教育投入水平的不断提高，旅游管理类本科办学条件也在逐步改善，但东、中、西部地区仍存在明显的不平衡。从收集到的资料和数据来看，总体来说，东部地区在实验室、实训基地等硬件设施的建设方面走在全国的前列，而中、西部地区仍需追赶。以旅游实验教学为例，位于东部地区的华侨大学现拥有一个国家级旅游实验教学中心（另一个旅游类国家级实验教学中心在北京联合大学）。该旅游实验教学中心以打造具有国内示范领先水平和国际知名的现代化实验教学中心为目标，已建成主题服务实验室（可浓主题实验餐厅）、主题客房实验室、实验教学酒吧、服务礼仪实验室、会展实验室、旅游装备实验室、神经旅游学实验室、旅游基础实验室、旅游创业实验室、旅游案例分析室和旅游沙盘推演实验室11个实验室，实验面积达2764.24平方米；设备1000多万元[①]。最近，以该实验室为基础打造的旅游虚拟仿真实验教学中心被教育部批准成为全国首个旅游类国家级虚拟仿真实验教学中心。

（2）教学质量。教学质量是高等教育发展的生命线，旅游管理类本科教育也不例外。教学质量涉及教学方法、教材建设等方面的影响。从收集到的资料来看，我国不少旅游院校的本科教学方法仍停留在以讲授为主的传统模式，教学方法还较为单一。

---

① 资料来源：华侨大学官网 http://lysyzx.hqu.edu.cn/.

与此同时,也有部分高校纷纷推行教学改革,创新教学方式,加强实践教学环节,以便进一步提升教学质量。例如,长沙学院通过让学生参与教学过程、积极开展第二课堂(如旅游知识竞赛、酒店设计、鸡尾酒酒会、导游大赛),引导学生到旅游行业中亲身体验等多种手段,大力推行体验式教学[①]。

在教材建设方面,每年都有一批供本科生使用的旅游教材涌现,其中不乏精品。根据2014年教育部公布的《第二批"十二五"普通高等教育本科国家级规划教材书目》,有8本旅游管理类本科专业教材被列入国家级规划教材(表7)。

表7 第二批"十二五"本科国家级规划教材(旅游管理类)

书名	主要作者	第一作者单位	出版社
旅行社礼仪	张胜男	首都师范大学	旅游教育出版社
旅游法教程(第三版)	韩玉灵	北京第二外国语学院	高等教育出版社
旅游学(第三版)	李天元	南开大学	高等教育出版社
旅游管理信息系统(第三版)	查良松、陆均良、罗仕伟	安徽师范大学	高等教育出版社
中国民俗旅游	余永霞、陈道山	河南大学	华中科技大学出版社
旅游地理学(第三版)	保继刚、楚义芳	中山大学	高等教育出版社
旅游市场营销学(第二版)	赵西萍	西安交通大学	高等教育出版社
旅游资源开发及管理	马耀峰	陕西师范大学	高等教育出版社
导游业务通论	黄细嘉	南昌大学	高等教育出版社

资料来源:教育部官网。

(3)学生评价。一个学校的办学条件和教学质量如何,作为受教育者的学生最有发言权,他们的评价也显得更为真实。为更客观反映各大高校旅游管理类本科教育的办学条件和教学质量,本报告通过阳光高考信息平台收集到专业满意度的相关数据。阳光高考对专业满意度做了如下说明:专业满意度由学生对本校本专业的办学条件、教学质量、就业情况及综合情况进行实名投票得出;通过实名注册的学生才具有投票资格,学生只能对本校本专业投票,且每人限投一次;专业满意度随着学生投票人数的变化而发生动态变化,并自动显示投票较多的部分专业,投票人数较少的专业暂时不显示。

2016年7月6日,共收集到391所高校旅游管理专业、28所高校酒店管理专业、32所高校会展经济与管理专业、15所高校旅游管理与服务教育专业的满意度调查数据。经过认真梳理分析,得出以下结果。

---

① 周丽洁.旅游管理本科专业创新性人才培养探析——以长沙学院旅游管理系为例[J].中国大学教学,2010(8):46-48.

a. 在办学条件满意度方面，以 5 分为满分（下同），旅游管理、酒店管理、会展经济与管理、旅游管理与服务教育的满意度平均值分别为 3.82、3.81、3.69、3.81，如果以 3.00 为及格线，旅游管理类这四个本科专业的办学条件满意度不算低。此外，除了会展经济与管理偏低之外，其他三个专业相差不大。具体情况见图 6 至图 10。

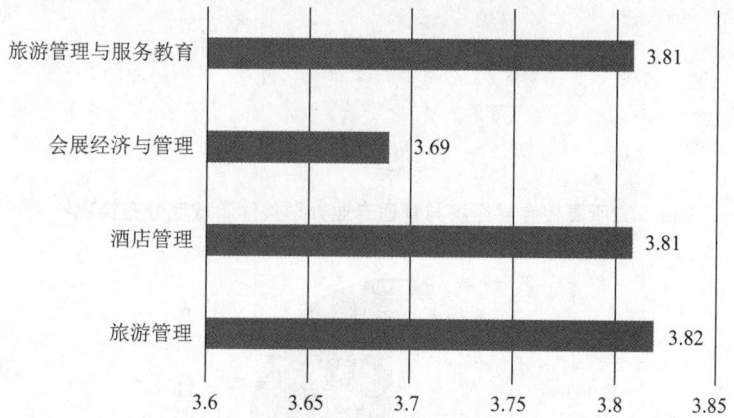

图6　旅游管理类本科四个专业办学条件满意度平均值

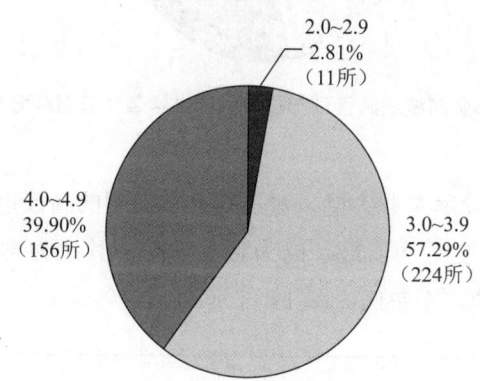

图7　391所高校旅游管理类专业办学条件满意度分布情况

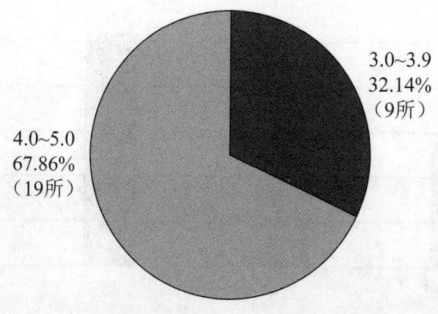

图8　28所高校酒店管理专业办学条件满意度分布情况

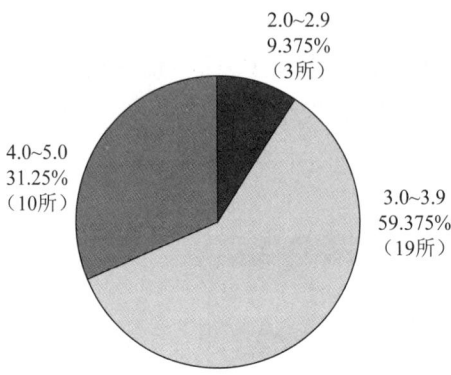

图9　32所高校会展经济与管理专业办学条件满意度分布情况

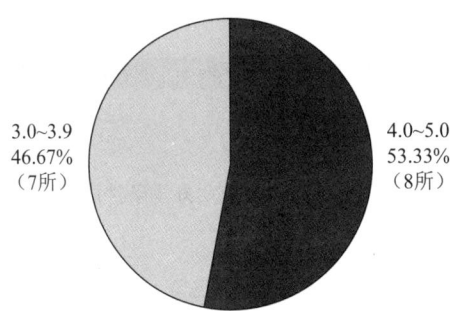

图10　15所高校旅游管理与服务教育办学条件满意度分布情况

与此同时，以旅游管理专业为例，对不同办学类型的高校进行比较分析，得出以下结果：办学条件满意度平均值最高的为独立学院，其次为学院，最后为大学，而211高校的满意度平均值甚至垫底（图11）。

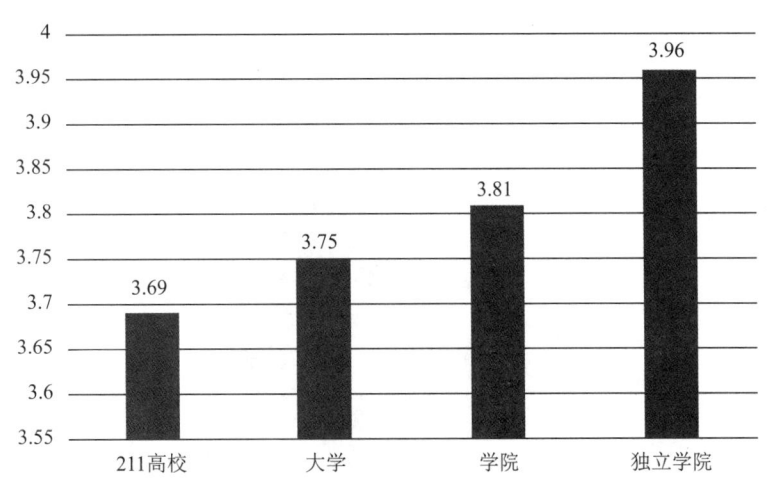

图11　各类高校旅游管理类专业办学条件满意度平均值分布情况

b. 在教学质量满意度方面，旅游管理、酒店管理、会展经济与管理、旅游管理与服务教育的满意度平均值分别为 3.85、3.80、3.68、3.93（图12）。这种情形跟办学条件的满意度类似。图13 至图16 为各专业教学质量满意度的分布情况。

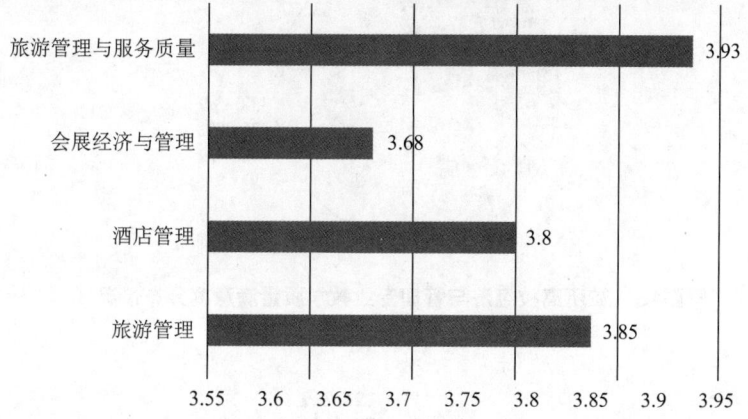

图12　旅游管理类本科四个专业教学质量满意度平均值

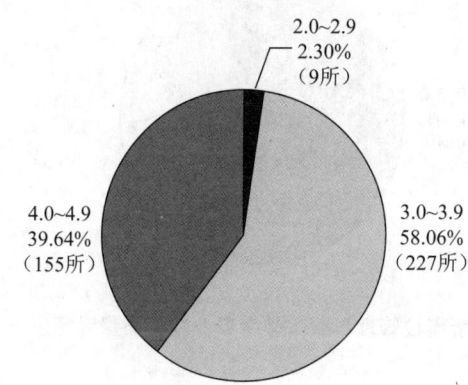

图13　391所高校旅游管理专业教学质量满意度分布情况

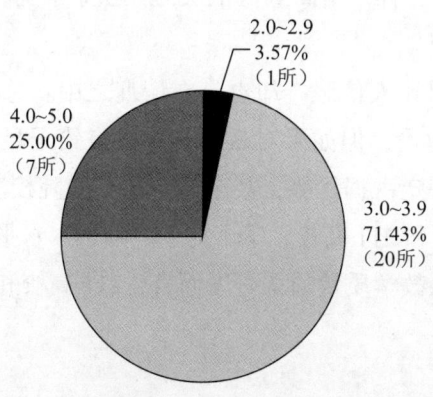

图14　28所酒店管理专业教学质量满意度分布情况

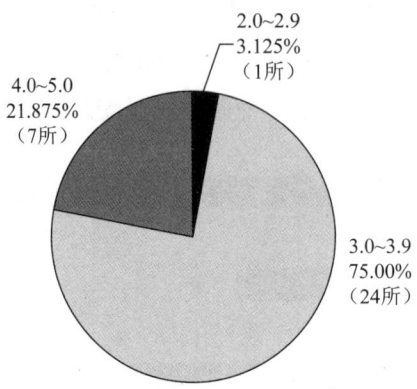

图15 32所高校经济与管理专业教学质量满意度分布情况

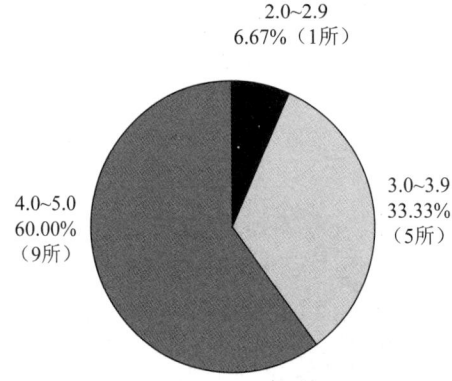

图16 15所高校管理与服务教育专业教学质量满意度分布情况

以旅游管理专业为例,再对不同办学类型的高校进行比较分析后发现,教学质量满意度平均值跟办学条件一样,由高到低依次为:独立学院、学院、大学,211高校依然垫底(图17)。

这样的结果似乎难以让人信服,却也是在情理之中。总的来说,985、211高校一般都很注重科研能力建设,但如果对教学能力没有给予足够的重视,那么办学条件和教学质量不见得就一定占据优势,甚至还不如一般院校。《中国高等教育质量报告》也提到,在985高校和211高校,学生对于教师学术水平的认可度明显高于教学水平的认可度;而单纯从教学质量的认可度而言,211高校和985高校反而不如一般高校[1]。

---

① 资料来源:中国社会科学网 ttp://www.cssn.cn/jyx/jyx_ggl/201604/t20160408_2957522.shtml.

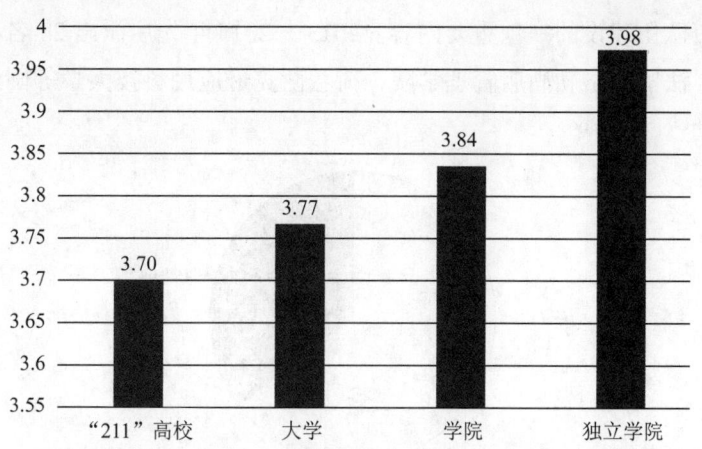

图17 各类高校旅游管理专业教学质量满意度平均值分布情况

4. 师资力量与队伍建设

（1）师资力量。因学科发展时间较晚，我国旅游管理类本科的师资队伍普遍存在这样一些特点：在年龄结构上呈现出年轻化趋势，在专业背景上表现为多样化，在学历上硕士研究生占主力，在职称结构上中低级职称占多数，而"双师型"教师普遍匮乏。在此以湖北民族学院为例①，对该校旅游管理本科专业教师队伍结构进行分析。湖北民族学院有旅游管理本科专业教师17名，其中男性6名，女性11名，分别占35.29%和64.71%。在年龄结构方面，"60后"2名，占11.76%；"70后"7名，占41.18%；"80后"8名，占47.06%。在学历结构方面，本科学历1名，占5.88%；硕士研究生13名，占76.47%；博士研究生3名，占17.65%。在专业背景方面，最高学历为旅游管理专业的只有6名，占35.29%；其他专业为11名，占64.71%。在职称结构方面，教授1名，占5.88%；副教授4名，占23.53%；讲师7名，占41.18%；助教4名，占23.53%；未评级教师1名，占5.88%。另从目前该校所公开的信息来看，没有"双师型"教师。图18至图22反映了该校旅游管理本科专业师资队伍的主要情况。

从上述数据来看，湖北民族学院可以说是目前我国高校，尤其是新办本科高校旅游管理类本科专业师资队伍的典型代表。

（2）队伍建设。目前，我国旅游管理类专业师资普遍存在的一些问题，如学科背景不够专业、职称结构以中级和低级为主、"双师型"教师匮乏等，这要求我们必须高度重视师资队伍的建设。近年来，越来越多的高校也逐渐意识到旅游师资队伍建设的重要性，并对此加以大力推进。以黄山学院为例，该校把派出旅游专业教师到国外

---

① 资料来源：湖北民族学院官网 http://jgxy.hbun.org/html/shiziduiwu/lygl/.

学习作为师资队伍建设的一项重要内容。2013—2015年先后派出23名专业教师到韩国又松大学、法国瓦岱勒酒店管理学院、荷兰萨克逊应用科技大学等国外高校开展学习和交流活动[①]。

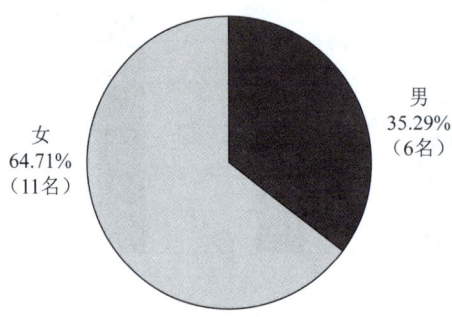

图18　湖北民族学院旅游管理本科专业教师的性别比例

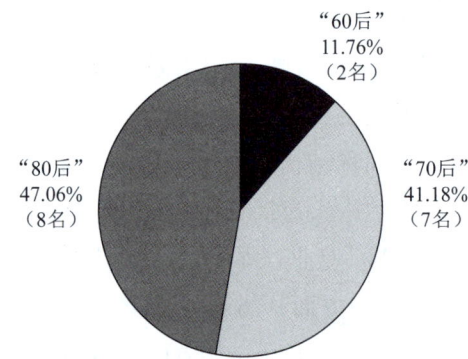

图19　湖北民族学院旅游管理本科专业教师的年龄结构

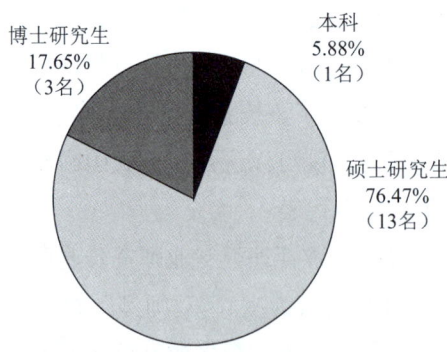

图20　湖北民族学院旅游管理本科专业教师的学历结构

---

① 资料来源：黄山学院官网 http://tour.hsu.edu.cn/s/36/t/60/e3/89/info58249.htm.

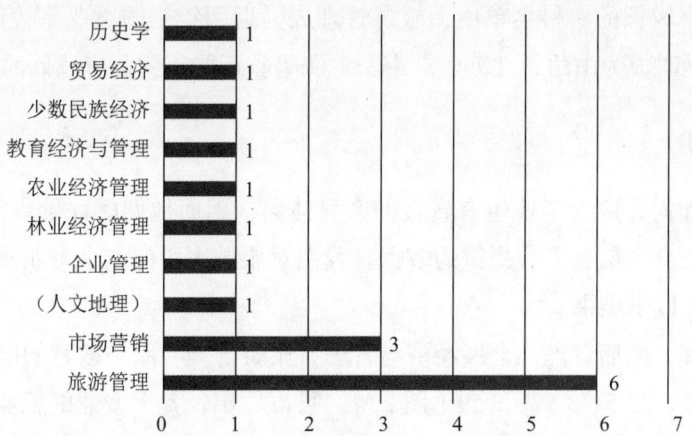

图21 湖北民族学院旅游管理本科专业教师的学历背景（按最高学历）

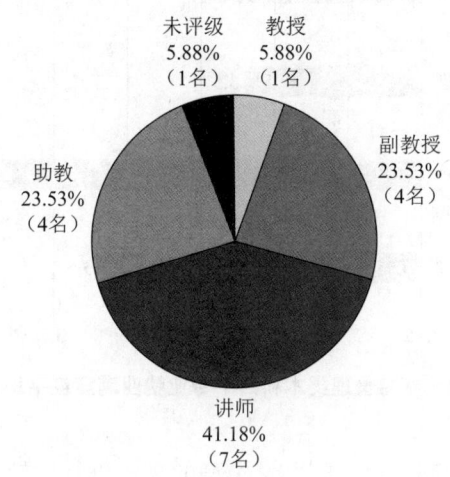

图22 湖北民族学院旅游管理本科专业教师的职称结构

（三）就业状况

1. 总体情况

近几年来，随着旅游管理类本科教育规模的不断扩张，毕业生就业率低、5年后行业流失率高等问题受到广泛关注。2014年，根据江苏省高校招生就业指导服务中心发布的就业报告，旅游管理类本科专业已连续两年被"红牌"预警[①]。2015年，在教

---

① 资料来源：中国大学网 http://www.cunet.com.cn/gaozhao/gkzy/zyjy/212758.html.

育部公布就业率较低的本科名单中，旅游管理成为近两年全国就业率较低的 15 个本科专业之一；同时成为山西、江苏、湖南、青海等省近两年就业率较低的专业之一①。

2. 就业评价

就业状况如何，广大毕业生有直接的亲身体会，因而他们的评价肯定更加客观、真实。通过阳光高考信息平台提供的数据，我们对旅游本科的四个专业就业满意度进行梳理后，得出以下结果。

从旅游管理、酒店管理、会展经济与管理、旅游管理与服务教育的就业满意度平均值分别为 3.67、3.75、3.57、3.59（图23），可以看出，各个专业的就业满意度平均值都比办学条件满意度和教学质量满意度低。

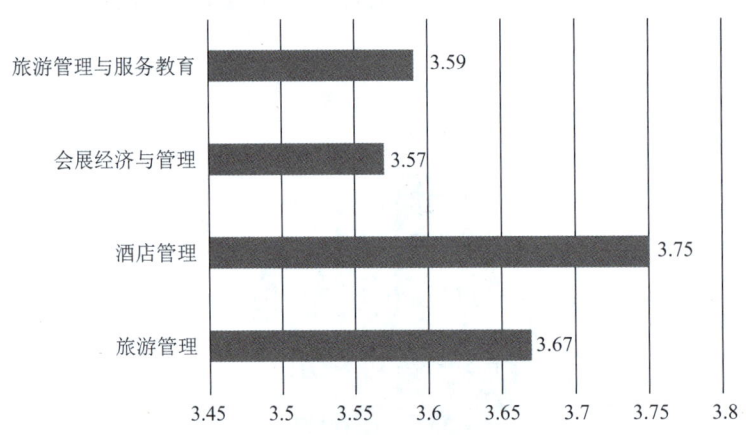

图23　旅游管理类本科四个专业就业满意度平均值

再以旅游管理专业为例，对不同办学类型的高校进行比较，发现旅游管理专业就业满意度平均值的排序跟上述办学条件满意度和教学质量满意度的情况完全一致。要说有什么差别，那便是三者之间的差距拉大了：独立学院类高校的就业满意度平均值为 3.90，而大学类高校只有 3.54，211 高校更是低至 3.30（图24）。

二、旅游管理类本科教育问题聚焦

在广大旅游教育工作者的共同努力下，旅游管理类专业的地位正在得到逐步提升。根据 2012 年教育部新修订的普通高等学校本科专业目录，旅游管理成为管理学门类下的一级大类专业，不再是工商管理专业大类下的二级专业。然而，毋庸置疑的

---

① 资料来源：中国教育在线 http://www.eol.cn/html/g/jyldmd.shtml。

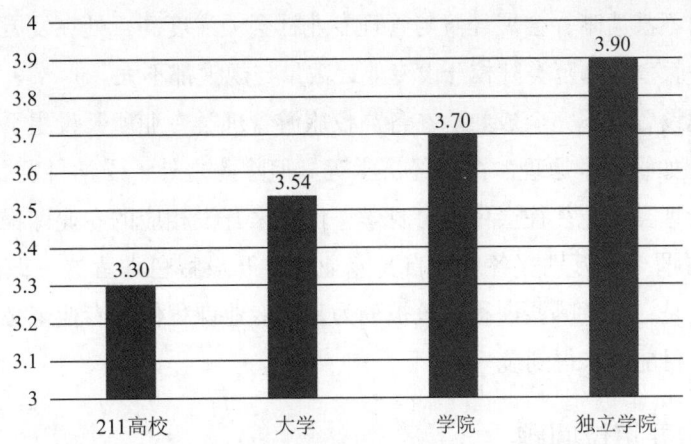

图24　各类高校旅游管理专业就业满意度平均值分布情况

是，随着旅游管理类专业地位的提升，需要解决的问题还很多，其中专业建设、培养定位、师资队伍、学生就业等方面的问题最为突出。

（一）专业建设问题

作为一级大类专业，旅游管理类下设置四个专业，即旅游管理、酒店管理、会展经济与管理、旅游管理与服务教育，预计未来还会发展更多的专业，如餐饮管理专业、邮轮管理专业等。纵观目前各高校所开设的旅游管理类本科专业，在专业建设的特色、质量等方面还存在不少问题。这些问题势必会影响到旅游管理类专业的进一步拓展。

一是专业结构单一。目前很多院校只开设一个旅游管理类所属专业，其中又以旅游管理为主，其次是酒店管理，再次是会展经济与管理，旅游管理与服务教育则更少。有部分院校开设两个专业的院校，又以旅游管理和酒店管理为主。只有极少数院校开设三个专业，一般是旅游管理、酒店管理和会展经济与管理。旅游管理类专业之下各个专业发展不充分，势必影响整个专业大类的发展实力和水平，高校中旅游学院、旅游系的发展难以形成规模效应和较强的办学实力。

二是专业依托院系庞杂。作为一级大类专业，理论上旅游管理类专业应该设置在旅游学院（系）或者管理学院（系）。但实际上，因各地旅游管理学科发展背景不同，除一些高校专门成立旅游学院（系）或者将旅游管理类专业设置在管理学院（系）之外，大多数高校的旅游管理类专业还挂靠在其他许多不同的院系。旅游管理类专业发展的独立性存在一定的风险。

三是专业发展不平衡。在旅游管理大类所属的四个专业中，旅游管理专业数量和规模最大，专业发展较为成熟；酒店管理专业行业对口紧密和社会需求量大，专业发展的职业导向不甚清晰；会展经济与管理专业社会关注度高，处在发展的上升期；旅游管理与服务教育为师范类院校开设专业，数量与规模都不大。

四是课程设置尚不完全成熟。在各高校旅游管理类专业所开设主干课程中，有一些较为统一，如管理学原理、西方经济学等。但除此之外，受学科发展背景的影响，各高校旅游管理类专业往往会依据自身学科优势来开设相应的专业课程，因此所开设的主干课程可谓千差万别。各地按自身专业优势开设特色课程这一做法是值得肯定的，主要问题是，究竟哪些课程应该被列为基础专业课程供各专业来必修，哪些课程被列为选修，目前尚未得到统一。

（二）培养定位问题

2012年，教育部在新修订的普通高等学校本科专业目录中，将旅游管理专业的培养目标定位为：能在各类旅游相关企事业单位以及教育和研究机构等从事经营、管理、策划、咨询、服务等工作的应用型、复合型人才[①]。之后，各高校的人才培养基本上围绕上述目标进行定位。

上述旅游管理类本科的人才培养定位适应了我国旅游产业发展的总体要求，方向是正确的。但实际上我国培养旅游管理类本科的院校类型多样，比如在办学层次上有研究型、教学型、研究与教学结合型。是不是每一所高校的人才培养定位都千篇一律？有的高校有大批毕业生考上研究生去进一步深造，而有的高校大多数毕业生直接进入就业市场。在具体到某所高校时，人才培养定位如果不能进一步细化，必然会出现培训定位模糊的问题。其中最大问题就是定位不切合实际。其表现就是我们的很多学生什么都学，但实际上什么都没学精、学透；培养出来的不少"通才"成了"万金油"，似乎什么都能做，但实际上又什么都做不好。

一是定位的层次不清。旅游管理类专业在培养定位的层次上存在明显的模糊性和单一性。从一般意义而言，985高校、部分211高校应以培养学术研究型的学生为主，以报考硕士研究生、出国留学、攻读专业硕士为培养导向；部分211高校、一般院校应以培养职业导向为主，以培养职业经理人、创业者、行业经营管理人才为主。

二是定位的方向不清。旅游管理类专业培养所对口的行业领域，尽管从专业名称上与行业领域十分对应，但在知识体系、课程设置、培养方式等方面看，却与行业领域存在相当大的距离，如旅游管理专业对应什么行业领域，酒店管理如何适应新兴物业的兴起，会展经济与管理如何举办国际性的商业会议与展览等。

旅游管理类本科人才培养目标定位过于笼统，不能够进一步细化，已成为我国许

---

① 姜芹春，马谊妮. 旅游管理专业本科教育课程体系研究综述[J]. 玉溪师范学院学报，2014(11):52-58.

多高校人才培养的一大通病。这势必会影响到人才培养的质量并进一步制约学生的就业能力。

（三）师资队伍问题

我国旅游管理类专业的教师很多并非科班出身，而是以地理学、经济学、工商管理、历史学、文化、外语等为学科背景。当然，这并不一定代表这些教师的专业水平不行。相反，国内不少旅游专家就是半路出家的。但是，有的教师因专业背景不同，旅游专业理论知识有所欠缺，如果不通过培训等方式加以提升，其教学、科研水平可想而知。

一是教师的理论知识与行业经验分离。近年来，有越来越多的旅游管理硕士、博士毕业生成为旅游管理类本科教育的教师队伍。这些研究生科班出身，专业理论水平较高，为旅游管理教育发展注入了新的活力。但必须看到，旅游管理属于应用性强的专业，对实践操作能力要求很高。而在我们教师队伍中，科研能力强的有余，实践指导能力强的不足。当然，这跟我们高校的引进人才政策有关。大多数高校招聘专业教师时，重点看的是学历和科研水平，而不是行业的经营、管理和操作能力，这也正是目前国内"双师型"专业教师匮乏的一个重要原因。

二是纵向学术要求与横向产业需求冲突。一方面，旅游管理类教师在纵向学术竞争力方面优势并不突出，在国家基金项目、重大课题、学术论文、科研获奖等方面在各个高校中都未能表现出优异的业绩。另一方面，旅游管理类教师很多人立足产业都拥有大把的项目和经费，并取得不俗的成绩，但是横向委托项目在现行的高校科研评价体系中缺乏权威性的认定与贡献回报，这使得旅游管理类的教师在两者中通常要做非此即彼的两难性选择。这大大影响了旅游管理类教师在纯学术领域的学术自信与探索意愿，也往往使其从事横向委托项目的研究行为躲躲藏藏，而不能够理直气壮。

（四）学生就业问题

旅游管理类本科毕业生的就业问题由来已久，其主要表现：一是行业就业率低；二是行业流失率高。据统计，旅游管理类本科毕业生的行业就业率在10%～20%，5年后行业流失率高达90%～95%[①]。但另一方面，旅游企业就业需求缺口仍然很大。2014年，在武汉举行的旅游职业教育与产业对话活动中，国家旅游局人事司司长就指

---

① 王亚飞，姚辉.旅游管理专业本科毕业生就业问题研究——基于首都师范大学旅游管理专业[J]首都师范大学学报（自然科学版），2016（1）:77-82.

出,我国每年有各类旅游专业毕业生近37万人,但全国旅游业每年新增就业约50万人,旅游企业都在喊缺人[①]。

一是行业平均薪酬吸引力低。为什么有那么多的毕业生不愿意进入旅游行业工作?为什么又有那么多的毕业生留在本行业的工作时间不长?原因涉及方方面面,如旅游行业方面的重要原因之一就是多数旅游企业的劳动强度较大、待遇水平较低,难以吸引到优秀的毕业生。

二是学生择业的传统理念色彩。就业率低和流失率高还与学生自身的原因有关,有的学生尚未转变就业观念,只想进政府机关和事业单位工作;有的毕业生则眼高手低,不愿意从基层工作做起。作为以服务业为主导的旅游行业,在学生及其家长的就业视野中仍然不属于优先择业的行业。

三是旅游企业上升空间有限。旅游行业的机构强调规范化管理,单位的层级管理要求的是层层贯彻执行,职业的自由度不大,机构的中层岗位有限,高层岗位更是稀缺,因而广大旅游企业则希望毕业生从最基层的岗位做起,先做一线员工,再慢慢晋升到中、高层管理层。这样一来,许多毕业生也许在理论和知识方面满腹经纶,但在实践操作能力方面却满足不了企业的需要,因为企业更倾向于招录实践能力强的毕业生。

三、旅游管理类本科教育发展建议

针对当前我国旅游管理类本科教育发展现状以及存在的主要问题,在全面而深入调研基础上,提出以下解决思路,并希望能够在旅游教育界引起更广泛的争鸣和讨论。

(一)专业建设方面

对专业建设方面存在的问题,应立足于把旅游管理作为一级专业的长远发展来进行思考。

一是适时增设新专业。建议各高校要根据旅游市场需求并结合自身学科优势,逐步完善旅游管理类专业结构,改变专业单一的现状。还要随时关注旅游市场需求的新变化,创造条件设置一些新专业,如餐饮管理、邮轮管理等。

二是整合形成院系平台。建议各高校对旅游管理类本科专业所依托的院系进行整

---

① 王亚飞,姚辉.旅游管理专业本科毕业生就业问题研究——基于首都师范大学旅游管理专业[J]首都师范大学学报(自然科学版),2016(1):77-82.

合，尽可能将旅游管理类专业设置在管理学院（系）。有条件的高校应专门成立旅游学院（系）。

三是打造核心课程体系。建议旅游管理类专业教学指导委员会组织有关专家学者对旅游管理类本科的课程设置问题展开大讨论，力争统一旅游管理类专业的核心课程，并供各个专业学生必修，改变目前专业课程设置不规范的现状。

四是提升旅游学科地位。在中国经济转型和大力发展服务经济的时代背景下，需要与旅游管理类一级专业目录相匹配，建议将旅游管理学科提升为一级学科，为旅游管理类专业发展和教学水平提高奠定坚实的学科基础。

（二）培养定位方面

针对培养定位方面存在的问题，必须既要考虑旅游学科发展的需要，又要考虑旅游市场的需求，寻找两者的结合点。

一是人才培养定位精细化。需要根据学科发展和市场需求进一步细化，在不同高校中还应该有一定差别。总体而言，研究型高校可以适当增加科研能力的培养目标，以便为部分学生将来进行学术深造打下良好的基础，但不能因此忽视实践操作能力的培养。新建本科院校的人才培养目标应侧重于应用型，切实增强行业的实践操作能力。

二是不断优化人才培养模式。需要大力学习和引进国外先进的教育理念和培养模式。将体验式学习、行动式学习、委托导向式教学、国内外交换生、本硕连读等培养方式大量引入旅游管理类专业教学，为学生成长创造更多元化、更立体化、更人性化的教育环境。

（三）师资队伍方面

针对师资队伍方面存在的问题，主要有三个解决思路：

一是引进外援。也就是聘请长期在旅游行业从事经营管理工作的高素质人才作为实训导师，弥补高校旅游管理类本科实践教学环节的不足。

二是进修学习。也就是派中青年骨干教师外出学习交流，重点是到国外旅游教育发展成熟的高校去学习。

三是培训提升。也就是鼓励青年专业教师到企业去参加培训，为"双师型"人才创造条件。

除此之外，应该发挥职称评定及聘任的导向作用。建议各高校及有关部门在制定职称评定和聘任政策时，除了科研水平之外，还应把旅游专业教师的教学能力尤其是实践教学能力作为重要依据。

（四）学生就业方面

针对学生就业方面存在的问题，高校能做的主要还是在人才培养上下功夫。

一是提高生源质量。作为典型的服务行业，旅游业对外表形象、综合素质、沟通能力等方面有较高标准。这就要求各大高校首先把好人才培养的入口关，在招生录取阶段就应该对考生进行综合评价，尽可能地挑选到那些适合在旅游行业发展的苗子。有条件的高校还应该组织面试环节，以便能够对考生有一个全面的了解。此外，还应该做好招生宣传工作，向广大考生客观介绍旅游管理类专业的性质特点、培养要求、就业方向等内容，让考生做好充分的思想准备。

二是加强校企合作。鉴于旅游行业具有实践性和操作性强的特点，加强校企合作，大力推进产、学、研一体化，便成了提升人才培养质量的必由之路。需要注意的是，校企合作必须是实际性的，而不仅仅是一种形式。校企合作，从确定导师到成绩评定，都应该做严格要求，目的是让学生在毕业前就能掌握良好的专业知识和实操能力，一毕业就能在经营管理工作中得心应手，从而加快职业成长的步伐。

三是加强就业指导。为了提高学生的就业能力，各大高校应该加强就业指导工作。除了开设专门的就业指导课之外，应该定期或不定期地主动邀请业内专家来校园开展交流活动，让学生多了解旅游行业的就业信息。有条件的高校，还应该开设创业课程或举办创业培训，向学生介绍创业的国家政策、主要方向、实施途径等，鼓励学生通过创业来扩大就业门路。

中国旅游高等职业教育年度报告
（2014—2015）

浙江旅游职业学院课题组[①]

一、全国旅游高职教育概况

（一）院校数量及分布

2015年，全国共有1179所院校（含招收高职类专业的本科院校）招收高职旅游类专业（以下简称旅游高职院校）。在这些院校中，开设高职高专旅游大类专业的院校有1068所[②]。就省域分布来看，广东省院校数量最多，为81所，西藏自治区最少，为2所（表1）。

表1　各省市旅游高职院校数量分布统计

院校数（所）	省份分布
0—9	西藏（2）、宁夏（5）、青海（7）
10—19	海南（12）、甘肃（12）、天津（18）
20—29	新疆（21）、贵州（21）、吉林（23）、云南（26）、重庆（27）、上海（28）、北京（29）
30—39	浙江（30）、内蒙古（31）、黑龙江（33）、陕西（34）、山西（35）、福建（39）、辽宁（39）
40—49	广西（42）
50—59	江西（52）、湖南（54）、河北（57）
60—69	安徽（63）、四川（68）

---

① 浙江旅游职业学院课题组成员：李成军、蒋炯坪、陈琛、夏天、俞盈。
李成军：博士、副教授，浙江旅游职业学院工商管理系副主任，浙江省旅游发展研究中心人力资源开发研究所所长。蒋炯坪：硕士，浙江旅游职业学院工商管理系讲师。陈琛：硕士，浙江旅游职业学院工商管理系助教。夏天：硕士，浙江旅游职业学院工商管理系讲师。俞盈：硕士，浙江旅游职业学院工商管理系助教。
② 数据来源：2015年教育部高等职业教育专业设置备案结果。

续表

院校数（所）	省份分布
70—79	湖北（72）、河南（72）、江苏（72）、山东（74）
80—89	广东（81）

资料来源：2015年教育部高等职业教育专业设置备案结果。

从区域分布来看，华东地区是开设旅游类专业院校数量最多的地区，达358所。其次是华中地区，为198所；华北和华南地区分别为170所和135所；西南、西北和东北地区分别为144所、95所、79所。较2014年数据，华东地区和西南地区各增加了20所和13所，华北、华中、西北和东北地区的院校数量均有不同程度的减少（表2）。

表2　各区域旅游高职院校数量分布统计

区域	所属省份	院校数量	较2014年变化数
华东	上海市、江苏省、浙江省、安徽省、福建省、山东省、江西省	358所	+20
华中	河南省、湖北省、湖南省	198所	−3
华北	北京市、天津市、河北省、山西省、内蒙古自治区	170所	−9
华南	广东省、广西壮族自治区、海南省	135所	−1
西南	重庆市、四川省、贵州省、云南省、西藏自治区	144所	+13
东北	辽宁省、吉林省、黑龙江省	95所	−1
西北	陕西省、甘肃省、青海省、宁夏回族自治区、新疆维吾尔自治区	79所	−2

资料来源：2015年教育部高等职业教育专业设置备案结果。

（二）专业布局及分布

从专业布局来看，全国旅游高职院校开设旅游管理、酒店管理和旅游英语3个专业的院校数量最多，分别为826所、668所和181所，所占比例分别为70.06%、56.66%和15.35%。其中，新增航空服务专业的院校数量最多，较2014年增加了74所院校（2014年开设航空服务专业的院校数量为129所[①]）；停招专业中，旅游英语专业的减幅最大，较2014年减少了59所院校（2014年开设旅游英语专业的院校数量为240所[②]）见表3。

---

① 数据来源：2014年教育部高等职业教育专业设置备案结果。
② 数据来源：2014年教育部高等职业教育专业设置备案结果。

表3 旅游高职院校专业布局统计

序号	专业	院校数[①]	占比（%）	序号	专业	院校数	占比（%）
1	旅游管理	826（39）	70.06	16	旅游日语	21	1.78
2	酒店管理	668（20）	56.66	17	运动休闲服务与管理	19	1.61
3	旅游英语	181（1）	15.35	18	高尔夫服务与管理	18	1.53
4	会展策划与管理	170（1）	14.42	19	西餐工艺	16	1.36
5	航空服务	203	17.22	20	中西面点工艺	9	0.76
6	烹饪工艺与营养	120（8）	10.18	21	高尔夫运动技术与管理	7	0.59
7	空中乘务	120（1）	10.18	22	历史文化旅游	5	0.42
8	涉外旅游	109（1）	9.25	23	高尔夫场地管理	5	0.42
9	导游	104（3）	8.82	24	食品加工与营养配餐	5	0.42
10	休闲服务与管理	56	4.75	25	高尔夫球场服务与管理	3	0.26
11	景区开发与管理	45	3.82	26	英语导游	3	0.26
12	餐饮管理与服务	40（1）	3.39	27	休闲旅游	3	0.26
13	国际邮轮乘务	40（2）	3.39	28	邮轮服务与管理	2	0.17
14	旅行社经营管理	28	2.38	29	焙烤食品加工技术	2	0.17
15	旅游服务与管理	23	1.95	30	酒店物业管理	1	0.08

资料来源：2015年教育部高等职业教育专业设置备案结果。

（三）高职院校学生数量

根据国家旅游局的数据（以下数据都来自国家旅游局），2015年招收的高职旅游管理类专业包括：旅游管理（专业代码640101）、涉外旅游（640102）、导游（640103）、旅行社经营管理（专业代码640104）、景区开发与管理（专业代码640105）、酒店管理（专业代码640106）、会展策划与管理（专业代码640107）、历史文化旅游（专业代码640108）、旅游服务与管理（专业代码640151）、休闲服务与管理（专业代码640161）、休闲旅游（专业代码640162）、英语导游（专业代码640119）、邮轮服务与管理（专业代码640181）13个专业。[②]

---

① 含3+2、五年一贯制或虽暂停招生但未撤销专业。
② 国家旅游局人事司，2015年全国旅游教育培训统计，http://www.cnta.gov.cn/zwgk/tzggnew/gztz/201606/t20160607_773436.shtml。

2015年招收的高职高专旅游管理类专业全国共招生110935人。其中开设旅游管理专业的院校826所[①]，全国共招生48043人。开设涉外旅游专业的院校108所，全国共招生3492人。开设导游专业的院校102所，全国共招生3889人。开设旅行社经营管理专业的院校29所，全国共招生808人。开设景区开发与管理专业的院校45所，全国共招生996人。开设酒店管理专业的院校644所，全国共招生43306人。开设会展策划与管理专业的院校177所，全国共招生8090人。开设历史文化旅游专业的院校5所，全国共招生83人。开设旅游服务与管理专业的院校22所，全国共招生944人。开设休闲服务与管理专业院校38所，全国共招生1190人。开设休闲旅游专业院校3所，全国共招生19人。开设英语导游专业的院校3所，全国共招生21人。开设邮轮服务与管理的院校2所，全国共招生54人。

本报告通过对各省旅游高职院校的招生规模与旅游业发展规模间的比较后发现，旅游高职院校数量排名前六名的省份分别为广东、山东、湖北、河南、江苏、四川，但其旅游业发展规模同样为前六名的仅有广东、山东、江苏。旅游业产业规模排名靠前的北京、上海、浙江，其旅游高职教育规模分别为第19名、第20名、第18名。旅游教育规模排名靠前的湖北、河南、四川三省，其产业规模名次明显靠后。

二、主要旅游高职院校办学情况

本报告以全国23所独立建制旅游高职院校作为主要对象进行分析，为研究2015年全国旅游高职院校办学情况提供参考。

（一）区域分布

全国23所独立建制旅游高职院校区域分布如表4所示。

表4 独立建制旅游高职院校名单

序号	省份	院校名称	办学性质
1	河北	河北旅游职业学院	公办
2	山西	山西旅游职业学院	公办
3		太原旅游职业学院	公办
4	黑龙江	黑龙江旅游职业技术学院	公办
5	上海	上海旅游高等专科学校	公办

---

① 数据来源：2015年高等职业教育专业设置备案结果，其他数据参照国家旅游局公布数据。

续表

序号	省份	院校名称	办学性质
6	江苏	南京旅游职业学院	公办
7	浙江	浙江旅游职业学院	公办
8		浙江舟山群岛新区旅游与健康职业学院	公办
9	安徽	安徽旅游职业学院	民办
10	江西	江西旅游商贸职业学院	公办
11	山东	山东旅游职业学院	公办
12		青岛酒店管理职业技术学院	公办
13	河南	郑州旅游职业学院	公办
14		郑州商贸旅游职业学院	公办
15	湖北	三峡旅游职业技术学院	公办
16	湖南	湖南高尔夫旅游职业学院	民办
17		长沙商贸旅游职业技术学院	公办
18	广东	广东酒店管理职业技术学院（筹）	民办
19	广西	桂林旅游学院[①]	公办
20	海南	三亚航空旅游职业学院	民办
21	重庆	重庆旅游职业学院	公办
22	云南	云南旅游职业学院	公办
23	陕西	陕西旅游烹饪职业学院	民办

由表5可知，华东地区旅游高职院校最多，达7所，华中为6所，华北和华南为3所，西南、西北和东北地区分别为2所、1所和1所。

表5 独立建制旅游高职院校区域分布统计

区域	所属省份	各省数量（所）	合计（所）
华东	山东	2	7
	浙江	2	
	上海	1	
	江苏	1	
	安徽	1	

[①] 桂林旅游高等专科学校2015年升为桂林旅游学院（本科），但是所招生的旅游类专业大部分仍为高职层次，因此本报告仍将其列为高职院校。

续表

区域	所属省份	各省数量（所）	合计（所）
华中	河南	2	6
	湖南	2	
	江西	1	
	湖北	1	
华北	山西	2	3
	河北	1	
华南	海南	1	3
	广东	1	
	广西	1	
西南	重庆	1	2
	云南	1	
西北	陕西	1	1
东北	黑龙江	1	1

（二）人才培养

根据教育部公布的2015年高等职业教育专业设置备案结果及各院校官网资料，我们从专业布局、招生就业、课程建设等方面对23所独立建制旅游高职院校的人才培养情况进行分析。

1. 专业布局

（1）三年制高职专业设置

各院校三年制高职专业设置情况具体见表3，其中河北旅游职业学院（53）、桂林旅游学院（42）、江西旅游商贸职业学院（41）、青岛酒店管理职业技术学院（40）设置专业数最多（表6）。

表6 独立建制旅游高职院校专业数量统计

序号	所属省份	院校名称	专业数量（个）
1	河北	河北旅游职业学院	53
2	山西	山西旅游职业学院	26
3		太原旅游职业学院	24
4	黑龙江	黑龙江旅游职业技术学院	31

续表

序号	所属省份	院校名称	专业数量（个）
5	上海	上海旅游高等专科学校	13
6	江苏	南京旅游职业学院	26
7	浙江	浙江旅游职业学院	28
8	浙江	浙江舟山群岛新区旅游与健康职业学院	8
9	安徽	安徽旅游职业学院	13
10	江西	江西旅游商贸职业学院	41
11	山东	山东旅游职业学院	25
12	山东	青岛酒店管理职业技术学院	40
13	河南	郑州旅游职业学院	33
14	河南	郑州商贸旅游职业学院	22
15	湖北	三峡旅游职业技术学院	21
16	湖南	湖南高尔夫旅游职业学院	18
17	湖南	长沙商贸旅游职业技术学院	31
18	广东	广东酒店管理职业技术学院（筹）	挂靠别校招生
19	广西	桂林旅游学院	42
20	海南	三亚航空旅游职业学院	24
21	重庆	重庆旅游职业学院	18
22	云南	云南旅游职业学院	19
23	陕西	陕西旅游烹饪职业学院	6

数据来源：2015年教育部高等职业教育专业设置备案结果。

（2）旅游业直接岗位对应专业开设情况

2015年，独立建制旅游高职院校[①]中酒店管理、旅游管理、旅游外语、烹饪工艺与营养、导游、景区服务与管理6个专业开设院校占比50%以上，其中酒店管理专业和旅游管理专业占比分别高达100%及95%（详见表7）。

表7 旅游业直接岗位对应专业统计

序号	专业名称	院校数	占比（%）
1	酒店管理	22	100
2	旅游管理（旅游服务与管理）	21	95

① 由于广东酒店管理职业技术学院还在筹备阶段，不能单独招生，计算百分比时按照22所院校统计。

续表

序号	专业名称	院校数	占比（%）
3	旅游外语（旅游英语、旅游日语、旅游西班牙语、旅游泰语等语言类）	18	82
4	烹饪工艺与营养	16	73
5	导游	15	68
6	景区开发与管理	12	55
7	旅行社经营管理	11	50
8	空中乘务	11	50
9	会展策划与管理	11	50
10	航空服务	10	45
11	休闲旅游与管理	9	41
12	西餐工艺	8	36
13	涉外旅游	8	36
14	餐饮管理与服务（餐饮管理）	8	36
15	中西面点工艺	4	18
16	旅游工艺品设计与制作	4	18

资料来源：2015年教育部高等职业教育专业设置备案结果。

（3）旅游新六要素相关专业（方向）

随着旅游业的发展，现有的食、住、行、游、购、娱旅游六要素已不能满足需求，在此基础上，国家旅游局局长李金早（2015）提出旅游新六要素：商、养、学、闲、情、奇。与旅游新六要素相关专业如表8所示。

表8 旅游新六要素相关专业开设统计

旅游新六要素	相关专业
商	会展策划与管理
	展览展示艺术设计
	文化市场经营与管理（婚庆节庆方向）
养（养生、养老、养心、体育等）	健康管理
	老年服务与管理
	绿色食品生产与检验
	食品加工与营养配餐
	营养与配餐

续表

旅游新六要素	相关专业
养（养生、养老、养心、体育等）	中草药栽培技术
	社会体育
	体育服务与管理
	运动休闲服务与管理
	高尔夫服务与管理
	高尔夫球场建造与维护
	高尔夫运动技术与管理
	运动训练（高尔夫教练）
学	历史文化旅游
闲	观光农业
	国际邮轮乘务
	高速铁路动车乘务
	休闲服务与管理（滨海休闲旅游方向）
	酒店服务与管理（度假村服务方向）
	休闲服务与管理（马术休闲骑乘方向、茶艺方向）
	森林生态旅游
情	—
奇	—

资料来源：2015年教育部高等职业教育专业设置备案结果

如浙江舟山群岛新区旅游与职业健康学院设置了护理（医疗美容方向、中韩合作专业）、健康管理、助产专业；湖南高尔夫旅游职业学院设置运动训练（高尔夫教练方向）、高尔夫运动技术与管理（球会管理方向）、高尔夫服务与管理（客户助理方向）、高尔夫球场建造与维护、园林工程技术（高尔夫球场方向）等涵盖高尔夫产业链的专业（方向）。

（4）其他专业开设情况

此外，独立建制旅游高职院校依托其他行业开办了一些非旅游类专业，如开设了农业技术类、林业技术类、畜牧兽医类、运输类、制药技术类、资源勘探类、测绘类、机械制造类、工程管理类、建筑设计类、建筑管理类、机电类、自动化类、计算机类、语言文化类、教育类、财务会计类、工商管理类、艺术设计类、表演类等39

类116个专业。

各专业大类中开设专业最多的为语言文化类、艺术设计类、计算机类、建筑设计类、工商管理类、财务会计类、电子信息类、投资金融类；开设院校数量10个以上的专业有电子商务（14）、应用韩语（12）、会计（10）；6~9个院校的专业有商务英语（9）、计算机应用技术（8）、市场营销（8）、物流管理（8）、环境艺术设计（7）、动漫设计与制作（6）、食品营养与检测（6）、财务管理（6）、会计电算化（6）、营销与策划（6）、应用俄语（6），详见表9。

表9 其他专业开设院校数量统计

序号	专业	开设数	占比（%）
农业技术类			
1	观光农业	1	4.55
2	中草药栽培技术	1	4.55
3	绿色食品生产与检测	1	4.55
林业技术类			
4	园林技术	3	13.64
5	森林生态旅游	1	4.55
6	城市园林	1	4.55
畜牧兽医类			
7	畜牧兽医	1	4.55
8	兽医	1	4.55
9	动物防疫与检疫	1	4.55
公路运输类			
10	汽车运用技术	1	4.55
铁道运输类			
11	城市轨道交通运营管理	1	4.55
水上运输类			
12	航海技术	1	4.55
13	轮机工程技术	1	4.55
民航运输类			
14	民航运输	2	9.09

续表

序号	专业	开设数	占比（%）
15	民航商务	1	4.55
16	航空机电设备维修	1	4.55
17	航空电子设备维修	1	4.55
18	民航安全技术管理	2	9.09
	港口运输类		
19	报关与国际货运	3	13.64
	制药技术类		
20	生物制药技术	1	4.55
	食品药品管理类		
21	药品质量检测技术	1	4.55
	资源勘查类		
22	区域地质调查及矿产普查	1	4.55
23	宝玉石鉴定与加工技术	1	4.55
24	宝玉石鉴定与营销	1	4.55
	测绘类		
25	工程测量技术	1	4.55
	建筑设计类		
26	建筑装饰工程技术	1	4.55
27	环境艺术设计	7	31.82
28	园林工程技术	2	9.09
29	建筑工程技术	3	13.64
30	基础工程技术	1	4.55
	建筑设备类		
31	建筑设备工程技术	1	4.55
32	楼宇智能化工程技术	1	4.55
	工程管理类		
33	建筑工程管理	4	18.18

续表

序号	专业	开设数	占比（%）
34	工程造价	5	22.73
35	工程监理	2	9.09
	房地产类		
36	房地产经营与估价	4	18.18
37	物业管理	4	18.18
38	物业设施管理	1	4.55
	机械设计制造类		
39	机械制造与自动化	2	9.09
40	数控技术	4	18.18
41	模具设计与制造	1	4.55
	自动化类		
42	机电一体化技术	3	13.64
43	电气自动化技术	1	4.55
	机电设备类		
44	机电设备维修与管理	1	4.55
45	数控设备应用与维护	1	4.55
	汽车类		
46	汽车检测与维修技术	5	22.73
47	汽车电子技术	1	4.55
48	汽车技术服务与营销	3	13.64
	计算机类		
49	计算机应用技术	8	36.36
50	计算机网络技术	5	22.73
51	计算机多媒体技术	1	4.55
52	计算机信息管理	3	13.64
53	网络系统管理	1	4.55
54	软件技术	3	13.64

续表

序号	专业	开设数	占比（%）
55	动漫设计与制作	6	27.27
电子信息类			
56	应用电子技术	3	13.64
57	电子仪器仪表与维修	1	4.55
58	信息技术应用	1	4.55
59	音响工程	1	4.55
通信类			
60	通信技术	1	4.55
纺织服装类			
61	服装设计	1	4.55
食品类			
62	食品加工技术	2	9.09
63	食品营养与检测	6	27.27
财政金融类			
64	税务	1	4.55
65	金融管理与实务	3	13.64
66	金融与证券	1	4.55
67	投资与理财	4	18.18
财务会计类			
68	财务管理	6	27.27
69	会计	10	45.45
70	会计电算化	6	27.27
71	会计与审计	5	22.73
经济贸易类			
72	国际经济与贸易	1	4.55
73	国际贸易实务	4	18.18
74	国际商务	1	4.55

续表

序号	专业	开设数	占比（%）
	市场营销类		
75	市场营销	8	36.36
76	市场开发与营销	1	4.55
77	营销与策划	6	27.27
78	电子商务	14	63.64
	工商管理类		
79	工商企业管理	3	13.64
80	商务管理	2	9.09
81	连锁经营管理	2	9.09
82	物流管理	8	36.36
	护理类		
83	护理	1	4.55
84	助产	1	4.55
	公共管理类		
85	人力资源管理	3	13.64
	公共服务类		
86	家政服务	2	9.09
	语言文化类		
87	应用英语	5	22.73
88	应用日语	2	9.09
89	应用俄语	6	27.27
90	应用德语	2	9.09
91	应用法语	3	13.64
92	应用韩语	12	54.55
93	商务英语	9	40.91
94	商务日语	2	9.09
95	文秘	5	22.73

续表

序号	专业	开设数	占比（%）
96	文物鉴定与修复	1	4.55
97	文化市场经营与管理	1	4.55
98	应用西班牙语	5	22.73
99	应用泰国语	2	9.09
教育类			
100	学前教育	1	4.55
体育类			
101	运动训练	1	4.55
102	社会体育	2	9.09
103	体育服务与管理	3	13.64
艺术设计类			
104	艺术设计	4	18.18
105	视觉传达艺术设计	1	4.55
106	电脑艺术设计	3	13.64
107	人物形象设计	4	18.18
108	装潢艺术设计	3	13.64
109	装饰艺术设计	4	18.18
110	广告设计与制作	5	22.73
111	多媒体设计与制作	2	9.09
表演艺术类			
112	表演艺术	3	13.64
113	音乐表演	3	13.64
114	舞蹈表演	2	9.09
广播影视类			
115	影视动画	1	4.55
116	新闻采编与制作	1	4.55

资料来源：2015年教育部高等职业教育专业设置备案结果。

总之，当前独立建制旅游高职院校专业开设随着旅游业快速发展不断丰富，形成了涉及旅游活动和旅游业的传统"六要素"及"新六要素"发展开拓的旅游类专业以及其他专业发展格局（如图1所示）。

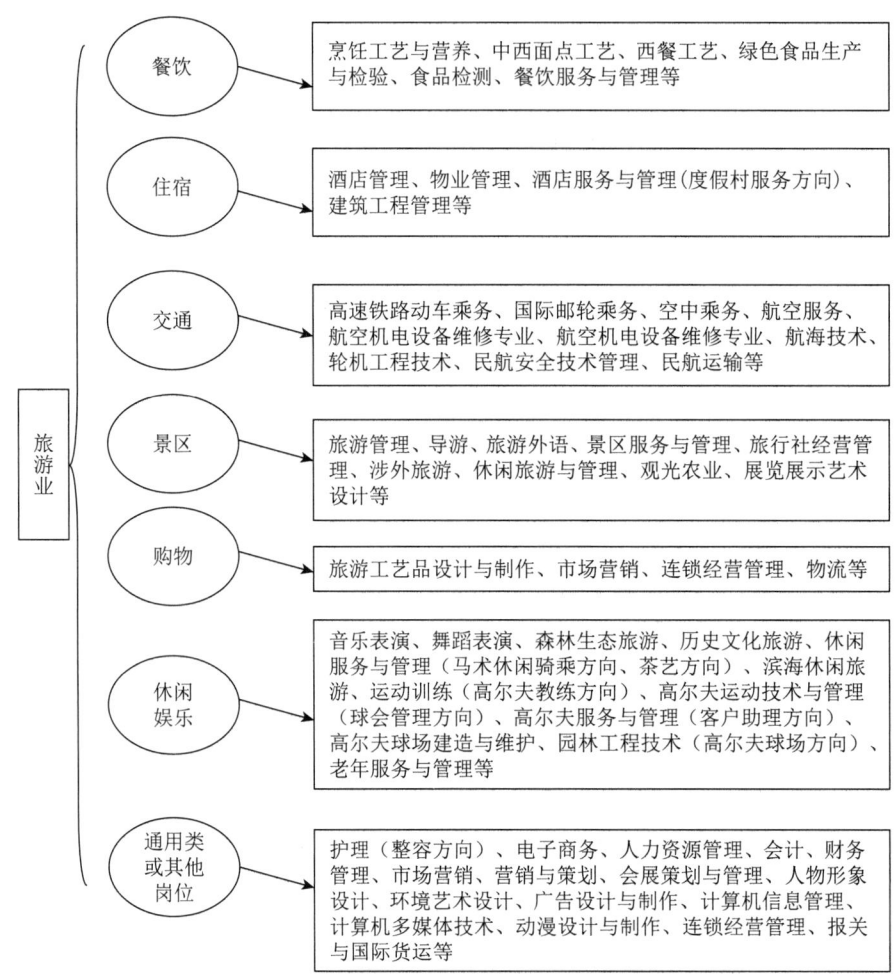

图1 独立建制旅游高职院校专业设置与旅游业发展关系

2. 招生就业

（1）招生情况

各院校招生资料显示，23所独立建制旅游高职院校2015年高职专业共计招生43319人，其中民办院校招生5595人，公办院校招生37724人。从省域分布看，浙江、河南、山东、山西招生人数较多（详见表10）。

表10　独立建制旅游高职院校招生人数汇总

序号	院校名称	所属省份	办学属性	招生情况（人）
1	河北旅游职业学院	河北	公办	3900
	河北 汇总			3900
2	山西旅游职业学院	山西	公办	2000
3	太原旅游职业学院	山西	公办	1600
	山西 汇总			3600
4	黑龙江旅游职业技术学院	黑龙江	公办	1165
	黑龙江 汇总			1165
5	上海旅游高等专科学校	上海	公办	1302
	上海 汇总			1302
6	南京旅游职业学院	江苏	公办	2100
	江苏 汇总			2100
7	浙江旅游职业学院	浙江	公办	4065
8	浙江舟山群岛新区旅游与健康职业学院	浙江	公办	600
	浙江 汇总			4665
9	安徽旅游职业学院	安徽	民办	1000
	安徽 汇总			1000
10	江西旅游商贸职业学院	江西	公办	2321
	江西 汇总			2321
11	山东旅游职业学院	山东	公办	2380
12	青岛酒店管理职业技术学院	山东	公办	1925
	山东 汇总			4305
13	郑州旅游职业学院	河南	公办	3340
14	郑州商贸旅游职业学院	河南	公办	1050
	河南 汇总			4390
15	三峡旅游职业技术学院	湖北	公办	1500
	湖北 汇总			1500
16	湖南高尔夫旅游职业学院	湖南	民办	1050
17	长沙商贸旅游职业技术学院	湖南	公办	2500
	湖南 汇总			3550
18	广东酒店管理职业技术学院（筹）	广东	民办	——

续表

序号	院校名称	所属省份	办学属性	招生情况（人）
	广东 汇总			0
19	桂林旅游学院	广西	公办	2995
	广西 汇总			2995
20	三亚航空旅游职业学院	海南	民办	2480
	海南 汇总			2480
21	重庆旅游职业学院	重庆	公办	1601
	重庆 汇总			1601
22	云南旅游职业学院	云南	公办	1380
	云南 汇总			1380
23	陕西旅游烹饪职业学院	陕西	民办	1065
	陕西 汇总			1065
	总计			43319

资料来源：各相关院校招生官网及阳光高考招生网站。

（2）就业情况

根据各院校就业质量报告及院校官网信息来源，除筹建院校外，各校初次就业率均高于85%，部分院校高达99%。大部分独立建制旅游高职院校都能充分利用各类资源，千方百计地提高就业率。除了就业之外，国家大力推动高校应届毕业生自主创业，出台一系列优惠政策，学校也积极配套开设一系列创业教育课程或举办创业比赛。在政策推动下，部分学生在毕业后自主创业，由此灵活就业人数增加。此外，独立建制旅游高职院校还十分重视学生升学诉求，主动推动专升本衔接。由于越来越多职业院校重视旅游教育国际化，积极拓展中外合作办学，已有部分学生在韩国、日本、俄罗斯等国就业或继续深造。2015年独立建制旅游高职院校已基本实现充分就业，各个院校毕业生就业途径主要集中在以下几个方面，如表11所示。

表11 独立建制旅游高职院校主要就业形式汇总

就业类型	就业途径
就业	国内企业事业单位就业
	出国出境就业
升学	国内专升本
	国外深造

续表

就业类型	就业途径
灵活就业	自主创业
其他就业渠道	应征入伍

3. 课程建设

根据目前收到的资料看，近年，各院校大力支持精品课程及资源共享课程建设，独立建制旅游高职院校目前建成国家级精品课程11门，省级精品课程139门；国家级精品资源共享课程6门，省级精品资源共享课程13门，具体见表12。

表12 独立建制旅游高职院校课程建设情况汇总（部分）

序号	院校名称	国家级精品资源共享课程（门数）	省级精品资源共享课（门数）	国家精品课程（门数）	省级精品课程（门数）
1	河北旅游职业学院	1	1	1	5
2	山西旅游职业学院	—	5	—	7
3	太原旅游职业学院	—	5	1	3
4	黑龙江旅游职业技术学院	—	—	—	7
5	上海旅游高等专科学校	—	—	1	6
6	南京旅游职业学院	—	—	—	3
7	浙江旅游职业学院	2	—	3	19
8	江西旅游商贸职业学院	1	—	1	19
9	山东旅游职业学院	—	—	1	13
10	青岛酒店管理职业技术学院	—	—	—	31
11	郑州旅游职业学院	—	2	—	1
12	郑州商贸旅游职业学院	—	—	—	1
13	三峡旅游职业学院	—	—	—	1
14	湖南高尔夫旅游职业学院	—	—	—	1
15	长沙商贸旅游职业技术学院	—	—	—	1
16	桂林旅游学院	1	—	2	15
17	三亚航空旅游职业学院	—	—	—	6

续表

序号	院校名称	国家级精品资源共享课程（门数）	省级精品资源共享课（门数）	国家精品课程（门数）	省级精品课程（门数）
18	陕西旅游烹饪职业学院	1	—	1	—
合计		6	13	11	139

（资料来源：各相关院校官网及2016年高等职业教育质量年度报告）

各院校对微课建设也非常重视，积极组织教师参与国家级、省级、校级微课比赛。2015年，独立建制旅游高职院校微课比赛获奖国家级奖项7项，省级奖项24项，具体见表13。其中，南京旅游职业学院、浙江旅游职业学院等院校积极举办校级微课教学比赛，配套出台相应激励政策推动微课建设。

表13 独立建制旅游高职院校微课获奖汇总（部分）

学院名称	国家级高校（高职高专）微课获奖数	省级高校（高职高专）微课获奖数	第一届中国外语微课大赛获奖数
河北旅游职业学院	—	2	—
山西旅游职业学院	2	5	—
南京旅游职业学院	3	5	1
浙江旅游职业学院	—	2	—
江西旅游商贸职业学院	1	4	—
山东旅游职业学院	1	2	—
长沙商贸旅游职业技术学院	—	2	—
三亚航空旅游职业学院	—	2	—
总计	7	24	1

资料来源：相关院校官网及全国高校微课教学比赛相关网站。

（三）科学研究

1. 省部级及以上课题立项情况

本报告以2015年国家社科基金、教育部人文社科基金、国家自然科学基金、全国旅游科学研究项目等省部级及以上项目立项名单为依据,分析独立建制旅游高职院校科研情况。这些省部级以上项目中,全国高职院校有77项立项。其中,独立建制旅游高职院校在国家自然科学基金、教育部人文社科基金等项目中未见立项,在2015年中国旅游科学年会上,也没有独立建制旅游高职院校教师获奖。仅桂林旅游学院谢菲的《南岭走廊瑶族特色村寨空间建构与永续发展研究》、朱江勇的《桂剧演出百年流变研究》获得国家社科基金项目资助;浙江旅游职业学院郎富平的《乡村旅游转型升级视域下的老年旅游发展机制及政策保障研究》在国家旅游局科研项目中立项。2015年,各独立建制旅游高职院校省级哲学社会科学规划项目立项情况相对好些,共有5所院校获得17项课题立项,名单如表14所示。

表14 独立建制旅游高职院校省级哲社规划项目立项汇总

院校名称	立项数	立项项目
山西旅游职业学院	1	《明清晋商集聚效应与山西旅游产业发展模式研究》
浙江旅游职业学院	2	《习近平主政浙江期间的廉政建设思想研究》
		《基于中间性组织的新型乡村旅游开发模式研究》
长沙商贸旅游职业技术学院	5	《"互联网+"环境下湖南创业人才培养研究》
		《大数据环境下高校图书馆社区信息》
		《文化体制改革背景下广播电视体制"中国模式"建构及评价研究》
		《大数据利用对高校应急管理的影响与法治化对策研究》
		《安化黑茶品牌建设与区域经济发展研究》
桂林旅游学院	9	《基于LIDAR及3D打印平台的广西文化文物旅游资源数字化问题研究》
		《广西少数民族民间器乐文化的传承与创新研究》
		《珠江—江西经济带城市经济发展与生态建设耦合协调发展研究》
		《广西石漠化区农村土地流转调查和农民增收对策研究》
		《"文化走出去"战略下广西官方旅游网站外文版建设与翻译研究》
		《基于社区视角的广西少数民族特色村寨节庆旅游研究》
		《白居易作品在日本平安朝的流传与影响研究》
		《美籍阿富汗裔作家卡勒德·胡塞尼创作研究》
		《广西特色文化旅游发展与非物质文化遗产保护互动研究》
三亚航空旅游职业学院	1	《社区参与视域下海南旅游主客利益冲突治理研究》

数据来源:各省级哲社规划项目办公室。

2. 中国知网有关教科研论文情况

本报告以中国知网为数据来源，以作者单位为关键词搜索，对 23 所独立建制旅游高职院校 2015 年发表论文进行分析统计（详见表 15）。

表15　2015年独立建制旅游高职院校CNKI发表论文数

序号	院校名称	CNKI 论文总数（篇）	旅游学科论文数（篇）
1	河北旅游职业学院	180	24
2	山西旅游职业学院	27	4
3	太原旅游职业学院	29	7
4	黑龙江旅游职业技术学院	51	8
5	上海旅游高等专科学校	22	2
6	南京旅游职业学院	162	49
7	浙江旅游职业学院	324	57
8	浙江舟山群岛新区旅游与健康职业学院	19	5
9	安徽旅游职业学院	0	0
10	江西旅游商贸职业学院	237	35
11	山东旅游职业学院	34	18
12	青岛酒店管理职业技术学院	209	102
13	郑州旅游职业学院	252	49
14	郑州商贸旅游职业学院	2	1
15	三峡旅游职业技术学院	28	3
16	湖南高尔夫旅游职业学院	38	0
17	长沙商贸旅游职业技术学院	150	5
18	广东酒店管理职业技术学院（筹）	0	0
19	桂林旅游学院	223	55
20	三亚航空旅游职业学院	51	1
21	重庆旅游职业学院	64	14
22	云南旅游职业学院	57	18
23	陕西旅游烹饪职业学院	2	0

资料来源：中国知网。

由表 5 可见，郑州旅游职业学院、桂林旅游学院、浙江旅游职业学院、南京旅游职业学院、江西旅游商贸职业学院、河北旅游职业学院、长沙商贸旅游职业学院、青岛酒店管理职业技术学院等院校在 2015 年度发表论文数都在 100 篇以上。值得一提的是浙江旅游职业学院、桂林旅游学院、郑州旅游职业学院、青岛酒店管理职业技术学院四所学校 CNKI 发表论文总数均超过 200 篇,有关旅游学科论文数在全国独立建制旅游高职院校中居前列。当然,也有 3 所院校未见有关旅游学科论文,2 所民办院校未见有关学术论文发表。

另外,本报告还对 23 所旅游高职院校在《旅游学刊》《旅游科学》《旅游论坛》三种期刊上发表的有关旅游学科论文进行分析。① 结果显示,2015 年度中国知网共收录《旅游学刊》论文 223 篇,仅浙江旅游职业学院、南京旅游职业学院、山东旅游职业学院和青岛酒店管理职业技术学院发表过 5 篇文章,旅游高职院校所占比例为 2.24%。《旅游论坛》(2015 年度收录论文 98 篇)也仅桂林旅游学院、浙江旅游职业学院分别发表过 3 篇和 1 篇论文,占全年刊发文章总数的 4.08%。旅游高职院校在《旅游科学》(2015 年度收录论文 50 篇)上无文章发表。详见表 16。

表16 2015年独立建制旅游高职院校《旅游学刊》《旅游论坛》发表论文数

院校名称	《旅游学刊》	《旅游论坛》
南京旅游职业学院	方法林《国家公园服务质量价格锁定的解锁》	—
浙江旅游职业学院	王昆欣《向西方旅游职业教育学习什么?》 傅林放、阙杭平《论包价旅游合同相关问题》	张晶《浙江省星级饭店经营效率评价及优化研究》
山东旅游职业学院	狄保荣《突破与重构:中国旅游职业教育体系创新》	—
青岛酒店管理职业技术学院	张彬《旅游业上市公司资本结构影响因素实证研究》	
桂林旅游学院	—	狄松菊《旅游业的原生态民俗文化利用研究——以广西侗族大歌为例》 李永强《酒店员工"微培训"体系构建研究和实证分析》 陈洁、吴琳《国内旅游公共服务研究的文献计量和知识图谱分析——基于CNKI数据的分析》

资料来源:中国知网。

---

① 这三种期刊为 CSSCI 或其拓展版期刊。

(四)社会服务

1. 校企合作

大部分旅游高职院校十分重视校企合作,合作形式以订单班最为常见。合作企业往往优先录用"订单班"学生,并给以一定的学费资助。如郑州旅游职业学院在2015年与洲际酒店集团续约共建"智选假日酒店班",与喜达屋集团河南区酒店共建"喜达屋酒店与度假村国际集团人才班",在酒店人才培养、课程开发、学生实习就业等领域建立全面战略合作伙伴关系等。如浙江旅游职业学院于2015年年末已经与省内50多个旅游重点县(市、区)和迪拜帆船酒店、世贸君澜集团等180多家国内外知名企业签订合作协议,与宋城集团、深圳欢乐谷、西溪湿地国家公园等企业共建了8个企业制学院。

实习基地建设也是校企合作的重要内容。如郑州商贸旅游职业学院与阿里巴巴正式签约,成为阿里巴巴的跨境电商人才培育基地。上海旅游高等专科学校除了和上海波特曼丽嘉酒店、上海苏州无锡地区万豪姊妹酒店等企业建立订单班外,还和法国博古斯学院餐厅、外滩华尔道夫酒店、上海旅游会展推广中心等国内外80多家知名企业建立校企合作基地。

2. 行业培训

大部分独立建制旅游高职院校面向旅游行业企业提供相关培训,如桂林旅游学院在2015年12月派教师团赴菲律宾、马来西亚开展旅游援外培训,广受好评;并承办了2015年老挝旅游景区标准化建设培训班、亚洲开发银行2015东盟高端旅游管理人才培训班,进一步提高了中国—东盟旅游人才教育培训基地的国际影响力。浙江旅游职业学院在2015年再次承担国家旅游局培训任务,承办第十四期西藏旅游经济发展研讨班,助力西藏旅游经济发展。此外还承办了2015四川省旅游局机关青年干部培训班、2015年全省高职院校外事干部培训会等行业培训项目。南京旅游职业学院在2015年9月及10月举办了第56期餐饮部、40期财务部经理岗位培训班,第60期全国旅游饭店总经理、34期人力资源部经理岗位培训班,来自全国18个省市的134位学员完成了培训。此外,还开设了新疆伊犁州重点旅行社管理人员培训班等。云南旅游职业学院则承办了"2015年云南省旅游企业中高级管理人员培训班",培训来自云南省16个州市旅行社协会、旅游车船分会的90余名中高级管理人员等。

3. 行业智力支持

依托师资资源，独立建制旅游高职院校积极为行业提供智力支持。如桂林旅游学院与三江县旅游局签订了《三江县旅游人才发展规划》《三江县旅游商品研发合作》等 5 个校政合作协议，为三江提供特色旅游名县技术指导、人才培训、旅游规划、地方标准编制等技术服务工作。浙江旅游职业学院在 2015 年获得 24 项国家旅游局"万名旅游英才计划"项目立项；而由浙江省旅游发展研究中心、浙江旅游职业学院工商管理系、旅游规划系全程提供创建服务的浙江省太湖旅游度假区在 2015 年 10 月正式成为首批 17 家国家级旅游度假区之一，开拓了除旅游景区 A 级创建服务外又一大社会服务新领域。

（五）国际合作

1. 中外合作办学

在高等教育国际化以及旅游业发展国际化的大背景下，各独立建制旅游高职院校从长远发展的战略高度，努力推动各层次中外合作办学。调查发现，全国 23 所旅游高职院校中，半数以上院校与境外高校有着良好合作关系。合作高校主要来自韩国、澳大利亚、日本、美国、英国、新加坡、马来西亚、泰国、乌克兰、西班牙、加拿大、荷兰、俄罗斯、波兰 14 个国家（详见表 17）。

表17　独立建制旅游高职院校中外合作院校名单（部分）

院校名称	合作院校名称
河北旅游职业学院	西班牙萨拉曼卡主教大学；马来西亚大学；韩国国际大学、济州产业大学、京东大学、西江大学、诚信女子大学、韩国外国语大学、岭南理工大学；俄罗斯沃罗涅日高等技术学院；美国蒙冬娜大学
太原旅游职业学院	韩国金泉大学、京畿大学、启明大学
黑龙江旅游职业技术学院	韩国湖原大学、大真大学、公州大学
上海旅游高等专科学校	坎布里亚大学、普利茅斯大学、里德科尔学院、沃特福德理工学院、夏威夷大学、乔治·华盛顿大学、南卡罗来纳州立大学、蒙特克莱尔州立大学、中佛罗里达大学、塞勒姆州立大学、肯特州立大学、佛罗里达国际大学、昆士兰大学、格里菲斯大学、威廉安格里斯学院、汉阳大学、南首尔大学、全州大学、西南女学院大学、奈良县立大学、立命馆大学、不来梅应用技术大学、保罗博古斯酒店与厨艺学院、蒙彼利埃第一大学、乔治布朗学院、圣伊格纳西奥得洛约拉大学、泛美大学、易三仓大学、智利天主教大学、马努卡理工学院、巴塞罗那自治大学、阿尔卡拉大学、Novia理工大学、芬兰中部应用技术大学、鹿特丹大

续表

院校名称	合作院校名称
上海旅游高等专科学校	学、Inholland应用技术大学、澳门科技大学、香港理工大学、朝阳科技大学、东南科技大学、台湾"国立"暨南国际大学、"台湾"高雄餐旅大学
南京旅游职业学院	澳大利亚威廉安格里斯学院；韩国济州观光大学、全州大学、湖南大学、济州观光大学；新西兰怀阿理奇理工学院；美国普渡大学、加州大学滨河分院、夏威夷太平洋大学；日本福冈成蹊学院、福冈国际大学、英国约克圣约翰大学、伯明翰大学学院、美国强生威尔大学、澳大利亚阳关海岸大学、"台湾"高雄餐旅大学
浙江旅游职业学院	韩国京一高等学校、顺天乡大学、湖南大学、济州观光大学、汉阳大学；乌克兰卢甘斯克民族大学；日本活水女子大学、长野大学；台湾高雄餐旅大学、中华大学、育达商业科技大学、澳门旅游学院；荷兰戴尔迅学院；俄罗斯乌拉尔国际旅游学院、俄罗斯索契旅游疗养大学；美国中佛罗里达大学、休斯敦大学、德国Erfurt应用科技大学；加拿大皇家路大学；西班牙马拉加大学；波兰社会科学院；新加坡南洋理工学院
山东旅游职业学院	韩国信兴大学、金泉大学
青岛酒店管理职业技术学院	美国新英格兰烹饪学院、美国西俄勒冈大学、加拿大联邦应用艺术与技术学院、韩国韩北大学、韩国济州观光大学、韩国湖南大学、韩国新罗大学、韩国东义科技大学、韩国彗田大学、"台湾"大仁科技大学、日本京都西山短期大学
长沙商贸旅游职业技术学院	韩国大真大学、墨尔本商学院
桂林旅游学院	瑞士洛桑酒店管理学院、加拿大公立乔治布朗学院；英国伯明翰大学学院、约克圣约翰大学；美国斯波坎佛斯学院；新加坡东亚管理学院；泰国素叻他尼皇家大学、川登喜皇家大学；马来西亚英迪大学
云南旅游职业学院	泰国曼谷工商管理旅游学院；英国爱姆伍德学院

资料来源：相关院校官网。

2. 来华留学生

独立建制旅游高职院校在选派学生到海外学习的同时，还积极招收留学生。从招收类型上看，留学生教育主要有汉语语言培训、学位课程、进修生、团体短期研修等类型。学生涵盖高中毕业生、在职教师、公务员、公司职员等类型（详见表18）。

表18 独立建制旅游高职院校留学生教育情况列表（部分）

院校名称	留学项目	留学生情况
河北旅游职业学院	短期语言课程、长期语言课程	—
上海旅游高等专科学校	硕士、本科、专科、培训证书	在校各类留学生64名

续表

院校名称	留学项目	留学生情况
浙江旅游职业学院	汉语语言生、专科生、进修生、团体短期研修	在校各类留学生74名
桂林旅游学院	国际酒店管理课程、学位课程、短期课程、汉语课程	—

资料来源：相关院校官网。

（六）职业能力

1. 竞赛获奖

2015年，旅游高职院校积极参与国际、国家、省级等竞赛及积极参与各项竞赛，获奖情况详见表19[①]。

部分旅游高职院校还承担了全国或省市级职业大赛的承办工作。如浙江旅游职业学院、山东旅游职业学院和南京旅游职业学院分别承担了全国职业院校技能大赛高职组导游服务、中餐主题宴会设计、西式宴会服务比赛赛项。

表19 独立建制旅游高职院校竞赛获奖汇总

院校名称	国家级获奖数	省级获奖数
河北旅游职业学院	11	7
山西旅游职业学院	12	18
太原旅游职业学院	16	37
黑龙江旅游职业技术学院	9	9
上海旅游高等专科学校	3	17
南京旅游职业学院	32	19
浙江旅游职业学院	16	102
浙江舟山群岛新区旅游与健康职业学院	7	5
安徽旅游职业学院	—	1
江西商贸旅游职业学院	7	27
山东旅游职业学院	10	—
青岛酒店管理职业技术学院	15	10

[①] 由于广东酒店管理职业技术学院处于筹备阶段，未找到相关数据。

续表

院校名称	国家级获奖数	省级获奖数
郑州旅游职业学院	13	—
郑州商贸旅游职业学院	—	—
三峡旅游职业技术学院	11	23
湖南高尔夫旅游职业学院	8（高尔夫相关比赛）	8（4项高尔夫+4项省级职业技能大赛）
长沙商贸旅游职业技术学院	9	22
桂林旅游学院	10	19
三亚航空旅游职业学院	1	20
重庆旅游职业学院	10	25
云南旅游职业学院	3	11
陕西旅游烹饪职业学院	10	—

资料来源：各相关院校官网及院校2016年人才培养质量报告。

2. 国家旅游局万名英才实践项目

为贯彻《国务院关于促进旅游业改革发展的若干意见》精神，落实"515"战略关于旅游人才工作的重点举措，国家旅游局决定组织实施"万名旅游英才计划"，从2015年起利用3年时间，分批遴选、资助10000余名旅游相关专业的教师、学生以及旅游企业拔尖骨干管理人才和高级技术技能人才。独立建制旅游高职院校积极申请万名英才项目，以项目促进教学及学习。2015年，各院校共申请实践服务英才培养项目137项，双师型教师培养项目103项。其中以浙江旅游职业学院（24）、山东旅游职业学院（22）、南京旅游职业学院（22）三所院校立项数目最多（表20）。

表20　2015年国家旅游局万名英才项目立项统计

学院名称	双师型教师培养项目（项）	实践服务型英才培养项目（项）	院校合计
河北旅游职业学院	6	7	13
山西旅游职业学院	5	8	13
太原旅游职业学院	6	8	14
黑龙江旅游职业技术学院	5	7	12
上海旅游高等专科学校	7	10	17
南京旅游职业学院	10	12	22
浙江旅游职业学院	10	14	24
江西旅游商贸职业学院	10	10	20

续表

学院名称	双师型教师培养项目（项）	实践服务型英才培养项目（项）	院校合计
山东旅游职业学院	10	12	22
郑州旅游职业学院	9	12	21
长沙商贸旅游职业技术学院	6	8	14
桂林旅游学院	8	13	21
重庆旅游职业学院	6	8	14
云南旅游职业学院	5	8	13
总计	103	137	240

资料来源：国家旅游局官网

（七）社会影响

本报告主要从项目或荣誉的获得情况对独立建制旅游高职院校的社会影响进行分析，如国家及省级的示范性院校、骨干院校的立项和验收等。

根据相关院校官网资料，独立建制旅游高职院校中目前有1所国家示范性高职院校，1所国家骨干高职院校，1所民办高校被评为全国民办高校先进单位，2所全国职业教育先进单位，1所教育部首批职业教学现代学徒试点单位等。同时也获得多次省级荣誉称号（详见表21）。

表21 部分独立建制旅游高职院校主要项目（荣誉）获得情况统计

院校名称	项目（荣誉）
河北旅游职业学院	河北省示范性高等职业院校
黑龙江旅游职业技术学院	黑龙江优秀骨干高职院校（新增）
上海旅游高等专科学校	国家示范性高职院校
	教育部首批职业教学现代学徒试点单位（新增）
南京旅游职业学院	江苏省示范性高等职业院校（新增）
	2015年全国职业院校技能大赛江苏分赛区优秀组织奖（新增）
	2015年江苏省职业院校技能大赛先进单位（新增）
浙江旅游职业学院	国家首批示范骨干高职院校
	国家旅游标准化试点院校
	联合国世界旅游组织旅游教育质量认证的旅游院校
	教育部首批教育信息化试点单位

续表

院校名称	项目（荣誉）
浙江旅游职业学院	浙江省省级示范性高职院校
	浙江省省级现代学徒制试点单位名单（新增）
	中美高素质技能型、应用型人才联合培养百千万交流计划（新增）
江西旅游商贸职业学院	江西省示范性高等职业院校
	中华全国供销合作总社示范性高职院校
	省人民政府和国家部委确定的省部共建优秀院校
	江西省首批应用技术型本科人才培养院校
山东旅游职业学院	美国优质服务科学学会颁发的世界服务业最高奖——国际五星钻石奖
	山东省省级示范性高等职业院校建设单位
	山东省名校工程首批立项建设单位
	全国职业教育先进单位（新增）
青岛酒店管理职业技术学院	全国职业教育先进单位（新增）
	中国商业职业教育先进单位
	山东省职业教育先进单位
	山东省技能型人才培养特色名校
	全省重点建设的高素质技能型人才培养示范基地
	教育部首批教育信息化试点单位
	中美高素质技能型应用型人才联合培养百千万交流计划（新增）
郑州旅游职业学院	河南省职业教育品牌示范院校（新增）
长沙商贸旅游职业技术学院	湖南省示范性（骨干）高等职院建设单位
	湖南省卓越高职院校（新增）
桂林旅游学院	联合国世界旅游组织的重点支持单位及其教育委员会附属成员单位
	亚太旅游协会教育类会员单位
	中国-东盟旅游人才教育培训基地
重庆旅游职业学院	重庆市旅游职业教育现代学徒制人才培养模式试点单位（新增）
	重庆市大学生创新创业训练计划项目院校
陕西旅游烹饪职业学院	全国民办高校先进单位

资料来源：各相关院校官网。

三、旅游高职教育的新探索

面对新形势和新挑战，当前旅游高职教育在高职本科教育、办学机制、现代学徒制、新媒体宣传等方面做出了一些有益的探索。

（一）高职本科教育的破冰

《现代职业教育体系建设规划（2014—2020年）》明确提出，"在办好现有专科层次高等职业（专科）学校的基础上，发展应用技术类型高校，培养本科层次职业人才"。"专升本"一直是高职院校举办本科职业教育的重要途径。但一直以来，教育部对此比较谨慎。2013年原四川烹饪高等专科学校和原四川省农业管理干部学院合并成立四川旅游学院，2015年本科层次的旅游职业教育又获得突破。2015年4月28日和6月1日，教育部和广西壮族自治区人民政府先后发文，同意桂林旅游高等专科学校升格为桂林旅游学院。英语、酒店管理、会展经济与管理、工艺美术、人文地理与城乡规划、电子商务等9个专业为第一批招生的本科专业。升格后的桂林旅游学院成为本科层次职业教育的探索者。

此外，高职本科是探索本科职业教育的主要方向。近年来，全国上下掀起了高职本科办学的试点热潮。2012年至今，浙江、广东、安徽、贵州、四川、山西、天津、江苏等各省市相继在国家示范高职院校和国家骨干高职院校中分专业进行高职四年制本科试点，采用与本科院校联合办学的模式，以完善现代职教体系为目的，培养应用型本科职业人才。从试点情况看，高职本科专业大多为工科专业，经管、文学类专业较少涉及，旅游类专业极少涉及。直到2014年，旅游高职院校举办本科职业教育获得突破。2014年，江西商贸旅游职业学院以把本科酒店管理（高级管家方向）专业打造成江西省内高校同类专业的标杆为目标，成为江西省内首批试办应用本科的高职院校。同年，青岛酒店管理职业技术学院与山东工商学院合作的酒店管理专业四年制高职本科招生。山东旅游职业学院与济南大学合作的酒店管理专业四年制高职本科招生。2015年，南京旅游职业学院与南京师范大学合作举办旅游管理四年制本科。旅游高职院校举办的高职本科教育实现了重要突破。

（二）高职教育国际化的拓展

近年来，旅游高职院校在旅游教育国际化办学方面不断进行探索，取得了一些成绩，具体如下：

1. 参与国际认证

截至2016年，全国参加UNWTO认证的院校有10余所，其中高职院校有3所，浙江旅游职业学院是国内首批参加UNWTO认证的旅游高职院校之一，2006年有6个专业，2016年11个专业参加认证。另外，2015年桂林旅游学院旅游管理、酒店管理、涉外旅游（出境领队）、旅游英语、装饰艺术设计（旅游工艺品）、会展策划与管理6个专业顺利通过该组织的旅游教育质量认证。同年成都职业技术学院包括国家重点专业酒店管理专业在内的6个专业（酒店管理、旅游管理、航空服务、导游、会展策划与管理和景区开发与管理专业）等获得认证。另外，还有不少学校近期将参加该项认证。

2. 办学层次提高

随着国际化办学的深入推进，旅游高职院校更注重选择国外顶尖的旅游院校开展合作。2015年桂林旅游学院与瑞士洛桑酒店管理学院合作成立国际酒店管理学院，成为全球获得其学术体系认证的10所院校之一，这也是旅游高职教育在专业建设领域与国际知名旅游院校合作的里程碑。2015年，浙江旅游职业学院继续与澳大利亚威廉·安格里斯学院、韩国顺天乡大学、中国台湾高雄餐旅大学等15个国家和地区的28所高校建立了友好合作关系，与美国、英国、阿联酋、意大利、日本、新加坡、马尔代夫、中国澳门等地的世界顶尖品牌企业开展国际合作。

3. 国际化影响扩大

近年来，一些旅游高职院校国际化办学影响力不断扩大。2016年浙江省政府批复同意浙江旅游职业学院与澳大利亚安格里斯学院合作成立中澳国际酒店管理学院。2016年浙江省按照《浙江省高等教育国际化发展规划（2010—2020年）》的要求，实施了国际化特色高校建设工程，浙江旅游职业学院成功入选。该校中澳合作酒店管理专业项目被评为首批"浙江省示范性中外合作办学项目"，并通过了教育部教育国际交流协会的中外合作办学质量认证，2015年该校出国留学、研修、实习、访问的学生达到毕业生总数的12%。该校将通过三年的建设，以国际化为抓手提高办学质量，充分发挥特色高校的示范引领作用，努力成为旅游高职教育国际化办学的领跑者和世界高等教育改革的参与者，为浙江省及全国旅游发展提供人才、智力支持。

（三）高职办学机制的探索

1. 依章办学

2011年7月12日，教育部颁布《高等学校章程制定暂行办法》。该办法提出为完善中国特色现代大学制度，促进高等学校依法治校、科学发展，要求各高校制定本校章程。根据教育部部署，各高职院校在探索依章自主办学方面做出新探索。截至2016年，部分旅游高职院校章程获批（表22）。

表22 旅游类高职院校办学章程核准情况列表（部分）

序号	学校名称	批准部门	批准时间
1	上海旅游高等专科学校	上海市教育委员会	2015.12
2	南京旅游职业学院	江苏省教育厅	2015.12
3	浙江旅游职业学院	浙江省教育厅	2016.02
4	江西旅游商贸职业学院	江西省教育厅	2016.05
5	山东旅游职业学院	山东省教育厅	2015.12
6	青岛酒店管理职业技术学院	山东省教育厅	2016.01
7	桂林旅游学院	广西壮族自治区教育厅	2015.12

2.混合制办学

混合制办学是当前多主体办学的一种尝试，有助于丰富高职院校的办学资源，尤其是办学资金的多元化，从而使高职院校在生源、师资、经费、吸引力等方面的发展空间得到扩大，使办学资金筹集上的财政难题得到破解。

浙江旅游职业学院在混合制办学方面迈出了重要了一步。2015年，该校千岛湖校区正式招生。该校千岛湖校区最显著的特征是办学资金来源多元化，上亿元的校区建设经费由淳安县千岛湖旅游集团投入，数千万元的办学运行经费由浙江旅游职业学院投入，数百万元的建校补助经费由省级相关部门投入，形成公办高职院校、政府和行业企业共同投资举办高职教育的办学格局。这种多元化的办学资金来源产生了双重效应：一是在公办高职院校、政府和行业企业共同投资举办高职教育上进行了有效探索；二是为推动区域旅游经济发展探索了一种崭新的合作模式，即由地方企业投入办学，培养人才反哺地方。

（四）现代学徒制的尝试

2014年教育部出台《教育部关于开展现代学徒制试点工作的意见》（教职成〔2014〕9号）文件以来，各旅游高职院校开始了实施现代学徒制的探索热潮。2015年8月，教育部遴选165家现代学徒制试点单位（试点高职院校100所，试点中职校27所，试点企业8家，试点地区17个，行业试点牵头单位13家）进行试点探索。各省市也积极行动，推动省级现代学徒制试点。通过对试点专业进行分析发现，大部分参与试点专业为工科类专业，经管类和服务技能类等专业极少。独立建制旅游高职院校中仅上海旅游高等专科学校一家学校获得试点。在省级层面，有多所旅游高职院校获省级立项（表23）。

表23 旅游类专业现代学徒制试点立项情况汇总（部分）

序号	院校名称	试点情况	试点专业
1	上海旅游高等专科学校	教育部试点	烹饪与餐饮管理
2	无锡商贸职业技术学院	教育部试点	酒店管理
3	浙江商业职业技术学院	教育部试点	酒店管理
4	金华职业技术学院	教育部试点	酒店管理
5	山东商业职业技术学院	教育部试点	旅游管理
6	黄冈职业技术学院	教育部试点	烹饪工艺与营养
7	三亚城市职业技术学院	教育部试点	酒店管理
8	山西旅游职业学院	省级试点	酒店管理 烹饪工艺与营养
9	浙江旅游职业学院	省级试点	烹饪工艺与营养
10	青岛职业技术学院	省级试点	酒店管理
11	青岛酒店管理职业技术学院	省级试点	酒店管理
12	重庆旅游职业学院	省级试点	烹饪工艺与营养 旅游工艺品设计与制作

（五）有关组织影响力的扩大

1. 全国旅游职业教育教学指导委员会

2015年，全国旅游职业教育教学指导委员会在推进旅游职业教育方面做出了不少努力：

一是牵头承办了全国职业院校技能大赛旅游服务类赛。2015年，全国旅游职业教育教学指导委员会与苏州旅游与财经高等职业技术学校、山东旅游职业学院、南京旅游职业学院以及浙江旅游职业学院四校合作，举办2015年全国职业院校技能大赛高职组中餐主题宴会设计、高职组西餐宴会服务、高职组导游服务等赛项，有力推动以赛促教、以赛促学、以赛促建。

二是致力于推动中国旅游职业教育研究。2014年成功申请了3项教育部课题，2014年、2015年共批准立项16项旅游行指委项目，每年出版《中国旅游职业教育年度报告》及《旅游人才需求与专业设置报告》，开发制定专业实习标准，为推进旅游职业教育改革发展、培养高素质旅游人才提供理论支撑和智力支持。

三是推进旅游职业教育交流。2015年与山东旅游职业学院合作举办"新常态背景下旅游职业教育的创新发展"为主题的"百川论坛"。

2. 中国旅游协会旅游教育分会

2015年,中国旅游协会旅游教育分会积极作为,主要有以下几个方面:

一是连续七年举办全国旅游院校服务技能大赛。2015年大赛共有全国28个省区市的234所院校近700名选手参赛。大赛已成为覆盖中高职以及本科院校主要旅游类专业群的知名年度赛事。

二是主办首期全国旅游院校师资培训班。培训班开设"旅游管理""酒店管理"和"会展经济与管理"3个专业,共有全国25个省区市155所院校的473位教师参加了培训,其中高职院校教师约占23%。学员对培训班的专业程度、教学技巧、课程设计、自我评价、后勤服务等方面都给予了很高评价。

三是开展旅游教育研究。2015年,中国旅游协会旅游教育分会立项完成了旅游专业建设和人才培养质量专题研究课题。其中《旅游高职高专院校核心专业竞争力评价指标及排名研究报告》对促进旅游类专业内涵建设起到积极作用;《旅游高校毕业生行业胜任能力研究》建立了较为科学的旅游高等教育评估模型等。

四是主办首届全国高等院校旅游创新策划大赛。大赛设置"旅游目的地创意策划"和"奖励旅游创意策划"两个板块。共有232所高校的593支参赛队报名参加,是推动旅游高校创新创业教育改革的一次尝试。

五是举办主题为"促进旅游与酒店业学术研究"的第二届中国旅游管理博士学术训练营,来自中国内地、中国港澳、新西兰、泰国、菲律宾等国家与地区的57名旅游与酒店管理专业在读博士生参加。

六是举办第二届三次理事会暨"旅游教育目标的思考:科学与社会"2015年中国旅游教育论坛。研讨新形势下我国旅游教育的改革发展思路,加强旅游学科建设,提升旅游教育水平。

3. 中国旅游院校"五星联盟"

2015年,中国旅游院校"五星联盟"继续加强校际合作,形成了较为稳定的研讨机制,共同深入分享教学改革经验,整合教育资源,打造中国旅游高等职业教育的"常青藤联盟"。

一是在旅游高职院校人才培养层面,中国旅游院校"五星联盟"按期召开书记、校长论坛,就"新常态下的旅游高职院校思想政治教育工作"和"全国高职高专旅游院校旅游类专业核心竞争力评价指标体系、新常态下的旅游职业教育改革与发展"等话题开展了专题研讨；召开继续教育工作研讨会，商讨建立跨校区"精品培训师资"共享机制、联合开发"线上特色培训课程"体系等。

二是在专业建设层面，中国旅游院校"五星联盟"首次尝试主办了"首届中国旅游院校五星联盟+酒店管理"论坛，围绕酒店管理专业人才培养方案制订、教师队伍建设、学生综合管理、酒店管理专业论坛章程等议题进行深入交流。

三是在学生工作层面，2015年中国旅游院校"五星联盟"院校在郑州旅游职业学院举办了学生工作研讨会，针对学工队伍建设等工作进行了经验分享，并在河南郑州举行了定向越野、急救知识技能比赛、创新创业成果展示交流会和师生联谊活动等。

（六）新媒体宣传的崛起

近年来，旅游高职院校的QQ、微信、微博等自媒体及网络化数字媒体等媒体蓬勃发展，并取得相对传统媒体更大的传播影响力，成为高职院校宣传的主要阵地。旅游高职院校积极利用新媒体开展对外宣传，塑造高校品牌，引领大学文化，同时应对各类突发事件，扩大旅游教育影响力，取得了较好的成效。

如23所独立建制的旅游高职院校，大部分建立了官方微博或公众微信号（如表24所示），部分院校新媒体宣传取得较好成绩。2014年，南京旅游职业学院参加江苏省教育厅官方微博微信主题活动，荣获"优秀组织单位"奖。2015年12月，新浪网2015年度山东教育新媒体官方平台榜单发布，山东旅游职业学院官方微信被评为2015年度山东高职院校最具影响力微信公众平台。根据2015年《中国青年报》周度全国职业院校100强名单统计，独立建制旅游高职院校中青岛酒店管理职业技术学院官微和浙江旅游职业学院官微排名进入前百强频次最多。2016年6月，《中国青年报》2015年度全国职业院校100强名单发布，浙江旅游职业学院官微上榜。

表24 独立建制旅游高职院校新媒体运营账号汇总

序号	院校名称	官方微博	微博粉丝	公众微信号
1	河北旅游职业学院	河北旅游职业学院http://weibo.com/hebeilvyouxueyuan	439	HBTVC-1950
2	山西旅游职业学院	山西旅游职业学院微博校园http://weibo.com/u/1927006062	4909	shanxilvyouzhiye
3	太原旅游职业学院	—	—	lvyouzhiye
4	黑龙江旅游职业技术学院	—	—	—
5	上海旅游高等专科学校	上海旅游高等专科学校http://weibo.com/u/3860501986	900	—

续表

序号	院校名称	官方微博	微博粉丝	公众微信号
6	南京旅游职业学院	南旅院宣http://weibo.com/u/3876413202	1243	njlvyouzhiyexueyuan
7	浙江旅游职业学院	浙江旅游职业学院http://weibo.com/u/3794309423	5232	zjlyzyxy
8	浙江舟山群岛新区旅游与健康职业学院	—	—	—
9	安徽旅游职业学院	民办安徽旅游职业学院http://weibo.com/aly10dy	364	—
10	江西旅游商贸职业学院	江西旅游商贸职业学院微博汇http://weibo.com/330100120	2586	jxlysmzyxy
11	山东旅游职业学院	山东旅游职业学院http://weibo.com/shandonglvyuan	4100	dashanlv
12	青岛酒店管理职业技术学院	—	—	hismile1945
13	郑州旅游职业学院	郑州旅游职业学院http://weibo.com/zzlyzyxy	987	—
14	郑州商贸旅游职业学院	郑州商贸旅游职业学院http://weibo.com/zzvcct	464	—
15	三峡旅游职业技术学院	三峡旅游职业技术学院http://weibo.com/u/5395856733	175	gh_496233bb455d
16	湖南高尔夫旅游职业学院	湖南高尔夫旅游职业学院http://weibo.com/u/2782107570	382	—
17	长沙商贸旅游职业技术学院	—	—	—
18	广东酒店管理职业技术学院（筹）	—	—	—
19	桂林旅游学院	桂林旅游学院http://weibo.com/u/3904753283	2620	GLTU1985
20	三亚航空旅游职业学院	—	—	gh_a1307868fa44
21	重庆旅游职业学院	重庆旅游职业学院http://weibo.com/cqvit	5576	—
22	云南旅游职业学院	—	—	gh_c07966ea71ea
23	陕西旅游烹饪职业学院	—	—	sxlyprzyxy01

四、旅游高职教育热点思考

这几年来,在高职教育发展受到重视的大背景下,一些热点问题受到广泛关注。

(一)旅游高职院校是否要"升本"

所谓旅游高职院校"升本"主要有两方面含义:一是学校整体由大专层次升格为本科,主要如2013年四川烹饪高等专科学校升格为四川旅游学院;2015年桂林高等专科学校升格为桂林旅游学院。二是高职院校联合本科院校开办部分本科专业,如南京旅游职业学院、山东旅游职业学院等。随着部分旅游高职院校"升本"成功,其他旅游高职院校是否"升本"成为一个日益受到各省旅游高职教育界广泛关注的热门话题。"升本"话题之所以受到旅游高职院校高度关注,主要有以下几个方面的因素:

其一,旅游业发展需要大量本科层次的职业人才。旅游业目前本科层次人才数量难以满足行业发展需要。以对学历要求相对较高的管理人才为例。根据2015年浙江省酒店人才现状抽样调查数据,浙江省酒店管理人员中研究生及以上学历者仅占0.7%,本科学历占比为15.13%;旅行社管理人员中本科学历占比为31.28%,研究生及以上学历仅占0.81%,景区管理人员中研究生及以上学历仅占1.77%,本科学历占比为34.43%。

其二,教育部门从战略高度已经认识到本科层次职业教育的重要性。2014年,教育部等六部门联合颁布的《现代职业教育体系建设规划(2014—2020年)》明确提出,"在办好现有专科层次高等职业(专科)学校的基础上,发展应用技术类型高校,培养本科层次职业人才"。

其三,旅游高职院校发展旅游本科职业教育有其自身优势。高职院校一般有丰富的校企合作资源、实践教学设施设备、实训师资条件,有重视实践教学的传统和经验等,这些都是普通本科院校发展旅游类本科职业教育所难以满足的条件。而且,由于办学层次的局限性,一些具有较强实力的旅游高职院校在生源、发展空间方面受到较大限制,办学优势难以得到有效的发挥,其发展受到严重局限。

尽管升本问题具有较强的现实意义,也受到高职旅游教育界的高度关注,但是各级教育部门对于旅游高职院校"升本"仍持谨慎态度。目前只有处于中西部的两所旅游高职院校整体升格为本科,大部分探索四年制高职本科的省份,以工科类专业为主,旅游类专业较少。那么未来旅游类高职教育到底是否要升本?各级教育部门如何面对院校升本的愿望?这是摆在旅游高职院校、教育部门面前的现实问题。

我们认为,高职教育界应当建立一种适度的教育竞争机制,通过适度竞争分配资源，从而优化教育资源配置，提高教育质量。具体而言，就是在现有高职院校整体"升本"受限制的现有框架下，优先推动旅游高职院校和本科院校合作开办旅游类本科专业，全国形成一定规模，以在本科应用教育体系中引进高职院校办学资源及优势，通过旅游高职院校主导的本科教育与本科院校主导的本科教育两者进行竞争，推动本科院校重视本科职业教育，在竞争中自然淘汰部分办学成效不高的本科院校或专业，优化教育资源配置，提升整体教育质量。

（二）旅游类高职如何深化校企合作育人

校企合作育人是旅游高职院校年年讲、月月讲都不过分的话题。随着旅游类高职教育的发展，校企合作育人形式不断创新，从订单班到企业制学院，以及最近教育部推出现代学徒制实践等；校企合作内容从顶岗实习到工学交替，从技术技能培训到技术研发与服务等。毋庸置疑，旅游高职院校企合作得到深入推进，尤其是校企合作育人对于促进高职教育改革，提升实践教学质量起到了重要作用。但是，不可否认的是，尽管形式不断创新，内容不断丰富，但是校企合作育人实质性进展却鲜有突破，校方与业界一头热一头凉的现象仍比较突出，个中缘由值得深入思考。

校企合作育人难以取得实质性突破的直接原因在于双方利益难以达成交集。对于旅游企业而言，参与校企合作育人有长远利益和短期利益之分。就前者而言，旅游企业最大利益在于通过合作育人，确保从院校招聘更多优秀人才。就后者而言，企业希望能搭便车，即学校能尽可能为自己提供熟练劳动力，自己尽量少付出实习生指导成本，从而降低人力成本。在旅游企业普遍微利的时代，这种愿望更加强烈。就院校而言，只有校企合作育人，方能进一步提高人才实践能力和职业素养，从而为劳动力市场提供更多优秀人才。从这个意义上说，院校与企业长期利益一致。但是企业短期利益与院校却明显不一致，在校企合作育人过程中，学校需要企业提供实习岗位，配置指导老师，因而企业需要付出额外的人力成本。旅游企业是基于长期或短期利益和院校开展合作，这是决定校企合作育人成败的关键所在。基于短期利益的校企合作育人活动，不管形式怎样创新，企业由于倾向于搭便车，不愿意付出额外育人成本，合作育人往往流于形式，难以深入。

旅游企业愿意搭便车，从现象看是利益权衡问题，但是实际上还有更深层次的社会原因。目前，中国旅游劳动力市场人员流动性非常大，旅游企业付出成本投入校企合作为他人培养人才的可能性大大增加。如果每一个企业都为他人作嫁衣倒也无妨。问题在于，有不少企业坐享其成，不愿意付出成本培养实习生，而仅仅靠挖人，由此，恶性竞争形成。在这样的环境中，旅游企业即使参与校企合作育人，其长期利益也未必能够得到保障，因而很多旅游企业往往不愿意深度参与校企合作育人。这往往是目前校企合作育人难以深入开展的社会原因。

如何克制搭便车行为，促使企业参与校企合作育人，即使投入高额成本也在所不惜呢？放眼世界，德国的学徒制是这方面做得最为成功的典范，可以为我们提供很好的借鉴。根据美国著名学者福山的分析，德国学徒制得以成功克制搭便车现象，主要有以下几点：一是学徒制训练计划几乎是百分之百普及，一家公司投入许多时间和精力去训练学徒，即使这个学徒日后离职，该公司也有把握能从其他公司聘来接受过同等训练的人才。二是所有雇主都承受强烈的社会压力，他们必须给予实习学徒最好的训练，搭便车的公司须面对外界强烈的排斥，主要是来自工会、协会、教会、政府等各种力量施加的压力，甚至法律制裁等。①这样，企业和学徒制学校之间通过各种中间组织以及政府的纽带形成坚固的责任共同体，任何企业逃避培养学徒的责任都将面临极大风险，从而遏制住单个企业搭便车行为。

总之，从德国学徒制的成功经验看，成功推进校企合作育人的关键不仅仅在于合作形式的创新，更在于整个社会要形成政府、企业、院校、民间组织的责任共同体，而不仅仅是利益共同体，从而形成好的能遏制住单个企业搭便车行为的游戏规则，确保追求短期利益行为得到遏制。就目前情况而言，责任共同体以及好游戏规则的形成，其关键不在企业自身，而在于相关政府部门是否主动承担责任，从而引导和督促各方承担责任。这才是解决问题关键之所在。

（三）旅游类高职如何推进内涵建设

内涵建设相对规模扩张而言。我国高职教育自20世纪初快速发展以来，前十年都处于快速发展的时期，主要是院校规模快速发展。进入2010年以后，高等教育扩张开始放缓，教育部门逐步引导院校将发展重点引入到内涵建设上来。但是，内涵建设到底是什么？内涵建设如何做？从理论上讲，这些似乎都不是问题，但从实际运行情况来看，这些问题的答案又似乎不太清晰。我们认为，内涵建设阶段是在规模发展已经完成，实际上是教育基本设施设备大致建成之后的发展阶段。如果说规模扩张阶段，高职院校重点关注教学设施设备、校园设施、师资数量等基本建设的话，内涵建设阶段，高职院校重点关注的应是个性化特色建设。具体而言，主要应从特色化、系统化、规范化三方面着手。

其一，特色化。特色化是旅游高职院校的核心竞争力，是区别于其他旅游高职院校，甚至其他高职院校的核心因素。特色化意味着旅游高职院校在平衡发展的基础上，更加注重优势发展，应该进一步深化旅游特色，围绕旅游业，在人才培养、师资

---

① 佛兰西斯. 福山. 信任：社会道德与繁荣的创造［M］. 李宛蓉译. 呼和浩特：远方出版社，1998：257-259.

队伍建设、专业建设、实验室建设等多方面做精、做专、做细、做强。

其二，系统化。系统化是落实特色化的重要保障。系统化是将特色做精、做专、做细、做强的可靠途径。系统化要求旅游高职院校注重质量提升，由关注点上的特色成果到关注面上，乃至整体上的特色整合与提升。系统化的建设思路中，落实就是创新，需要将已有的建设成果慢慢消化、慢慢落实、慢慢推广。

其三，规范化。规范化是将特色化建设常态化运行的重要保障。规范化主要体现在流程化、标准化、制度化上。很多措施之所以难以落实，或者即使落实也是昙花一现，在很大程度上是因为缺乏足以支撑的制度条件和完善流程。高职教学质量之所以难以有效提高的一个制约因素，就是目前不少院校教学质量标准流于形式，未能有效建立起教学质量的基本底线等。

毋庸置疑，内涵建设是当前及未来高职教育发展的重点方向。就旅游类高职教育而言，院校无疑是推动内涵建设的主要力量。那么政府部门在其中需扮演什么角色呢？我们认为，政府相关部门应该根据内涵建设的需要提供必要的经费、行业政策支持以及制度环境的营造。首先是经费支持。这方面已经引起国务院、教育部门、财政部门等相关部门高度重视。2014年国务院颁发《关于加快发展现代职业教育的决定》（国发〔2014〕19号）中明确提出："各级人民政府要建立与办学规模和培养要求相适应的财政投入制度，地方人民政府要依法制定并落实职业院校生均经费标准或公用经费标准，改善职业院校基本办学条件。"同年，财政部颁发《关于建立完善以改革和绩效为导向的生均拨款制度加快发展现代高等职业教育的意见》（财教〔2014〕352号），提出"2017年各地高职院校年生均财政拨款水平应当不低于12000元"。此外，还通过专项建设项目形式对高职院校内涵建设给予支持。其次，行业政策支持。就旅游高职院校而言，国家旅游局给予了相应的政策支持。2015年，国家旅游局与教育部联合下发《加快发展现代旅游职业教育的指导意见》（旅发〔2015〕241号），从优化专业结构、丰富办学类型、完善专业课程体系、加强实践性教学、深化校企合作、加强"双师型"教师培养、提升国际化水平、开展创新创业教育等方面提出了一些指导意见和扶持措施。最后，环境营造。内涵建设由于侧重特色化发展，在教学基本建设已经完成的前提下，不需要过于强调全面发展和综合实力考核。这对于教育部门的管理提出了新的更高要求，这就需要教育部门尽量不要用一个统一的标准去评价所有高职院校，不要用综合实力强弱评价所有院校。总体而言，这就需要各级教育部门建立一种鼓励个性化发展的管理制度，尤其是考核制度，营造一种激励个性化发展的相对宽松的制度环境。

（四）旅游高职教育质量如何进行第三方评价

如何开展高职教育质量的评价，从而促进教育质量提升，这是一个颇受关注的话题。教育部在《高等职业教育创新发展行动计划（2015—2018年）》中提出支持第三方进行教育质量评价，"支持第三方撰写发布国家高等职业教育质量年度报告"，具体方式如"支持对用人单位影响力大的行业组织开展专业层面的教学诊改试点，以行业企业用人标准为依据，通过结果评价、结论排名、建议反馈的形式，倒逼职业院校的专业改革与建设"。可见，行业组织开展专业层面的教学质量评价是实施第三方教育质量评价的重要内容之一。

一些民间行业或专业组织或机构在进行第三方专业教育质量评价方面做出了初步的尝试。2015年5月，浙江省旅游发展研究中心发布了《浙江省高职院校旅游专业核心竞争力排行榜》，这是全国首个关于高职院校旅游专业核心竞争力的排行榜，对于推动浙江省旅游类专业交流、提高专业建设水平具有重要意义。之后，2015年12月，中国旅游协会旅游教育分会和浙江省旅游发展研究中心联合发布了《旅游高职高专院校核心专业竞争力评价指标及排名研究报告》。该报告对全国22所独立建制的旅游高职院校开设的13个旅游类核心专业竞争力进行评价并排名，是国内首个对全国旅游高职院校核心专业竞争力进行横向比较的排行榜，对推动全国旅游高职院校加强了解和交流具有重要意义，也为各地教育部门了解旅游高职教育发展现状提供相对客观的分析评价，同时为广大考生报考旅游类专业及院校提供参考。该报告的评价指标体系综合参照《英国泰晤士报》与《英国泰晤士高等教育专刊》的大学排名（QS）、《美国新闻与世界报道》的大学排名（USNWR）、教育部高职高专院校人才培养工作水平评估等10余项国内外知名排名指标体系，包含"专业规模、专业生师比、高级职称比、新生报到率、毕业起薪率"及一个加分项目（即"5+1"评价指标体系）。该报告的起草、论证过程得到旅游部门、院校等方面的大力支持。2015年2月，浙江省旅游协会旅游教育分会在桐乡乌镇召开研讨会，专题讨论和研究核心专业竞争力评价指标体系，来自浙江省旅游局、浙江大学、浙江师范大学、浙江省旅游培训管理中心、浙江商业职业技术学院等单位的领导、专家对项目开展提出了意见和建议，并对评价指标体系进行了修正。同年10月，中国旅游协会教育分会在杭州千岛湖举行专家研讨会，对评价指标体系及22所旅游高职高专院校排名情况进行了论证。报告发布以后，各相关院校第一时间转载报告内容，"新浪·浙江教育"等网络媒体也积极转载，引起了旅游高职院校和社会各界的关注，产生了较大社会影响。

民间相关组织的第三方教育质量评价无疑对教育部门主导的教育质量评价是一

种重要补充。未来还需要进一步深化第三方质量评价的研究，包括评价指标、评价方法的设计等。在此基础上，未来还可以进一步拓展评价的范围，由目前对22所主要旅游高职院校进行评价拓展至三个排行榜，即独立建制旅游高职院校办学竞争力排行榜、前100个高职旅游类院系竞争力排行榜、前100个旅游类专业竞争力排行榜等。

参考文献

［1］国务院．关于加快发展现代职业教育的决定（国发〔2014〕19号）［EB/OL］．http：//www．gov．cn/zhengce/content/2014-06/22/content_8901．htm．

［2］教育部．2015年教育部高职高专招生目录［EB/OL］．http：//www．zyyxzy．cn/index．shtml．

［3］教育部．高等职业教育创新发展行动计划（2015—2018年）［EB/OL］．http：//news．jyb．cn/info/jyzck/201511/t20151103_641792．html．

［4］教育部．普通高等学校高等职业教育专科（专业）目录（2015年）［EB/OL］．http：//www．moe．edu．cn/srcsite/A07/moe_953/moe_722/201511/t20151105_217877．html．

［5］财政部．关于建立完善以改革和绩效为导向的生均拨款制度加快发展现代高等职业教育的意见（财教〔2014〕352号）［EB/OL］．http：//jkw．mof．gov．cn/zhengwuxinxi/zhengcefabu/201411/t20141128_1161021．html．

［6］国家旅游局，教育部．加快发展现代旅游职业教育的指导意见（旅发〔2015〕241号），http：//www．cnta．gov．cn/zwgk/tzggnew/gztz/201511/t20151104_750678．shtml．

［7］佛兰西斯．福山著．信任：社会道德与繁荣的创造［M］．李宛蓉译．呼和浩特：远方出版社，1998．

［8］徐顺意．旅游高等教育国际化研究［D］．大连：辽宁师范大学，2011．

［9］刘陆燕，仝泽柳．高职旅游管理专业现代学徒制的实践与研究［J］．旅游纵览（下半月），2016，04：269．

［10］朱蒙玲．新时期高校教育管理创新的思考［J］．淮南职业技术学院学报，2016（3）：45-49．

［11］严玮．新媒体时代高职院校新闻宣传工作的路径选择与创新［J］．新闻研究导刊，2016，（10）：332．

［12］赵志群，陈俊兰．现代学徒制建设——现代职业教育制度的重要补充［J］．北京社会科学，2014（1）：28-32．

［13］高娜，赵路明．微博在高校教育管理中的创新应用探索［J］．亚太教育，2015（23）：292．

［14］崔剑生．国际化背景下旅游职业教育人才核心竞争力培养研究［J］．辽宁经济管理干部

学院.辽宁经济职业技术学院学报,2015(4):103-105.

[15] 梁滨,邓毅.高等教育国际化:发展与创新[J].河南商业高等专科学校学报,2015,(4):102-106.

[16] 杨军.高职院校办学体制机制创新的深层次思考[J].教育与职业,2015(29):31-33.

[17] 智文媛,解嵘.微博、微信在高校教育管理中的创新运用[J].知识文库,2016,(10):37-38.

中国旅游中等职业教育年度报告
（2014—2015）

广东旅游职业技术学校课题组[①]

近五年来，我国旅游中职教育年均为行业、社会输送实用型人才近12.47万人，是我国旅游专业人才培养的重要组成部分。由于学龄人口减少和高职教育扩大等因素，我国中职旅游教育招生规模从2013年开始出现下滑，但高位维持的市场需求量和教育标准化的明显提高，带动旅游中职教育持续提升办学的科学化、规范化和产教融合的程度，教育教学质量明显提高。

[①] 课题负责人：董家彪、陈烨。
董家彪：中国旅游协会旅游教育分会副会长，广东省旅游职业技术学校校长。
陈烨：广东省旅游职业技术学校副校长。
主笔人：许静波、张琼、邓敏、林贤东。
许静波：安徽师范大学人文地理专业，硕士研究生，广东省旅游职业技术学校讲师。
张琼：华南师范大学古代文学专业，硕士研究生，广东省旅游职业技术学校讲师。
邓敏：国家旅游局"万名英才"培养对象，广东省中小学"百千万人才培养工程"培养对象，广东省旅游职业技术学校高级讲师。
林贤东：国家旅游局"万名英才"培养对象，中国社会科学院博士，广东省旅游职业技术学校讲师。

一、全国旅游中等职业教育基本情况①

(一)教育规模

1. 学校数量不稳定

全国旅游中职教育学校数量持续4年减少。2015年,全国旅游中职教育共有学校789所②,较2014年减少144所,较2013年减少了211所。学校数量的减少,一方面,是因为适龄人口减少;另一方面,部分学校在市场竞争中由于办学质量不高而面临招生困难,也导致了学校的优胜劣汰(图1)。

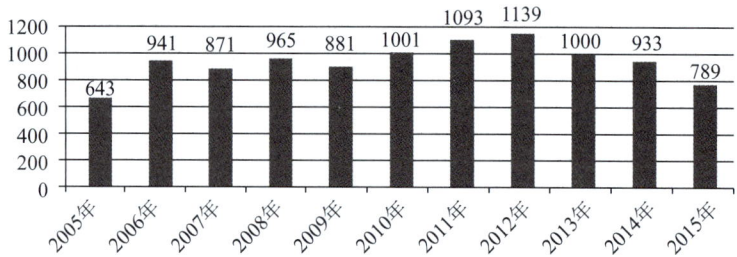

图1 2005—2014年全国旅游中职学校数量变化(单位:所)

---

① 本报告关于全国旅游教育的统计资料采自国家旅游局人事司统计资料:
国家旅游局人事司2015年7月7日发布《2014年全国旅游教育培训统计》
http://www.cnta.gov.cn/zwgk/tzggnew/gztz/201507/t20150707_720390.shtml;
国家旅游局人事司2014年6月10日发布《2013年全国旅游教育培训统计》
http://lyrc.cnta.gov.cn/show_gonggao.aspx?id=26;
国家旅游局人事司2013年3月25日发布《2012年全国旅游教育培训统计基本情况》
http://www.cnta.gov.cn/html/2013-3/2013-3-25-14-14-81891.html;
国家旅游局人事司2012年7月9日发布《2011年全国旅游教育培训统计基本情况》
http://www.cnta.gov.cn/html/2012-7/2012-7-9-13-56-84217.html;
国家旅游局人事司2011年9月14日发布《2010年全国旅游教育培训统计基本情况》
http://www.cnta.gov.cn/html/2011-9/2011-9-14-11-42-61705.html;
国家旅游局人事司2010年7月5日《关于印发〈2009年全国旅游教育培训统计基本情况〉的通知》(旅人函[2010]42号);
http://www.cnta.gov.cn/html/2010-7/2010-7-5-10-23-45606.html;
国家旅游局人事司2009年6月15日《关于印发〈2008年全国旅游教育培训统计情况〉的通知》,
http://www.law-lib.com/fzdt/newshtml/23/20090630112859.htm。
② 注:包括完全的中职学校和设旅游相关专业的学校。

2. 学生总数回升 15%

2015年，全国旅游中职教育在校生22.6万人，较2014年减少了9.27万人。2013年以来，全国旅游中职教育学生数量大幅度下降，降幅达44%。2014年招生数量回升，但较近10年来的峰值仍减少了17.85万人，降幅近36%（图2）。

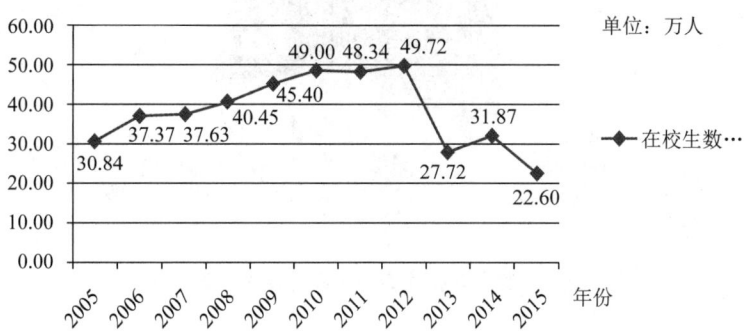

图2　2005—2015年全国旅游中等职业教育在校生数量变化（单位：万人）

2014年，旅游中职教育招生数量招生12.3万人，较2013年增加0.6万人；2015年招生9.3万人，较2014年减少了3万人，为近7年最低水平（图3）。

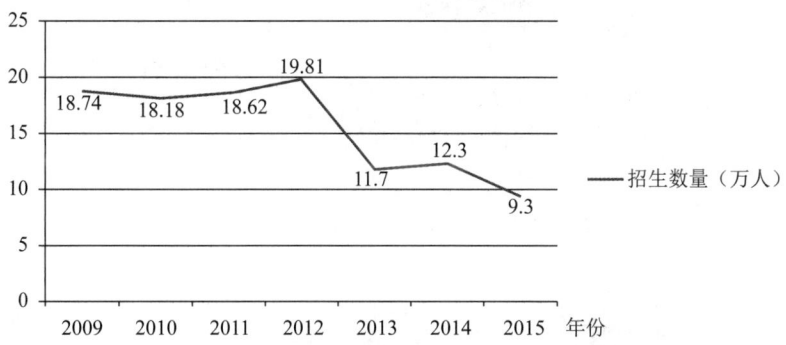

图3　2009—2014年全国旅游中等职业教育招生数量变化（单位：万人）

（二）专业分布

1. 招生专业分布基本稳定

2014年、2015年旅游中职教育招生专业分布情况基本稳定：旅游服务与管理专业招生数量最高，为4.99万人；高星级饭店运营与管理专业居第二位，为3.16万人。

2014年，旅游外语专业全国共招生8651人，导游服务专业全国共招生7492人，会展服务与管理专业全国共招生970人，其他相关专业全国共招生2.44万人（图4~图6）。

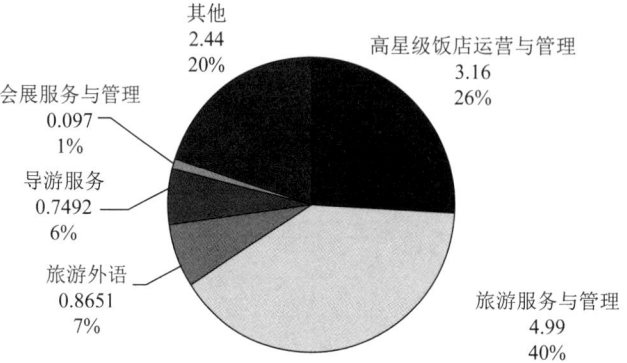

图4　2014年招生专业分布（单位：万人）

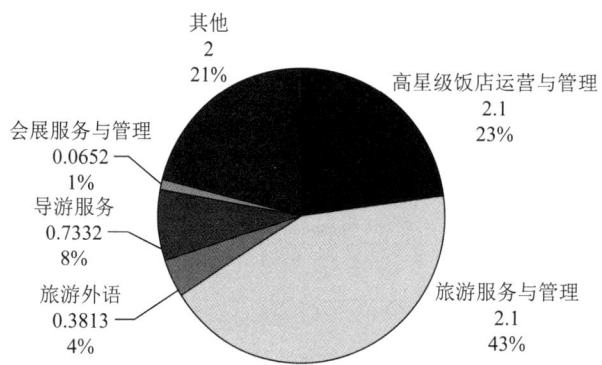

图5　2015年招生专业分布（单位：万人）

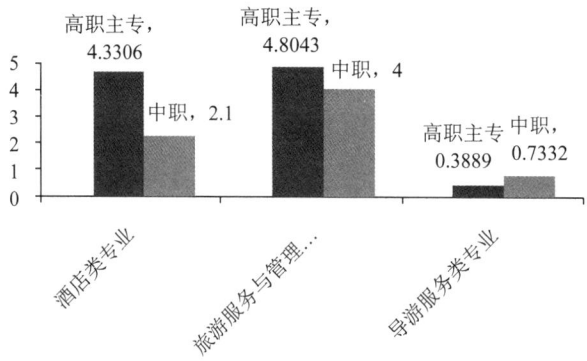

图6　三大类专业中职和高职高专招生对比（单位：万人）

和高职高专类院校相比，中职旅游教育酒店类专业招生比高职高专少 2.23 万人，占招生总量的 23%；中职旅游教育旅游服务与管理类专业招生比高职高专多 8043 人，占招生总数的 43%；中职旅游教育导游类专业招生比高职高专多 3443 人，占招生总数的 8%。

2. 毕业生专业分布

在毕业生供给方面，2014 年中职旅游管理类专业全国毕业生 10.88 万人，其中高星级饭店运营与管理专业全国毕业 2.56 万人，旅游服务与管理专业全国毕业 4.71 万人，旅游外语专业全国共毕业 9049 人，导游服务专业全国毕业 8540 人，会展服务与管理专业全国毕业 736 人，其他相关专业全国共毕业 1.77 万人（图 7 和图 8）。

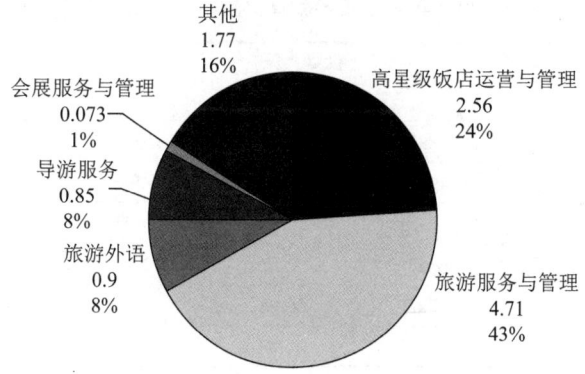

图7　2014年毕业生专业分布（单位：万人）

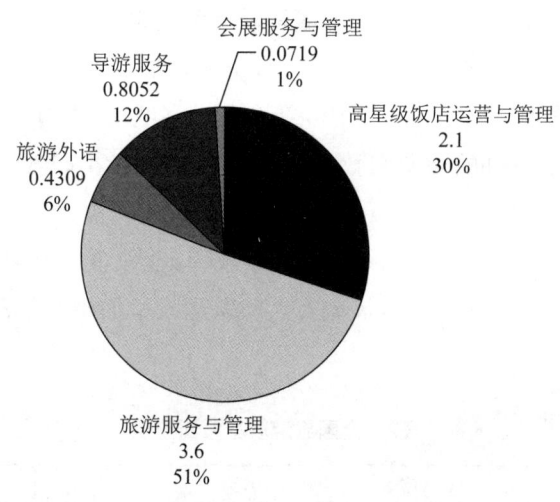

图8　2015年毕业生专业分布（单位：万人）

(三) 师资规模

国家旅游局网站发布的2014年、2015年全国旅游教育培训统计数据未涉及当年全国旅游中职教师数量情况，参照此前五年（2008—2012年）统计数据，考虑招生规模较2012年缩小的因素，2014年全国旅游中等职业学校专职教师规模在2万人左右。

对比2008—2012年中等旅游教育和高等旅游教育师资变化，高等旅游教育师资规模逐年稳定微升，中等旅游教育师资数量则基本持平。目前，中等旅游教育师生比例较高等旅游教育师生比例略高，为1∶25（表1）。

表1 2008—2012年全国旅游教育中高职师生比（单位：万人）

类别	年份	2012	2011	2010	2009	2008
中职学校	教师数（万人）	1.97	1.97	2	2.04	1.99
	学生数（万人）	49.72	48.34	49	45.4	40.5
	师生比例	1∶25	1∶25	1∶25	1∶22	1∶20
高等院校	教师数（万人）	2.47	2.53	2.4	2.21	1.78
	学生数（万人）	57.62	59.98	59.6	49.8	44
	师生比例	1∶23	1∶24	1∶25	1∶23	1∶25

(四) 集团化办学

近年来，我国职业教育产教融合深度发展，各地职业院校深化校企合作，尝试建立产教融合长效机制，整合、共享优质教育资源初显成效。大批职教集团的成立是产教融合改革发展的成果，目前，我国共有旅游类（含餐饮）职教集团56个，其中，由中等职业学校牵头承办的旅游职教集团28个，占旅游类职教集团50%。目前，黑龙江、沈阳、河北、陕西、甘肃、河南、江苏、浙江、福建、广东、湖南、贵州云南、重庆、海南等省（市）均有由中等职业学校牵头承办的旅游职教集团。

本课题组针对243所中职校开展调查，28%学校参加相关职教集团，职教集团参加率较低（表2）。

表2 全国旅游职教集团数量

序	名称	序	名称	序	名称
1	黑龙江省商贸旅游职业教育集团	2	吉林北方旅游职业教育集团	3	白山市旅游职业教育集团[※]

续表

序	名称	序	名称	序	名称
4	长春市旅游职业教育集团	22	河南省旅游职业教育集团	40	福州烹饪职业教育集团※
5	吉林餐饮职业教育集团	23	河南旅游管理高等职业教育集团	41	三明市商贸旅游职业教育集团※
6	沈阳市旅游职业教育集团※	24	河南旅游管理高等职业教育集团	42	南平市旅游职业教育集团※
7	河北省旅游职业教育集团	25	安徽省旅游类人才培养校企合作联盟	43	宁德市旅游职业教育集团※
8	秦皇岛旅游职业教育集团	26	江苏餐饮职业教育集团	44	福州市旅游校企合作联盟
9	石家庄市旅游烹饪职业教育集团※	27	江苏旅游职业教育集团	45	湖南商贸旅游职业教育集团※
10	天津市旅游酒店职业教育集团	28	常州旅游职业教育集团※	46	湖南商贸旅游职业教育集团※
11	山西旅游职业教育集团	29	无锡市旅游职教集团※	47	贵州省旅游职业教育集团※
12	西安旅游职业教育集团※	30	南通市旅游职业教育集团※	48	玉溪旅游职业教育集团※
13	兰州旅游职业教育集团※	31	杭州旅游职校教育集团※	49	云南旅游职业教育集团
14	天水旅游职业教育集团	32	浙江旅游职业教育集团	50	大理州旅游职业教育集团※
15	新疆特色餐饮校企合作职业教育集团	33	慈溪市旅游职业教育集团※	51	广东省餐饮职业教育集团※
16	成都旅游职业教育集团	34	鄞州区烹饪职业教育集团	52	广州旅游商务职业教育集团※
17	乐山旅游职业教育集团	35	宁波旅游会展产学研合作教育联盟	53	广东旅游职教集团※
18	重庆旅游职业教育集团※	36	江西旅游商贸职业教育集团	54	清远旅游职业教育联盟
19	湖北旅游职业教育集团	37	福州旅游职业教育集团※	55	海南旅游职业教育集团※
20	湖北省酒店管理职教集团	38	漳州市旅游烹饪职业教育集团※	56	三亚旅游人才校企合作战略联盟
21	荆州市旅游职教集团	39	福建旅游职业教育集团※		

注：带※的职教集团由中等职业学校牵头成立。

（五）教育教学改革

人才培养目标突出职业性、行业性和区域性特点，校企合作、工学结合的人才培养模式呈现多样性和灵活性。

1. 办学目标日益明确

在目标定位上，主动适应国家教育发展政策以及社会经济发展要求，培养面向旅游行业生产、建设、管理、服务第一线的初、中级技术应用型人才。在学科专业定位上，突出行业特色，以旅游服务与管理专业、高星级饭店运营与管理专业为核心，开设了中餐、西餐、面点、旅游英语、旅游日语、旅游会计、旅游艺术等与旅游行业相关的专业十多个，形成旅游专业群，为行业培养实用型人才。

2. 工学结合丰富多样

工学结合的人才培养模式成为改革活跃区，广东省旅游职业技术学校推行的"岗学对接，四级递进"旅游人才培养模式，陕西省旅游学校探索的"冠名班"订单培养新模式，此外，山东、浙江、江苏等旅游职业教育发达的省份职业学校组建了旅游职业教育集团，探索"集团化办学"人才培养模式，积累了可供复制移植的办学经验。

3. 校企合作逐渐深入

一是校企双赢成效显著，学校根据企业需求培养实用型人才，按企业对人才标准的需求，调整人才培养方案，企业获得满足岗位要求、忠于企业的高技能人才并进行有效的人才储备。二是校企合作形式多样，成立教学指导委员会、企业建立实习基地、校内实训场所建设、校企联合开展项目研究、校企联合办赛、校企联姻办学堂（企业课堂）、为旅游企业开展各种层次的职业培训、为旅游企业进行"订单式"人才培养等。三是机制化运作趋势明显，部分学校成立专门机构并指定专人来负责校企合作，致力于建立校企合作长效机制。

（六）就业情况

本课题组对我国243所中职学校开展调查，88.4%建立了毕业生就业信息跟踪调查制度，2014年，旅游专业毕业生就业率为90.5%，78.5%的毕业生选择留在本省就业。

在毕业生流动率方面，调查结果显示：在243所学校中，2013届学生毕业一年后行业内流动比例在10%以下的有40所，11%~20%的有53所，21%~30%的有62所，31%以上的有88所。

在毕业生待遇方面，243 所参加调查的学校上报数据显示：2013 年毕业生就业一年后，有 55 所学校的毕业生平均月收入在 3000 元以上，126 所学校的毕业生平均月收入在 2001~3000 元，52 所学校的毕业生月收入在 1501~2000 元，10 所学校的毕业生月收入在 1500 元以下。

二、中职旅游教育存在的问题

（一）地区发展不平衡格局未打破

1. 各省市中职旅游教育的规模长期保持不平衡状态

排除地区生源数量的因素，中职旅游教育规模和地区现代旅游业发展程度基本相称，以 2012 年统计结果为例：广东、四川、浙江三省中职旅游专业在校生规模超过 15000 人，是传统的中职旅游人才"高产区"；重庆、广西、海南、云南四省（市区）中职旅游专业在校生规模在 9500 万~15000 万人，是传统的中职旅游教育活跃区；山东、湖南、湖北、江苏、黑龙江、河南六省市中职旅游专业在校生规模在 4000~8000 人，招生规模相对稳定；陕西、上海、福建、河北、山西、北京、天津、辽宁、贵州、安徽、甘肃等省市中职旅游专业在校生规模长期处于 1000~3000 人；内蒙古、吉林、青海、宁夏、新疆、西藏等省区中职旅游专业在校生规模长期处于 1000 人以下。

2012 年以来，中职旅游教育招生规模的较大幅度下降，将直接减少未来三年全国初级旅游专业人才的供应量，造成较大的人才缺额。西部地区的中职旅游教育未能取得突破性发展，加上当地旅游行业对初、中级旅游专业人才吸引力较小，成为旅游人才向当地流动的制约因素，中职旅游教育对提升当地现代旅游服务水平拉力不足。

2. 中职旅游教育改革活跃程度区域不平衡状态依然存在

中职旅游教育改革进入活跃期。目前，我国的老牌中职旅游学校在原有办学基础上深化改革，成效明显，形成良好的辐射带动作用，国内六所老牌的完全旅游学校发起成立了"中国旅游中职教育七金联合体"，和"中国旅游高职旅游教育五星联盟"互相呼应，是旅游教育优质资源共享的范例。

东南沿海部分新设旅游专业的中职学校在近年来加速打造旅游专业，在服务当地产业的过程中实现自我发展，教育教学改革水平迅速提升。以 2012—2014 年全国旅游院校技能大赛（中职组）酒店服务赛项为参照，2014 年，共有 11 名来自非完全旅游学校的学生新晋一等奖组类，16 名来自非完全旅游学校的学生新晋二等奖组类，20

名来自非完全旅游学校的学生新晋二等奖组类。

由于专业设置标准不完善，中职旅游专业设置"门槛低"的情况未得到扭转，部分学校为招生而开设旅游专业，存在招生不稳定、实训条件不达标、专业师资不到位等问题，在规模上难成气候，在质量上难以达标，影响了中职旅游教育的整体形象和质量。

（二）专业建设标准化普及程度较低

近年来，部分中职学校深入开展旅游教育改革，积累了丰富的专业建设经验，推动建立了专业建设标准，以教育部在2014年发布全国中职旅游类专业标准为标志，并在当年举办了两期全国培训班，推动在全国实施专业建设"底线标准"，是对中职旅游教育"放羊式"监控的主动纠正，为各校提供了技术参照和建设标准，影响力正在日益扩大。但是，从总体上看，中职旅游教育专业建设标准化普及程度较低，在较长时期内影响了教育教学质量的大面积、大幅度提高。

1."工学结合"人才培养模式落实程度不高

从大范围看，普及并深化"工学结合"人才培养模式改革的条件尚不成熟。产教融合组织松散、工学结合程度不高普遍存在：学校和企业的根本目标不一致，企业将"校企合作"简化为"劳务合作"，学校通过工学结合手段培养学生的难度较大；企业融入人才培养的动力不足，学校落实产教融合计划的能力有限，无法充分有效调动企业优质教育教学资源；学生学习呈现"工学不符"甚至"工学脱离"，甚至实习期间消极抵触，使校企合作的力度和深度大打折扣。

建立工学结合长效机制，需要学校积极主动适应企业的用人需求，达到学校教学计划和企业工作需要的平衡。另外，政府加强引导，"建立明确校企合作权利义务的法律法规"，解决"企业参与院校合作的积极性不高"的难题，是从顶层设计配套解决方案的迫切需要[①]。

2.课程体系的技能培养目标和行业需要存在较大差距

在实践教学方面，技术技能教学代替了职业素养教育，注重单项操作技能的过关，通过反复操练和指导来满足职业资格证考试需要，忽视对专业综合素养的体验和培养。在教学内容方面，技能培养滞后于企业工作实际，未能实现内容更新与企业发展同步更新，"企业创新和陈旧教学内容间存在矛盾，课程教学内容和专业没有绝对

---

① 赵超.中职旅游专业工学结合培养模式浅论（一）——现存问题［J］.职业技术.2014（12）：50.

联系，势必给二者合作带来了阻碍，给旅游管理专业教学也增加了难度"。在教材建设方面，部分专业教材内容传统，理论性高，案例陈旧，任务设置呆板，吸引力和可读性不高。

3. 理实一体化教学方式有待推广

传统的"讲授法"依然是大部分教师的"优选"，"虽然添加了'案例分析法'并加大了案例分析的比重，同时辅之以多媒体教学手段，但是不能体现学生本位的课堂主体"①。由于实践训练条件不完善、教师实践经验缺乏、学生配合度不高等原因，理实一体化作为职业教育有效手段未深入展开，灌输式教学无法调动学生的学习动力。大部分教师实践经验欠缺，通常是非旅游专业毕业，专业技能和企业工作经历缺乏，专业技术水平的低水平不适应理实一体化教学需要。

4. 实习教学管理松散

近年来，部分学校的旅游专业初步克服了"顶岗实习"变成"顶岗干活"的问题，然而，实习教学管理松散的问题仍未彻底解决。

第一，顶岗实习目的异化普遍存在，普遍存在学校把实习生作为廉价劳动力提供给旅游企业使用……有的学校则放任自流，让学生自找单位实习，缺乏必要的实习指导和具体明确的目标要求。②第二，实习教学方式单一，学生在日常劳动中缺乏系统化教学指导，低层次的上岗培训不能满足实习生培养职业能力的需要。第三，实习教学人员配备不到位，职业院校酒店管理专业顶岗实习调研课题组调查学校实习指导教师的配备情况，48.1%的中职学校表示无专职的实习指导老师，相关工作由班主任或辅导员（78%）、年级主任（12%）、实习就业办工作人员及专业教师兼任，37.8%的高职实习酒店未配备专职的企业导师。③

5. 双师型师资难以满足教学需要

双师型师资培养力度大大提高，但以"技能考证"代替"实践经验"、以"短期实习"代替"工作经历"的局面仍未改观。在一些优质中职校，有行业从业经历的旅游专业教师不及一半，大部分教师由大学毕业后直接任职，未经企业实践磨砺④，培养

---

① 罗广旭. 探索中职学校旅游专业教学改革思路［J］. 现代教育管理，2015（4）：241.
② 刘艳. 对加强中职旅游专业实践性教学的思考［J］. 商业文化，2015（12）：140-141.
③ 邓敏. 职业院校酒店管理专业顶岗实习调研报告.
④ 周小燕，徐漫. 国家示范校中职旅游专业师资队伍建设的途径——广西玉林农业学校案例［J］. 现代教育管理，2014（9）.

胜任"职业导师"的教师还有很长的道路要走。另外，某些专业技术技能要求高，有企业工作经历的优秀技师往往学历达不到公开招考的基本要求，如烹饪专业，平衡技能素养要求和高学历要求的难题有待破解。

（三）人才培养的规模、规格和行业需求仍有较大距离

1."供不应求"矛盾仍然突出

根据国家旅游局预测，2015年中国将成为世界第一大入境旅游国，第四大出境旅游客源国。中国旅游从业人员约为600万人，而实际需要的旅游人才在800万以上，旅游人才缺口约在200万人以上，预计中国旅游专业人才需求每年将增加100万人，而中等职业学校旅游专业每年仅能提供10万名毕业生，旅游专业人才十分紧缺，旅游专业毕业生呈现供不应求的状态。从办学规模来看，近年来中等旅游职业教育招生数量不稳定，也削弱了人才的市场供应力。

2.部分学校为招生而开设旅游专业

对比近十年学校数和招生数、在校生数变化，学校数量的增减和学生规模的缩放不对称，部分学校为招生而开设旅游专业，导致招生数量不稳定。例如，2007年，学校数量比2006年减少了70所，在校生数却增加了2600人；2009年，学校数量比2008年减少了84所，在校生数却增加了1万多人；2010年，学校数比2009年增加了120所，招生数却减少了5600多人；2014年学校数比2013年减少了63所，招生数量和在校生数量反而略有上升。

3.中职旅游专业学生职场适应能力总体不高

一是职业精神缺乏，实习稳定率较低。部分学生缺乏从基层起步的毅力，排斥一线劳动尤其是实习。① 二是"95后"甚至"00后"进入职校后，大部分由于家庭生活条件较好，进入实习阶段后难以适应职场生活，心理辅导跟不上，"不能吃苦，情绪波动较大"。② 三是学校片面追求打造技能对接就业，职业精神、礼仪素养、人文通

---

① 周小燕.如何实现更高质量的职业指导——对旅游专业中职生就业问题及对应措施的思考[J].现代教育管理，2014（7）：329-330.该文统计过某学校旅游服务与管理专业的实习就业情况，学生就业率为91%，专业对口率为93%，但半年后再进行追踪调查发现只有。52%的学生没有变动岗位，有38%都已变动岗位有些甚至已变动多次工作岗位，还有10%的学生因工作情况与所期待不符直接在家待业。其原因都是学生诚信观念淡薄，稳定性较差，缺乏脚踏实地的敬业精神。

② 吕晓燕 冻丹媚.谈如何做好中职学生的职业指导工作——以指导中职学校旅游专业学生进行导游职业生涯规划为例[J].现代教育管理，2014（10）：335-336.

识等方面的培养薄弱,造成"重技能,轻素养"的困局。

4.职业规划指导有待加强

部分学生入学时缺乏明确的学习方向,入学后未获有效的职业规划教育,对产业、职业了解不透。"学生往往会在毕业时感到没学到东西。加之职业意识的缺失,即使已进入旅游企业工作的毕业生也存在着频繁跳槽现象。这些对旅游专业学生今后的职业发展是极其不利的。"①

三、中职旅游教育发展方向和策略

(一)建立专业建设标准体系

从松散型管理、经验型办学向规范化管理、科学化办学的转变,是中职旅游教育发展的趋势,是现代旅游职业教育自我改革、自我完善的迫切需求。

1.落实专业教学标准

我国中职旅游教育起步于改革开放初期,在没有成熟经验可供借鉴的情况下,逐渐突破理论色彩浓厚的问题,积累了培养实用型旅游人才的丰富经验。随着中职旅游教育的规模发展和自我完善,标准化办学、标准化管理、标准化监控是本专业教育继续发展的迫切需要和内在需求,催生了专业标准和实习标准的制定。

2014年,教育部发布中职旅游类专业教学标准,包含高星级饭店运营与管理、旅游服务与管理、旅游外语、中餐烹饪与营养膳食4个专业的标准,明确了相关专业的培养目标、职业范围、人才规格、接续专业、课程结构、课程设置要求、教学时间安排、教学实施、教学评价、实训实习环境和师资配套等教育教学关键领域和环节,系统集成了现代旅游企业的职业能力要求和核心技术要点。

专业教学标准的推出,为相关学校开设旅游专业、开展专业建设划出"底线",为教学和质量评估提供基本依据,是中职旅游教育各核心专业教育教学标准化办学的基本参照。随着专业教学标准执行、评估的力度加大,我国中职旅游教育的自觉规范程度将持续提升,走上标准化办学轨道。

---

① 武春平.培养职业精神,打造高职学生的可持续发展能力[J].素质教育教师.2011(15).

2. 落实实习标准

2014年，全国旅游教育教学指导委员会主持制定全国中高职旅游类专业实习标准，明确规范实习目标、时间安排、实习条件、实习内容、实习管理、考核评价、实习成果等实习关键领域，提供具体参考指标，为解决中职旅游教育松散型实习教学管理模式打下制度基础。

实习是旅游职业教育改革的突破口。制定实习标准，是对长期以来松散型实习管理模式的被动调整，推动形成实习教学管理"标尺"，倒逼实习教学整体转型，逐渐克服顶岗实习等于顶岗干活的问题，回归旅游职业教育实习教学的本质。

3. 建立专业质量评价体系

教学质量评价对教育宏观管理具有重大指导意义，"要促进每一个学生成才，必须建立起一种服务性评价体系，这种体系能够考察教师、学校、地区对每个学生的成才起了多大的推动作用，根据这种评价的结果对教育活动及时给予指导，并提出改进方案"。目前，中职旅游教育评价学生学习质量的主要途径是技能考证和期末考试，技能考证主要考察核心技能掌握情况，不能覆盖旅游专业人才学业素养，期末考试由学校组织实施，存在明显的效度和信度缺陷。学生学业水平测试长期缺位，教育质量监控缺少"最低尺度"，学生学习缺少"达标底线"，严重影响教育教学质量的提高[①]。

揆诸中外教育，学业水平测试是教育绩效监控和质量评价的有效方式，其历史悠久，"起源于20世纪中叶，现已成为美国、英国、法国、德国、加拿大、澳大利亚、新西兰、日本、韩国以及我国台湾、香港等发达国家和地区普遍实行的重要考试制度"。[②]建立科学完善、符合我国产业发展的中职旅游教育学生学业水平测试机制，建立可量化的第三方教学质量评价机制，提供中职教育教学效果的横向和纵向比较依据，指导学校在"最低达标尺度"的引领下在教学课堂主阵地配置资源和投放精力，是中职旅游职业教育评价模式改革的关键环节。[③]

（二）升级专业建设内涵

1. 深化产教融合

中职旅游专业升级将在产教融合框架下深度发展，触碰并着力解决专业建设的实

---

① 王蕾.大规模考试和学业质量评价[J].教育科学研究，2013（8）：46-51.
② 杨帆.高中会考制度与学业水平考试制度的比较和思考[J].考试研究，2009（4）：45.
③ 张琼.论实施中等职业教育学生学业水平测试的必要性和可行性[J].广州职业教育论坛，2015（4）：23.

质性问题：在深化产教融合方面，吸引企业融入职业教育；在教学内容改革方面，实现职业教育对接岗位工作；在课程设置方面，实现素质教育和技能培训同步进行；在实训教学改革方面，使学生完成"学生—学徒—准职业人"的转变；在引进企业师资方面，使指导师完成"职业人—师傅—人师"的转变。

2. 推广一体化教学方法

加强学情研究，掌握青少年学习规律，发掘中职生学习潜力，弥补其学习的习惯和文化基础两方面的不足。重视中职学生的活动能力，"在分析讨论、情境演练环节中，中职生源学生的积极性明显高于普高生源学生，发言活跃，求胜欲望较强"。[①] 正视中职学生的弱项，充分考虑其文化科目基础较薄弱、学习习惯未建立的事实[②]，推广和普及理实一体化教学方法，激发中职生的学习兴趣，引导他们融入课堂实践，重树专业学习和专业发展的信心，树立正确的职业观，获取成功的学习经验，培养综合职业能力。

3. 规范双师培养机制

明确双师型师资标准，将企业工作经历纳入双师要求，鼓励教师参加实习生管理和企业一线工作，提升专业实操能力和职业认知能力。健全双师型师资队伍培养机制，学校结合工作实际和专业发展，为教师量身定制双师培养方案，签订师资培养协议，有标准、有措施、有目标地派送教师参加职业培训、课题研究、教育教学和企业实践，为教师成长创造良好条件和政策约束。探索建设教师教学质量评价模式，落实评教措施，明确师资考核内容、考核方式、验收时间和评分细则，搭建规范化竞争平台。

4. 丰富旅游实训内涵

旅游产业文化进校园，对于提高专业吸引力，丰富校园生活具有良好的促进作用，中职学校的旅游实训基地建设空间巨大，打破单一的技能实操模式，走向综合性的文化体验、职场训练和综合能力、创业能力培养，发挥实训基地的边际效应，是中职旅游实训基地建设的发展趋势。例如，江苏省宿豫中等专业学校创业一条街中的学

---

① 王静，杨波.高职院校旅游管理专业中职生源学生教育管理探析［J］.才智，2014（24）.
② 张旭菲.浅谈信息技术与中职旅游专业教学课程整合［J］.中国校外教育，2014（6）：114.根据对职业学校学生学习动力状况的分析和调查显示，只有40%的学生认为自己属于愿意积极学习的，而许多学生对当前学习不感兴趣，学习动力不强。根据多年来在一线的教育经验发现，中职学校的学生普遍学习自信心不足、学习态度欠端正、学习自制能力差，对本专业的认识度也不够。

苑宾馆、四方旅行社、茶社、糕点店等已成为旅游专业学生创业的"孵化器"[①]，广东旅游职业技术学校的旅游体验街区为学生建设了融合"吃、住、玩、游、购、娱"等要素的实训基地，成为引导学生主动体验、全真服务、实训实操、创业经营的场所，在学校教师和企业员工的指导下开展实景练习。"在开放的教学环境下能更好地锻炼学生的应变能力和解决实际问题的能力，从而提高学生的综合素质。"[②]

5. 健全职业指导机制

探索建立科学有效的旅游专业就业课程体系，充实和完善职业指导课程内涵，建立以职业生涯规划、创业指导和就业指导三方面内容为主的课程体系[③]。结合各校教学实际，实施理论与实践紧密结合的全程化职业指导，循序渐进地培养学生的职业认知和职业感情；完善就业指导培训体系，指导学生掌握职业发展知识，积累职场人际交往经验，明确求职能力要求和发展方向。

（三）优化中职旅游教育结构

1. 调整专业教育结构

近年来，中职旅游教育毕业生的数量不能满足行业需求，酒店类专业毕业生尤其抢手。针对规模不足的问题，中职旅游教育需继续扩大办学规模，满足人才市场需求。针对近年来专业分布规模对接产业不合理的现状，在专业选择方面，加大专业选择指导力度，引导学生选择人才缺口较大的酒店类专业。

2. 增强优质学校的辐射带动能力

目前，我国绝大多数开设旅游专业的学校招生数量、师资规模过小，产教融合度低，实训条件较差，为招生而设专业，难成气候。与小规模办学相对，老牌旅游中专办学经验丰富，办学特色鲜明，产教融合度较高。重点打造一批优质学校和旅游职教集团，增强优质资源的辐射和带动作用，是整体提升中职旅游教育质量的可行选择。

[①] 胡晓梅.浅谈中职生职业道德养成教育的途径与方法——以江苏省宿豫中等专业学校旅游服务专业为例[J].江苏教育研究，2014（36）.

[②] 张婧.浅析中职旅游课堂教学[J].学周刊.2014（2）：9.

[③] 周小燕.如何实现更高质量的职业指导——对旅游专业中职生就业问题及对应措施的思考[J].现代教育管理.2014（7）：329-330.

3. 探索中高职一体化培养

实践证明，实施中高职一体化培养，有利于突破目前"三二对接"模式存在的培养目标难分级、培养阶段不对称、课程对接不合理等难题，形成科学有效的旅游人才培养体系。中高职一体化的培养模式最有利于培养既能担任一线服务员、又能从事管理工作且长期留任旅游行业的高职学历员工，符合初、中级旅游人才的成长规律，适合旅游企业人力资源队伍建设的需要。

中国旅游管理硕士专业学位（MTA）教育项目年度发展报告（2014—2015）

白长虹　杨德进[①]

旅游管理硕士专业学位（MTA）教育是以培养具有社会责任感、旅游职业素养和管理创新能力、具备国际化视野和战略思维、能够胜任现代旅游业与相关行业管理工作的高层次、应用型、复合型专门人才为目标的专业学位教育项目。回顾从2011年招收首届MTA研究生至2015年近五年来的发展历程，MTA教育项目从无到有，从起步到逐渐步入正轨，通过深化培养模式的改革与创新，加强规范化管理，使得培养单位数量和招生规模不断扩大、师资水平和教学质量不断提高、教学方式和方法不断创新、学位论文质量和毕业生社会认可度显著提升、MTA教育指导委员会自身建设不断完善。2015年也是MTA教育具有里程碑意义的一年，完成了"MTA学位授权点专项评估"工作，标志着我国MTA教育由规模扩张向内涵发展的转变。

一、近五年发展总结

（一）培养单位数量和招生规模不断扩大

自2011年MTA教育项目启动以来，旅游管理硕士专业学位授权点从全国57所院校增长到71所，覆盖除西藏以外的我国大陆整个地区。招生情况持续稳步增长，报到人数从2011年的319人增加到2015年的652人。2013年无疑成为中国旅游管理硕士专业学位（MTA）教育发展中具有里程碑式的一年，在这一年，首批MTA学生毕业，标志着我国旅游高端管理实践人才的培养由过去的企业内部培养，发展到了学

[①] 白长虹，全国MTA教育指导委员会秘书长，南开大学旅游与服务学院院长、教授；杨德进，全国MTA教育指导委员会秘书处办公室主任，南开大学旅游与服务学院讲师。

院正规专业化培养的新阶段。可以预见，MTA 的知名度和影响力正在逐步提升。

（二）师资水平和教学质量不断提高

坚持每年举办 MTA 核心课程的师资培训班，而且将授课教师定位在相关课程领域的国际权威专家。到目前为止，MTA 教指委已完成了 6 门专业核心课的师资培训工作，培训 MTA 专业教师近 400 人，有效地提升了 MTA 核心课程的师资水平。2015 年 4 月开始全面组织实施 MTA 授权点的专项评估工作，旨在检查参评院校 MTA 培养体系的完备性，48 家参评单位积极开展了自我评估并实施了一系列整改措施，有效促进了教学质量的提高。

（三）在教学方式和方法上不断创新

MTA 案例开发与教学取得良好效果，连续两年举办了"MTA 案例开发与案例教学"师资培训班，120 余教师在案例开发和教学方面获得了水平提升。连续两年举办"全国优秀 MTA 教学案例的募集工作"，接收到近 40 家培养单位的 80 多篇教学案例投稿，并选出了 24 个优秀案例进行了推广。培养单位依托实践基地展开了教学方式的创新，采用课堂学界教师的案例教学、业界精英大讲堂、实践单位观摩交流、围绕专项主题的实践调研四种形式。培养单位在案例教学和实践基地建设上取得的成效，正不断引领着 MTA 教学方式和方法上的变革。

（四）学位论文质量和毕业生社会认可度显著提升

为提高旅游管理专业学位（MTA）教育质量，2014 年和 2015 年展开了"优秀学位论文评选"和"学位论文评价指标编订"工作。从近两年来上报的学位论文初审情况和专家评审反馈意见可以看出，学位论文质量明显提高。2015 年评选出的优秀论文数量达到了 8 篇，起到了很好的示范促进作用。从 2014 年学位授权点专项评估的材料中可以发现，2013 年、2014 年、2015 年的毕业生人数不断扩大，MTA 毕业生旅游管理相关能力和素质得到显著提高，并达到预期的人才培养目标和效果；毕业生就业质量（就业率、就业职级、平均薪资）较高，60% 的毕业生得到用人单位认可和肯定。MTA 教育项目得到旅游业界广泛认可，MTA 专业的社会认同度不断提高。

（五）MTA教指委自身建设不断完善

为了保证教指委工作及时、有效、顺利地开展，MTA 教指委进一步明确了对全国各培养单位的指导模式、教指委工作的开展方式并建立例行的工作制度。近 5 年来，根据《全国专业学位教育指导委员会工作规程》的要求，MTA 教指委秘书处确定了秘书处的组织机构、安排了专业的工作人员、设立了专门的办公地点，配置了相应的办公设备，保障了教指委日常工作的有序进行。MTA 教指委工作在不断地细化，并建立了一系列的工作机制、工作制度、管理标准，师资培训班举办了 10 次、案例开发优秀成果 24 篇、起草管理文件 15 项，并不断推动实践基地建设及 MTA 教育全方位改革，切实引导和保障全国 MTA 教育的健康发展。

二、2015年招生统计

2015 年 9 月至 10 月，MTA 教指委秘书处通过邮件和电话等方式对全国的招生情况进行了了解和统计，并对相关数据进行了分析，形成了该统计报告。2015 年 10 月 23 日前，在具备招收旅游管理硕士资格的 70 所院校中，MTA 教指委秘书处共收到 63 所院校的招生信息回复，另外 7 所院校由于种种原因未能及时上报相关数据，在 63 所院校中有 10 所院校未实施招生，分别是：武汉大学、大连外国语大学、吉林师范大学、山东大学、天津财经大学、西安外国语大学、西南大学、上海师范大学、首都经济贸易大学、四川师范大学。因此本报告实际收录和分析了 2015 年 53 所院校的 MTA 招生录取情况。

（一）MTA招生规模

总体规模。从 2011 年至 2015 年的总体招生情况来看，全国 MTA 招生情况呈稳步增长的态势，2011 年实际报到人数 319 人，2012 年实际报到人数 471 人，较 2011 年增长 47.6%，2013 年实际报到人数 567 人，比 2012 年增长 20.3%，2014 年的实际报到人数 608 人，较 2013 年增长 7.2%，2015 年总报到人数 652 人，比 2014 年增长 7.2%，图 1。

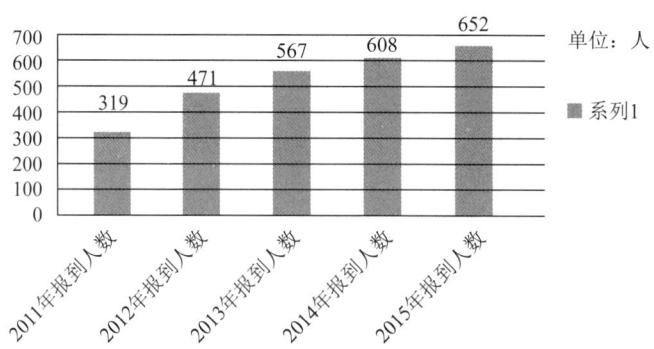

图1　2011年—2015年MTA实际报到人数

总报名人数。2015 年的总报名人数是 2052 人，创历史新高，比 2014 年报名人数

1596人增加了456人，当然有部分原因是在统计院校数量上比2014年增加了9所院校（2014年新增硕士点），但更重要的是说明MTA的社会影响力和吸引力都有所增加，MTA项目的需求量不断提升，MTA仍然处在上升扩张的重要发展阶段，图2。

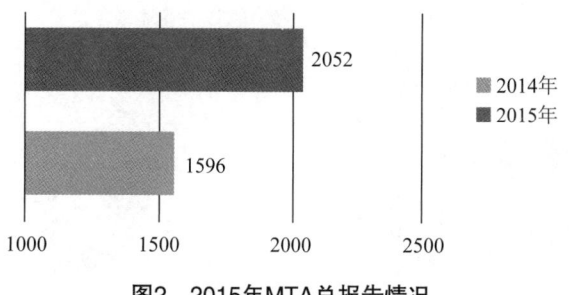

图2　2015年MTA总报告情况

各院校规模情况。从各单位的招生情况来看，招生规模差距较大。报告中所统计的53所院校中，2015年录取人数在20人以上的院校有9所，与2014年相比，减少了1所，并且这9所院校的招生人数都保持稳定或有所增长，其中广西师范大学依然是招生人数最多的院校，2015年共录取94人（2014年录取93人）。这9所院校共录取学生人数354人，占全部录取人数的53.1%。2015年录取人数在10人以上的院校共有21所，占全部实施招生院校的77%，虽然在数量上与2014年（20所）基本持平，但2014年仅占全部实施招生院校的41%。

各院校实际报到人数与2014年相比，共有31所院校报到人数增加，21所院校实际报到人数略有下降，12所院校报到人数保持不变。

（二）报名录取率

从全国各院校的实际报名人数和第一志愿录取人数的对比来看，录取率仅为24%，与2014年17%的录取率相比虽有所增加，但总体来讲这一录取比例不高。根据我们向全国各培养单位了解的情况，这一录取比例主要是源于报名生源在初试联考阶段无法通过考试分数线。可见，很多旅游业内人士虽然实践经验丰富，但由于工作繁忙，且离开学校时间多在3年以上，因此并不擅长书面考试，目前的考试制度一直是很多潜在生源难以跨越的门槛。

（三）计划招生完成比例

2015年全国MTA共有1110个计划招生名额，各院校共同完成了58.7%的招生任务，与2014年（65.3%）的招生任务相比有所下降，整体招生完成情况保持在良好的范围内，但仍有进步空间。2015年云南师范大学计划招生工作完成比例最高，为

150%（比计划扩招 5 个名额）；其次为华东师范大学计划招生工作完成比例为 115%（比计划扩招 3 个名额）；实际招生人数与计划人数完全一致，即招生工作完成比例为 100% 的院校共有 7 所，招生工作完成比例为 80%~99% 的院校共有 8 所，图 3 至图 6。

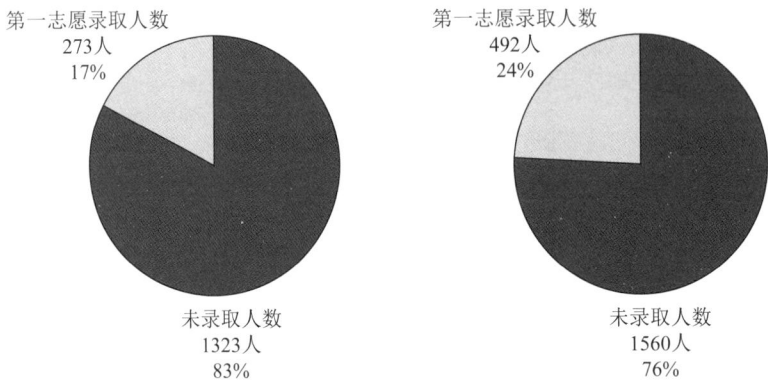

图3　2014年所有院校实际报名人数1596人　　图4　2015年所有院校实际报名人数2052人

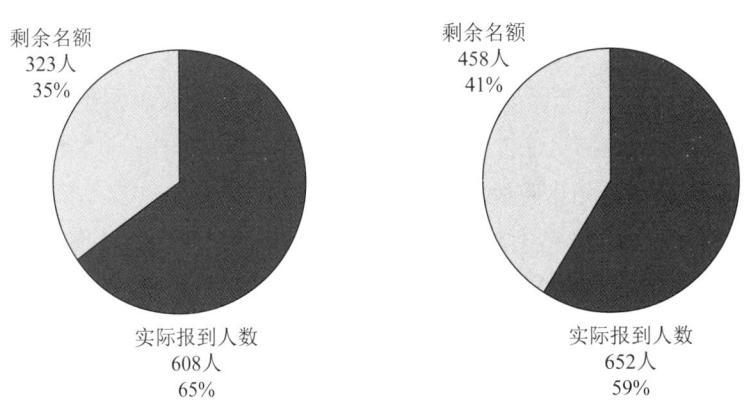

图5　2014年计划招生名额共931人　　图6　2015年计划招生名额共1110人

（四）第一志愿录取比例

从统计数据中得出，2015 年第一志愿录取的学生占全部录取学生的 73.80%，创历史新高，2014 年第一志愿录取的学生只占全部录取学生的 46.10%，未到半数，与 2012 年（56.20%）、2013 年（48.70%）相比显著增长，这一现象值得引起注意，一方面是因为第一志愿学生通过初试联考的比例过低；另一方面也说明，MTA 市场拓展任务依然任重道远，各院校在基本完成招生计划名额后，亟待提高 MTA 第一志愿学生在全部录取学生中所占比例，见图 7。

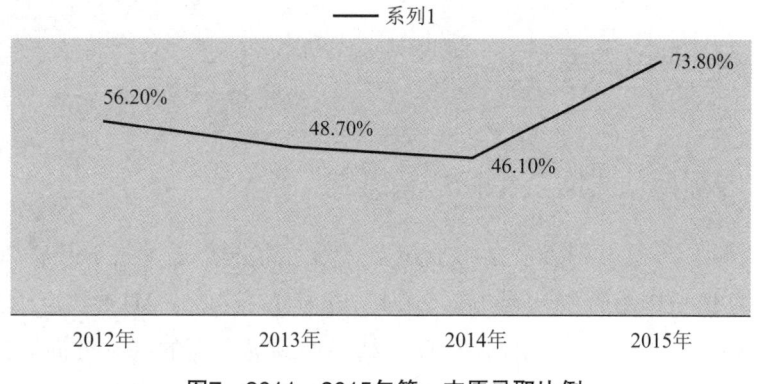

图7　2011—2015年第一志愿录取比例

（五）学生志愿分布

2015年实际报到人数中，73.8%的学生被第一志愿学校录取，22.8%被其他院校MTA录取，剩下3.4%的学生由其他联考专业调剂而来，包括MBA、MPA、MPACC、MEM、MLIS以及MAUD。2014年录取人数中，46%的学生被第一志愿学校录取，19%的学生被其他院校MTA录取，17%的学生来自MBA调剂，13%的学生来自MPA调剂，4%的学生来自MPACC调剂，剩下1%的学生来自MEM和MLIS调剂。从2014年、2015年的情况看，报考MTA学生占到最终录取人数的66%以上，尤其是2015年，占到96%，扭转了以往其他专业学位的调剂生源占据录取人数较大比重的趋势，见图8、图9。

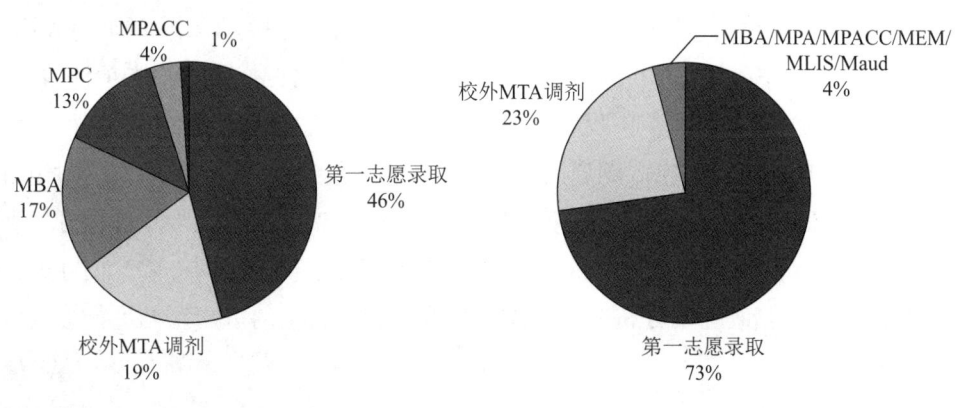

图8　2014年MTA志愿分布　　　图9　2015年MTA志愿分布

三、学位授权点专项评估

（一）专项评估方案及指标体系编制

2014年6月26日，国务院学位委员会、教育部发布了《关于开展2014年学位授权点专项评估工作的通知》（学位〔2014〕17号），明确了MTA学位授权点的评估范围、评估组织、评估方式、评估程序、结果处理等方面的基本方向。2014年7月至12月，全国MTA教指委秘书处工作人员收集了国内外相关专业评估的案例及资料，结合MTA专业学位自身特点提出了授权点专项评估的基本思路和建议，并组织了一批专家编制了《2014年旅游管理硕士专业学位（MTA）授权点专项评估方案》和《2014年旅游管理硕士专业学位授权点专项评估指标体系》的初稿。2015年1月10日至11日，全国MTA教指委秘书处在暨南大学管理学院召开了"全国MTA专项评估细化方案制定会议"，召集了来自南开大学、中山大学、厦门大学、浙江工商大学、桂林理工大学、东北财经大学、山西财经大学、陕西师范大学、北京第二外国语学院等院校MTA培养单位的15位代表就《旅游管理硕士专业学位（MTA）授权点专项评估方案》和《2014年旅游管理硕士专业学位授权点专项评估指标体系》的编制进行了研讨。2015年2月27日至3月11日，全国MTA教指委秘书处将新修订的《旅游管理硕士专业学位（MTA）授权点专项评估方案》和《2014年旅游管理硕士专业学位授权点专项评估指标体系》（征求意见稿）以邮件的方式发送给了18位MTA教指委委员，并进行了书面意见的再征集，获得了18条建议并进行了相应的调整和修改。2015年3月25日至4月1日，《旅游管理硕士专业学位（MTA）授权点专项评估方案》和《2014年旅游管理硕士专业学位授权点专项评估指标体系》（最终稿）获得全体教指委委员通过后，报送国家旅游局人事司进行了审查。2015年4月2日至4月6日，经国家旅游局同意后，将《旅游管理硕士专业学位（MTA）授权点专项评估方案》和《2014年旅游管理硕士专业学位授权点专项评估指标体系》上报国务院学位办进行审查，全国MTA教指委秘书处按照国务院学位委员会办公室的审阅意见进行修改后获得了通过。

（二）专项评估实施过程

2015年4月7日至2015年4月8日，国务院学位委员会办公室向各参评单位转发了《关于转发学位授权点专项评估工作方案的通知》（学位办〔2014〕42号）的文件，要求各MTA授权点参评单位按照《旅游管理硕士专业学位（MTA）授权点专项评估方案》和《2014年旅游管理硕士专业学位授权点专项评估指标体系》的内容全面展开评估工作。2015年4月1日—6月1日，各参评单位按照文件要求进行了自我评估，并在2015年6月1日之前向"全国学位与研究生教育质量信息平台"和全国MTA教指委秘书处提交了相关材料。全国MTA教指委秘书处在此阶段发布了"建立MTA授权点专项评估专家库"的通知，并形成了由90多名专家组成的评估专家库。2015年6月2—15日，全国MTA教指委秘书处对49家单位报送的材料和提交到"全国学位与研究生教育质量信息平台"的信息进行了全面复核，对部分不合格材料、不完善材料的上报单位提出了相应的补交通知。2015年6月20日—9月10日，经全国MTA教指委同意，委托教育部学位与研究生教育发展中心承担了2014年旅游管理硕士专业学位专项评估的网上通讯评议工作，并进行了第一轮的试评（该网上评估系统平台为首次搭建和使用，测试工作持续时间较长）。在此期间全国MTA教指委秘书处会同教育部学位与研究生教育发展中心从"MTA授权点专项评估专家库"选聘了60位评审专家，按照回避所在单位、回避所在地区院校的原则分为12组（每组5位专家并有1位为教指委委员）进行了网上评议。2015年9月11日—10月8日，教育部学位与研究生教育发展中心经过网上评议系统的信息汇总，形成了《关于旅游管理硕士点专项评估通讯评议结果的简要说明》并将评议结果下达到全国MTA教指委秘书处进行复核，完成了网上评议阶段的各项工作。2015年10月9—10日，全国MTA教指委秘书处按照专项评估通讯评议结果确认了"无参评单位需要进行下一阶段现场评估"的结论，并报国务院学位委员会办公室进行了说明。与此同时，全国MTA教指委秘书处开始筹备"全国MTA教指委会议"，邀请评议组专家及MTA教指委委员对学位授权点进行表决。2015年11月5日，第一届全国MTA教指委第六次全体会议在南开大学旅游与服务学院召开，MTA教指委秘书处总结了该次专项评估的过程及结果并提交了《2014年旅游管理硕士专业学位授权点评估报告》《关于2014旅游管理硕士（MTA）专业学位授权点专项评估结果的决议》供专家及教指委委员审议。出席该会议的来自于国务院学位办、国家旅游局、南开大学研究生院的领导及14位教指委委员。MTA教指委秘书长白长虹教授对专项评估工作进行简要汇报，国务院学位办郝彤亮副处长阐述了专项评估的意义、作用及要求，到会的全体专家及教指委委员对专项评估过程、通讯评议结果进行了详细审议。审议结束后，14位教指委委员对学位授权点进行了投票表决。

（三）专项评估结果分析

通讯评议结果。53所院校需参加此次评估，北京工商大学、浙江大学、安徽大学、西北大学4所院校放弃评估，长安大学网上评议不合格（不合格项目12个），无现场评估单位。南开大学、天津商业大学、安徽师范大学、安徽财经大学、北京第二外国语学院、北京林业大学、华侨大学、厦门大学、福建师范大学、西北师范大学、中山大学、暨南大学、广西师范大学、广西大学、桂林理工大学、燕山大学、河南大学、哈尔滨商业大学、湖北大学、武汉大学、中南财经政法大学、湘潭大学、湖南师范大学、南京师范大学、江西财经大学、辽宁师范大学、沈阳师范大学、东北财经大学、中国海洋大学、青岛大学、山东师范大学、山东大学、山西大学、山西财经大学、陕西师范大学、西安外国语大学、复旦大学、华东师范大学、西南财经大学、四川大学、四川师范大学、新疆大学、云南大学、云南师范大学、浙江工商大学、西南大学、重庆师范大学、南昌大学共48所院校，2014年旅游管理硕士专业学位授权点专项评估合格。

评议结果分析。20项指标全部合格共15所院校，占所有参评单位的30%。15所院校分别是南开大学、厦门大学、云南大学、东北财经大学、中山大学、北京第二外国语学院、复旦大学、桂林理工大学、沈阳师范大学、华东师范大学、广西师范大学、中南财经政法大学、湖南师范大学、广西大学、河南大学。20项指标中有1~2项不合格的院校共23所，占所有参评单位的47%。23所院校分别是暨南大学、陕西师范大学、华侨大学、江西财经大学、四川大学、浙江工商大学、云南师范大学、青岛大学、山东大学、山西财经大学、南昌大学、西北师范大学、燕山大学、中国海洋大学、安徽财经大学、西南财经大学、哈尔滨商业大学、湘潭大学、南京师范大学、山东师范大学、山西大学、四川师范大学、辽宁师范大学。20项指标中有3~6项不合格的院校共10所，占所有参评单位的20%。10所院校分别是天津商业大学、湖北大学、福建师范大学、西南大学、重庆师范大学、西安外国语大学、安徽师范大学、新疆大学、武汉大学、北京林业大学。20项指标中有10项不合格的院校共1所，占所有参评单位的3%。仅长安大学为12项指标不合格。

"项目定位、培养目标、师资水平、教学设施"4项指标49所参评院校全部合格。反映出了参评单位在总体上项目定位清晰、培养目标明确、师资水平较高、教学设施具有保障。53%的参评院校"生源质量"这一指标评价为不合格。反映出了MTA培养单位在招生录取数量和考生质量方面存在不足，生源选择余地不大的现状。由于宣传力度、招生渠道开拓力度不够等问题，招生规模较小，招生不持续甚至有院校连续四年没有生源。16%的参评院校"师资培训"这一指标评价为不合格。反映出了MTA教师参加MTA教指委组织的培训、国内外相关进修或其他相关培训的人次不足，还不具备完善的MTA教师培训机制。14%的参评院校"教学资源""社会认可度"两个指标评价为不合格。反映出了MTA培养单位在实践基地和教学案例的开发上还明显不足，教学资源丰富度不高。同时也反映出了MTA教育项目得到旅游业界及社会认同度不高的现状，毕业生就业质量和就业后的影响力还不强。10%的参评院校"教师管理与激励"这一指标评价为不合格。反映出MTA培养单位在教师管理制度，以及为教师的教学活动提供帮助和激励的措施方面还需加强。另外，8%的参评院校"课程教学、教学效果、学生管理与服务、毕业生成就"四项指标为不合格，6%的参评院校"实践教学、教学方法、教学管理机构与制度"三项指标为不合格。

四、案例开发与教学

（一）MTA案例库建设依据与原则

案例建设的必要性及现实意义。案例教学已成为国内外管理类专业院校培养高层次应用型人才的重要方式。案例教学于1918年出现在哈佛大学管理学院，并于1920年正式开始调查、编写教学案例和推广使用。我国案例教学最早从MBA教育中发展并随之广泛应用于各级各类教育教学中，获得了人们越来越多的关注和认可。旅游管理专业学位（MTA）作为管理学科的组成部分之一，在全国范围逐步尝试和推广案例教学也越来越受到重视，这种基于实践经验的探索性教学模式也在提高旅游管理专业学位研究生培养质量方面发挥着更为重要的作用。《旅游管理硕士专业学位研究生指导性培养方案》明确提出将案例教学作为强化旅游管理专业学位研究生实践应用能力培养的重要手段。旅游管理专业学位研究生教育旨在培养具有社会责任感、创业创新能力和旅游职业素养、具备国际化视野和战略思维能力、能够胜任现代旅游业与相关行业实际工作的高层次、应用型专门人才，通过案例教学，采用启发式与研讨式教学方法，结合中国旅游业发展实际中的案例进行教学，将有利于培养研究生的思维能力及分析问题和解决问题的能力。全国旅游管理专业学位研究生教育指导委员会高度重视案例教学和案例库建设，积极鼓励和指导各培养单位开展案例教学和案例库建设，从2013年开始就进行案例教学和案例库建设，取得了一定的成效。

案例建设的指导思想与原则。全国旅游管理专业学位研究生教育指导委员会在鼓励和指导各培养单位开展案例教学和案例库建设中，逐步形成了鲜明的指导思想和原则。坚持以院校实践基地和教师实践课题为基础，紧扣国家和区域旅游产业发展的前沿性热点问题，不断提高专业教师案例编写和教学应用的能力，在全国旅游管理专业研究生培养单位深入推广使用。旅游管理专业学位研究生教育中的案例建设始终以典型时效性、前沿开放性、真实简洁性、共享共用性、参与体验性、教学反馈性作为基本原则。案例编写及使用应具有典型性和代表性，应结合当前旅游产业发展的前沿性问题设置开放性的研讨话题，来源于实践基地和应用课题并保障案例的真实性，利于推广使用和形成学生参与的情景氛围，在案例教学过程中不断根据学生和课堂环境的反馈进行改进。

适合进行案例库建设的课程。旅游管理专业学位研究生教育适应国家和区域旅游产业的需求，面向旅游企业、旅游目的地政府管理部门、旅游城市、旅游景区、旅游酒店、旅游规划设计院所等单位，囊括旅游市场营销、旅游电子商务、旅游品牌建设、旅游产品设计、旅游地产开发、旅游服务管理等方面知识的应用型高级专业技术人才。因此，需要构建一系列的案例课程，满足学生专业实践技能和操作技能的提升需要。诸如旅游产业经济分析、旅游目的地开发与管理、旅游营销、旅游规划与战略、旅游投资与财务管理、服务管理、旅游信息系统、酒店管理、旅游项目开发等都需要丰富的案例教学，以提高学生的职业化、专业化技能，能够应对旅游产业发展的现实要求。

（二）案例库建设计划与实施

案例建设工作及基础。从2013年开始积极谋划案例开发和教学，并出台了《MTA教学案例库管理机制》《MTA教学案例的基本要求与撰写规范》《MTA案例评审专家库及评审规范》，发布了《关于全国MTA案例库建设的通知》。2014年在西安成功举办了"第一期案例开发与教学师资培训班"，要求境外案例编写专家授课，参会教师达到60余人，覆盖了55家培养单位。并面向各培养单位教师展开了优秀MTA案例征集大赛，汇集了30篇案例，评出了12个获奖案例由中国旅游出版社出版发行，取得了良好的效果。2015年5月在青岛继续举办了"第二期案例开发与教学师资培训班"，70名案例编写教师参加，并发布了《关于2015年MTA教学案例评选活动通知》，2015年7月征集到案例约35篇，其中初步评审出的优秀案例为12篇。2015年年底，争取得到教育部学位与研究生教育发展中心的指导与支持，将已经开发的优秀案例编入案例库平台中，积极推广已有案例的使用。由于经费与条件的限制，旅游管理专业学位案例教学还处于初步建设阶段，教学实践基地数量较少、规模分散、类型单一、参差不齐、缺少可持续性，教学案例不足、前沿性不够、案例质量有待提高，各个培养单位尚未建立起案例教学信息系统与公用平台。

案例建设方向及近三年计划。总结第一期旅游管理专业学位案例建设的经验和不足，重点从以下几个方面推进新一期的案例建设工作：

（1）大力推广第一期近30个优秀案例在教学中使用，对未进入优秀案例库的近50个案例展开新一轮指导修改，提升案例的水平和质量达到标准要求，投入教学中使用。（2）建立"一个案例开发与指导中心、七个核心课程案例子库"。依托案例开发与教学的先进单位和优秀个人，筹备建立专门的案例开发指导中心。明确MTA案例开发指导中心的依托单位、负责人及团队成员，确定旅游市场营销、旅游产业经济、旅游信息化、旅游规划与战略、旅游目的地开发与管理、旅游酒店管理等案例子库的建设任务。（3）继续开展"案例开发与教学研讨师资班"（共3期）。每年举行一次案例开发与教学的师资培训和研讨班，邀请案例编写和教学专家进行讲座，参会教师围绕案例开发与教学展开经验交流和学习，组织案例教学观摩活动，提升案例编写、开发和教学的水平。（4）向全国旅游管理专业学位培养单位征集优秀案例，并进行评审评优、进入教育部学位中心案例服务平台，同时出版发行部分优秀案例。3年内征集评审具有示范性的优秀案例达到100个，每个核心课程子库的优秀案例达到20~50个，争取150~300个案例进入教育部学位中心的案例库中满足相关课程的教学使用。（5）激发教师编写高水平案例热情、培养学生展开案例学习的兴趣。对高水平案例进行奖励，对以案例教学为主的课程进行评优激励，3年评选出10个优秀案例示范课程。面向旅游管理专业学位研究生，组织案例精英大赛（与企业和媒体互动），开发学生案例使用手册，鼓励教师指导学生撰写案例性毕业论文。（6）编写"MTA案例开发与教学发展报告（2013—2018年）"。对全国旅游管理专业学位教育的案例开发情况、使用情况进行调查研究，总结相关经验、分析存在问题、找出下一阶段案例开发建设的提升对策。

（三）2015年优秀教学案例评选

为了进一步提高全国旅游管理硕士专业学位研究生（MTA）的教育质量、全面推动全国MTA教学案例的开发和课程建设，全国旅游管理专业学位研究生教育指导委员会启动了2015年全国旅游管理专业学位研究生（MTA）教学案例库建设。在2013年全国MTA教学研讨会和全国MTA教指委第四次全体会议上审议通过《MTA教学案例库管理机制（暂行）》和《MTA教学案例的基本要求与撰写规范》基础上，确定了2015年相关管理机制和评审标准，于4月8日全面启动全国优秀MTA教学案例的募集工作。

2015年4月8日至6月30日，MTA教指委接收到来自19个单位的案例投稿35篇，经过两轮专家盲审遴选出了12篇优秀案例。全国MTA教指委秘书处与中国旅游出版社签约，《全国优秀MTA教学案例集（2015）》于2015年12月出版。

2015年7月至9月，MTA教指委秘书处负责建立了案例评审专家库，并遴选了19名专家进行了两轮盲审，最终筛选出了12篇优秀案例如下（表1）：

表1 优秀案例表

序号	案例名称	作者	单位
1	迈向蓝海：广州H酒店演唱会市场的开拓	文彤 徐玉娜 张茜	暨南大学管理学院
2	案例：成都梦幻岛主题公园大二期项目战略定位的选择与启示（A）：千呼万唤的大二期	艾进 张梦 吕兴洋	西南财经大学工商管理学院
3	世界级文化旅游目的地的理想与现实——武汉楚河汉街旅游吸引力解读	唐静	中南财经政法大学工商管理学院
4	西双版纳傣族园社区参与景区利益分配机制演进案例分析	王维艳	云南师范大学
5	"好客山东"：源自两千年前孔子的邀请	王德刚 王晶	山东大学管理学院
6	如何选择酒店管理公司	朱晓兵 孟哲	北京第二外国语学院
7	携程服务联络中心的精益管理研究	沈涵 王静娴	复旦大学
8	"小厨房"战略：A酒店集团的服务运营系统优化	陈觉	浙江工商大学
9	晋商巨擘的复兴——乔家大院的旅游发展之路	毛成刚	山西财经大学
10	"优悦会"——洲际集团酒店的会员管理之道	刘静 范景明 姜维	东北财经大学
11	周村古商城的"景区托管"之路	耿庆汇、马玉婷	青岛大学
12	喜林苑：酒店与文化的融合	焦彦	南开大学

五、2015年教指委工作

在国务院学位办、国家旅游局的指导和支持下，全国MTA教指委在2014—2015年度年主要完成了以下工作：

（一）全面推进了MTA学位授权点的专项评估工作

"MTA学位授权点专项评估"是2015年全国MTA教指委工作的重中之重。受国务院学位委员会和教育部的委托，我们组织召开了"全国MTA专项评估细化方案制定会议"，编写了《旅游管理硕士专业学位（MTA）授权点专项评估方案》和《2014年旅游管理硕士专业学位授权点专项评估指标体系》两个评估文件。在4月至9月组织各参评单位开展了自我评估，委托教育部学位与研究生教育发展中心进行网上通讯评议，复核了专项评议的结果，形成了"MTA学位授权点专项评估报告"，供第一届全国MTA教指委第六次全体会决议后，将于11月10日上报国务院学位委员会办公室。

（二）负责执行了国家旅游局"万名旅游英才计划——研究型英才培养项目"

全国 MTA 教指委作为"万名旅游英才计划"下设的项目执行办公室，主要负责开展涉及院校项目的具体业务工作。按照要求我们在 2015 年 9 月编制了《"万名旅游英才计划"——"研究型英才培养项目"实施管理工作细则》并报国家旅游局人事司批准后，开始全面执行研究型英才培养项目，并在 10 月 25 日召开了 2015 年度"万名旅游英才计划——研究型英才培养项目"专家评审会，对来自 45 个单位的 141 份有效申请材料进行了公平、公正的遴选，128 份合格材料名单已上报到了国家旅游局人事司。

（三）继续深入推进了MTA教学案例库建设

一是于 2015 年 5 月 30 日至 31 日在青岛大学旅游学院举办了第 2 期"MTA 案例开发与案例教学"师资培训班，以提升各培养单位教师在案例编写和教学方面的水平，激发案例开发的积极性。二是启动了 2015 年度全国优秀 MTA 教学案例的募集工作，接收到了来自 19 个单位的案例投稿 35 篇，经过两轮专家盲审遴选出了 12 篇优秀案例，该评审结果经第一届全国 MTA 教指委第六次全体会议审议后，秘书处将与中国旅游出版社签约出版。三是与教育部学位与研究生教育发展中心展开了共建"中国专业学位教学案例中心"的全面合作，并起草了《旅游管理专业学位教学案例库建设规划方案》，递交了《关于旅游管理专业学位教学案例库建设加入"中国专业学位教学案例中心"的申请》，近期教育部学位与研究生教育发展中心将与 MTA 教指委签订合作协议，给予更多的政策和资金支持，全面加速 MTA 案例库建设的进程。

（四）进一步提升了MTA 核心课程的师资水平

2015 年 1 月 10 日至 12 日在暨南大学举办了《旅游投资与财务管理》师资培训班，2015 年 10 月 8 日至 10 日又在西南财经大学举办了《旅游产业经济分析》师资培训班，两期师资培训班均获得培养单位和教师们的一致好评。到目前为止，MTA 教指委已完成了 6 门专业核心课的师资培训工作，培训 MTA 专业教师近 400 人，有效地提升了 MTA 核心课程的师资水平。

（五）继续促进了MTA学位论文质量的提升工作

为促进 MTA 学位论文质量的进一步提升，我们在 2015 年继续开展了 MTA 优秀学位论文评选工作，各培养单位按照要求在规定的时间内向秘书处报送了来自 18 所院校的33篇学位论文，经过18位专家的盲审后筛选出了8篇优秀学位论文。另外，2015年9月至10月，秘书处按照《教育部学位中心关于专业硕士学位论文评价指标体系征询意见的函》的要求，针对"专业硕士学位论文评价指标体系"提出了相关建议，未来将用于科学评价MTA专业硕士论文的水平。

（六）完成了2015年全国MTA招生统计工作

自2011年实施招生以来，MTA教指委一直实时跟踪各培养单位的招生录取工作，为教育部、旅游行业部门、各培养单位等及时了解MTA全局发展动态提供基础数据。日前，教指委秘书处通过邮件和电话等方式完成了2015年全国MTA招生统计工作，编写了《2015年全国MTA招生统计分析报告》，对2015年MTA招生规模、报名录取率、计划招生完成比例、第一志愿录取比例、学生志愿分布等指标进行了详细的分析，作为全国MTA发展的决策参考。

（七）组织编写《旅游管理硕士专业学位(MTA)发展报告（2011—2015）》

按照国务院学位委员会办公室《关于撰写专业学位研究生教育发展报告的通知》（学位办便字20150501号）的要求，为全面总结MTA教育过去5年来发展的情况，秘书处正在组织编写《旅游管理专业学位研究生教育发展报告（2011—2015）》。目前已经组织教指委成员进行了相关研究和讨论，并将在2015年11月15日前完成初步成果，11月底完成全部撰写工作，并将成果报送到国务院学位办。

第三部分

中国旅游教育理论研究

旅游管理一级学科研究

旅游管理一级学科申报专家组

一、旅游管理学科的学科特征及其存在问题

（一）学科的基本界定

学科是整个科学世界中最重要的现象之一，其包括两种内涵：（1）某个类别的知识，或相对独立的知识体系；（2）一种功能单位，是对高校人才培养、教师教学、科研业务隶属范围的相对界定。

一般来讲，当一类知识有人研究、讲授、学习，形成自己的知识发表渠道，产生独特的专业团体，就可以成为学科。当某类知识在概念、概念网络、检验标准等方面具有特殊性，或者在认识对象、认识方法、认识目的方面具有可辨别性、特殊性，就可以成为一个独立的学科，即所谓一级学科。

学科具有动态变化特征。由于多种外部因素的影响，学科体现出动态性特征，学科与学科之间、旧的和新的学科之间存在密切互动，学科地位并非一成不变，而是随着时代的变化可能会发生变化。

学科的基本价值在于提供一种组织职能。学科使得研究、教学、学习有相对明确的范围。在知识超载的时代，对知识进行分类具有认识上的必要性。

（二）作为组织职能的旅游管理一级学科特征及其存在问题

旅游管理学科的地位日益提升，在本科专业目录中已经是与工商管理并列的一级类专业，但在研究生学位中仍属于工商管理下设的二级学科。自1990年以来，随着旅游产业的迅猛发展及其在国民经济与社会发展中重要性日渐凸显，旅游管理学科地位逐步上升。如表1所示，在1990年国务院学位委员会、教育部（国家教委）审议批准的《授予博士、硕士学位和培养研究生的学科、专业目录》中，含"旅游"的学科是经济学学科门类下的"0201S1 旅游经济"；在1997年颁布的《授予博士、硕士

学位和培养研究生的学科、专业目录》中，含"旅游"的学科被调整至管理学学科门类（代码：12），为工商管理一级学科（代码：1202）下设旅游管理二级学科（代码：120203）。这一状况在2011年颁布的新的目录中得以延续。在1998年教育部颁布的《普通高等学校本科专业目录》中，"旅游管理"（代码：110206）是管理学学科门类（代码：11）之工商管理类（代码：1102）下设的专业。在2012年颁布的《普通高等学校本科专业目录》中，"旅游管理"上升为类专业，即"旅游管理类"（代码：1209），与"工商管理类"（代码：1202）并列，下设"旅游管理""酒店管理"和"会展经济与管理"三个专业（表2）。

表1 在培养研究生的学科、专业目录中旅游管理学科的地位

年份	学科门类	一级学科	二级学科
1990	经济学	0201 经济学	0201S1旅游经济
1997	管理学	1202 工商管理	120203旅游管理
2011	管理学	1202 工商管理	120203旅游管理

表2 在普通高等学校本科专业目录中旅游管理学科的地位

年份	学科门类	专业类	专业
1998	管理学	1102工商管理类	110206旅游管理
2012	管理学	1209旅游管理类	旅游管理、酒店管理、会展经济与管理

目前旅游管理的二级学科定位对学科学位管理、教学工作组织、人才培养等多方面产生了严重影响，主要表现在：

旅游管理学科学位管理矛盾尖锐。主要表现在两个方面：一是市场需求推动多个相关一级学科授予旅游管理相关博士学位，如生态学（旅游）、人文地理（旅游地理）、历史学（旅游文化）等，但用人单位往往因为人事制度原因倾向于接受授予管理学位的旅游管理专业博士，造成博士培养与人事制度间的矛盾冲突；二是部分办学良好、人才培养与学术研究优秀但没有工商管理一级学科的整建制旅游学院无法获得博士招生资格，只能变相联合招收博士生，对学位管理造成影响。

旅游管理教学科研人员评价体系冲突。鉴于旅游管理的交叉学科特性，大量教学科研人员在各类跨学科期刊发表学术论文，但由于旅游管理学科的二级学科地位，大部分旅游管理专业的教学科研人员不得不参照工商管理、历史、地理等相应一级学科的标准进行职称评定，往往在学术成果认定方面产生冲突与纠纷，对学科建设产生负

面影响。

旅游管理专业人才培养受到严重抑制。一方面,在按一级学科设置学院的办学思潮下,大部分高校特别是985高校的旅游学院被迫合并、重组甚至关闭,将旅游管理与会计管理等专业进行并列分流,导致大量学生流失,严重制约旅游管理专业人才培养。另一方面,按工商管理一级学科期刊标准对旅游管理专业教师进行聘任考核,无法适应旅游专业的跨学科师资需求,大部分旅游院校难以招聘到适应专业需求的高水平教师,使旅游管理人才培养陷入困境。这两方面的原因造成高层次旅游人才需求旺盛与旅游人才培养日益萎缩的矛盾,使旅游人才培养与旅游人才需求严重脱节。

(三)作为知识体系的旅游管理一级学科特征及其存在问题

作为一门知识体系,目前我国的旅游管理学科已经形成了相当规模的教学科研群体、具有国际国内影响力的学术发表渠道(虽然常不被工商管理学科认可)以及一些具有国际影响力的学术组织与机构团体,具有非常明显的一级学科特征:

旅游管理专业教学科研人员规模庞大。据不完全统计,截至2015年年底,全国旅游管理本科院校的教学科研人员已有2万多人,全国共有156所高校/科研机构招收旅游管理专业硕士研究生[科学学位],在校硕士、博士生人数近5000余人。平均每年在国内外期刊发表学术论文4万多篇,已经成为一个相当规模的学术共同体。

旅游管理学术成果发表渠道日益成熟。近年来,国内旅游学界的权威期刊《旅游学刊》影响因子已经连续多年超过众多学术期刊,影响因子在人文、地理类期刊中排名第一,并被评为中国最具国际影响力学术期刊(人文社科类)。此外,其他相关期刊如《旅游科学》《旅游论坛》等也在快速成长。在国际上,目前旅游研究为主题的SSCI期刊已达43个,其中多个刊物的影响因子已经超过3.0,旅游研究的知识发表渠道基本成立。

旅游研究学术共同体基本形成。40多年来,国际上已经形成了国际旅游研究院、国际中国旅游研究院、国际中国旅游研究学会、中国旅游研究院等大量的学术团体与机构,每年旅游研究领域的各类国际国内学术活动频繁,旅游学术共同体基本形成。

旅游研究的理论体系初步形成。经过多年的努力,目前旅游的理论体系初步形成,包括从旅游现象发生的社会机理、个体机理到旅游效应等完整的旅游理论与方法论体系(详见第五部分)。

但从知识体系管理而言,目前旅游管理的二级学科地位对旅游学科发展形成了以下制约:

旅游管理的知识体系与工商管理知识体系有着极大差异性,按工商管理学科方法对旅游管理知识进行评价面临新的挑战。由于旅游研究对象的复杂性以及研究方法的多样性，旅游知识无论在数量、维度、学科基础上都具有高度的复杂性：（1）从知识维度上看，旅游知识涉及物理（比如目的地演化机制、旅游景观、旅游资源等）、心灵（比如旅游体验、目的地形象、旅游态度等）、客观心灵（比如旅游理论、旅游概念、旅游日志、旅游文学等）三个旅游本体层面；（2）从学科基础看，旅游知识涉及几乎所有层次的相关学科：应用科学（如管理学、传播学、新闻学、文化研究）、经典科学（如经济学、地理学、心理学、社会学、人类学、文学、艺术、数学）、哲学母学科（如科学哲学、社会学科哲学、伦理学、知识论）。在此情况下，按工商管理学科的知识评价标准不利于旅游学科成长和专业人才培养。

学术刊物的认定、人才培养方案的制订等难以体现旅游学科的需求，阻碍旅游人才培养与学术发展。目前各类 A 刊的认定大多以一级学科为基础进行，旅游管理学科跨学科的特点影响其学术刊物在工商管理一级学科的认可度，同时，由于旅游管理学科与专业设于工商管理之下，相关知识体系培养标准也以工商管理为主，导致旅游管理专业人才培养的特色难以突出，旅游管理学科发展困难重重。

二、旅游管理学科人才培养现状及存在的问题

（一）旅游管理学科人才培养现状

1. 旅游管理硕士研究生人才培养：招生人数持续增长。根据中国旅游协会旅游教育分会的统计（不含港澳台地区，下同），截至 2015 年，全国共有 156 所高校 / 科研机构招收旅游管理专业硕士研究生 [科学学位]，72 所高校招收旅游管理专业学位硕士研究生，这一数字仍处于增长态势。

2. 旅游管理博士研究生人才培养：多学科不断涌入。截至 2015 年，全国共有 50 所高校 / 科研机构招收与旅游相关的博士研究生。其中，在管理学门类下设工商管理、管理科学与工程两个一级学科（含下设旅游管理、企业管理、农林经济管理）招收与旅游相关领域博士研究生的单位有 27 家（其中，旅游管理 24 家，占管理学门类的 89%）；在理学门类下设地理学、地质学、环境科学三个一级学科（含下设自然地理学、人文地理学、生态学、地质学）招收与旅游相关领域博士研究生的单位有 14 家；在工学学科门类下设城乡规划学、风景园林学两个一级学科（含下设资源产业经济）招收与旅游相关领域博士研究生的单位有 3 家；在农学学科门类下设林学一级学科（含下设森林游憩与公园管理）招收与旅游相关领域博士研究生的单位有 2 家；在经济学学科门类下设应用经济学、理论经济学两个一级学科（含下设产业经济学等）

招收与旅游相关领域博士研究生的单位有3家；在历史学学科门类下设中国史一级学科（含中国近现代史）招收与旅游相关领域博士研究生的单位有2家。全国共有旅游领域的博士生导师97人（其中，旅游管理专业57人，占58.8%），全国在校旅游相关专业领域博士研究生800多人。

（二）旅游管理学科人才培养存在问题

目前，据教育部发布的《普通高等学校本科专业目录（2012年）》，"旅游管理"升格为专业类（专业代码1209；下设旅游管理、酒店管理、会展经济与管理三个本科专业），是一级学科门类，与"工商管理"类平级。但是，在国务院学位办的专业目录中，"旅游管理学"（专业代码120203）仍然是"工商管理"（学科代码1202）下设二级学科。由于"旅游管理学"尚不是一级学科，目前，旅游管理学科的人才培养出现了以下三个方面的问题：

1. 学科地位太低影响人才培养质量。一方面，囿于旅游管理二级学科地位及其跨学科的特征，目前国内大部分旅游管理专业分设于工商管理、生态学、历史学、地理学等学科下，旅游管理专业师资只能参照相应的学科知识体系进行考核，使具有跨学科特征的旅游管理专业师资无法得到公平待遇，限制了专业师资的培养，造成优秀教师流失。另一方面，在目前以一级学科为资源分配单位的背景下，作为二级学科的旅游管理学科在传统学科中被严重歧视，旅游教育难以得到足够的教育资源，直接影响旅游管理专业人才培养质量。

2. 学科边界过窄造成人才供给失衡。目前工商管理下设的旅游管理二级学科，将培养目标定位为旅行社、饭店管理等微观管理领域的人才，完全忽略了旅游公共服务管理、会展与活动管理、休闲与运动管理等相关新兴领域，与国家大力推动多产业融合，实现整合发展的需求相背，造成一方面传统领域人才培养过剩，一方面新兴领域人才供给不足的局面，旅游专业人才培养的结构性失衡，不能适应国家战略需求。

3. 学科认识不清造成优秀人才流失。目前过多地强调旅游管理学科服务管理与经济产业属性，而对旅游业的政治、文化与社会属性研究不够，对如何通过旅游业增强当地居民的幸福感、促进当地公共资源保护与利用、增加当地民族认同、促进民族团结乃至推动国际关系融洽认识不够，造成社会对旅游专业人才理解偏窄，一方面造成大量优秀学生到海外进行学习；另一方面造成用人单位排斥旅游专业人才，造成人才培养资源浪费，优秀人才流失。

总体而言，旅游发展已经上升为国家战略，旅游产业要大发展，但相应的人才培养却因学科地位限制等原因，高层次人才、新兴专业人才培养不够，极大地影响了国家战略的实现。

三、境外旅游管理学科设置概况

(一) 美国旅游管理学科设置概况

在美国,酒店管理、旅游管理、休闲与公园管理、会议与节事管理,是差异较大的四个学科,大学一般会分别设置不同的硕士、博士研究生课程,相当于中国大陆的四个不同的硕士、博士研究生专业。

1. 旅游管理、酒店管理、会议与节事管理

一般设置在商学院/管理学院或其他学院下设的酒店与旅游管理系、会议与节事管理等。前者例如,康奈尔大学酒店管理学院(Cornell University School of Hotel Administration),开设培养行业高级专门人才的"酒店管理硕士学位课程"(专业硕士学位,Master of Management in Hospitality)以及以学术研究为导向的"酒店管理理学硕士学位课程"(Master of Science in Hotel Administration)和"酒店管理哲学博士学位课程"(Doctor of Philosophy in Hotel Administration)。后者例如,普度大学健康与人类科学学院(College of Health & Human Sciences)下设旅游与酒店管理学院(School of Hospitality and Tourism Management),在研究生教育方面,提供"酒店与旅游管理"硕士课程(Master of Science)和"酒店与旅游管理"博士学位课程(Ph.D.),均设有酒店管理、旅游管理两个领域。

2. 休闲与公园管理

与北美地区向来重视人类休闲、游憩、公园的研究有关,一般设置在农学院/生命科学学院、社区发展学院等。例如,得克萨斯州A&M大学的农业与生命科学学院(College of Agriculture and Life Sciences)下设"游憩、公园与旅游科学系"(Recreation, Park and Tourism Sciences)。在硕士研究生层面,设置理学硕士课程(Master of Science (M.S.)–Recreation, Park and Tourism Sciences,分"硕士论文"和"非硕士论文"两种);博士研究生层面,设置哲学博士课程(Ph.D.–Recreation, Park and Tourism Sciences)。

(二) 英法旅游管理学科设置概况

在欧洲,旅游管理学科(研究生层面)发展最具国际影响力的是英国和法国。

在英国,在商业与管理(Business and Management Studies)学科,下设13个一级

学科，包括："市场营销""战略管理""公共部门管理""旅游与酒店管理"。旅游、休闲、酒店、会展一般分为四个相对独立的领域，并开设相应的研究生专业。以英国旅游管理学科排名第一的萨里大学为例。该大学在酒店与旅游管理学院开设"航空管理""国际会展管理""国际酒店管理""国际旅游开发""国际旅游营销""酒店战略管理"和"国际旅游管理"等多个硕士学位课程（专业；均为理学硕士学位 [Master of Science]），开设"酒店与旅游管理"博士学位课程（哲学博士 [Ph.D.]; 分酒店、旅游、会展等多个方向）。

在法国，2015年法国的旅游类学士、硕士学位被单独名为"旅游学学士""旅游学硕士"，不再是经济或管理学科下设的学位，目前正在设立"旅游学博士"。

（三）澳大利亚旅游管理学科设置概况

在澳大利亚，"商业、管理、旅游与服务"是被授受评估的22个学科门类之一，"旅游、其他商业、管理、旅游与服务"是与"营销""商业与管理"并列的八大一级学科之一。与英、美相似，澳大利亚的旅游、休闲、酒店与会展也是相对独立的领域。例如，澳大利亚领先的旅游与酒店教育机构——格里菲斯大学（Griffith University）在商学院（Griffith Business School）下设旅游、运动与酒店管理系（Department of Tourism, Sport and Hotel Management），开设"节事管理"（Event management）、"国际旅游与酒店管理"（International tourism and hotel management）、"物业与房地产管理"（Property and real estate）、"运动管理"（Sport management）、"可持续旅游"（Sustainable tourism）等专业硕士学位和学术硕士学位课程。在博士研究生层面，在商业与管理学科招收旅游、酒店、运动、会展方向的博士生。

（四）中国香港旅游管理学科设置概况

在中国香港特别行政区，主要有香港理工大学和香港中文大学开设旅游管理高等教育。以香港理工大学为例，该校设置有酒店及旅游业管理学院（大学之下二级学院）。在硕士研究生层面，设置有"国际酒店管理理学硕士学位课程""国际旅游及会展管理理学硕士学位课程""环球酒店业管理理学硕士学位课程""国际葡萄酒管理理学硕士学位课程"四个专业，对应内地旅游学科的旅游管理、酒店管理、会展经济与管理三个专业。在博士研究生层面，设置"酒店及旅游管理哲学博士学位课程"和"酒店及旅游管理专业博士学位课程"（授予"Doctorate of Hotel and Tourism Management"学位）。

总之，虽然各国/地区在旅游管理学科的设置方面存在一些细微差异，但各国/地区都将"旅游管理"安置在一个相当于中国的一级学科的地位。此外，由于传统原因，中国的旅游管理学科在实践中实际上已经包含了国外的"tourism"（旅游），"hospitality"（接待业），"events"（节事与活动）和"leisure"（休闲）等几个范畴。

四、旅游管理学科的主要研究方向及研究内容

（一）旅游管理学科的研究对象与问题

旅游管理学是一门研究人类在非工作时间与非惯常空间进行的流动、消费及其引起的社会、经济、文化与环境现象总和的学科。

旅游管理学研究的核心问题包括"非工作时间与非惯常空间的人"在"空间的流动"和"目的地活动"的"体验"，以及为提高这种体验质量所需的组织与管理，还包括这种组织与管理活动与社会、经济、文化与环境的互动与响应。

（二）旅游管理学科的主要研究方向及内容

1. 旅游与休闲学

旅游与休闲学是关于旅游与休闲活动及其伴生现象的一门学问。旅游与休闲学主要研究旅游与休闲现象形成的基本规律、旅游以及休闲研究的基础理论与方法，研究旅游、休闲与其他社会现象之间的关系与共通规律，探究促使休闲和旅游现象发生的基本原理。旅游与休闲学主要从人类精神/心灵层面、群体互动与社会交往层面、旅游与技术的互动发展、旅游与自然环境以及物质环境（包括服务设施）四个层面来深刻认识旅游活动（图1），并探究如何更好地发展旅游，以推动人的全面发展和人类文明进步。

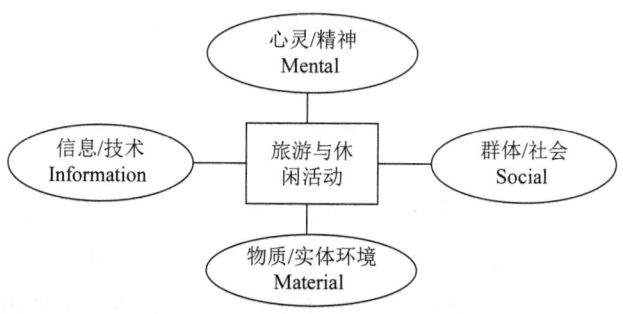

图1　旅游与休闲学的研究内容/方向

旅游与休闲学作为一个学科研究领域，是随着人类认识的进步和人类社会发展的

需要而变化。就现阶段中国社会发展需要而言，主要研究方向包括：旅游与休闲哲学；旅游与休闲研究方法论；旅游与休闲史；旅游心理与行为；休闲政策与休闲教育；旅游、休闲与经济、社会发展；可持续旅游与管理实践；旅游规划与公共政策；旅游产业组织与管理；休闲管理；旅游影响和旅游信息化。

2. 旅游目的地管理

旅游目的地管理重点关注于目的地与旅游有关的公共性事务管理和旅游与休闲产业管理，以及如何通过旅游发展更好地提升目的地居民生活品质和幸福感。它不仅包括目的地开发与规划、目的地营销管理、主客关系管理、游客管理、旅游吸引物（景区）管理、旅游人力资源管理、危机管理、目的地环境管理以及与旅游有关的公共事务管理等内容，也涉及旅游与休闲产业管理和旅游项目管理等内容。本专业学生需要掌握旅游学、管理学、经济学的基础理论和方法，了解旅游与休闲产业的经济规律，基本具备旅游企业经营管理、营销策划、人力资源管理、战略管理、收益管理以及休闲活动项目管理所需的知识与能力。主要研究方向包括：旅游目的地营销；旅游企业运营管理；遗产旅游与管理；社区旅游与文化保护；智慧旅游/旅游信息化；休闲与户外游憩管理；旅游与环境管理；旅游危机管理和旅游健康与安全。

3. 酒店管理

酒店管理二级学科与国外的接待业管理（Hospitality Management）相对应，主要对接待业行业管理、住宿设施管理、餐饮企业管理、综合性接待企业管理以及具备住宿或餐饮经营属性的其他物业设施管理（如邮轮、疗养院等）企业的投资、运营、管理、影响进行管理和研究。主要方向包括：酒店业投资研究；酒店服务运营管理；酒店业发展与治理；酒店业的社会、经济与文化影响研究；酒店业的社会功能与现代化进程研究；酒店业发展与技术创新；服务业收益管理和服务业人力资源管理。

4. 会展与活动管理

会展与活动管理主要是围绕社会经济、文化的非日常活动如节庆、会议、展览、赛事等有计划活动及其引起的社会经济与文化现象，重点关注非日常经济文化活动运营与管理以及由此引起的相关产业发展及社会经济文化影响。主要研究方向包括：会展企业管理；会展项目管理；会展营销；奖励旅游、商务旅行、差旅管理；活动旅游及其影响研究；活动的本质与意义等基础研究；活动与公共管理；活动与社会发展；活动与文化变迁和商业类事件、活动管理。

五、旅游管理学科的理论和方法基础

（一）学科理论概述

在旅游学科发生、发展的几十年历史中，人们的旅游活动和旅游体验越来越多样化、复杂化、个性化，研究者对于旅游现象的范畴、形式、内容的认识也在变化，旅游研究议题所涉及的学科领域越来越多，其理论面向也越来越丰富。

为了使理论概述更加全面，避免遗漏重要内容，这里按照事物本身的发生、发展、产生影响的时间顺序，以及相应知识领域的发生、发展、形成脉络的逻辑顺序，主要采用一种现象学的视角，按照"发生学—本体（论）—多元效应"（图2）这样一个三位一体的视角来依次展开介绍，力求提供一个比较清晰的、有层次的旅游学科基本理论框架。

（二）关于旅游现象发生的理论

1. 社会发生学

闲暇时间理论（基于马克思主义经济学说）：马克思在《政治经济学批判（1857—1858）》中指出："创造出可以自由支配的时间是财富整个发展的基础……"在《资本论》中指出：工作日的缩短是建立"自由王国"的根本条件，而未来社会中，自由时间一部分用于消费产品，一部分用于从事自由活动，这种自由活动不像劳动那样是在必须实现的外在目的的压力下决定的，而这种外在目的的实现是自然的必然性。马克思的闲暇时间理论揭示了闲暇时间的本质、内涵与特点，阐明了闲暇时间不单单是一个时间概念，也是一个经济范畴，更是一个社会范畴。这就为休闲、旅游、娱乐、运动、文化等各种人类活动的社会发生必然性做出了一个根本上的理论论断。

闲暇经济理论（基于西方经济学前沿研究）：伴随着物质的极大丰富，生产将不再是经济发展最主要的内容，推动经济增长和衡量经济发展质量的指标将集中在服务经济和闲暇经济领域内，闲暇经济理论日益发展成为一门经济学前沿理论。

2. 个体发生学

旅游生存论/旅游本质论（基于存在—生存的解释）：生存的超越性使得谋求更好的生存成为人的本性。为了实现人的本性，旅游活动从迁徙和旅行活动中生长出来，成为一种合乎人性的善的生活。在现代社会，旅游是人性的重要组成部分，是对人的本性的实现。

需要层次理论（基于人本主义心理学的解释）：心理学家马斯洛（A. Maslow）需求层次理论不仅有助于解释旅游现象的发生，而且有助于旅游经营者了解消费者在外旅游期间的需要，从而有针对性地制定经营对策。

旅游动机理论（基于实证主义心理—行为的解释）：精神分析学派认为人类行为的根本驱动力建立在补偿匮缺的基础上，旅游的动机是旅游者寻求某种匮缺的补偿，该匮缺来源于旅游者个人心理状态与其所处的自然及社会环境之间的不平衡。

（三）关于旅游现象本体的理论

体验。"旅游体验"指处于旅游世界中的旅游者在与其当下情境深度融合时所获得的一种身心一体的畅爽感受。这种感受是旅游者的内在心理活动与旅游客体所呈现的表面形态和深刻含义之间相互交流或相互作用后的结果，是借助于观赏、交往、模仿和消费等活动方式实现的一个时序过程。它是一种综合性的体验，以追求旅游愉悦为目标，并以超功利性体验为主。"体验"是旅游学科的核心概念之一。

时间。关于旅游的时间规律，目前主要有旅游季节性理论，解释旅游现象的暂时性不平衡现象。

空间。关于旅游发生与发展的空间关系，相关理论主要包括旅游门槛距离理论、旅游地空间竞争理论、旅游区位理论、环城游憩带理论等，这些理论都不同程度地解释旅游发生与发展的空间问题。

过程。关于旅游过程的理论主要有旅游需求规律理论、旅游流理论、旅游产业链理论、旅游系统理论、旅游产业集聚理论等关于旅游过程维度的理论，都不同程度地解释旅游的发生过程。

（四）关于旅游现象的相关效应的理论

政治效应。解释旅游的政治效应的理论主要包括旅游与和平理论、边缘化理论、依附理论。目前普遍认为，旅游特别是深度的文化体验旅游，能够成为缓解紧张关系和避免文化冲突的积极动力，能够对国家政治、国际关系与世界和平产生正面效应。在我国实施"一带一路"战略的进程中，以旅游实现不同国家、地区、民族、宗教信仰、语言的人们之间的相互沟通与彼此理解，将起到极其关键的作用。

经济效应。解释旅游的经济效应的理论主要有游憩价值评估理论、旅游乘数理论、旅游地屏蔽理论、旅游卫星账户理论、旅游生态位理论、边缘地理论、游憩商业区理论等，旅游经济效应等相关理论，分别从不同角度解释旅游产生的积极或消极的经济影响。

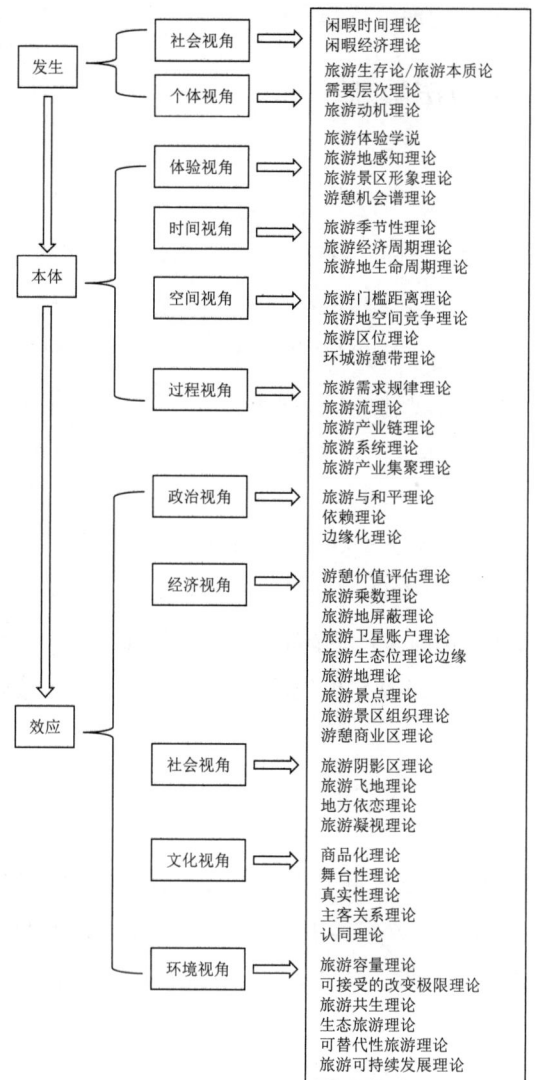

图2 旅游学科理论框架

社会效应。解释旅游产生的社会效应的相关理论主要有旅游飞地理论、地方依恋理论、旅游凝视理论等，主要解释旅游对当地社区、对地方文化产生的各种影响与作用。

文化效应。解释旅游的文化影响方面的理论主要有舞台性理论、真实性理论、主客关系理论等，主要分析旅游活动与当地文化传承、游客与居民间的互动关系以及影响。

环境效应。解释旅游与目的地环境关系的理论主要有旅游容量理论、旅游共生理论、旅游可持续发展理论等，这些理论都强调旅游与环境的相互作用，解释如何能有效地通过旅游活动，推动目的地可持续发展。

（五）旅游学科的方法基础

1. 发展概述

旅游学科具有极强的综合性，这与旅游现象本身的复杂性紧密相关。从20世纪70年代到80年代中期，"旅游研究方法"作为一个明确的议题正式进入旅游研究者的视野。到了80年代末和90年代初，几本旅游研究工具书或方法教程陆续出版，极大地拉升了旅游研究的规范性。这几本著作包括：《旅游与接待业研究手册》（*Travel, Tourism and Hospitality Research: A Handbook for Managers and Research*）（Ritchie & Goeldner 1989）、《旅游营销与管理手册》（*Tourism: Marketing and Management Handbook*）（Witt & Moutinho 1989）、《旅游分析手册》（*Tourism Analysis-A Handbook*）（Smith 1989）、《休闲与旅游研究方法实用指南》（*Research Methods for Leisure and Tourism-A Practical Guide*）（Veal 1992；1997）。此外，国际旅游研究权威期刊，《旅游研究纪事》也先后发表了相关成果对旅游研究的方法论进行讨论。

2. 方法论

旅游现象从诞生的第一天起就与其他学科之间有割舍不开的紧密联系，因此以跨学科的视角从多学科中汲取营养是旅游研究者一直秉持的实事求是的立场。按照德国哲学家、社会思想家哈贝马斯（J. Habermas）的划分，旅游研究涉及的方法论主要包括：

经验—分析方法论。这一方法论以逻辑实证主义（或简称"实证主义"）为主流，主要应用于经济学、管理学学科，在心理学、社会学、地理学中也有一定应用。

历史—解释方法论。在历史—解释方法论指导之下的旅游研究展现出一种完全不同于经验—分析方法论的做法，从所关注的议题、所采用的材料、具体展开分析的方式到论文表述的方式都是如此。这一方法论主要在历史学、人类学、社会学、人文地理学的旅游研究中得到应用。

规范—批判方法论。这些研究多数采用批判的视角，对旅游现象中暴露的一些社会经济问题进行了深刻的反思。规范—批判方法的研究者已经尝试通过对旅游现象的分析来重新认识社会，或揭露社会现实中的问题，或指出这些问题发生发展的原因，这就使得旅游研究本身跳出了狭隘的产业经济领域，而能够助益于社会制度本身的改革与发展。

3. 具体方法

旅游的研究方法和范围跨越了多个人文社会科学，甚至，由于人类社会性的旅游活动还会对自然环境带来影响，包括自然地理学、环境学、生态学等自然科学的方法也在旅游研究中得到了广泛的应用。不过，这里主要概括的还是来自于人文社会科学所常用的一般操作方法：理论研究/应用研究；经验性研究/非经验性研究；归纳/演绎；描述性研究/解释性研究；实证研究/阐释性研究；实验方法/非实验方法；直接数据/间接数据；自述数据/观察数据和质的研究/量的研究。

这些方法本身已经基本成为所有人文社会科学研究的共识，因此也无须做过多的解释和说明，只需强调一点：在不同的具体方法背后，反映着研究者对于旅游现象的本体论判断上的差异，因而也反映了在方法论立场上的差异。由此可见的是，正如所有复杂的社会现实必须接受多个角度的审慎考察一样，旅游研究在方法论和具体方法上的多元化、跨学科特点，恰好体现出旅游现象本身对于人们的心理、生理、文化、社会、经济、政治等多个存在领域的真实生活体验的全面渗透。

六、旅游管理学科与其相近一级学科的关系

根据国务院学位办《学位授予和人才培养学科目录（2011年）》，管理学大类下设管理科学与工程类、工商管理类、农林经济管理类、公共管理类、图书情报与档案管理类5个一级学科，其下又分为多个二级学科。旅游管理学科来源学科广泛、交叉研究广泛，具有极为明显的、区别于工商管理以及其他管理类一级学科的独立体系，如图3所示。

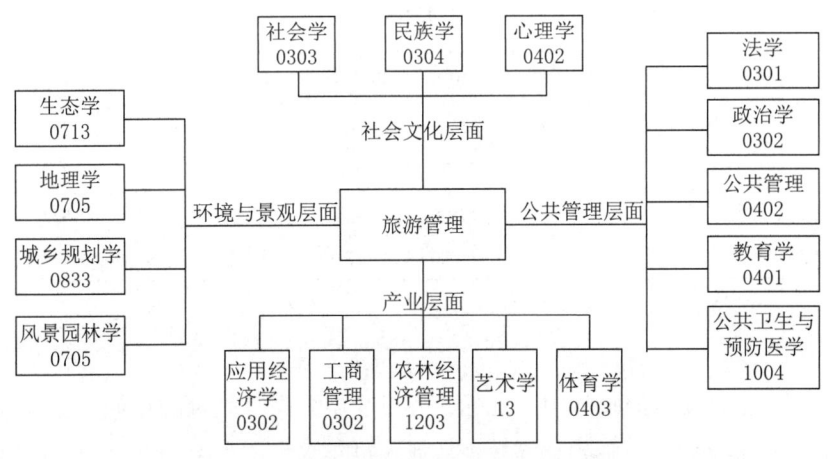

图3　旅游管理一级学科与相关学科的关系

1. 旅游管理研究对象独特、远远超出了工商管理一级学科的范畴。旅游研究所涉及的主要领域在地理学、环境学、管理学、经济学、社会学、人类学、民族学甚至涉及教育学、体育学、城市研究、规划发展等。据统计，国外 SSCI 杂志中，约有近 50% 的旅游学术论文发表在社会学、环境生态学、地理学等学科刊物；国内 CSSCI 杂志中的旅游学术论文约有 20% 发表在社会学、人类学、民族性等学科刊物上（聂琳琳，2015）。

2. 旅游管理一级学科横跨管理学大类下的公共管理、工商管理、农林经济管理等多个一级学科，并与社会学、地理学、民族性、经济学等一级学科有紧密联系。仅在产业层面与工商管理学科体系具有一定的重合与相似性。其学科知识体系远比工商管理宽泛，其研究价值的社会效用远远大于产业或经济效用。

3. 旅游学科的研究方法方面综合集成了自然科学、社会科学以及人文科学研究方法。既包括自然地理学、环境学、生态学等自然科学的研究方法，也包括了历史主义、现象学、存在主义、人文主义、解释学等；心理学、社会学、经济学的方法在不同层面和对象上也有使用。

七、社会对旅游管理学科的需求情况及就业前景分析

（一）旅游产业人才需求持续增长

进入 21 世纪以来，旅游产业对人才的需求持续增长。根据中国统计年鉴和国家旅游局官网的相关数据及其预测，近年来中国旅游产业的人才需求稳步上升，2015 年旅游业直接与间接就业总人数超过 1 亿人（表3）。

表3 2009—2015年旅行社和住宿餐饮业从业人数和直接与间接就业情况

年份	2009年	2010年	2011年	2012年	2013年	2014年	2015年
住宿和餐饮业从业（万人）	208.6	233.8	274.9	312.7	304.4	326.9	341.6
旅行社直接从业（万人）	34.1	27.7	30.0	31.8	34.0	36.0	38.0
旅游业就业人数总和（万人）	242.7	261.5	304.8	344.5	338.4	362.8	379.6
旅游业直接与间接就业（万人）	7052.1	7600.0	8857.9	10010.2	9833.2	10542.4	11030.1

数据来源：中国统计年鉴，国家旅游局官网。

结合国外旅游发展经验与中国实际，假设受旅游高等教育的从业人员在旅游从业人员总量中占比为 25%，旅游高等教育从业人员年平均增长率为 8%，预测 2018 年旅游人才需求量达 3600 多万人次（表4）。

表4　未来五年旅游业高等教育需求规模预测

年份	2013年	2014年	2015年	2016年	2017年	2018年
住宿和餐饮业（万人）	76.1	82.2	88.8	95.9	103.5	111.8
旅行社（万人）	8.5	9.2	9.9	10.7	11.6	12.5
旅游业总和（万人）	84.6	91.4	98.7	106.6	115.1	124.3
旅游业直接与间接就业（万人）	2458.3	2655.0	2867.4	3096.7	3344.5	3612.0

资料来源：2013年基础数据来源于中国统计年鉴，国家旅游局官网。

（二）高层次旅游人才结构性短缺

从统计数据上看，近年来旅行社大专以上学历员工比例持续上升，至2014年后超过70%，而星级酒店大专以上学历员工维持在21%左右（图4）。但近年来高档次酒店快速增长，导致酒店管理人员短缺，服务质量有下滑趋势。景区、会展业也存在相似的问题。此外，由于近年来旅游产业与相关产业的融合加快，特别是"互联网+""旅游+"等新型产业需求，也迫使原有的以专科教育为主、本科教育为辅、研究生教育为点缀的旅游人才需求结构发生改变。旅游与相关产业（地产、金融、信息技术、医疗、养老）的融合加快了高层次旅游人才的需求。从某种意义上说，旅游与酒店行业的人力资源正由结构性短缺转向全面短缺。

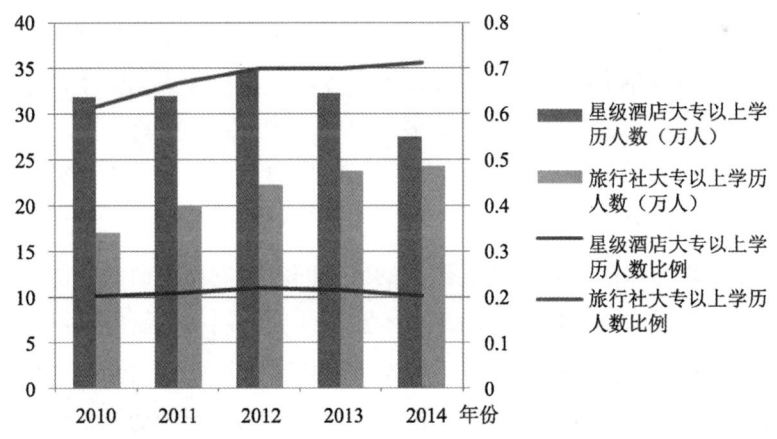

图4　2010—2014年旅行社和星级酒店大专以上学历人数和比例

数据来源：国家旅游局官方网站。

与旅游业对从业人员需求增加相反，从2012年开始，旅游专业在校学生数量减少，并且高层次人才培养明显不足。根据中国旅游协会旅游教育分会《中国旅游教育年度报告》的统计，可获得的最新数据表明，旅游相关专业（方向）博士研究生全国招生和毕业均为 200 人左右，在校 800 余人，与产业及科研机构的需求形成巨大反差。

（三）相关学科对旅游研究博士人才需求持续增长

近年来，随着旅游产业的不断发展，旅游研究人才的需求也持续增长。一些相关学科如地理学、生态学、城乡规划、风景园林学、林学、应用经济学、理论经济学、人口资源与环境学、中国少数民族经济、中国史等多个学科纷纷增设旅游相关研究方向的博士点。尽管近年来这些相关专业的旅游博士毕业生年年增长，但目前全国大部分旅游相关高校、科研院所仍然人员短缺，需求缺口仍然很大。

八、旅游管理学科的发展前景

（一）社会经济发展为旅游管理学科发展提供永恒动力

旅游休闲是人类永恒的需要，相应的研究问题具有永恒的生命力。世界数千年的旅游与休闲史已经证明，社会经济的发展必然会持续刺激旅游与休闲需求，并给学术领域带来越发广泛与深刻的研究问题，过去几十年中，旅游领域的学术问题已经从经济增长、环境保护到社会文化影响、居民幸福、民族和谐、生活质量方面不断扩展，显示出了旅游学术问题的活力与发展前景。

技术进步不断改变人类的生活方式，旅游研究不断面临新的挑战。以互联网为代表的全球新一轮科技革命，正在深刻改变着世界经济发展和人们的生产生活，为旅游业发展带来了全新变革，传统的旅游服务方式、经营方式、管理方式、消费方式正在发生大调整、大变革，对旅游研究和旅游人力资源提出了越来越高的要求，而这种需求将持续拉动旅游学术的创新发展。

国家战略需求为旅游学科不断提出新的研究问题与发展使命。中国几十年的改革发展历程表明，不同时期的国家战略不断为旅游研究提出新的研究问题、赋予新的使命，从"外事接待""旅游创汇""经济增长"到"国民幸福"，再到"旅游扶贫""一带一路"战略，都不断地为旅游提出新的研究问题，赋予新的功能，对旅游人才培养提出新的需求，为旅游学科发展提供持续不断的动力。

（二）跨学科特性为旅游管理学科持续发展壮大提供坚实保障

旅游现象的跨学科特性不断促使传统学科产生旅游相关的新兴学科，如地理学下繁衍出旅游地理学、人类学下成长出旅游人类学、生态学下发展出旅游生态学，社会学下讨论旅游社会学，这些新兴学科的成长又不断地为旅游研究提出供新的理论与知识营养，持续推动旅游管理学科发展壮大。

旅游研究的跨学科知识溢出不断催生交叉研究领域，使旅游管理学科始终处于活跃状态。近年来，旅游行为研究催生地理学与GIS交叉的旅游时空行为研究，遗产地旅游研究催生文化遗产与旅游管理交叉的遗产旅游研究，第二居所研究催生的地理学与社会学交叉的旅游流动性研究等，这些交叉领域持续不断地出现，为旅游管理学科提供了持续的活力源泉。

（三）旅游管理高层次人才培养持续推动旅游产业与知识创新

旅游管理一级学科建设将为旅游专业师资队伍创造更好的发展环境，吸引越来越多的优秀人才，使旅游教育的专业师资队伍水平不断提高，相应的知识创新也将持续增长，推动旅游管理学科繁荣发展。

旅游管理一级学科建设为培养更多的高层专业人才创造良好条件，将使越来越多的高级人才投身到旅游产业中去，加快推动产业升级发展，同时也持续推动旅游领域的知识创新与应用。

九、旅游管理学科可归属的二级学科及其简介

（一）旅游与休闲学（Tourism and Leisure Science）

1. 学科简介

旅游与休闲学将旅游与休闲作为一个整体，致力于形成关于旅游与休闲的元知识系统，同时维持与其他学科知识的桥梁（Echtner & Jamal，1997）。它涉及旅游与休闲之哲思、旅游与休闲的发生和发展规律、旅游与休闲研究范式和研究方法论等，以及自然、社会、人文、形态科学中可为旅游所用，又具有可操作性的基础性知识；其研究在本质上要求多学科方法，如图5所示。

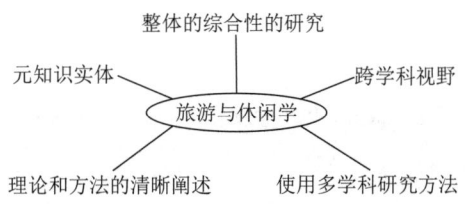

图5　旅游与休闲学的学科属性与特征

旅游与休闲学专业致力于从人类精神/心灵层面、群体互动与社会交往层面、旅游与技术的互动发展、旅游与自然环境以及物质环境（包括服务设施）四个层面来深刻认识旅游活动，并探究如何更好地发展旅游，以推动人的全面发展和人类文明进步。其研究成果能够对整个旅游产业发展带来直接或间接的重大影响，包括旅游产品设计、旅游市场营销、旅游设施建设、目的地规划与管理、组织、特殊事件和活动策划等，对于提高旅游产业和区域竞争力，推动旅游可持续发展具有基础性的作用。

2. 相关学科关系

旅游与休闲学二级学科属于管理学、地理学、社会学、经济学等学科交叉的综合性专业。介于其知识具有"杂"学科的特点，同时具有单一学科、多学科、跨学科和后学科的属性，世界旅游组织（UNWTO）在旅游教育计划（1992）中指出了旅游科学与其他相关学科具有复杂的关系，并指出不同的方法适用于不同目的的旅游研究。图6说明了旅游与休闲学的跨学科性质及其与其他学科的相互关系（图6）。

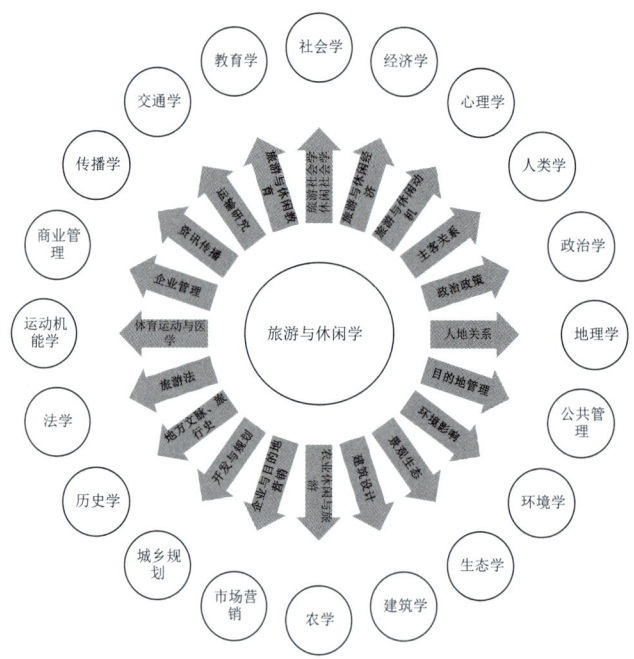

图6 旅游与休闲学及其与其他学科的关系

例如：

- 经济学关心旅游对国民经济和目的地经济发展的贡献，旅游供给与需求统计与分析和旅游产业的发展实践，包括旅游业经营管理的基本特点、旅游企业与产业发展规律，以及旅游外汇收入和国际收支平衡，就业和其他货币性因素。
- 社会学将旅游作为一种日益壮大的社会现象，研究旅游成为可能的社会条件。关注社会结构和符号的重要性、游客目的地偏好的变化，以及从不同的特征群体研究在目的地的旅游者，如国籍、教育水平、年龄、宗教、性别等。
- 人类学更关注主客双方的风俗习惯、传统文化、主客关系以及生活方式。
- 地理学家关心旅游的空间因素，研究旅行流向和地点、开发的范围、土地利用以及实体环境的变化。
- 心理学家专注于研究动机、偏好和旅游者行为。
- 生态学关注人类与自然的关系和环境可持续发展问题。
- 法学聚焦于消费者权利、旅游服务质量、国际立法的统一性。
- 商业管理从财务管理、市场营销、战略决策、国际商业政策、组织行为和人力资源管理等方面来注重提升旅游发展的绩效以及提升旅游产业竞争力。
- 教育学则不仅包括对旅游者的环境教育，还包括旅游课程设置研究以及教育旅游教育者。

（二）旅游目的地管理（Destination Management）

1. 学科简介

旅游目的地管理二级学科是以旅游和休闲产业发展和实践为导向，综合了自然、社会、人文、形态科学中可为旅游与休闲产业发展所利用，又具有可操作性的基础性知识。

旅游目的地管理重点关注目的地与旅游休闲有关的公共性事务管理和旅游与休闲产业管理，以及如何通过旅游发展更好地提升目的地居民生活品质和幸福感。它重点关注于目的地开发与规划、目的地营销管理、主客关系管理、游客管理、旅游吸引物（景区）管理、旅游危机管理、目的地环境管理、旅游人力资源管理以及其他与旅游有关的公共事务管理等内容，也涉及旅游服务质量提升、旅游景观设计、针对不同目标市场的旅游产品设计以及对环境技术、科技技术的商业化应用与创新等各种理论与实践问题。

旅游目的地管理也关注于如何提供优质休闲和游憩设施与服务，以更好地提升目的地居民的生活品质、满足健康需要和实现自我发展，因而涉及旅游与休闲产业管理、旅游项目管理等与企业运营相关的内容。包括户外游憩空间、体育与运动场馆、文化娱乐场所（音乐厅、艺术中心、图书馆等）社区服务中心以及国家公园、城市公园、郊野公园、健身中心等的运营管理以及政府相关政策和法律的制定等。

旅游目的地管理二级学科的发展对于旅游和相关行业的发展有着直接的影响。中国香港、英国、美国、澳大利亚等国家和地区的许多高校均有开设相关课程并设置了硕士和博士专业。

2. 相关学科关系

与酒店管理、会展与活动管理相比，旅游目的地管理更加关注于旅游公共部门与私营部门之间的分工与合作，旅游者健康和安全，旅游的全球化进程和区域化进程，旅游目的地供应链，社区居民生活质量提升和环境可持续发展，而非单纯的产业发展或企业效益提升。可与酒店管理、会展与活动管理并列成为旅游管理一级学科下属的二级学科。旅游目的地管理涉及范围如图7所示。

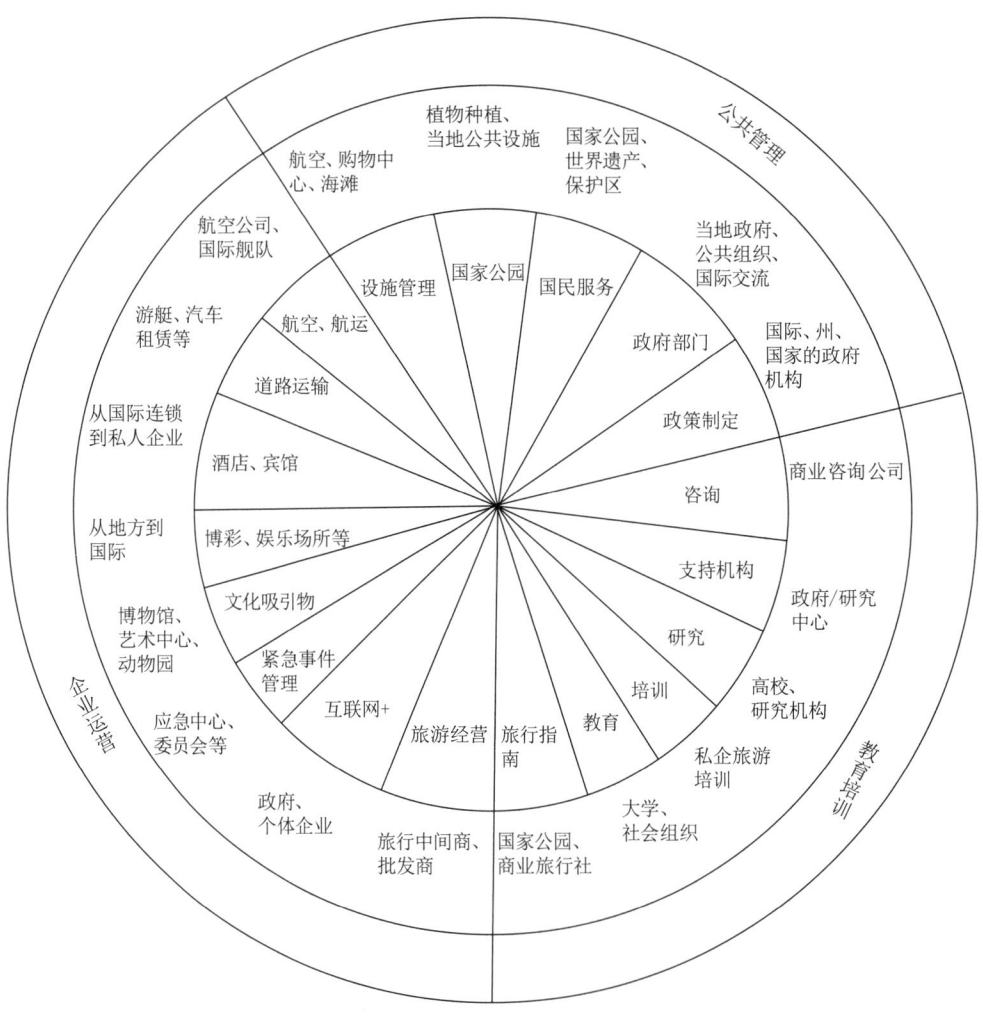

图7 旅游目的地管理二级学科研究范围

（三）酒店管理（Hospitality Management）

1. 学科简介

酒店管理二级学科与国外的接待业管理（Hospitality Management）相对应，主要对接待业行业管理、住宿设施管理、餐饮企业管理、综合性接待企业管理以及具备住宿或餐饮经营属性的其他物业设施管理（如邮轮、疗养院等）企业的投资、运营、管理、影响进行管理和研究。

2. 相关学科关系

酒店管理涉及战略管理、市场营销、人力资源管理、财务管理和组织行为等工商管理范畴，传统上归属于工商管理学科体系并不难理解。将酒店管理放置于旅游管理一级学科的原因在于酒店业不仅是旅游业的支柱产业，更是旅游经济发展的重要依托。在整个旅游休闲产业体系中处于核心地位。不论是观光型旅游，还是休闲度假型旅游，酒店业都是其不可缺少的组成部分。酒店管理应当成为旅游管理专业持续发展和内涵延伸的一个主流专业方向和领域。

从旅游管理一级学科内部来看，旅游与休闲学是酒店管理重要的基础性学科；目的地管理二级学科与之有较大关联；会展与活动管理与之最为接近。从酒店管理与其他学科关系来看，营养学、市场学、心理学、会计学、经济学、人力资源管理学、战略管理、收益管理、项目管理、创新管理、信息管理等学科知识，已经成为不同时期和地域酒店管理的基础理论。而近年来随着亚太地区在世界酒店业版图中的地位日显突出，国际营销策略、国际连锁管理、亚洲商业和全球战略等实用性很强的商业管理知识也是其重要的知识支撑。

（四）会展与活动管理（Events Management）

1. 学科简介

会展与活动管理主要是围绕社会经济、文化的非日常活动如节庆、会议、展览、赛事等有计划活动及其引起的社会经济与文化现象，重点关注非日常经济文化活动运营与管理以及由此引起的相关产业发展及社会经济文化影响。

2. 相关学科关系

会展与活动管理二级学科横跨管理学、经济学、教育学、理学、哲学五大门类学科，涉及除旅游管理之外的五个一级学科下面的七个二级学科。

在旅游管理一级学科内，会展与活动管理与目的地管理、酒店管理存在许多学科共性，从属于同一类学科群。旅游与休闲学是该学科重要的基础性学科；目的地管理和会展与活动管理关联性最大，酒店管理则是该学科的重要实践管理方法之一。

从跨学科层面来看，会展与活动管理还与多个学科门类存在关联。例如，与教育学大类下体育学一级学科的社会体育经济管理存在较强相关性，诸多休闲娱乐项目可归属于体育项目；与经济学门类下产业经济学科具有相关性；四大类型活动项目的组织、策划与营销，活动中的品牌现象与品牌管理，活动行业对技术变迁的响应与适应（以IT技术与低碳技术为中心），活动行业的管理理念变化与企业管理创新（以协调为中心）等与工商管理一级学科具有较强关联关系；活动空间、设施与规划与理学大类下地理学科的城市规划专业具有相关性；活动与居民生活质量或幸福感、大型活动的公共安全管理，大型活动举办地的后续利用或资产转型，大型活动的承办与地方政府执政能力建设等与管理学门类下公共管理学科存也在相关性。

旅游管理一级学科申报专家组：

顾问：刘人怀，暨南大学，中国工程院院士。

组长：保继刚，中山大学研究生院、中山大学旅游学院院长，教授，博导。

成员：钟林生，中国科学院地理科学与资源研究所，研究员，博导。

宋 瑞，中国社会科学院旅游研究中心主任，研究员，博导。

吴必虎，北京大学旅游研究与规划中心主任，教授，博导。

周玲强，浙江大学旅游学院院长，教授，博导。

巴兆祥，复旦大学旅游学院主任，教授，博导。

张 捷，南京大学旅游研究所所长，教授，博导。

熊元斌，武汉大学管理学院，教授，博导。

李志勇，四川大学旅游学院副院长，教授，博导。

白长虹，南开大学旅游与服务学院院长，教授，博导。

王德刚，山东大学管理学院主任，教授，博导。

林德荣，厦门大学管理学院主任，教授，博导。

贾鸿雁，东南大学人文学院主任，教授，博导。

张广海，中国海洋大学管理学院副院长，教授，博导。

李　力，华南理工大学经济与贸易学院副院长，教授，博导。
冯学钢，华东师范大学商学院院长，教授，博导。
张　辉，北京交通大学旅游系主任，教授，博导。
黄震方，南京师范大学地理科学学院院长，教授，博导。
田卫民，云南大学工商管理与旅游管理学院书记，教授，博导。
何建民，上海财经大学旅游管理系主任，教授，博导。
夏赞才，湖南师范大学旅游学院院长，教授，博导。
吴智刚，华南师范大学旅游管理学院院长，教授。
邓爱民，中南财经政法大学旅游系主任，教授，博导。
张　梦，西南财经大学工商管理学院主任，教授，博导。
白　凯，陕西师范大学旅游系主任，教授，博导。
瓦哈甫，新疆大学旅游学院院长，教授。
孙建军，海南大学旅游学院副院长，教授。
谢彦君，东北财经大学旅游与酒店管理学院院长，教授，博导。
陆　林，安徽师范大学科研处处长，教授，博导。
高　峻，上海师范大学旅游学院副院长，教授，博导。
马　勇，湖北大学旅游研究院院长，教授，博导。
马　波，青岛大学旅游学院院长，教授，博导。
蔡　红，首都经贸大学主任，教授，博导。
郑向敏，华侨大学旅游安全研究院院长，教授，博导。
张河清，广州大学旅游学院院长，教授。
钟永德，中南林业科技大学旅游学院院长，教授，博导。
邹统钎，北京第二外国语大学校长助理，教授，博导。
谷慧敏，北京第二外国语大学酒店管理学院院长，教授。
宋海岩，中国香港理工大学副院长，教授。
李　刚，英国萨里大学主任，教授。
黄松山，南澳大利亚大学主任，教授。
王有成，美国中佛罗里达大学副院长，教授。
张凌云，《旅游学刊》杂志社主编，教授。

旅游管理一级学科申报秘书组：

组长：张朝枝，中山大学旅游学院教授，博导。
成员：徐红罡，中山大学旅游学院教授，博导。

曾国军，中山大学旅游学院教授，博导。

左 冰，中山大学旅游学院副教授。

张骁鸣，中山大学旅游学院副教授。

陈钢华，中山大学旅游学院副教授。

赖 坤，中山大学旅游学院副教授。

何 莽，中山大学旅游学院副教授。

全域旅游：发展哲学与政策工具

吴必虎　王梦婷[①]

一、全域旅游：概念解读

2016年1月，在"2016年全国旅游工作会议"上，国家旅游局局长李金早表示，进入新的发展时期，贯彻落实五大发展理念，必须转变旅游发展思路，变革旅游发展模式，创新旅游发展战略，加快旅游发展阶段演进，推动我国旅游从景点旅游向全域旅游转变。由于政府层面的积极推动，全域旅游概念在全国业界、学界也引起广泛的关注。

2016年5月26日，全国全域旅游创建工作现场会暨创建工作培训班在浙江省杭州市桐庐县举办。李金早再次强调表示，我国已进入大众旅游新时代，要顺应时代的要求，推进我国旅游业发展由景区模式向全域旅游模式转变。

什么叫全域旅游？从工作定义角度来看，国家旅游局开展"国家全域旅游示范区"建设工作的文件说得比较清楚：全域旅游是指将特定区域作为完整旅游目的地进行整体规划布局、综合统筹管理、一体化营销推广，促进旅游业全区域、全要素、全产业链发展，实现旅游业全域共建、全域共融、全域共享的发展模式。也就是说，在一定区域内，以旅游业为优势产业，通过对区域内经济社会资源尤其是旅游资源、相关产业、生态环境、公共服务、体制机制、政策法规、文明素质等进行全方位、系统化的优化提升，实现区域资源有机整合、产业融合发展、社会共建共享，以旅游业带动和促进经济社会协调发展的一种新的区域协调发展理念和模式，就是全域旅游。

全域旅游的发展在中国产生、流行和被广泛接受不是偶然的，它与中国的城市化节奏、产业结构变迁、旅游供给侧的制度特征等诸多因素密切相关。如何解读全域旅游概念？目前已经出现了很多不同的看法，褒贬不一、众说纷纭。在我们看来，全

[①] 吴必虎，北京大学教授/博导，北京大学旅游研究与规划中心主任，中国旅游协会旅游教育分会副会长。主要研究领域为城市与区域旅游规划、目的地管理与营销以及更广泛的旅游与游憩研究领域。王梦婷，北京大学城市与环境学院人文地理学专业博士研究生。主要研究方向为遗产活化。

域旅游与西方旅游研究中提倡的旅游系统（tourism system）、目的地体系（destination framework）、旅游供应链（tourism supply chain）、多利益主体理论（multiple stakeholders）等都有所呼应，但又不完全相同。就目前的理论研究深度和经验积累来看，全域旅游还未形成一个严谨的学术概念，但我们不妨将其理解为一种区域旅游"发展哲学"、一个地方政府推动旅游发展的"政策工具"。下面就从这两个角度对全域旅游的概念进行解析。

（一）作为区域发展哲学的全域旅游

2015年10月举行的中共十八届五中全会上，中央提出"创新发展、协调发展、绿色发展、开放发展、共享发展"五大发展理念。无论是经济方面的创新、协调，生态方面的绿色，还是社会方面的开放、共享，全域旅游作为一种发展哲学，都与其相契合，呼应了中央政府新时期的区域发展哲学和地方治理的准则。

全域旅游呼应"创新发展"。进入21世纪10年代以来，旅游产品结构性失调、"有效供给不足"一直是中国旅游产业发展的主要问题。随着人们消费水平的提升和消费方式的多元化，旅游供给端改革越来越紧迫。尤其是"旅游+"治理模式和"互联网+"技术支持下，未来需要更多的制度创新、技术创新来驱动供给侧结构调整。全域旅游是供给侧改革的重要领域，通过产品创新、品牌创新以及技术创新，借助旅游业的关联性和系统性，从全域旅游的发展理念，带动相关产业的发展，从而实现区域整体的健康发展。

全域旅游呼应"协调发展"。过去30多年来，中国工业化、城市化的粗放式发展，其种种不良后果中包括不同利益主体之间的价值观与利益双重冲突，强势的利益主体往往以各种方法压制着弱势的利益主体。这就导致了发展不协调，这种不协调在短期来看，让弱势利益主体受损，让强势利益主体受益；从长期来看，则让弱势利益主体和强势利益失去了共生共荣的土壤，最终强势者难以持续，弱势者则苟延残喘。全域旅游通过协调经济不平衡、权利不平衡以及文化不平衡，实现社会财富的主动再分配，发达地区作为客源地和需求主体，经济落后但环境生态优良的地区作为目的地和供给主体，二者通过旅游流动，既可实现金融资本的再分配，也可改善社会资本的流动性。

全域旅游呼应"绿色发展"。绿色发展理念不仅仅是生态文明的体现，也是经济发展方式的转变、社会发展模式的重塑、政治价值体系的进步、文化价值体系的提升。绿色概念从自然生态延伸到自然、经济、社会全方位的领域。通过全域旅游理念，使绿色理念不仅仅局限于旅游业本身的可持续发展，而且可以通过旅游产业链条的不断延伸，促进与旅游业相关的一、二、三产业的全产业绿色发展。

全域旅游呼应"开放发展"。全域旅游的发展关键在于"旅游+"的治理模式，用好了"旅游+"，就能充分发挥旅游的综合效益和融合效应。"旅游+"作为一种治理结构框架的提出，体现了中国旅游业正在走向更加开放的发展目标，正在构建更加开放的发展模式，正在创造着更加开放的发展平台。而全域旅游正是这些目标、模式和平台的最好载体。

全域旅游呼应"共享发展"。当前中国较多地区存在着良好的旅游资源，但是因为缺乏旅游投资、旅游人才等，使得发展机会受到阻碍；并且社会福利旅游板块较为薄弱，旅业业的社区参与和就业带动效果不明显——全域旅游强调旅游发展权利的共享与旅游发展成果的共享，特别是通过精准扶贫和乡村旅游，全域旅游理念推动农村地区的就地城镇化与乡村现代化。通过调动全员参与，实现更多的人共享旅游业发展成果，让旅游成为人民的幸福指标，让旅游成为提升获得感的主要途径。

（二）作为区域旅游发展政策工具的全域旅游

从字面上理解，"域"就是地域、区域，是一个地理空间的基本概念。但是在理解"全域旅游"时，"全域"的"域"，其实包含了更广泛的含义，概括起来可以解读为"地域、领域、时域、治域"四大领域。作为地方政府主抓旅游的官员来讲，理解了这四大领域，并在政府治理行动上加以分解与协同，就能提高政府推动旅游发展的力度和效率。

首先是"地域"。地域具体可以理解为地方政府关注、推进、管制的空间地域，全域旅游要求在空间上实现全覆盖、跨地域合作。当然，在理解全部区域的同时，也应该从哲学高度来理解其本质，根据旅游资源、市场需求、投资及管理能力等具体分析，尽可能全面地考虑行政区管控范围内的旅游供给及相关服务，而非机械地强求全区域的平均主义和一网打尽。该突出重点的仍然要集中有限的力量抓好关键区域的开发及管理工作。

其次是"领域"。领域是指旅游产业链上下游延伸、全产业整合，促进旅游业全要素、全产业链共同发展。旅游各要素要求配置完善，延长旅游产业链，提高产品附加值。长期以来不少地方习惯于观光旅游，依赖于门票经济，动辄关门售票，而忽视整个产业链条的打造和整合。前一阵舆论哗然的草原天路封闭管理收取门票的案例，就是走了单一门票经济模式的老路引发的轩然大波。在旅游市场由观光旅游逐步转向休闲度假旅游的时代，如何构建更长的产业链，是摆在很多地方政府和旅游企业面前的一个重要任务。

再次是"时域"。时域是指全域旅游要尽量消除旅游的阶段性、弱化淡旺季，实现全季候、"一年365天×每周7天×每天24小时"时段的旅游，在不同的季节都能形成好的旅游氛围。

最后是"治域"。九龙治水、条块分割是中国地方治理的顽疾。旅游发展恰恰涉及广泛的部门，严重依赖各个部门的有效、统一的协同。治域是指部际协调，就是在构建、管理全域旅游目的地的过程中，多部门之间紧密协同，利用全域旅游这个政策工具以及沟通平台，使得部门之间的权力相通、使得资源能够有效整合。一方面，旅游业对投资、税收、就业等的综合带动和促进作用强；另一方面，旅游业也需要投资、税收、社会保障、公共政策的共同支持。

在具体的地方旅游发展治理过程中，上述四域常常面临不够协调的窘况。而想要实现"四域联动"，就需要加大改革力度，克服部门藩篱，要正视法规制度竞合问题，促进现有法律制度的改善、协同和统一，加快出台《发展规划法》，促进多规合一。旅游规划要与经济社会发展规划、城乡规划、土地利用规划等相互协调。

全域旅游作为一种政策工具，其目的和功能都在于促进各地政府整合各种资源。全域旅游强调旅游业在区域统筹、城乡一体和新型城镇化过程中的带动引领作用，强调旅游业在整个区域产业结构的突出地位。旅游与农业、工业、林业、文化、体育、医疗等相关产业和行业融合发展、相互渗透，促进旅游新业态的不断发展。

全域旅游也强调旅游目的地全社会、各部门积极参与旅游开发、建设、管理的过程中。要求旅游业发展的政策支持，政府对旅游业发展的重视程度提高了，部门联动、协调就能更好地配合。各部门支持旅游业发展的配套政策和扶持力度加大，全社会对发展旅游的共识不断提高，是全域旅游这一政策工具是否用好、用足的重要标志。

二、全域旅游治理平台：旅游目的地及其提升建设

全域旅游将区域作为一个完整的旅游目的地进行规划、管理和营销，强调资源整合、权力协同、供应链延伸和全社会分享的建构。全域旅游，响应了观光益智旅游、休闲度假旅游和商务会展旅游全面发展条件下对旅游目的地的生态环境、基础设施、旅游吸引物、法规政策、公共服务和安全舒适的整体要求。说一千道一万，全域旅游所有的人力、物力、财力投入和扶持政策设计，最后都要落到一个具体的平台之上，这个平台就是旅游目的地。

基于全域旅游的目的地构建的目标，可以归纳为两个方面：

其一，从政府角度上讲要完成管治目标，即一个城市或一个区域目的地内以政府为主导、全社会共同参与的综合治理目标。

其二，从企业角度上要完成满意目标，即外来旅游者在该目的地内获得的各

方面服务与体验的全面满意水平。一个企业的成功在于 location（区位）、location、location，一个旅游目的地的成功是体验、体验、体验。如果只靠单独的封闭空间满足体验，很难成就"好的体验"。

旅游目的地的提升建设不外乎"四大设施"创建或完善。具体而言就是落实生态基础设施、公共基础设施、旅游功能设施、政策法规设施这"四大设施"的建设。通过这四大设施的建设与提升，推动旅游业转型升级，从规模增长型发展模式向质量效益型发展模式转变。

（一）国家级全域旅游示范区

2016年2月，国家旅游局公布了首批262个"国家全域旅游示范区"创建单位名单。国家旅游局决定开展此次示范区创建工作，旨在推动旅游业由"景区旅游"向"全域旅游"发展模式转变，推动旅游业"创新、协调、绿色、开放、共享"发展，促进旅游业转型升级，构建新型旅游发展格局。在我们看来，全域旅游示范区就是一种旅游目的地建设指标要求，这些指标用国家旅游局提出的特征及基本衡量标准来衡量，具有"六大特征"和"四项基本标准"。

"六大特征"是指旅游吸引覆盖广泛、区域旅游形象突出、旅游设施服务完善、旅游业态丰富多元、产业拉动效应明显、居民游客体验双赢。

"四项基本标准"是指旅游对当地经济和就业的综合贡献达到要求；建立旅游综合管理和执法体系；厕所革命及公共服务建设成效明显；建成旅游数据中心。随着旅游发展的格局及主要矛盾的不断变化，上述要求和标准也会逐步改变。

（二）无景区化目的地及其挑战

无景区化目的地建设与全域旅游相对应，既是管治目标，也是满意目标。不管全域旅游定义怎么下，这两个目标应当守住。如果按照全域旅游的理念进行旅游目的地建设与提升，其最终结果就是逐步走向"无景区化旅游目的地"。无景区化旅游目的地的主要表现形式有：不依赖传统的景区（点），不以观光为单一目的；崇尚到处都是景点，随时都能成行；注重旅游体验，以旅游活动为中心；打破门票经济，强调开放的经营方式。以旅游生活方式为核心组织旅游活动，通过无景区化旅游目的地这一过程，将旅游目的地真正建设成为全域旅游发展区。

游客受到核心竞争力的旅游产品的吸引而产生了旅游行为，其主要就是旅游景区，而之所以说"无景区化"，就是在强调一个旅游目的地不仅仅要有景区，还要有配套，有产品也要有服务。景区有规范化的管理，有一定的标准，所以旅游目的地之前出现的问题，多是在景区外。所以政府不应该将治理的重心仅仅集中于景区，要培养更长的产业链，使得景区内外都能够联动起来，形成一个协同的整体，即所谓的"无景区化"。

在无景区化目的地的建设过程中，规划设计师将面临新的挑战。

第一，由过去唯设计师模式，转变为活动项目的民主化，场地建设、项目设置不再是以前的精英式，更加趋向于民主式，甚至可以采取众筹模式。

第二，以物质建设为中心的时代已经过去，增量减少，存量挖潜，规划设计行业普遍惨淡。无景区化目的地是为人们提供一种度假休闲的生活方式，以前旅游开发要给游客一个"来"的理由，今天已经变成要为游客提供一个"住"的理由，而唯有体验才能真正让游客住下了。过去一段时间，三亚旅游表现出某种程度的"孤岛效应"，豪华的酒店与当地的社会环境与设施形成鲜明对比，当地的社区生活被边缘化。而巴厘岛旅游、美国的奥兰多就非常注重生活方式体验，主题公园、娱乐、表演，甚至赌场等都丰富了游客的旅游经历，并将游客与当地社区生活融为一体。

（三）无景区化目的地规划：多规合一

旅游目的地需要各种各样的吸引物，除了景区，还要营造更多的吸引物，这是无景区化目的地的根本。如何把一个地方做成无景区化旅游目的地？需要多规合一。

无景区化目的地规划要实现多规合一，包括城市规划要完成从增量到存量的转变，风景区规划中不能再回避旅游功能，文物保护区规划需要活化，可以运营，在土地利用规划中要实现旅游用地自成体系，乡村发展面临宅基地入市与土地非农化的挑战，消防设计注意国家标准与地方特色的协调。通过多规合一改变以往由于部门分割引起的利用效率低下的局面。

三、全域旅游目的地建设：案例观察

全域旅游是旅游业转型升级的过程，从景区旅游向旅游目的地建设发展的要求。现在国内很多地区都在进行全域旅游的积极尝试，如四川阿坝州、江苏苏州、浙江乡村、安徽黄山等地。它们将大区域内的各个景区联系起来，组合为新的旅游产品和旅游线路，进行综合开发和管理，将旅游产业发展融入城乡统筹发展中。

如江西婺源，在其县域内分布的景区星罗棋布、美不胜收，在申报全国各类等级景区时，地方都提出希望把整个县打包申报，并自豪地提出了"我们县整个就是一个大景区"的充足理由，这正是基层工作者对全域旅游最朴素、最形象而又是最准确的认识。

再如桂林的"两江四湖"建设工程，是桂林市的"大型的环保工程、大型的城市基础设施建设工程、大型的旅游景区建设工程",也是集城市水系梳理、防洪排涝、环境整治、城市建设、文化建设、旅游基础设施建设于一体的综合工程,将城市景观文化拓展成为全域旅游,从根本上改善了桂林市的生态环境,完善了城市功能,开拓了市中心旅游的新格局,传承、弘扬了桂林悠久的历史文化,提升了城市的档次与品位。可以观察到,"两江四湖"的环城水系游、内湖鱼鹰捕鱼生态游等旅游线路已经取得了很好的经济效益和社会效益,尤其是夜游"两江四湖"已经成为桂林市夜游市场的新的品牌代表。

特别地,在公布的首批国家全域旅游示范区名单中,将海南省的全省各市县区都列入其中。海南省认真落实了全域旅游的标准,率先实现旅游业对当地经济贡献率15%以及新增就业贡献率20%的要求,并且实施"1+3"旅游综合管理和综合执法模式等。海南省旅游发展委员会主任孙颖就曾指出,要加强顶层设计、深化旅游管理体制改革,加强基础设施、服务设施建设,加强全域旅游营销、做好社会宣传引导,加强数字化建设和人才培养教育,并且不忘市场监督管理,构建富有海南特色的旅游产品,为旅游注入海南文化的灵魂。

海南琼海市自 2013 年就开始将全市作为一个 5A 级景区进行开发建设,已经探索出了一条颇有特色的全域旅游发展之路:通过规划先导引领、特色产业支撑、彰显文化特色、点线面全面推进以及全民共建共享等,以旅游业龙头发展第三产业,带动第一、第二产业结构调整升级,逐步把 12 个镇建成一镇一特色。另外,琼海大力建设风景道路,通过田园小道和慢行车道等把景点、公园、村庄、民居风情、生态景观等连接,使全市成为一个融合的大景区。

第四部分

中国旅游教育专题报告

中国酒店管理专业高等教育现状分析报告

谷慧敏　李　彬　贾　卉　黄　伟[①]

一、背景及目的

近年来，中国饭店业保持快速增长，截至2016年第一季度，中国星级饭店数目达到12678家，饭店集团规模扩张迅速[②]。根据中国旅游饭店业协会发布的《2015中国饭店集团60强报告》，69家主要的中国饭店集团在2015年共管理饭店20038家、客房2451822间。平均每家饭店集团管理饭店290家、客房35534间，相比去年增长率都在40%以上。伴随着我国饭店集团的高速增长，我国饭店产业在全球饭店集团化的进程中呈现出百花齐放的态势，海外布局扩张、"走出去"的脚步明显加快；与此同时，国内加大对三、四线城市布局力度，进一步推动饭店集团全国性扩张；饭店品牌谱系趋于完善，市场微细分态势初见端倪；依托互联网技术的以非标住宿为代表的饭店新业态的崛起壮大也对传统酒店住宿业造成一定冲击。在这样的时代背景和格局下，"硬件"上取得突破发展的中国酒店业需要高素质酒店管理专业人才作为"软件"支撑，行业对于国际化、复合型、应用型酒店人才的需求更高，这样的供需关系也对我国酒店管理高等教育提出了新的要求。

因此梳理中国酒店管理专业高等教育发展现状，全面探索我国酒店管理高等教育在整体规模、师资力量、人才培养及科研上的现状和存在的问题，为专业健康发展、构建产学研一体化提供发展思路和建议显得尤为重要。

---

① 谷慧敏：北京第二外国语学院酒店管理学院院长、教授、博士，主要研究领域：旅游企业管理、酒店管理、企业国际化经营、企业社会责任。李彬：北京第二外国语学院酒店管理学院酒店管理系主任、讲师、博士，主要研究领域：旅游企业管理、酒店管理、创新创业、企业集团管控。贾卉：北京第二外国语学院酒店管理学院饭店管理专业硕士研究生。黄伟：北京第二外国语学院酒店管理学院饭店管理专业硕士研究生。

② 数据来源：国家旅游局网站，国家旅游局关于2016年第一季度全国星级饭店统计公报。

二、文献综述

近 30 年来，中国高等教育与国际趋势接轨，取得了举世瞩目的成就。与此同时，我国高等教育也面临一些新的情况和挑战，主要表现在人口变化、经济增长和高等教育大众化等对高等教育发展产生的直接而重要的影响（别敦荣，易梦春，2014）。这就要求我国高等教育寻求新的发展模式，适应社会发展，迎合社会需求，并且注重调整和优化专业结构，以保证专业的平衡发展。因此，很多学者通过反思中国的教育发展观，从高等教育的现代化发展、内涵式发展以及高等教育管理等方面提出了发展建议（陈学飞，展立新，2009；董泽芳等，2013；眭依凡，2014；刘振天，2014）。

作为中国高等教育专业发展中新兴但特色明显的专业，我国旅游酒店教育近年来也成了学术领域讨论的热点。中国旅游业和旅游教育起步相对较晚，因此学者们倾向于总结以澳大利亚、欧洲、美国等为代表的西方国家旅游教育发展经验，并从中得到了对于中国旅游酒店教育发展的启示（Smith，丁培义，2001；谷慧敏，王家宝等，2003；徐红罡，张朝枝，2004；吴必虎，黎筱筱 2005；）。另有学者从教育角度出发，阐释了自己对旅游教育的态度（Hemmington，1995；Goodman，Sprague，1991），着眼于课程设计，探索中国旅游酒店高等教育课程设置的原则、方法及关注点（Partlow，1990；Tribe，2001；邹益民等，2002 秦宇，2004）。

进而，旅游高等教育界应更加关注酒店高等教育，从教育资源的投向、专业教师的培养等方面予以更多支持（余昌国，2008）。但纯粹的酒店管理高等教育相关研究相对较少，现有的研究中有很多个案研究，详述了以普渡大学、休斯敦大学希尔顿饭店管理学院、洛桑酒店管理学院等为代表的享誉世界高校的酒店管理专业教育发展，为我国酒店管理专业发展提供借鉴（谷慧敏 2003；Paul Penfold 等，2012；刘赵平，Enz，2006；陈勇，Della，2015）。关于中国酒店管理专业教育模式与人才培养，学者们认为应当注重实践教学环节的系统性，建设双师型师资队伍；革新酒店与旅游教育，拓宽学生的视野、形成平衡的知识等级结构并提高创新能力；重视学生实践能力的培养，进而缩短其在基层工作的时间（彭青 1999；Terry Lam，Xiao，2000；邹益民等，2002；保继刚，2008）。其中，戴斌（2005）还针对研究生层次，系统地研究了饭店管理学的学科体系、研究工具和教学方法。

通过上述研究，可以看出中国酒店管理高等教育越来越受到学术界的重视，也渐渐在独立于旅游管理教育大类，展现自身的特点。相对而言现有的研究还不充分，尤其是行业热议的员工流失率、酒店专业毕业生行业从业意愿等问题尚缺乏从酒店管理专业高等教育视角做出系统的梳理。本文基于实证研究,对全国酒店管理高等教育发展现状及存在问题开展研究,进而提出对策建议。

三、研究方法

本次调查采取随机抽样的问卷调查方式。问卷设计参照我国教育部教学评估中采用的高等学校《本科专业教学质量观测点》和教育部学位与研究生发展中心发布的《工商管理一级学科学科评估表》中的主要指标进行,将问卷分为总体规模、师资队伍、人才培养、科学研究、社会服务与国际合作五大主要的客观题部分,同时还针对参与调查的教师设置了个人信息及观点的主观调查部分,共计40道问项。

问卷通过现场和微信两种方式发放。现场发放主要针对2016年7月10至7月18日参加由中国旅游协会旅游教育分会主办、北京第二外国语学院酒店管理学院承办的全国酒店管理专业(本科院校)师资培训班的老师进行问卷发放,这些老师来自全国83所本科院校的酒店管理专业,共150人。另外,我们通过全国旅游高等院校微信群向全国各院校酒店管理及相关专业教师发送电子版问卷,该群包含了全国382名教师。由于这两部分教师会有重复,我们在问卷发放与统计时进行了控制,不予重复填写。

由于本次调查只针对酒店管理专业教师,不包括旅游管理和会展经济与管理的教师,而师资培训班和微信群中的老师是旅游相关专业的老师,并非所有人都来自酒店管理专业,故问卷发放和回收的数量远低于这两个群体的总人数。现场共发送问卷100份,回收50份,回收率为50%。但需要说明的是,本着自由选择的原则,有一部分现场的老师选择了微信填写的方式。据统计,本次调查(包括现场和微信两种方式)共回收有效问卷81份(81位老师来自全国64所高校)。

四、数据分析

(一)学校情况

酒店管理专业在我国开办时间源于2004年。2015年,我国设有酒店管理专业院校共计180所[①],相较2014年,增幅达37%。除去西藏自治区、宁夏回族自治区,我国其余32个省、直辖市、自治区均实现了酒店管理专业院校覆盖。同时在数量上,

---

① 具体180所开设酒店管理院校名单详见附表1,此处不再赘述。

开办酒店管理专业院校超过 10 所的省份有 4 个，分别是安徽、湖南、湖北和江苏省，安徽省、湖南省院校最多，为 14 所。地域分布上华中、华南、西南地区分布较为密集，酒店管理院校地区分布并不均衡，地区差异较大。见图 1（其中深色部分为院校密集地区）。

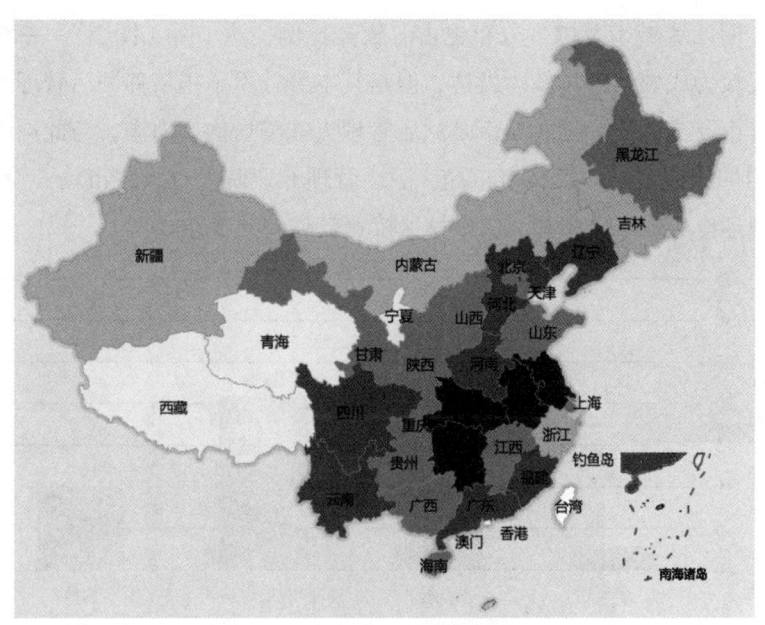

图1　全国酒店管理专业院校分布

2016 年经全国高等学校学生信息咨询与就业指导中心审批通过，全国新增酒店管理专业院校 25 所，新增院校数占总院校 14%，其中二本和三本院校占比达 92%。由此可见我国酒店管理专业保持着较高的增长速度，越来越多的院校开始开设酒店管理专业，但是院校结构十分不平衡，酒店管理在主流院校仍然处于较低的发展层次（图 2）。

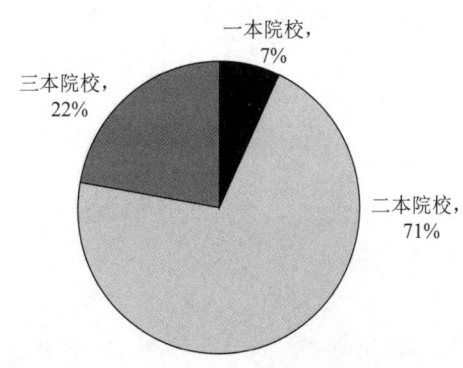

图2　全国酒店管理专业院校档次结构

根据此次参与调查的64所院校,分析结果如下:

1. 地域分布

如图可以看出,酒店管理本科批次分布一线城市仅占4%,80%院校分布在二、三线城市,而四线城市及以下分布也占有较高比例,达16%(图3)。一线城市虽然酒店业发展较为成熟,市场较为发达,但是其本身并不承担培养酒店管理专业人才任务,周边省市及全国二、三线城市是酒店管理人才输送的主力军,与此同时,随着我国饭店集团加速在三、四线城市布局,酒店管理专业院校也紧跟市场开设相关专业,我国酒店管理专业地域分布和酒店市场保持着较高的同步性。

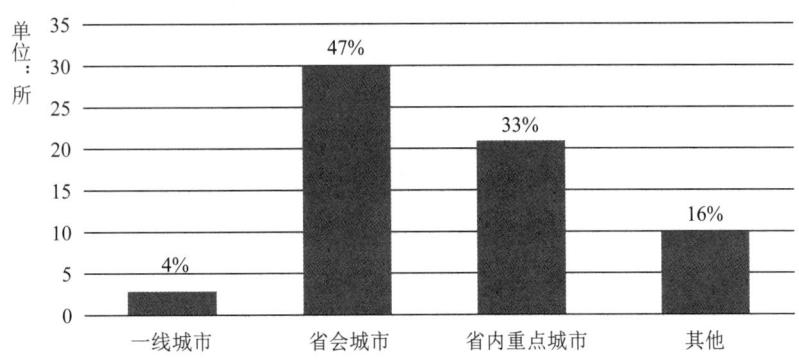

图3 酒店管理本科批次城市分布

2. 档次结构

参与调查的院校中,一本院校共17所,占比27%;二本院校43所,占比67%;三本院校4所,占比6%;这和全国酒店管理专业院校档次结构基本上保持一致:一本院校占比最低,其次是三本院校,二本院校占绝大多数(图4)。开设酒店管理专业的主流院校数量少,这与整个酒店管理专业的高速发展态势相比差异巨大。

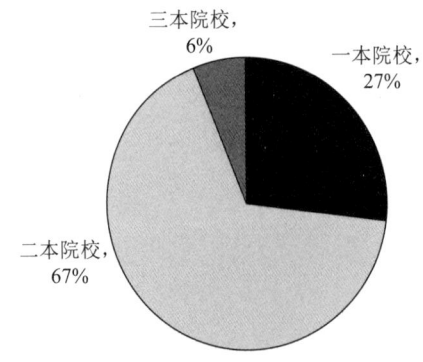

图4 酒店管理专业院校档次结构

3. 专业隶属

由于专业设置原因，41%的酒店管理专业是隶属于旅游管理的下设专业；只有8%的院校有独立酒店管理学院，这些院校的酒店管理学院也都是开办时间较早、综合实力较为突出的学院；并且接近63%的院校已经设有独立酒店管理专业（图5）。可以看出，虽然仍有多数酒店管理专业仍然隶属于旅游管理，但是酒店管理专业独立出旅游管理的趋势逐步呈现，随着产业细化和学科不断完善发展，相信未来会有越来越多的独立酒店管理专业和学院出现，这会更加有利于发挥专业特点和优势，推动专业发展。

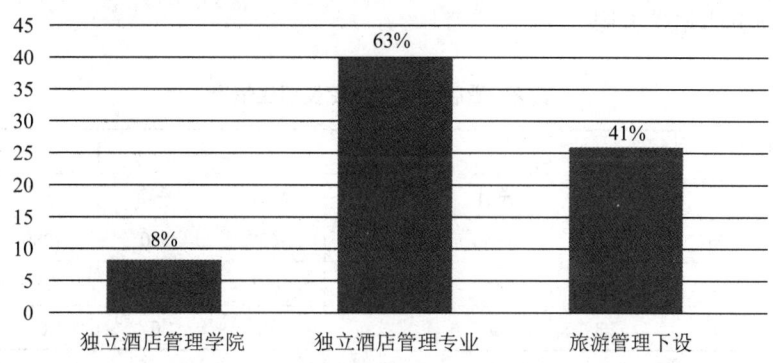

图5　酒店管理院校专业隶属情况

4. 专业开办时间

参与调查的酒店管理专业院校中，北京联合大学旅游学院、北京第二外国语学院是中国最早开设酒店管理本科专业的两所院校，开设旅游管理酒店管理方向已有35年以上时间。但是由于酒店管理整体起步时间较晚，2007年左右才正式开始招生，因此多数院校开设酒店管理专业时间在10年以内，其中开设时间不足5年比例最高，达到40%，由此可见我国酒店管理专业还是属于起步初级阶段，专业发展尚不成熟（表1）。

表1　开设酒店管理专业或方向时间

学历层次	时间 总计	1~5年	6~10年	11~15年	16~20年	20年以上
本科	60	24	15	11	6	4
占比	—	40%	25%	18%	10%	7%

5. 招生情况

招生人数上，一本院校招生人数最少，二本、三本院校是本科生招生的主要院校，三本院校均招生人数多达427人。从教育层次上，我国酒店管理专业院校招收学生中本科生占绝大多数，硕士、博士研究生招生人数较少，硕士研究生中，校均招生9人，其中燕山大学、中南财经政法大学、河南大学、江西财经大学这四所高校设有酒店管理方向博士点，是参与调查院校中仅有进行博士招生的院校，校均招收博士生不足3人（表2）。相比较于旅游管理专业，酒店管理还处于发展初期，研究生教育基础非常薄弱。一些开办时间长、具有较高学术及社会声誉的院校受学校性质原因，没有博士研究生培养权限。

表2 酒店管理专业院校招生情况

招生情况	总计	总平均	一本 总计	一本 平均	二本 总计	二本 平均	三本 总计	三本 平均
本科招生	7067	110	1150	72	4637	110	1280	427
硕士招生	128	9	88	11	110	8	0	0
博士招生	9	2.3	9	2	0	0	0	0

6. 人才培养定位

由于酒店行业实践性、专业性的特点，对于学生专业知识和实践能力的培养是我国酒店管理专业院校主要考虑因素，由图6可以看出，参与调查的院校中，75%的院校将专业定位为应用型，24%的院校定位教学研究型，只有中山大学唯一所院校将专业定位为研究型，综合来看，我国酒店管理专业院校的专业定位和行业特征保持较高的一致性，培养应用型人才是主流。但是可以看到，各院校开始逐渐重视培养知识型、复合型的酒店管理人才，这是一个积极的变化趋势。

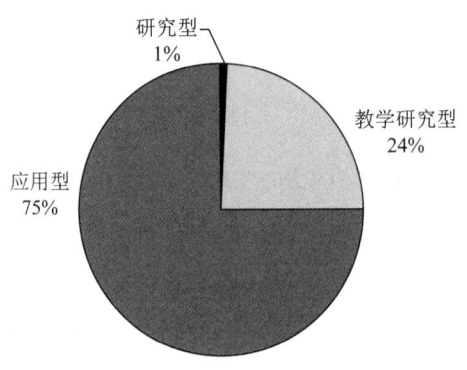

图6 酒店管理专业定位

（二）师资情况

1. 师资队伍

根据统计数据，可以算出这 64 所高校生师比高达 41∶1，远高于全国普通高校的平均生师比，可以看出我国酒店管理专业生师比严重失衡，高校酒店管理专业教师承担着大量的教学活动、缺乏参与实践、科研和教改活动的机会。如果工作量过大，超出教师承受能力，就会陷入只求规模数量不求质量的泥潭，这是目前酒店管理专业须需解决的一个问题。

本次调查的 64 所院校共有酒店管理专业教师 697 人，其中一本院校平均每所院校拥有 11 名、二本院校拥有 12 名、三本院校拥有 9 名。在所有专业教师中：教授人数占总教师人数约 10%、副教授占比约 34%、讲师占比约 52%。性别比例中，女性教师占 70%。697 名教师中，具有博士研究生学历（包括在读）的教师 187 人，占教师总数的 27%；具有海外留学经历的教师 135 人，占总教师数的 19%。在具备资格招收硕士、博士研究生的院校中，共有 129 名硕士生导师、15 名博士生导师，平均每所院校约有硕士生导师 4 人、博士生导师约 2 人。学科骨干获得国家级人才称号 12 人，占总教师数 2%、省部级人才称号 35 人，占比 5%（表 3）。由此可见，酒店管理专业缺乏拔尖的教师人才队伍也是我国酒店管理专业发展面临的一大挑战。

表3 师资队伍

师资队伍	总计	一本			二本			三本		
		总计	占比	平均	总计	占比	平均	总计	占比	平均
专业教师	697	169	24%	11	501	72%	12	27	4%	9
教授	67	27	40%	2	39	58%	1	1	2%	0.3
副教授	240	61	25%	4	173	72%	5	6	3%	2
讲师	361	82	23%	6	259	72%	6	20	5%	7
女性教师	487	98	20%	7	374	77%	9	15	3%	8
博士学位	187	82	43%	6	102	55&	3	3	2%	2
海外留学	135	59	44%	4	72	53%	2	4	3%	2
硕导	129	89	69%	6	40	31%	2	0	0%	0
博导	15	8	53%	0.6	7	47%	0.3	0	0%	0
国家级人才称号	12	2	17%	0.1	10	83%	0.2	0	0%	0

续表

师资队伍	总计	一本			二本			三本		
		总计	占比	平均	总计	占比	平均	总计	占比	平均
省部级人才称号	35	13	37%	0.8	22	63%	0.5	0	0%	0

2. 学历与专业背景

如图7所示,接受调查的78名专业教师学历呈"山"字状,以拥有硕士学历的教师为主,博士学历和本科学历的教师数量基本持平,且数量上还不到拥有硕士学历教师数量的1/3。

专业背景方面,以管理类为主,多专业背景融合。拥有纯酒店管理专业背景的教师仅有4位,占比为5%。但有相当一部分教师毕业于旅游管理专业,约占34%。此外,还有12%的教师来自人文地理和自然地理专业。总体看来,接近60%的教师都具有管理学门类的专业背景,但也不乏一些来自经济学、历史学、生态学甚至农业相关专业的教师,体现了本专业教师的专业背景多样化特征。目前旅游管理专业经过数年的发展,培养出的大批旅游学科出身的博士群体推动了T-generation的形成,酒店管理专业由于学历和专业背景上的缺陷,H-generation尚未形成,因此增设博士点,培养酒店管理背景出身的博士研究生是提升专业教师水平的有效方法。

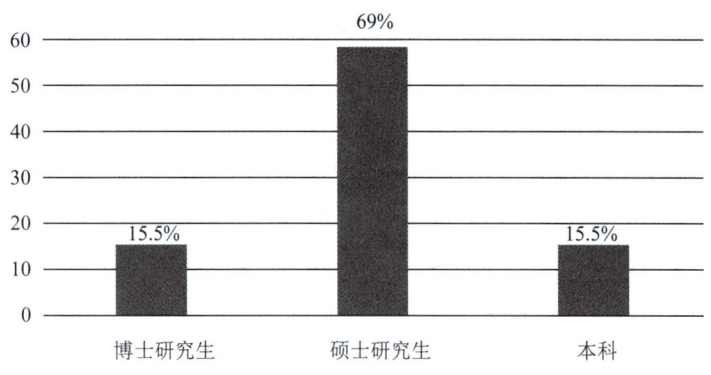

图7 酒店管理专业教师学历情况

3. 年龄结构

由图8可以看出,参与调查的酒店管理院校教师年龄构成以中青年教师为主,其中35岁以下教师266人,占总人数38%;36~45岁教师283人,占总人数41%;45

岁以上教师 143 人，占比 21%。酒店管理专业教师呈现出年轻教师居多、女性教师居多的显著特征。尽管从年龄来看，酒店管理专业的师资队伍可能存在年轻且尚不成熟的问题，但年轻教师知识成长性较好，善于接受新事物，可塑造型较强，这一特点与当下酒店行业不断变革的特点正好契合。与此同时，处于生育年龄阶段的女性教师居多，国家二胎政策的推出势必会给学校教学科研带来更大的压力，这也是酒店管理专业面临的与其他很多专业不同的巨大挑战。

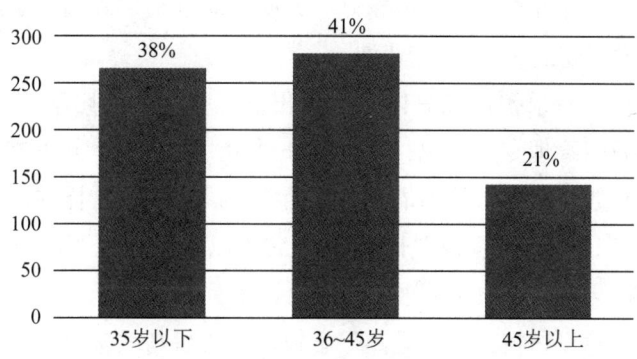

图 8 师资队伍年龄结构

4. 从业经历

酒店管理专业侧重实践性的特点也体现在教师从业经历比例上，大约有 46% 的教师有一年以上行业从业经历，一本类院校教师拥有一年以上行业从业经历的数量较少，二、三本类院校则更加重视教师的从业经历，占比均超过 50%（表 4）。

表 4 一年以上从业经历教师数

	总计	一本	二本	三本
总教师人数	697	169	501	27
一年以上从业经历	319	44	261	14
平均	5	3	6	5
占比	46%	26%	52%	50%

5. 客座教师情况

参与调查院校共有客座教授 235 人，平均每所院校拥有客座教授 5 人。其中，一本院校平均拥有客座教授 7 人、二本院校平均拥有 3 人、三本院校平均拥有 5 人，其中一本院校客座教授大多来自高校及企业，二、三本院校客座教授则以来自企业为主。

（三）人才培养

1. 课程设置

根据表 5 中的统计数据，我国酒店管理专业在人才培养各方面的表现如下：

（1）专业课设置。参与该问题统计有 55 所高校，平均每所学校开设 10 门纯酒店管理专业课程，专业课开设情况总体较好。其中，北京第二外国语学院、武夷学院和西北师范大学开设了超过 22 门的专业课。

（2）双语授课。双语授课在总体专业课程设置中的平均比率约为 15.02%。对于多与国际接轨的酒店管理专业来说，学生的外语能力与水平十分重要，但从统计数据的结果来看，只有如北京第二外国语学院和西安外国语大学这样的语言类高校可以凭借自己的语言优势，双语课程设置比例高达 50% 以上。这说明高校虽能意识到外语的重要性，但往往会受师资力量的限制难以增设相关课程。

（3）精品课程建设。精品课程是高等学校教学质量与教学改革工程的重要组成部分，也是专业优质发展的重要依据。在参与统计的高校当中，共拥有省部级精品课程 34 门，国家级精品课程 8 门。由此看来，对于处于初期发展阶段的学科来说，我国酒店管理专业精品课程建设情况较为理想，并且与其他专业一样，酒店管理专业精品课程的建设也遵循着从省部级向国家级发展的模式。

（4）实验室设置与条件。由于酒店管理专业对学生的实践操作具有很高的要求，实验室的设置和实验课程的开设也是高校专业教育质量的重要反映。据统计，近 80% 的高校都已经开设专门的酒店管理教学实验室，尤其三本院校的实验室开设率达到了近 100%，更加注重学生实践能力的培养。但根据图 9 所示的实验室设备条件和管理情况统计可以看出，高校酒店管理专业实验室的硬件设备与软件管理并不能让人满意，亟须进行改善。

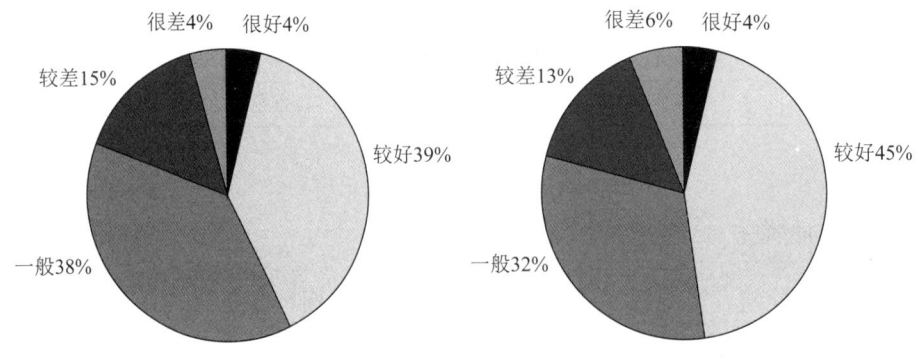

图9　酒店管理实验室场地设备条件（左）及管理情况（右）

（5）实验课程设置。与实验室紧密相关的是实验课程的开设情况。在回答该问题的 42 所高校当中，有 11 所高校的专业实验课程开出率达到了 100%，说明其计划实验课程全部开出，有 22 所高校的开出率达到 80% 以上。从相对数值上来看，实验课的开出率总体情况比较理想，但是从绝对数值上来看仍有相当部分的高校并未开设实验相关课程（表5）。

表5　人才培养情况

	总计	总平均	一本院校	二本院校	三本院校
纯专业课（门）	518	10	13	10	7
双语授课比例（%）	—	15.02	24.13	10.63	15
国家级精品课程（总数，门）	8	—	3	4	1
省部级精品课程（总数，门）	34	—	12	19	3
设有专业实验室高校占比（%）	—	80	68.75	82.93	100
专业实验课开出率（%）	—	64.67	60	67.42	53.33
实地教学高校比例（%）	—	59.32	56.25	57.5	100
出版国家规划教材（总数，本）	73	1.55	19	51	3
英文原版教材占比（%）	—	7.83	14.29	4.04	10
省部级以上教学成果奖	90	2	3	2	1
省部级以上学生获奖	231	5	6	5	3
有固定实习地高校占比（%）	—	96.67	87.5	100	100
实习期限（个月）	—	5.6	5.38	5.66	6
考研率（%）	—	10.43	14.69	9.17	1
考博率（%）	—	5.15	19.45	1.5	0
就业率（%）	—	90.16	85.85	92.18	86.67
行业及相关行业就业率（%）	—	59.07	50.17	61.69	69.33
毕业生起薪（元/月）	—	2693	3118	2539	2567

注：该表中各类院校的统计数据一般为平均数统计，但由于国家级精品课程、省部级精品课程及国家规划教材出版相关数据数值较小，故采用总数进行统计。

2. 教材

（1）国家规划教材出版。参与调研学校的酒店管理专业教师近五年共出版国家规划教材 73 本，其中一本院校的出版比例要略高于其他档次的高校。

（2）英文原版教材使用。各高校的酒店管理专业使用的教材中，英文原版教材在专业课教材中的平均比例为 7.83%，这与双语授课的情况类似，英文原版教材在本专业的使用率还比较低，学生接受英文专业知识的能力有待提高。但是除了语言类高校西安外国语大学和北京第二外国语学院之外，中山大学和海南热带海洋学院的英文教材使用比率也达到了30%以上，这与中山大学极强的学术科研能力以及海南省接待外国游客较多有关。

3. 教学成果获奖

（1）教学获奖。在教学获奖方面，参与调查的高校近五年来共获得省部级以上教学成果奖90项。由于本专业目前还处于初期发展阶段，师资力量相对薄弱，因此教学获奖也还有很大的发展空间，需要学校和老师不断地完善自己的教学方法，取得不断的进步。

（2）学生获奖。与教学获奖相比，学生的获奖较多。近5年来，参与调查的酒店管理专业学生获得省部级以上奖项231项，平均每所高校获奖5项。但本专业的总体招生规模较小，人数很少，对于这样一个专业来说这是一个很好的成绩，这个成绩也证明了酒店管理专业学生的实力。

4. 实习

（1）对口实习基地。参与调查的60所高校当中，只有2所高校没有固定的对口实习基地，其余全都为学生提供固定实习地点。这说明我国酒店管理专业目前与企业之间对接良好，联系较为密切，能够为学生提供实践的机会。

（2）实习期限。在实习安排方面，学校对于学生实习期的规定最少的不少于2个月，最多的有不少于一年的，但绝大部分学校规定学生的实习期不得少于6个月，由此可以看出学校对于培养学生实践能力的重视。

（3）实地教学。尽管以上数据表现良好，但仍有40%的高校并没有为学生开设以参观、讲解等为主要形式的实地教学课程，这说明有相当一部分的高校在教学方式上还是习惯于把理论与实践分割开来，不能做到理论与实践教学的实时融合。

5. 升学

（1）考研率。根据统计结果，本科高校酒店管理专业毕业生的平均考研率为10.4%，这与工商管理大类学生的考研率基本吻合。其中定位为研究型院校的中山大学考研率高达30%，且泰山学院、洛阳理工学院虽然将自己的酒店管理专业定位为应用型，考研率都超过了30%。

（2）考博率。硕士生考博率要明显低于考研率，且考博的毕业生大多集中在一本院校，只有江西财经大学、中山大学、河南大学、湖南师范大学这些省内的重点高校考博率达到了20%。这主要是受目前酒店管理专业起步晚，学科水平低的影响，考博在研究生未来发展中仍然没有得到重视。

6. 就业

（1）就业签约率。本科毕业生就业签约情况理想，平均签约率高达90%，这说明了社会和企业对本专业培养学生的认可，学生能够及时为社会和企业所用，创造价值。

（2）行业及相关行业就业率。同酒店行业员工流失率极高的特点相一致，酒店管理专业本科毕业生行业及相关行业的就业率偏低，但是比例情况高于预期水平。根据调查结果显示，各高校毕业生的平均行业就业率为59.07%，受社会观念等因素的影响，很多人不愿意在酒店及相关行业内就业。但是这个数据说明仍有超过一半的人愿意在这个行业中发展，并且相信将来这个比例会越来越高。

（3）毕业生起薪。酒店管理专业本科毕业生的起薪较低，各高校学生基本在2000—3000元/月的薪资范围内，其中一线城市毕业生薪资稍高一些。这反映了酒店行业的总体薪资特点，也成为专业学生不愿意选择专业相关行业就业的一个主要原因。

（四）科学研究

科学研究是学科发展的源泉和动力，也是衡量专业发展的一项重要指标。根据表6的数据统计结果，可以看出：

（1）学术论文发表。参与调查的高校教师近5年共发表论文751篇，平均每年发表150篇。其中国内期刊（含CSSCI）684篇，占论文总数的91.08%，国际期刊（含SSCI）67篇，占论文总数的8.92%。

（2）专著及教材出版。参与调研的高校近5年出版专著共计129本，编写教材183本。其中，一本院校的平均学术专著出版数量要显著高于二本和三本院校，而且总体看来本专业的专著和教材成果还是比较可观的。

（3）科研立项。全国酒店管理专业近五年共承担省部级以上课题项目338项，其中国家自然科学基金项目22项；国家社会科学基金项目31项；教育部人文社会科学项目48项；其他省部级项目237项。从这组数据可以看出，我国酒店管理专业教师的科研能力还有待提高。

（4）横向课题。根据统计结果显示，承担项目的28所高校近5年共承担了横向课题346项，总计金额6168万元，平均每所高校承担横向课题13项，金额约228.44万元。横向课题是学校扩大对外联系，服务地方经济建设，提高科研水平和知名度的重要途径，得益于与企业的紧密联系，本专业为社会做出了较大贡献，这也正是酒店管理专业的优势所在。

表6 全国酒店管理专业科研、社会服务与国际合作

	总计	总平均	一本院校		二本院校		三本院校	
			总计	平均	总计	平均	总计	平均
国际期刊（篇）	67	3	36	4	31	2	0	0
国内期刊（篇）	684	18	250	25	426	16	8	4
学术专著（本）	129	4	72	8	57	3	0	0
教材出版（本）	183	5	48	5	129	5	6	2
国家自科基金项目（项）	22	—	13	—	9	—	0	—
国家社科基金项目（项）	31	—	20	—	11	—	0	—
教育部人文社会科学项目（项）	48	—	21	—	27	—	3	—
其他省部级项目（项）	237	6	75	7	153	6	9	5
横向课题（项）	346	13	255	24	81	6	10	5
横向课题金额（万元）	6168	228.44	4650	465	1458	97.2	60	30
承担各级培训人数（人次）	32594	741	16064	1236	15230	544	1300	434
有国际合作项目学校（所）	9	—	1	—	8	—	0	—

（五）社会服务

近5年各高校共承担各级培训人数约32594人次。这一数据表明了我国高校的酒店管理专业为社会相关行业的发展以及专业的培养做出了很大的贡献。尤其在社会培训方面，仅参与本次调查的高校就已承担超过3万人次的培训，这也体现了社会从业者对于自身理论素养提升的需求。

（六）国际合作

在关于本专业国际合作项目（经教育部认可）的统计中，仅有北京联合大学旅游学院、四川旅游学院、桂林旅游学院等以专门的旅游学院为代表的9所学校拥有此类国际合作项目，共计22项，平均每所高校有3项项目。这里可以看出教育部对相关规则和政策的把控十分严格，在一定程度上限制了专业国际化水平的发展。

五、教师对酒店管理专业的认知状况

(一)对酒店管理专业前景的认知

1. 教师总体专业认知

图 10 显示的是参与调查的专业教师对本专业发展前景所持态度。通过该图可以看出,超过 70% 的专业教师都看好酒店管理专业的发展前景,其中有 15% 的教师认为专业发展前景非常好,而认为专业发展前景不乐观的教师仅占 5%。这说明专业教师对于酒店管理专业的认可度比较高,本专业在学科发展中应该占据重要地位。

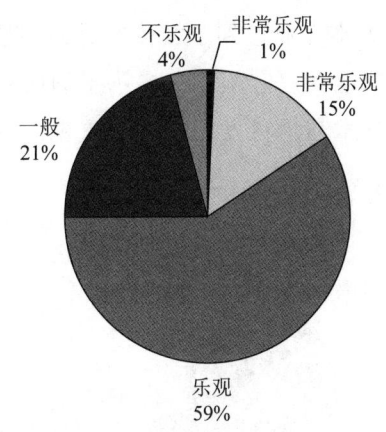

图10 教师酒店管理专业总体发展前景

2. 各档次高校教师专业认知差异

根据表7的统计数据,各个档次高校教师对于专业发展前景认知的比率基本一致,但在非常乐观这一选项中,所属高校档次越高的教师反而持非常乐观态度的人数越少。这与我国酒店管理专业多在二、三本院校分布的现状相一致,反映了专业重实践但理论发展不完善的特点。

表7 各档次高校教师专业发展前景认知

	非常乐观	乐观	一般	不乐观	非常不乐观
总体	15%	58.75%	21.25%	3.75%	1.25%
一本	5.56%	72.22%	22.22%	0	0

续表

	非常乐观	乐观	一般	不乐观	非常不乐观
二本	15.52%	55.17%	22.41%	5.17%	1.73%
三本	50%	50%	0	0	0

（二）专业地位认知

1. 总体认知

与上述专业发展前景观点相悖的是，酒店管理专业目前在高校中所处地位不容乐观。图 11 显示了参与调查的所有高校教师对于本专业在学校中重要性的感知情况，仅有约 30% 的教师认为本专业得到了学校的重视。超过一半的教师认为本专业在学校地位一般。这组数据也在一定程度上揭示了酒店管理专业被社会大众接受和认可度低的原因，专业在学术与学科发展中不受重视，自然也难以在社会中很好地立足。

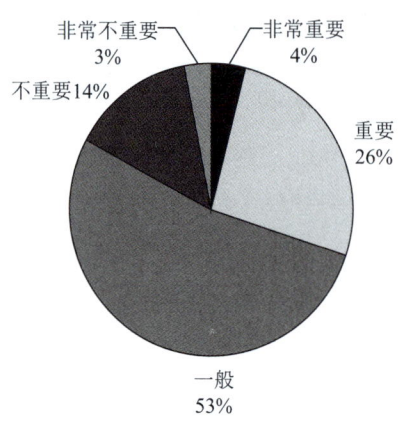

图11 教师酒店管理专业总体发展前景

2. 各档次高校感知差异

在表 8 显示的各档次高校教师对专业在学校中的地位感知差异中，可以明显地看出三本学校更重视本专业的发展，甚至在三本学校中没有出现任何一位老师认为专业在学校不受重视。酒店管理专业是一门较晚从专科转为本科的专业，因此目前被学校以及社会认可的程度还不是很高，但是高校尤其是一本院校应该逐步转变对待该专业的态度以促进专业更好地发展。

表8　各档次高校教师专业地位认知

	非常重要	重要	一般	不重要	非常不重要
总体	4%	26%	53%	14%	3%
一本	0	28%	50%	22%	0
二本	2%	28%	55%	12%	3%
三本	50%	0	50%	0	0

（三）专业关注点

我们还针对专业教师做了有关专业认知的主观性问题的调查，目的是了解他们关于酒店管理专业及自身的职业发展、目前最关心、最困惑的问题以及团队及自身最需改进的地方。

1. 最关心的问题

在最关心的问题方面，提及最多的是科研、职称和自身专业素养的提升。

（1）科研。科研作为专业发展的主要动力，是众多教师关注的焦点。然而，老师们纷纷表示在本专业里很难找到有价值的课题。这一方面是由于酒店管理和类似旅游管理等学科的重叠性，另一方面本专业没有属于自己的权威期刊，这也导致了本专业教师难以找到科研成果发表路径的局面，尤其是对于一些二、三线城市的老师来说，这种情况尤为突出。

（2）职称。和科研密切相关的是老师的职称问题，职称能够显示一位老师的科研成果和科研能力，也与教师自身的物质利益有重要联系。但是受到上述科研进展以及本专业受重视程度甚至是社会认可度的影响，很多教师表示自己的职称晋升情况并不是很乐观。

（3）提高自身专业素养。还有很多老师希望能够了解到提升自身专业素质的方式。酒店管理作为一门独立的专业出现的时间还很短，整个专业体系包括其理论体系并不完善，再加上自身规模的限制，并不像其他专业一样有充足的理论资料、大量的学术会议以及能够满足专业教师需求的专业培训，因此专业教师们急于寻找能够提升自身专业素养的方式。

2. 最困惑的问题

在最困惑的问题方面，提及最多的依旧有科研、专业认可度和教学效果的改善。

（1）科研。如前所述，教师最关心的问题往往也是最困惑的问题，而科研与教学永远都是伴随着教师工作最紧密的部分。对于科研来讲，专业理论的不完善、专业期刊的缺乏都是导致科研进展困难的原因。除此之外酒店管理专业重实践轻理论的传统也对专业科研的发展起到了阻碍的作用。但是，不能建立在牢固知识系统上的行业是走不远的，也正因为如此，酒店管理专业一直面临着高端人才匮乏的窘境。但是值得庆幸的是，近些年来专业的认可度在不断上升，并且这种认可度按照从一线向二、三线城市的方向发展，相信未来会呈现更好的形势。

（2）专业认可度。通过酒店管理专业毕业生的偏低的行业及相关行业就业率就可以看出，这是一个目前还不能被大众广泛认可的专业。因此，很多学校不重视本专业的发展，学生以第一志愿报考本专业的比率较低，毕业之后也不愿意在本专业工作，这成了困惑很多专业教师的问题。而这一问题的解决需要通过学校、老师甚至行业以及政府相关部门等社会各方共同努力。

（3）教学效果。受上述各种条件的限制，本专业的教学效果也是令教师们感到困惑的问题。并且在酒店管理专业的教学当中，更倾向于有过酒店及相关行业从业经历的老师执教，对专业实验室和实地教学的需求迫切且要求较高，老师们希望能够在专业不断发展的过程当中也能够取得更好的教学效果。

3. 最需要改进的地方

在最后一项教师关于目前自身以及所处团队中最需要改进的地方的调查中，很多教师纷纷把目光投向师资力量、校企合作和学科与专业建设上来。

（1）提高师资水平。师资方面，很多教师首先提到的依然是科研问题，认为本专业要想在未来得到更好的发展就必须提高教师的科研能力。他们希望得到更多的培训，不光包括本专业理论的培训，还有英语与企业实操方面的培训，通过对理论和实践的进一步了解来发掘有意义的研究课题。有的老师还表示只有教师的水平提高了，教学效果才能改善，也能对学生的发展起到更好的指导作用。

（2）加强与企业的联系。加强与企业的联系一方面是指为学生提供实习单位和实践操作的机会，另一方面很多老师还希望可以多多引进行业内的人士来为学生授课，以夯实基础，培养他们正确的职业认知。甚至也有很多老师希望行业企业能够为本专业的老师提供轮岗培训的机会，让专业的理论知识更好地"落地"。

（3）提高学科和专业建设。学科和专业建设也是很多老师提到的问题，他们希望通过这种方式完善专业的理论体系，壮大专业队伍和专业力量，更重要的是我们将通过这种方式提高专业地位，从而提高专业在学术领域以及在社会中的认可度。

六、结论与建议

第一，酒店管理专业培养院校及规模正在快速增长，但与产业需求还存在差距。酒店行业的快速发展和变革对酒店管理专业人才的培养提出了全新的要求，拥有酒店管理专业的高校作为人才供给侧一方，需要时刻追踪并保持与行业同步。当下我国酒店集团在国际舞台上的硬实力已经彰显，但软实力成为短板，其中，高端的酒店管理专业人才是软实力中的重要方面。然而我国酒店管理专业人才供给上仍然存在着巨大的缺口，这就急需高素质的酒店管理专业人才为我国快速发展的本土酒店集团注入新鲜动力。而酒店管理专业教育则需要跳出酒店看酒店，例如定位互联网催生出的住宿业创新型企业和新业态发展势头迅猛，这极大地丰富了酒店业的内涵。酒店管理专业院校需要有一定的视野和能力抓住这样的机遇，紧跟行业快速变化的需求，明确培养定位和培养目标，制定符合酒店业发展需要的酒店管理教育体系。

第二，学术地位正在提升，但尚未形成有影响力的学术共同体。目前开办酒店管理专业的院校中一本所占比例还不高，主流院校数量很少。同时教师的专业背景较为分散，年龄结构偏向年轻化，教育背景总体水平还较低，H-generation 还未形成。随着行业内涵、外延的丰富和拓展，酒店管理专业教育对教师的要求也越来越高。如何培养和打造一支高水平的教师队伍，是各个院校都将面对的巨大挑战。由于专业处于初级发展阶段，所以酒店管理专业整体师资队伍仍然较弱，无论在学历水平还是科研实力上都较为薄弱，因此在酒店管理专业教师尤其是青年教师的培养中，要全面拓宽教师的视野，提升教师对酒店产业实践的认知，深入了解产业发展现状和趋势，增强教师理论联系实际的能力。当下多数酒店管理专业师生比极度不均衡，教师工作压力过大，这直接影响了教学质量和科研的产出质量，这就需要院校控制招生人数、人才引进上加大投入、积极引进行业内外专家教授，加强各高校酒店管理专业教师交流与合作，推动优质教师资源的共享，给青年教师"减负"，激发出青年教师的创造力和科研热情，专业教师整体水平才会有较为明显的提升。

第三，学生就业状况较好，但酒店行业及相关行业就业率偏低现象困扰多数院校和产业。总体看，学生就业率达到 90%，但行业内就业率偏低。从积极角度看较高比例学生选择跨行就业，这一方面是产业融合所致，同时也反映本专业学生有较高的行业适应性；从消极角度看，毕业生不愿意选择本专业相关行业就业最主要的原因就是起薪太低以及行业的社会地位不高。这一现象对产、学、研一体化模式的教学提出了迫切的需求，专业与企业共同施行教学，让学生在真实的工作场景中学习，一方面可以培养他们对专业的兴趣；另一方面也让他们在学习的过程中积累了实际工作的经验，从而缩短毕业后在基层工作的时间，更快升职加薪。

第四，我国高校酒店管理专业服务社会的水平较高，产学研结合特征较为突出。相比较于一些学术性专业，酒店管理专业实践性强，产业培训需求量大，各院校承担培训以及企业的横向项目优势明显，然而产业优势还有待进一步转化为学术优势。

总之，我国酒店管理专业高等教育处于发展初期阶段，在人才培养、服务社会等方面做出了突出贡献，但尚未获得相应学科地位。从调查结果看，大部分高校开办酒店管理专业时间还较短，师资队伍还非常年轻、人才培养模式尚未形成体系、教学及科研水平还不高，国际化水平也不高。在中国酒店产业快速发展及高等教育改革创新背景下，需要高等院校及政府、产业、学生等利益相关者共同努力，打造世界一流酒店管理学科。

鸣谢：感谢中国旅游协会旅游教育分会提供资料及调研平台；感谢参加2016年全国酒店管理专业（本科院校）师资培训班的教师及微信群填写电子版问卷的老师，是他们的认真参与才让我们的报告有了真实数据支持；感谢北京第二外国语学院副院长王俞博士、李朋波博士及研究生在本次问卷设计、问卷发放和调研中的大力支持。

参考文献

[1] Charles G. Partlow. Graduate Hospitality Management: Implications for Curriculum Development. [J]. Journal of Hospitality & Tourism Research, 1990: 23-33.

[2] Hemmington N. The attitudes of students to modular hospitality management programmes [J]. Education and Training, 1995, 37 (4): 32-37.

[3] Paul Penfold, Liu Wei & Adele Ladkin Developing Hospitality Education in China: A Case Study of Guilin Institute of Tourism. [J]. Journal of China Tourism Research, 2012 (8): 61-77.

[4] Raymond J. Goodman, Jr., Linda G. Sprague. The future of hospitality education: Meeting the industry's needs [J]. Cornell Hotel and Restaurant Administration Quarterly, 1991, 34 (4): 90-95.

[5] Terry Lam, Honggen Xiao. Challenges and constraints of hospitality and tourismeducation in China[J]. International Journal of Contemporary Hospitality Management. 2000, 5 (12): 291-295.

[6] Tribe J. Research Paradigms and the Tourism Curriculum [J]. Journal ofTravel Research, 2001, 39 (5): 442-448.

[7] 保继刚，朱峰. 中国旅游本科教育萎缩的问题及出路——对旅游高等教育30年发展现状的

思考［J］．旅游学刊，2008，23（5）：13-17．

［8］别敦荣，易梦春．中国高等教育发展的现实与政策应对［J］．清华大学教育研究，2014，35（1）：11-16．

［9］陈学飞，展立新．我国高等教育发展观的反思［J］．高等教育研究，2009，30（8）：1-26．

［10］陈勇，Damien Della．瑞士酒店与旅游管理教育概述：引证于洛桑酒店管理学院的教育经验［J］．旅游学刊：人力资源与教育教学特刊，2015，10（30）：5-9．

［11］戴斌．论研究生层次的饭店管理教学体系与教学方法［J］．旅游学刊：人力资源与教育教学特刊，2005：183-186．

［12］董泽芳，李东航，谭颖芳．全球化时代中国高等教育管理的困境与出路［J］．高等教育研究，2013，34（10）：10-17．

［13］谷慧敏，王家宝，张秀丽，张伟．世界旅游教育巡礼［J］．旅游学刊，2003（sl）：159-163．

［14］谷慧敏．世界旅游教育名校之一——普渡大学［J］．中国旅游饭店，2003（9）．

［15］谷慧敏．世界旅游教育名校之二——休斯敦大学希尔顿饭店管理学院［J］．中国旅游饭店，2003（10）．

［16］眭依凡．高等教育现代化的理性思考［J］．高等教育研究，2014，35（10）：1-10．

［17］刘振天．从外延式发展到内涵式发展：转型时代中国高等教育价值革命［J］．教育研究，2014，35（9）：1-7．

［18］彭青．酒店管理专业高等职业教育探索［J］．旅游学刊：基础理论与教育专刊．1999：72-78．

［19］秦宇．浅析饭店管理教学中的几个问题［J］］．北京第二外国语学院学报，2004（1）：22-31．

［20］斯提芬·史密斯，丁培义．澳大利亚大学旅游教育起源、发展、困难与前景［J］．北京第二外国语学院学报，2001（1）：24-31．

［21］徐红罡，张朝枝．中外旅游教育比较分析与启示［J］．旅游学刊，人力资源与教育教学特刊，2004（S1）：26-30．

［22］吴必虎，黎筱筱．中国旅游专业教育发展报告［J］．旅游学刊：人力资源与教育教学特刊，2005：9-15．

［23］余昌国．饭店高等教育应受到更多关注［J］．旅游学刊，2008，23（3）：11-12．

［24］邹益民，陈业玮，缪江平．饭店企业大学生员工流失现象的分析和对策研究［J］．商业经济与管理，2002，134（12）：44-46．

［25］刘赵平，凯茜·恩兹．康乃尔酒店管理学院核心资源及持续竞争优势分析——兼议对中国旅游接待业教育的启示［J］．旅游学刊（人力资源与教育教学特刊），2006：27-33．

附表1 全国酒店管理本科招生院校（共180所）

东北	鞍山师范学院 大连大学 大连财经学院 东北财经大学 哈尔滨商业大学 黑龙江工程学院 昆仑旅游学院 吉林工商学院 吉林华桥外国语学院 齐齐哈尔大学 沈阳城市学院 沈阳工学院 沈阳师范大学 长春大学旅游学院 黑龙江外国语学院 吉林农业科技学院
华北	北京第二外国语学院 北京第二外国语学院中瑞酒店管理学院 北京航空航天大学北海学院 北京交通大学海滨学院 北京联合大学 沧州师范学院 河北方大学 河北经贸大学 河北政法职业学院 华北理工大学轻工学院 晋中学院 内蒙古师范大学 山西财经大学 山西应用科技学院 石家庄学院 太原师范学院 唐山学院 天津财经大学珠江学院 天津农学院 天津商业大学 天津外国语大学滨海外事学院 忻州师范学院 中国劳动关系学院
西北	甘肃民族师范大学 河西学院 洛阳理工学院 青海师范大学 天水师范学院 西安外国语大学 西北师范大学 新疆财经大学 新疆大学 延安大学西安创新学院
华中	河南科技学院 河南师范大学 河南师范大学新联学院 湖北第二师范学院 湖北经济学院法商学院 湖北科技学院 湖南工学院 河南女子学院 湖南商学院 湖南涉外经济学院 湖南师范大学 湖南文理学院 湖南信息学院 怀化学院 黄冈师范学院 吉首大学 江汉大学 三峡大学科技学院 嵩山少林武术职业学院 武昌理工学院 武汉商学院 武汉大学珞珈学院 湘潭大学 许昌学院 长沙师范学院 长沙学院 中南林业科技大学 郑州大学
华东	安徽三联学院 安徽外国语学院 常熟理工学院 常州大学 池州学院 巢湖学院 滁州学院 阜阳师范学院 福建师范大学 赣南师范大学 合肥师范学院 合肥学院 河海大学文天学院 华东交通大学理工学院 华侨大学 淮北师范大学 淮阴师范学院 济南大学 黄山学院 济宁学院 青岛滨海学院 江苏理工学院 江西科技师范大学 江西科技学院 九江学院 闽江学院 南京工业大学浦江学院 南京审计学院金审学院 南通大学杏林学院 宁德师范学院 青岛农业大学 青岛大学 厦门理工学院 山东工商学院 山东青年政治学院 上海第二工业大学 上海杉达学院 上海商学院 上海师范大学 上海外国语大学贤达经济人文学院 苏州大学文正学院 苏州大学应用技术学院 宿城学院 盐城工学院 阳光学院 浙江工商大学 浙江大学之江学院 浙江越秀外国语学院
华南	广东财经大学 广东金融学院 广东培正学院 广西财经学院 广西师范大学漓江学院 广州商学院 桂林航天工业学院 桂林旅游学院 海口经济学院 海南大学 海南热带海洋学院 海南师范大学 华南师范大学 暨南大学 三亚学院 肇庆学院 中山大学
西南	成都信息工程大学银杏酒店管理学院 广西科技大学 重庆工商大学融智学院 重庆师范大学 重庆师范大学涉外商贸学院 重庆三峡学院 贵州财经大学 贵州医科大学神奇民族医药学院 红河学院 昆明理工大学津桥学院 昆明理工大学 乐山师范学院 普洱学院 黔南民族师范学院 曲靖师范学院 铜仁学院 四川工业科技学院 四川理工学院 四川旅游学院 四川农业大学 四川外国语大学重庆南方翻译学院 四川文理学院 西南石油大学 云南大学 云南财经大学 云南师范文化学院 遵义师范学院

— 206 —

附表2 中国高校酒店管理专业信息

序号	学校	本科批次	专业隶属	本科年限（年）	硕士年限（年）	招生规模（本硕博）	专业定位	专业教师（人）	客座教授（人）	双语课占比（%）	考研率（%）	就业率（%）	行业就业率（%）	平均起薪（元/月）
总计	—	—	—	—	—	7154	—	689	233	—	—	—	—	—
平均	—	—	—	8.74	9.1	124	—	12	6	17.2	11.6	74.6	47.3	2667
1	北京第二外国语学院	一本	独立学院	35	16	97	教学研究	11	45	80	15	82	40	4500
2	北京联合大学	二本	独立专业	38	4	102	应用	34	5	10	5	100	60	4500
3	重庆长江师范学院	二本	旅游下设方向	10	—	50	应用	9	0	4	5	95	50	2000
4	重庆第二师范学院	二本	独立专业	0	—	150	教学研究	12	0	10	10	90	95	2000
5	重庆文理学院	二本	旅游下设方向	5	—	60	应用	6	3	15	8	98	23	2000
6	大连大学	二本	独立专业	13	—	60	应用	10	12	20	10	100	40	3500
7	广东金融学院	二本	独立专业	1	—	100	应用	10	—	—	—	—	—	—
8	桂林理工大学	一本	独立专业	7	—	60	教学研究	9	0	20	—	—	—	—
9	桂林旅游学院	二本	独立学院	1	—	260	应用	50	5	10	—	90	90	2500

续表

序号	学校	本科批次	专业隶属	本科年限（年）	硕士年限（年）	招生规模（本硕博）	专业定位	专业教师（人）	客座教授（人）	双语课占比（%）	考研率（%）	就业率（%）	行业就业率（%）	平均起薪（元/月）
总计	—	—	—	—	—	7154	—	689	233	—	—	—	—	—
平均	—	—	—	8.74	9.1	124	—	12	6	17.2	11.6	74.6	47.3	2667
10	广西财经学院	二本	独立专业	6	—	50	应用	10	—	—	—	—	—	—
11	贵州财经大学	二本	旅游下设方向	4	3	84	教学研究	6	0	33	0	96	2	2000
12	海南热带海洋学院	二本	独立专业	3	—	150	应用	10	30	20	10	90	90	2500
13	河北经贸大学	一本	独立专业	5	—	80	教学研究	12	3	14	0	95	28	—
14	河北民族师范学院	二本	旅游下设方向	3	—	50	应用	9	—	0	0	90	30	3000
15	河南大学	一本	旅游下设方向	19	—	111	应用	11	17	10	15	100	86	3800
16	河南科技大学	二本	旅游下设方向	—	—	83	教学研究	9	—	—	—	—	—	—
17	河南理工大学	二本	旅游下设方向	10	—	50	应用	7	—	10	20	80	50	2500
18	湖北理工学院	二本	旅游下设方向	14	—	80	应用	2	—	0	5	95	95	2800
19	湖北师范大学	二本	旅游下设方向	3	—	48	应用	6	4	—	—	98	—	—

续表

序号	学校	本科批次	专业隶属	本科年限（年）	硕士年限（年）	招生规模（本硕博）	专业定位	专业教师（人）	客座教授（人）	双语课占比（%）	考研率（%）	就业率（%）	行业就业率（%）	平均起薪（元/月）
总计	—	—	—	—	—	7154	—	689	233	—	—	—	—	—
平均	—	—	—	8.74	9.1	124	—	12	6	17.2	11.6	74.6	47.3	2667
20	湖南女子学院	二本	独立专业	5	—	80	应用	10	1	—	1	90	50	2500
21	湖南涉外经济学院	二本	独立专业	0	—	100	应用	18	—	10	3	—	—	—
22	湖南师范大学	一本	独立专业	19	16	103	应用	17	5	40	12	95	40	3000
23	淮阳师范学院	二本	独立专业	4	—	300	应用	4	0	10	—	—	—	—
24	黄冈师范学院	二本	独立专业	6	—	30	应用	9	4	10	—	—	—	—
25	吉林财经大学	二本	旅游下设方向	11	—	40	教学研究	5	0	30	10	90	—	3000
26	吉林大学珠海学院	三本	旅游下设方向	12	—	200	应用	6	8	20	2	70	40	2700
27	吉林农业科技师范	二本	旅游下设方向	15	—	75	应用	12	—	—	2.5	96	70	2000
28	江西财经大学	一本	旅游下设方向	11	—	51	教学研究	12	15	30	25	97	97	3000
29	江西科技师范大学	二本	独立专业	10	—	100	应用	6	0	10	5	100	—	—

续表

序号	学校	本科批次	专业隶属	本科年限（年）	硕士年限（年）	招生规模（本硕博）	专业定位	专业教师（人）	客座教授（人）	双语课占比（%）	考研率（%）	就业率（%）	行业就业率（%）	平均起薪（元/月）
总计	—	—	—	—	—	7154	—	689	233	—	—	—	—	—
平均	—	—	—	8.74	9.1	124	—	12	6	17.2	11.6	74.6	47.3	2667
30	晋中学院	二本	独立学院	3	—	100	应用	9	—	—	—	—	—	—
31	辽宁师范大学	二本	旅游下设方向	6	—	30	应用	15	5	10	10	90	70	2000
32	洛阳理工学院	二本	独立专业	2	—	60	应用	8	0	30	40	95	40	2500
33	宁德师范学院	二本	独立专业	3	—	100	应用	7	0	3	4	100	60	3000
34	平顶山学院	二本	旅游下设方向	6	—	100	应用	9	—	—	10	100	—	—
35	青岛大学	一本	独立专业	10	—	120	教学研究	9	2	—	—	—	—	3000
36	琼台师范学院	二本	独立专业	—	—	—	应用	22	5	—	—	100	90	2500
37	三峡大学	一本	旅游下设方向	16	10	70	教学研究	14	8	10	15	88	75	2000
38	山东青年政治学院	二本	独立专业	3	—	70	应用	17	0	—	—	99	90	2500
39	山西财经大学	一本	独立专业	2	—	60	教学研究	6	3	10	15	40	50	2500
40	山西大学	一本	旅游下设方向	1	—	50	教学研究	5	3	10	0	80	10	2500

续表

序号	学校	本科批次	专业隶属	本科年限（年）	硕士年限（年）	招生规模（本硕博）	专业定位	专业教师（人）	客座教授（人）	双语课占比（%）	考研率（%）	就业率（%）	行业就业率（%）	平均起薪（元/月）
总计	—	—	—	—	—	7154	—	689	233	—	—	—	—	—
平均	—	—	—	8.74	9.1	124	—	12	6	17.2	11.6	74.6	47.3	2667
41	四川旅游学院	二本	独立学院	3	—	400	应用	29	1	10	12.5	98	85	2800
42	泰山学院	二本	旅游下设方向	15	—	300	应用	20	6	10	30	60	98	2000
43	唐山师范学院	二本	旅游下设方向	7	—	70	应用	5	—	—	5	80	15	3000
44	唐山学院	二本	独立专业	3	—	80	应用	10	0	17	0	100	100	—
45	武夷学院	二本	独立专业	3	—	600	应用	11	5	0	10	80	90	3000
46	西安欧亚学院	三本	旅游下设方向	7	—	80	应用	9	2	10	0	95	80	3000
47	西安外国语大学	一本	独立专业	3	—	40	应用	4	—	50	—	—	—	—
48	西北师范大学	二本	独立专业	16	—	—	应用	7	2	5	8	84	76	3000
49	忻州师范学院	二本	独立专业	4	—	100	应用	20	0	10	10	80	30	2000
50	新疆财经大学	二本	独立专业	6	—	50	—	6	3	—	—	80	—	—
51	新疆大学	一本	独立专业	6	—	—	—	—	—	—	—	—	—	—

续表

序号	学校	本科批次	专业隶属	本科年限（年）	硕士年限（年）	招生规模（本硕博）	专业定位	专业教师（人）	客座教授（人）	双语课占比（%）	考研率（%）	就业率（%）	行业就业率（%）	平均起薪（元/月）
总计	—	—	—	—	—	7154	—	689	233	—	—	—	—	—
平均	—	—	—	8.74	9.1	124	—	12	6	17.2	11.6	74.6	47.3	2667
52	新疆农业大学	二本	旅游下设方向	12	—	42	教学研究	7	2	0	5	90	20	2500
53	信阳师范学院	二本	旅游下设方向	18	2	203	应用	4	5	10	2	98	20	2000
54	邢台学院	二本	独立专业	—	—	—	应用	6	—	—	—	80	60	—
55	许昌学院	二本	独立专业	3	—	60	应用	16	3	2	—	—	—	—
56	燕山大学	一本	旅游下设方向	22	14	116	教学研究	18	1	20	30	80	50	3000
57	长春职业技术学院	其他	独立专业	—	—	—	应用	12	—	10	—	95	88	2000
58	长沙学院	二本	独立专业	12	—	140	应用	10	6	5	15	96	80	2500
59	长治学院	二本	旅游下设方向	11	—	140	应用	1	—	—	18	—	—	—
60	郑州工程技术学院	二本	独立专业	—	—	—	应用	19	6	0	—	98	96	2000
61	中南财经政法大学	一本	独立专业	16	12	81	教学研究	12	8	20	16	90	20	3000
62	中瑞酒店管里学院	三本	独立专业	8	—	1000	应用	—	—	—	—	—	—	—
63	中山大学	一本	独立专业	10	10	88	研究	10	3	20	30	95	30	5000

基于胜任力指标的旅游高等教育毕业生行业胜任力分析[①]

彭 青 程露悬[②]

一、研究背景与研究目的

中国高等教育培养的学生，是否能胜任旅游行业的工作？社会舆论认为中国旅游教育培养学生不安心旅游业工作，不能胜任旅游业工作。而教育者自身，同样处于迷茫之中，由于没有深入科学调查与研究，因而不了解我们的产品——毕业生，他们在旅游行业工作表现如何？是否真如社会传言与某些评价一样，他们难以胜任旅游业发展的重任？

旅游高等教育质量评价除来自对质量过程管理及反馈，更多应该来自毕业生就业表现和对行业贡献度。然而，旅游教育者们恰恰缺失这方面的数据与真实信息。为此，有必要通过实证研究对旅游高等教育进行科学评估，并将此评估转化为旅游教育改革出发点及课程体系建设基础。

旅游教育分会正是在这样背景下，于2015年启动对旅游高等院校毕业生行业就业质量调研。这看似容易的问题，深入展开时，我们发现并不容易。最早的研究设定是以大学生行业适应性为研究切入点，但是在对前人研究成果分析过程中发现，适应性主要涉及心理学要素，与教育关联度较少。在各类评估体系中，胜任力测评技术，能较好解决旅游高等教育行业就业质量评估问题。

因此，本课题为了深入研究旅游高等教育对毕业生职业胜任力的影响，对以下几个问题进行深入研究与分析：

（1）调查分析旅游高等教育毕业生就业状况及影响因素；

---

① 本项目受中国旅游协会教育分会项目经费支持。
② 彭青：中国旅游协会旅游教育分会副会长、中山大学旅游学院教授，广州大学旅游学院副教授；程露悬：中山大学旅游学院2007级本科生林达豪、罗文，2012级本科生段婷婷、陈秀同学参与本研究资源收集、访谈等工作。

（2）构建涵盖专业教育、个人能力和创造力的胜任力测量指标体系，并对旅游高等教育毕业生的胜任力水平进行测量；

（3）基于毕业生视角对旅游高等教育对胜任力的影响进行分析；

（4）深入探讨旅游高等教育毕业生胜任力水平差异的原因。

二、理论基础与文献综述

（一）胜任力的理解与界定

胜任力来自拉丁语 Competere（适当），其研究与应用最早可追溯到泰罗的时间——动作研究。Flanagan 首先提出关键事件法，认定管理者工作要素包括：生产监督、生产领导、员工监督、人际协调、与员工接触和交往、工作组织计划与准备及劳资关系。20 世纪 60 年代，美国国务院感到以智力为基础选拔外交官效果不理想：许多表面上很优秀的人才，实际工作表现令人失望。McClelland 和 Mcber 咨询公司受邀建立第一个胜任力模型：跨文化人际敏感性、人的积极期望以及快速进入当地政治网络，他们主张用胜任力测验代替智力和能力倾向测验（陈万思和赵曙明，2010）。Spencer（Spencer and Spencer, 1993）认为胜任力即指个人潜在的、深层次特征，可以是动机、知识、行为技能、特质、态度、自我概念、认知、能力等任何比较稳定、可以被测量的个体特征，这种个体特征能够将工作中的表现优异者与普通者区分开来。Party（1996）认为，胜任力是可以通过工作中的行为加以测量的，个人工作的知识、能力、态度、动机等的结合，它不仅能够以一种标准或模型来加以测量，还可以在培训和发展过程中有针对性地加以改进。王重鸣（2002）指出管理胜任力特征分析是人事选拔与评价的重要内容之一。正因为如此，选择胜任力作为高等教育毕业生行业就业能力评价，并且通过评价有针对性地加以改进的方向是可行的，并且有研究成果支持。

（二）胜任力模型研究

胜任力测评体系的基础是胜任力模型，胜任力模型是指担任某一特定的任务角色，所需要具备的胜任特征的总和，是一个胜任力结构，即针对特定职位表现优异要求组合起来的胜任特征结构（李明斐等，2004）。胜任特征模型主要包括三个要素，即胜任特征的名称、胜任特征的定义（指界定胜任特征的关键性要素）和行为指标的等级，反映胜任特征行为表现的差异（时勘，2007）。建立胜任特征模型，是人力资源管理与开发理论和实践研究的逻辑起点，是一系列人力资源管理与开发技术（如工作分析、招聘、选拔、培训与开发、绩效管理等）的重要基础。国外的人力资源研究已利用胜任力模型构建出通用或专用的行业胜任力模型。1993年，Spencer对各行业与组织中的200多种工作进行了研究，成功构建了包括专业技术人员、销售人员、社区服务人员、经理人员和企业家五大类的通用行业的模型，发现能够区分优秀与一般企业家的7个胜任力（时勘，2006）。

在我国，结合我国特殊的文化社会环境，胜任力模型应用在各行业、各领域得到较为广泛应用，研究人员先后获得电信产业高层管理者、家族企业高层管理者、机械、石油、化工、银行、出版、军队、航空航天等行业及人力资源管理师等职位的通用胜任特征模型。

仲理峰和时勘（2003）较早介绍了胜任力特征研究方法，回顾了胜任特征的研究进程及海外胜任力特征的研究方法和主要途径，以及胜任特征概念特点，并指出这项研究有待深入之处。

姚翔等（2004）通过问卷调查，收集某IT企业开发部门322名项目经理和项目小组成员的意见，发现IT企业项目管理的胜任力可归纳为个性魅力、应变能力、大局观、人际关系处理能力和品格5个因子。

清华大学魏军和张德（2005）综合使用团体焦点访谈法，关键行为事件法，数理统计分析方法，以国内多家商业银行为案例点，深入研究客户经理胜任力模型，得出包括把握信息、拓展演示、参谋顾问、协调沟通、关系管理和自我激励六个维度的商业银行客户经理胜任力结构模型。

刘学方等人（2006）基于200多家完成继承的家庭企业中高层管理人员的问卷调查，运用探索性和验证性因子分析，构建包括组织承诺、诚信正直、决策判断、学习沟通、自知开拓、关系管理、科学管理和专业战略8个维度的家庭企业接班人胜任力指标，其中决策判断、学习沟通、组织承诺、自知开拓和诚信正直，构成"管理"因子，而关系管理、科学管理、专业战略，构成"关键管理技能"因子。8个指标中，组织承诺、诚信正直等指标对家庭企业继承绩效具有更显著的相关性。

赵曙明和杜娟（2007）在企业经营者胜任力及测评理论研究中，指出企业经营者胜任力对于选拔和成为企业经营者具有重要意义。

综上所述，不同行业管理者胜任力各具特征。旅游企业作为服务性行业，具有较强的行业特点，旅游行业的胜任力指标有别于其他行业，但是国内关于旅游业（包括酒店等）胜任力研究只有34篇文章，并且主要依赖于观察或经验判断，缺乏系统的实证研究。为此我们通过特殊事件法，构建旅游行业的胜任力指标体系，进行胜任力测量与分析，并以此为基础对旅游高等教育如何提高毕业生胜任力提出建议。

三、研究设计与过程

（一）基于特殊事件法的胜任力评价指标体系构建

胜任力模型构建技术由管理学家20世纪70年代提出，通过对企业中不同绩效水平的员工进行BEI访谈（行为事件访谈），并对访谈结果进行内容分析，形成岗位的特定用人要求。因此本课题胜任力评价指标体系构建基于BEI方法，选择优秀的旅游行业管理者（部门经理以上职位）包括酒店、旅行社、景区管理等传统行业管理者及新型旅游业态管理者，如在线旅游、民宿管理等人员共计19人进行深度访谈，了解中国文化背景下旅游企业管理者胜任力的概念特征及典型事例，在此基础上运用内容分析技术，对谈话内容进行编码，从中归纳提炼出旅游行业优秀管理者胜任能力的19个指标，设计预调研问卷，并进行测试和修改，最后形成调查问卷。胜任力指标体系具体构成见表1。

表1　旅游业胜任力指标体系

指标内容	
1. 沟通协调能力	11. 承受压力能力
2. 学习能力(进取心)	12. 创造力/创新能力
3. 执行力	13. 市场意识
4. 积极的心态	14. 吃苦耐劳精神
5. 应变能力	15. 亲和力
6. 团队协作能力	16. 成就导向
7. 服务意识	17. 成本控制意识
8. 思维能力	18. 行业经验
9. 人际洞察能力（社交）	19. 外语能力
10. 关注顾客	

（二）问卷发放与回收

问卷通过各种渠道，包括老师、学生工作者、学校领导，向国内122所和海外10所旅游高等教育学校的毕业生，通过网络和手机发放并回收问卷（运用了问卷星系统),共回收问卷1067份,其中有效问卷939份,有效率达到88%。

受访者毕业的学校覆盖了国内除西藏、内蒙古、山西与贵州以外的27个省(自治区、直辖市)的48个地级市及5个其他国家,毕业生的学历层次包括大专、本科及研究生(图1)。其中,海外10所院校主要是国内与海外进行2+2或者3+1合作的学校,也有部分是学生在国内本科毕业后,在海外就读研究生的旅游院校。

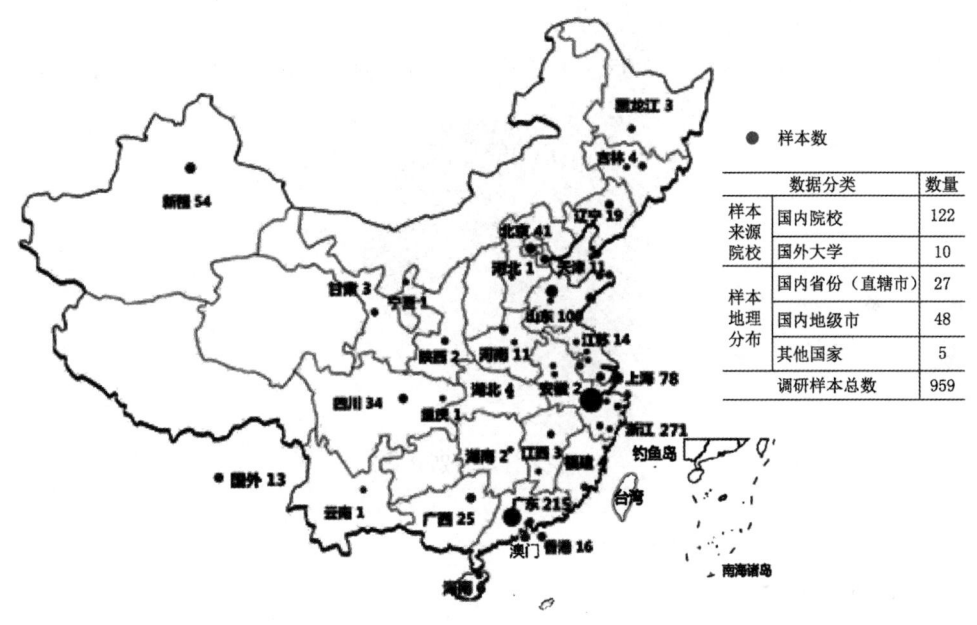

图1 受访者毕业学校的地理分布

(三)数据分析与处理方法

研究中数据的分析和处理使用了SPSS统计软件,综合使用方差分析法、对应分析法、交叉分析法以及加权平均法等计量方法,测量各个调查者的胜任力水平,并进行比较和深入研究。课题组比较了不同职位、不同工作年限、不同企业、不同教育层次以及不同院校类型等因素影响下的员工胜任力水平差异,并研究这些因素对胜任力水平的影响。

四、旅游高等教育毕业生就业的影响因素分析

(一)旅游高等教育毕业生就业的基本情况

1. 性别

受访者男女比例为 1∶2.05,女多男少,与目前招生情况基本符合(图2)。

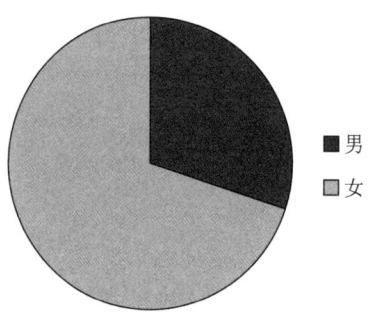

图2 样本性别分布

2. 教育层次

受访者的教育层次为大专占 38.9%,本科占 46.6%,研究生占 14.5%。

3. 毕业院校类型

受访者毕业院校的类型有985[1]、211[2]、普通本科、三本、大专、成人教育、海外学校及党校等(图3)。

4. 工作年限

为了了解教育对毕业生职业生涯不同时间段胜任力的影响,我们划分了不同工作年限。根据访谈,我们将工作年限分为5个阶段:0~2年、3~5年、6~10年、11~15年和15年以上。工作0~2年的受访者占样本总量61.9%,工作3~5年的占18.2%,工

---

[1] "985"是我国政府为建设若干所世界一流大学和一批国际知名的高水平研究型大学而实施的建设工程。
[2] "211"是国务院有关综合部门联合提出,并经党中央、国务院同意的高等教育重点建设工程,它的含义是面向21世纪,重点建设100所左右的高等学校和一批重点学科点。

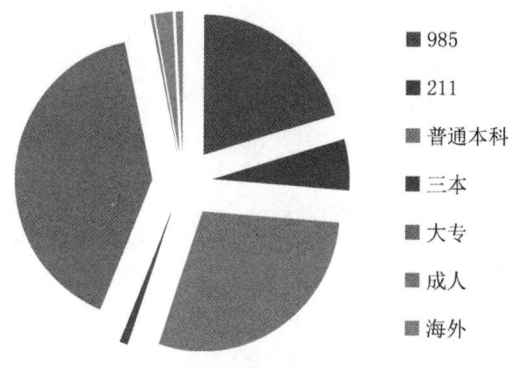

图3 样本不同层次学校分布

作 6~10 年的占 8.5%，工作 11~15 年的占 5.0%，工作 15 年以上的占 6.4%（图 4）。当然，该数据只能说明样本结构，并不能说明旅游专业毕业生在行业就业率随着时间推移而逐年减少，因为这与样本获得有关。

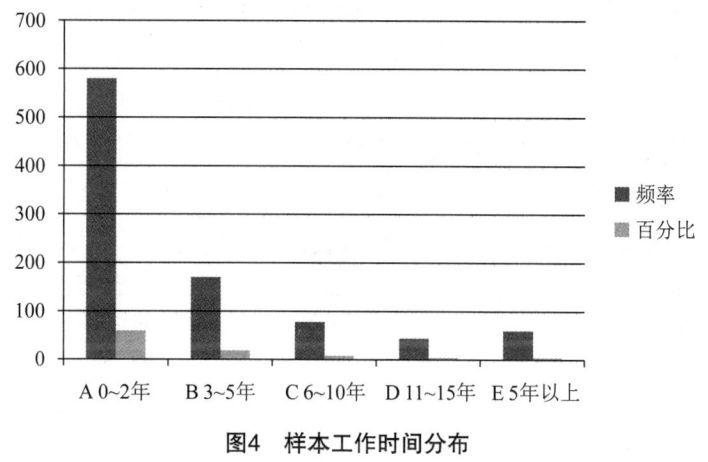

图4 样本工作时间分布

5. 所学专业

在旅游专业选择方面，我们使用大旅游理念，除了传统的旅游管理、酒店管理、会展管理专业外，还纳入了与旅游相关的专业，包括空乘、烹调、外语等，专业覆盖面比教育部本科目录要更为宽泛。

受访者中，旅游管理专业的毕业生比例较大，占样本总量的 45.9%；其次是酒店管理，占 23.4%；此外会展专业占 5.9%，外语专业占 6.4%，其他专业占 18.4%（图 5）。部分专业所占比例较小，一方面是因为一些专业开设的时间较短，毕业生较少；另一方面有可能是样本覆盖的问题，有待进一步分析。

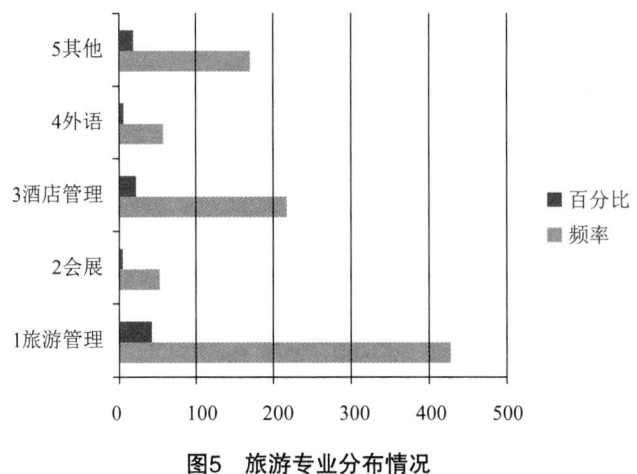

图5 旅游专业分布情况

6. 毕业生就业企业

调查结果显示，旅游高等教育的毕业生在旅游行业就业者（包括新兴的旅游行业）占样本总量的41%，这不包括在政府的管理部门与旅游院校工作的毕业生。其中，在酒店行业工作的毕业生以18.8%的比例，排毕业生就业行业的第一位；其次是在传统旅行社工作的毕业生，约占样本总量的8.6%；在餐饮业工作的学生占样本总量5.1%，排第三位；在在线旅游企业工作的毕业生占样本总量的4.3%，排第四位；第五位是会展业，毕业生占样本总量的2.2%；毕业生人数最少的是景区，仅占1.9%（图6）。

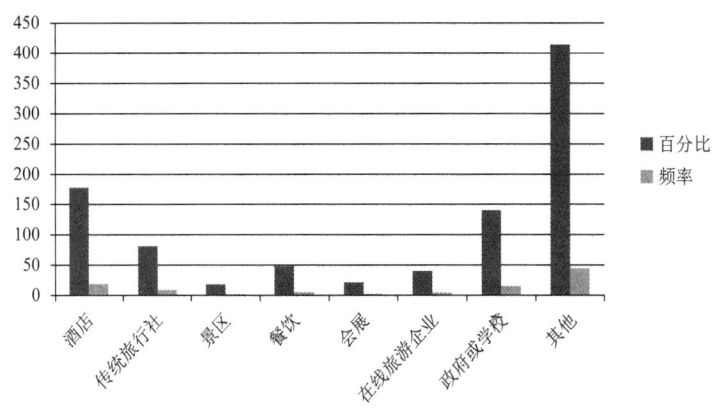

图6 毕业生在各企业分布情况

7. 任职的部门

根据行业特点，我们将毕业生任职部门分为：一线服务部门、二线部门（包括人事、财务、市场营销、技术等职能部门）、咨询类和金融类等四大类别。样本显示，在一线部门就业的毕业生约占24.3%，二线部门就业的毕业生所占比例达到33%，超出一线部门。此外约有8.0%的毕业生在旅游咨询与策划部门工作，1.1%的毕业生在旅游金融部门工作（图7）。

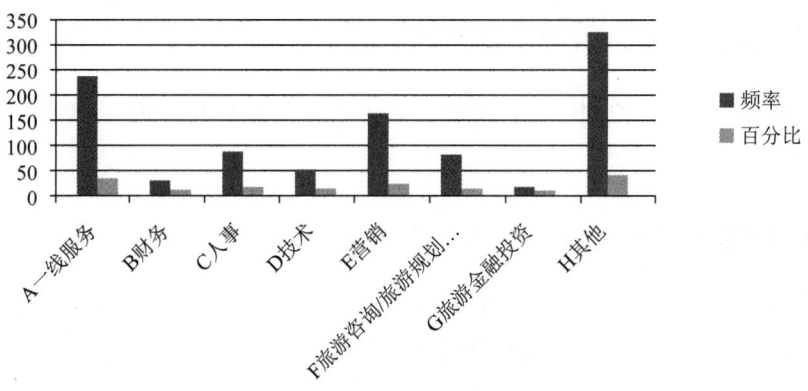

图7　毕业生就业的部门情况

8. 任职的职位

对毕业生任职职位进行调研的结果显示，毕业生中一线员工占49.5%，基层管理人员占13.4%，中层管理人员（部门管理者）占9.2%，总监级管理者占2.4%，总经理占2.8%。此外，从事公务员与教师工作的毕业生占9.8%，其他占12.9%（图8）。

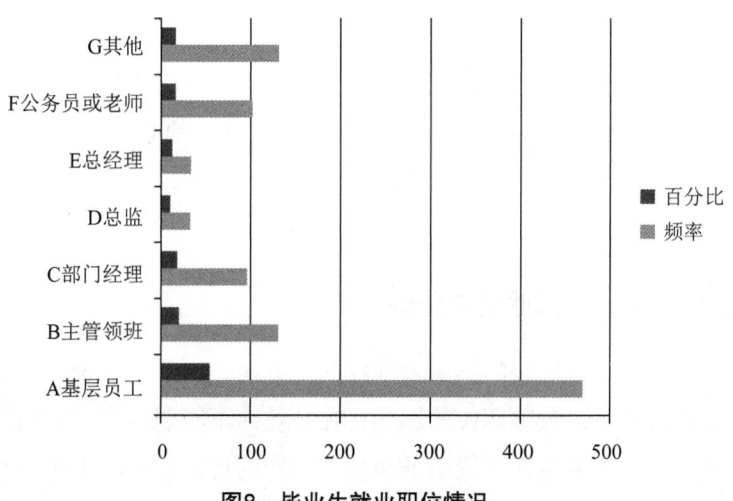

图8　毕业生就业职位情况

9. 就业区域分布

对旅游高等教育毕业生的就业区域分布进行调查的结果显示，毕业生就业主要分布于经济发达地区，这在一定程度上与调查对象集中于我国沿海地区有关。

（二）教育层次对毕业生就业的影响分析

关于教育层次对就业的影响，我们从就业企业、就业部门和就业职位三个层次进行分析。

1. 教育层次对毕业生就业企业的影响

调研显示，在旅游传统行业中的酒店、旅行社及餐饮，大专生所占比例高于本科生与研究生，比例高达51%，而本科生和研究生在这三个行业中工作的比例仅为28%和11%。在景区管理企业中本科生略多于大专生与研究生，会展业中大专、本科与研究生相差不明显，大专略多一点。新型在线旅游企业中本科生就业比例略高些，专科与研究生基本一致。政府与学校是研究生就业集中区，高达40%的研究生在这些单位就业，本科生达到15%，而大专生只有5%。

可见，教育层次影响旅游专业学生就业的企业，传统旅游行业的人力资源主要来源是大专毕业生，特别是旅行社和餐饮业，新型旅游企业受教育层次影响不明显，政府与学校受教育层次的影响十分显著。

2. 不同教育层次对毕业生就业部门的影响

调研结果显示，教育层次对于就业部门有一定影响，主要表现在：在一线部门工作的大专生比例比本科和研究生高出1倍；而在人事与市场营销部门工作的本科生比例比大专生与研究生高出3%~4%；在咨询、规划与策划部门里，研究生的比例比大专与本科生略高2%~3%（图9）。可见，随着就业部门所需知识含量的增加，对教育层次的要求逐步提高。

3. 教育层次对毕业生就业职位的影响

不同教育层次对就业职位的影响表现在两个方面，一个是对企业内不同职位的影响，另一个是对公务员或教师职位的影响。在企业内不同职位中，不同教育层次对基层职位有显著影响，大专生在一线服务岗位上工作的比例较高，本科生其次，研究生较少；而在基层管理、中层管理乃至高层管理中，三者比例较为接近，说明不同教育层次对这些职位的影响并不显著。另外，公务员与教师由于岗位职责条件，研究生表

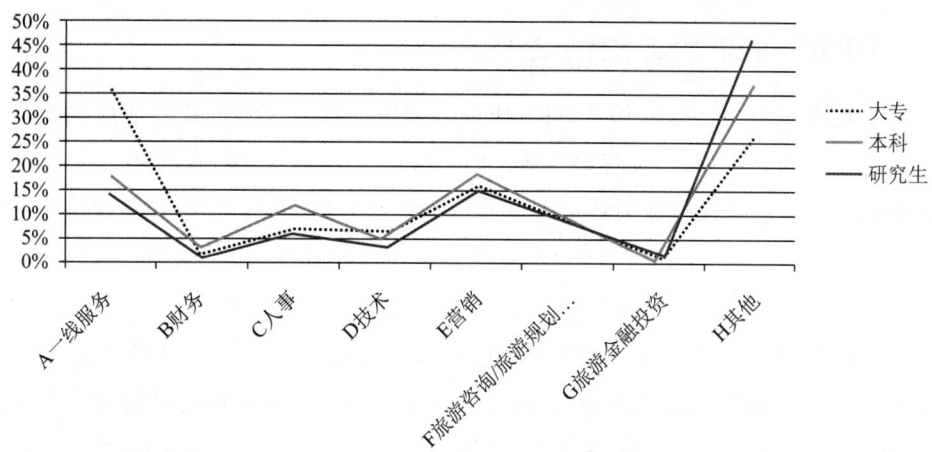

图9　教育层次对就业部门影响

示出显著优势（图10）。可见不同教育层次对毕业生基层工作和工作类型有影响，但是对毕业生向中高层职位晋升的影响并不显著，这种结果应引起旅游教育院校的重视和思考。

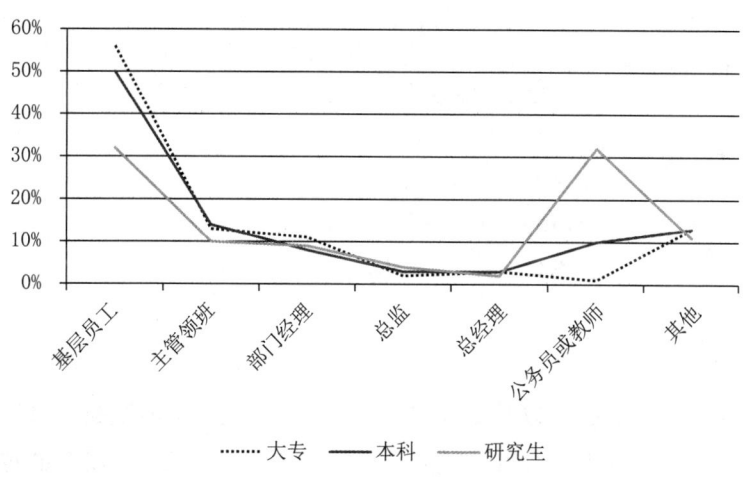

图10　教育层次对就业职位影响

（三）学校类型对毕业生就业的影响分析

关于学校类型对就业的影响，我们从就业企业、就业部门和就业职位三个层次进行分析。

1. 不同类型学校对毕业生就业企业的影响

从学校类型看,"985"和"211"毕业的学生在政府、学校和其他行业就业的比例高达77%,仅23%留在旅游业就业;海外院校毕业的学生也有高达70%以上的人员在政府、学校和其他行业就业;普本和三本毕业生在政府、学校和其他行业就业的比例也高达64%;大专院校的毕业生在政府、学校和其他行业就业的比例相对较低,仅43%。

从企业类型看,旅游高等教育毕业生在酒店工作的比例最大,占样本总量的19%;其次是旅行社,占样本总量的8%,其中大专院校的毕业生在旅行社就业的人员比例达到15%;在其他企业工作的毕业生比例普遍低于10%。但是旅游高等教育毕业生在政府和学校工作的比例也较高,占样本总量的15%(图11)。

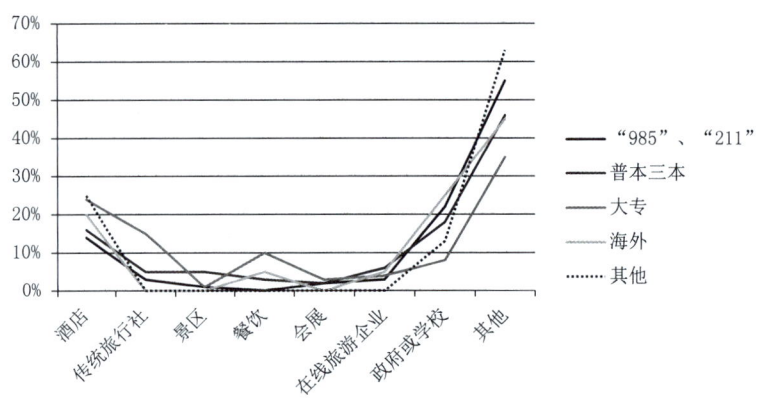

图11 院校层次对就业企业的影响

上述数据显示,就业企业与学校类型相关,学生就业受所学课程的影响较小,而受组织性质、工作性质、收入以及受尊重等因素影响较大。同时受自身条件影响,层次越高的学校,学生整体素质越好,就业选择面越宽,因而逃离旅游业的越多。所以说,学生就业受社会环境影响高于受教育的影响。

2. 学校类型对毕业生就业部门的影响

从不同类型院校毕业生的就业部门看,大专生在一线服务部门工作的比例最大,高达35%,在其他部门工作的比例相对较低。海外院校毕业生有20%人员从事一线服务工作、15%人员从事人事工作,还有10%从事营销工作,另外还有一半的人员从事其他部门工作。"985"、"211"院校的毕业生从事一线服务工作的比例低于其他院校,仅15%,而从事营销工作的人员比例高于其他院校毕业生(图12)。

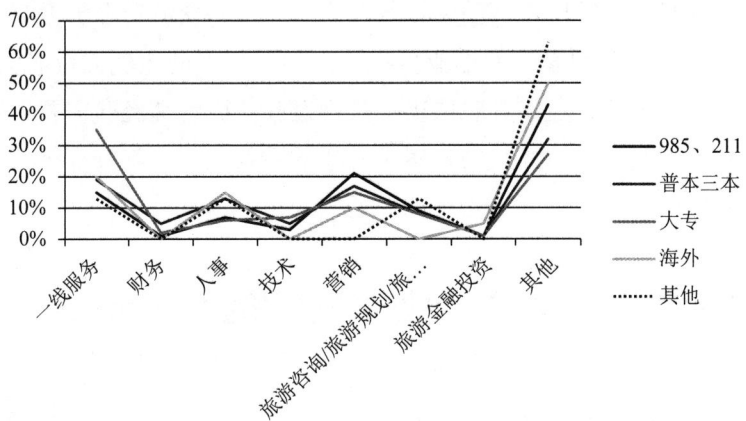

图12 学校层次对就业岗位影响

从毕业生就业部门的特点看,毕业生一般优先考虑技术含量较高的,辛苦程度适中,工作灵活性高的部门,越是层次高的学校毕业生,在一线服务岗位越少。运营管理高层管理者中间,毕业的院校等级并不十分重要,因为旅游业管理主要是运营管理,丰富的管理经验更重要,因而只要能在运营部门坚持下去,升职的可能性就会增强。要晋升到中高层管理者,在一线坚持的时间比院校等级更重要。

3. 学校类型对毕业生就业职位的影响

从不同类型学校就业职位状况看,"985"、"211"院校毕业生从事基层工作的比例低于其他院校,而从事公务员或教师的比例高于其他院校,尤其是高于大专院校的毕业生。在总经理及基层管理职位上,大专生的比例反而高于其他类型学校(图13)。

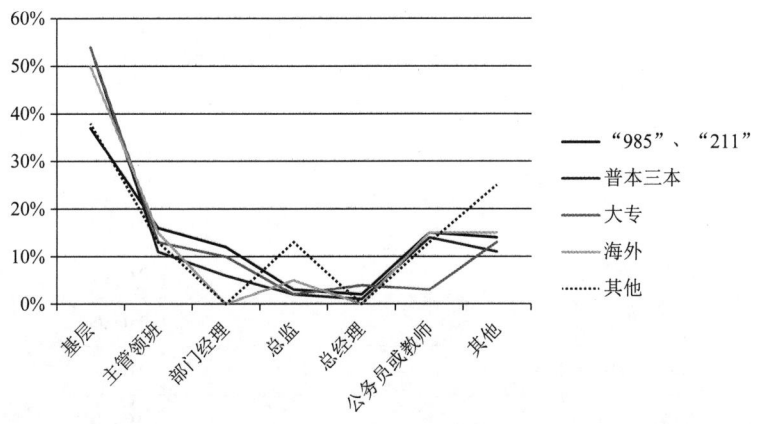

图13 院校层次对就业职位影响

与其他行业晋升到高管层次会受院校等级影响不同，旅游行业晋升到高管，院校等级并不重要，不同类型学校的毕业生担任高层管理者的比例并没有太大差异。由此可见，旅游业是经验行业，升职取决于管理经验，而管理经验需要在行业打磨足够久才能获得，因此时间与经验的积累是升职的重要条件，院校等级并不是首要条件。

五、旅游高等教育毕业生行业胜任水平的影响因素分析

（一）毕业生行业胜任力水平测量

为了测量毕业生职业胜任力水平，我们就需要获得胜任力指标的权重与各个受访者各项胜任力指标的表现值。胜任力指标的权重计算是根据受访者对各项胜任力指标的重要性看法进行计算，各项指标重要性均值占所有指标重要性均值和的比重，就是各项指标重要性的权重。得到各项指标权重后，利用各个受访者各项胜任力指标的表现值与各项胜任力指标的权重的乘积，就得到各个受访者的胜任力水平。计算公式如下：

$$PT = \sum_{i=1}^{19} X_i \cdot W_i$$

其中，PT为毕业生职业胜任力水平；X_i为毕业生某项胜任力指标的表现水平；W_i为某项胜任力指标的权重。各项胜任力指标的权重见表2。

表2 胜任力指标权重

指标	权重（W）
1. 沟通协调能力	0.0575
2. 学习能力(进取心)	0.0563
3. 执行力	0.0524
4. 积极的心态	0.0571
5. 应变能力	0.0480
6. 团队协作能力	0.0542
7. 服务意识	0.0545
8. 思维能力	0.0474

续表

指标	权重（W）
9. 人际洞察能力（社交）	0.0511
10. 关注顾客	0.0567
11. 承受压力能力	0.0555
12. 创造力/创新能力	0.0524
13. 市场意识	0.0502
14. 吃苦耐劳精神	0.0528
15. 亲和力	0.0558
16. 成就导向	0.0448
17. 成本控制意识	0.0467
18. 行业经验	0.0543
19. 外语能力	0.0526
合计	1

从胜任力总体水平的描述性检验结果看，以5分为满分计，所有受访者的总体胜任力水平均值为3.386，折算为百分数相当于67分，说明旅游院校毕业生整体胜任力水平并不高。

（二）旅游教育对毕业生行业胜任力水平影响较小

旅游教育差异主要体现为教育层次的差异和学校类型的差异。

从旅游教育层次看，研究生的胜任力水平均值略高，专科其次，本科的胜任力水平最低。不过从统计检验的角度看，各教育层次的人员胜任力均值不存在显著差异。可见教育层次对毕业生胜任力水平影响较小。

从旅游院校类型看，本研究按教育部的分类将学校划分为："985"、"211"、普通本科、高职高专、成人教育及其他进行分类，探讨不同类型学校对毕业生胜任力是否产生影响。研究发现：海外院校毕业的学生行业胜任力水平显著高于国内院校毕业的学生，"985"和"211"毕业的学生行业胜任力也高于一般院校毕业的学生，但是大专毕业生的胜任力水平高于普通本科院校毕业生。

但从多重比较的检验结果看，不同类型院校毕业的学生，职业胜任力水平并没有显著差异。研究结果真实反映出目前不同类型高等教育之间差距的真实情况。各类型学校学生胜任力差别较小，主要原因在于不同类型学校的学生，通过市场的配置，在旅游产业链中找到自己合适的行业，并且适应了当前的工作，从而表现出不同类型院校之间毕业生胜任水平的差异性。

至于普通本科生行业胜任力水平低于高职高专学校，可以从两个方面解释。首先是取样原因，本研究中的高职高专样本基本来自五星联盟学校（浙江旅院、桂林旅院、山东旅院、上海旅专及河南旅院），这是中国旅游高职高专办学典范，毕业生质量相对较好，办学规范，课程体系及培养方案比较成熟，师资队伍健全。而普通本科院校处于定位不清晰，培养方案与师资水平与条件都存在较大问题，这些办学的差异性直接反映在毕业生行业胜任力水平差距。

（三）职位对毕业生胜任力水平具有显著影响

研究显示，随着职位提高，胜任力水平不断提高。从方差检验结果看，基层员工与中层及高层员工之间胜任力水平存在显著差异；高层管理者与基层员工、基层管理者和中层管理者之间在胜任力水平上也存在显著差距；中层管理者与基层管理者之间的差距不显著。可见职位对于胜任力影响显著，基层员工晋升为管理者，需要有较大的胜任力水平提升；而基层管理者晋升到中层管理者相对较为容易，因为二者胜任力水平差异不大。但是基层管理者和中层管理者要上升到高层管理者，就需要一个较大的胜任力水平的提升，才有可能胜任高层职位（图14）。

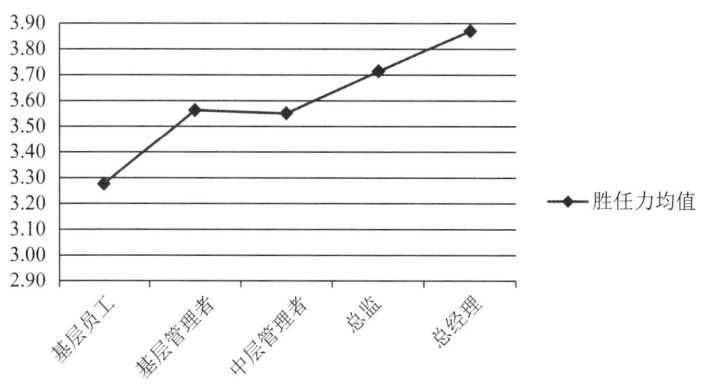

图14　不同职位胜任力差距（均值）

从职位晋升视角分析，基层员工晋升到高层管理人员有两个质的飞跃，一个是从基层员工发展到基层管理者，另一个是中层管理者发展到高层管理者，这体现了不同层级工作内容及相对应的能力之间联系特征。基层员工的工作主要是操作与执行，他们的技术能力是胜任工作的关键；基层和中层管理者主要在于企业内部的组织管理和运作，技术能力、沟通能力是胜任工作的主要能力；高层管理者就需要对企业的发展负责,他们在战略、市场等方面的能力要求更高。

事实上这些不同的能力培养的重点有所差异,工作经验和行业知识可以在工作中不断的积累更新,但是要发展战略和市场等方面的能力就需要掌握基础理论和研究方法。这就为我们教育者提出必须深思的问题:课程设置中,哪些知识或者技能可以在就业时无缝对接,直接应用,需要提供给学生?哪些经典的理论与基础知识不一定马上应用,但是未来必须拥有,需要提供给学生?还有哪些方法与工具应让学生掌握,有利于毕业生用于将来再获得能力与知识?

(四)任职时间对毕业生胜任力也具有显著影响

任职时间对于胜任力影响显著,而且在旅游行业工作,第3年是关键时间。因为工作0~2年的毕业生胜任力水平最低,这些人员的总体胜任力水平均值仅3.315,但是进入第3年后胜任力有较大幅度增长,工作3年以上的人员的总体胜任力水平均值达到3.50,远高于工作2年以内的人员(图15)。数据结果与项目组对高管深度访谈要点高度契合,受访者一致认为,如果学生能在旅游行业坚持2年,第3年就会有较大进步,但是往往这两年坚守不易,相当多学生不到两年离开旅游行业。

(五)任职时间、教育层次与不同职位之间的相互影响分析

项目研究从任职时间、教育层次和职位三者交叉分析的结果进一步看它们的关系及影响。

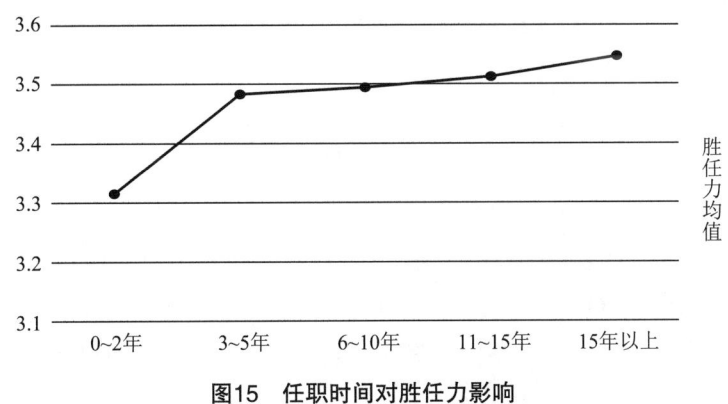

图15 任职时间对胜任力影响

1. 基层员工的任职时间与教育层次分析

在基层员工职位上有465人,其中工作时间0~2年的占85%,工作3~5年的只占10.8%,工作6~7年的只有2.2%。随着时间增长,比例不断下降,到了工作15年以

上依然为基层员工的仅 0.6%。这说明，工作 0~2 年是所有旅游高等教育毕业生在基层职位可以接受的时间，超出此时间，不能升职或者调整，大部分人则会选择离任或者其他解决方法。

基层员工中大专生占 44.1%，本科生占 46.7%，研究生占 9.2%。进一步分析数据发现，基层员工以工作 0~2 年的毕业生为主，而且大专、本科生与研究生工作的比例之间没有显著差异，均达到基层员工 80% 以上，其中大专生 86.8%，本科生 81.6%，研究生最高达到 90.7%。基层员工中工作 3~5 年的毕业生比例只有 10.8%，随着时间增长，在基层员工职位工作的毕业生减少到仅有 1~2 个人（图 16）。

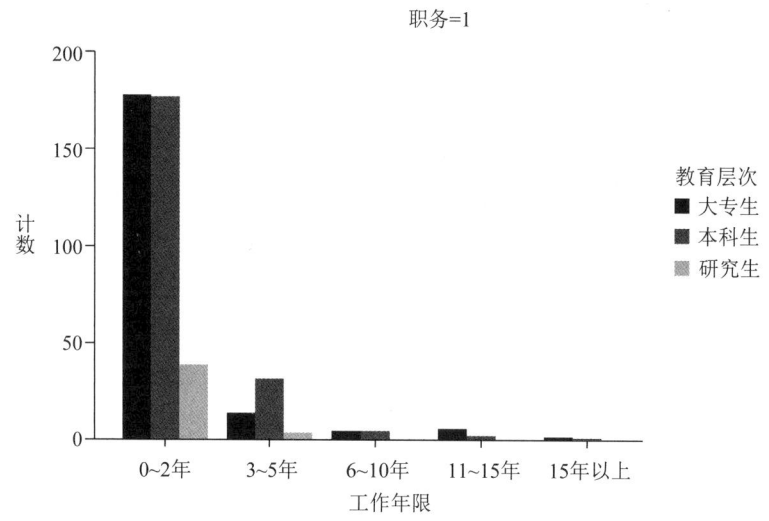

图 16 基层员工、教育层次、任职时间交叉分析

2. 基层管理者的任职时间与教育层次分析

在基层管理者职位（主管、领班）上有 126 人，其中工作年限在 0~2 年的占 42.9%；工作 3~5 年的占 38.1%；工作 6~10 年的占 7.9%；工作 11~15 年的占 7.1%；工作 15 年以上的占 4.0%，可见基层管理人员以工作 0~5 年的为主，这说明基层管理人员需要一定的工作积累，但是比起更高级别的职位，所需的积累并不是很多。

基层管理职位中大专生占 38.9%，本科生占 50.%，研究生占 11.1%。进一步分析基层管理者职位上毕业生的教育层次，可以发现工作 0~2 年本科生与大专生之间没有显著差异，研究生大部分在政府与学校工作，职位不同，不可比较。第 3~5 年本科生显示出一定优势，主管领班中 62.5% 为本科生。工作 6 年以上高等院校的毕业生，从事基层管理职位在减少，15 年以上基层管理者只有大专生剩下 4%，研究生和本科均为 0（图 17）。

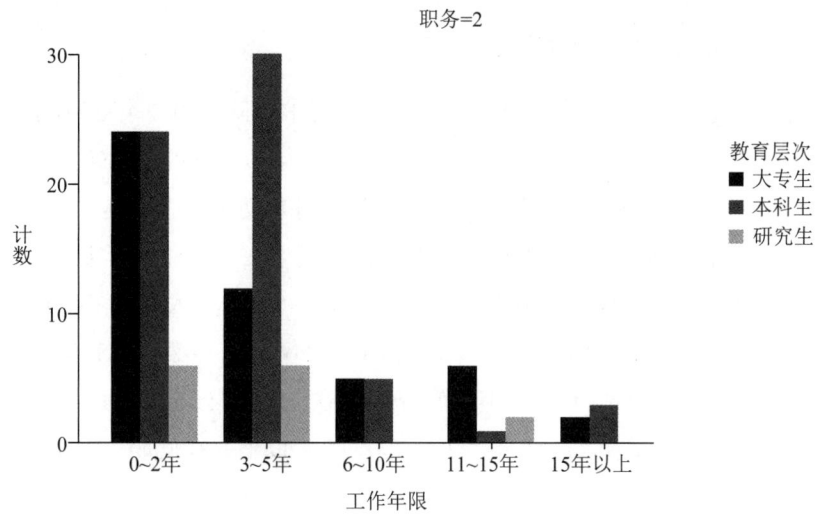

图17 主管领班、教育层次、任职时间交叉分析

3. 中层管理者的任职时间与教育层次分析

中层管理者职位（部门经理）有86人，其中，工作年限在0~2年的占14%，工作3~5年的占34.9%，工作6~10年的占26.7%，工作11~15年的占12.8%，工作15年以上的占11.6%。可见，大部分部门经理的任职时间在3~10年。

部门经理中大专生占46.5%，本科生占39.5%，研究生占14%。大专生在这个职位上所占比例较大。不同教育层次的毕业生，不同工作时间长度，存在差异性优势：工作时间0~2年阶段，本科生略有优势，3~5年工作时间，本科生优势比较明显，然而在6~15年以上，高职高专学生优势逐步明显，本科生优势逐渐减少（图18）。

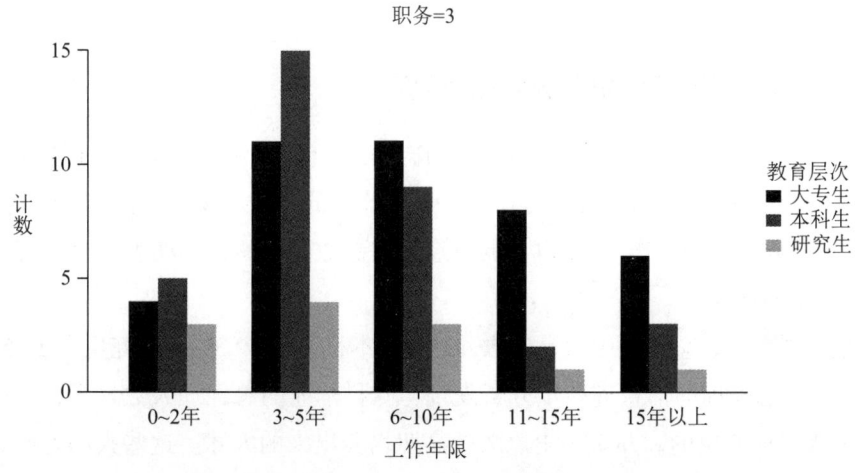

图18 部门经理、教育层次、任职时间交叉分析

4. 总监职位的任职时间与教育层次分析

受访者中，总监管理职位有23人。其中，工作年限在0~2年的占13%，工作3~5年的占21.7%，工作6~10年的占39.1%，工作11~15年的占17.4%，工作15年以上的占8.7%。可见大部分毕业生要工作3~5年以后才能进入总监职位。

总监中大专生占26.1%，本科生占52.2%，研究生占21.7%。其中，大专层次的总监有6人，其中有2人仅工作0~2年，1人工作3~5年，2人工作6~10年，1人工作11~15年。本科层次的总监有12人，其中有1人仅工作0~2年，3人工作3~5年，6人工作6~10年，2人工作11~15年。研究生层次的总监有5人，1人工作3~5年，1人工作6~10年，1人工作11~15年，2人工作15年以上。在此职位上本科生有较大优势（图19）。

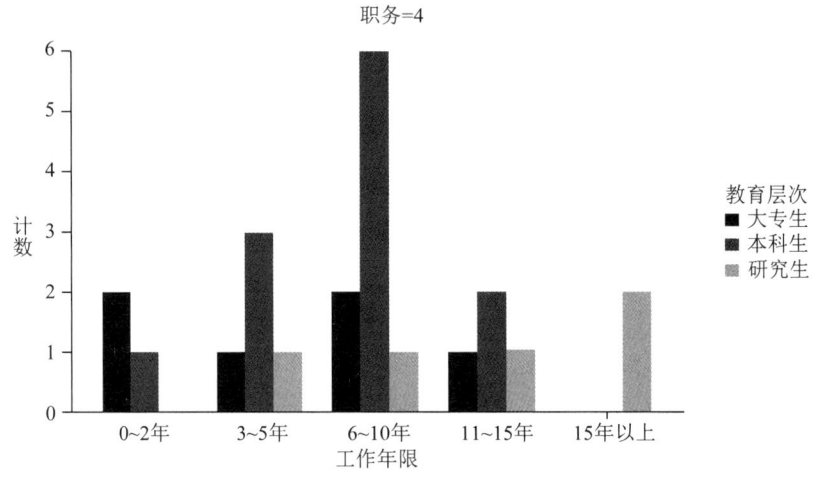

图19 总监、教育层次与任职时间交叉分析

5. 总经理职位的任职时间与教育层次分析

受访者中，总经理有26人。其中，工作年限在0~2年的占3.8%，工作3~5年的占11.5%，工作6~10年的占11.5%，工作11~15年的占19.2%，工作15年以上的占53.8%。根据数据可知工作11年以上的总经理占总数的73%，说明晋升到总经理职位需要一定时间的积累。

从教育层次看，总经理中大专生占46.2%，本科生占42.3%，研究生占11.5%（图20）。对这些总经理的信息进一步分析发现，专科毕业的总经理人数最多，其中8个是由中国排名前5位的、办学历史悠久的高职培养出来的人才。这些人心态好、情商高，愿意在本行业留下来工作。另外两名研究生学历的受访者曾经是高职的学生（浙江旅院与上海旅专），后来在工作之后又继续深造。总经理中人数较多的是985学校（中大、浙大、南开）毕业的，最后就是一般本科院校毕业，其中有一名来自办学历史30年的广州大学。可见毕业生最终能否发展到企业高层职位，排在第一位的决定因素是心态，他是否喜欢并能留在行业，是决定职业发展的关键因素，其次才是知识与能力。

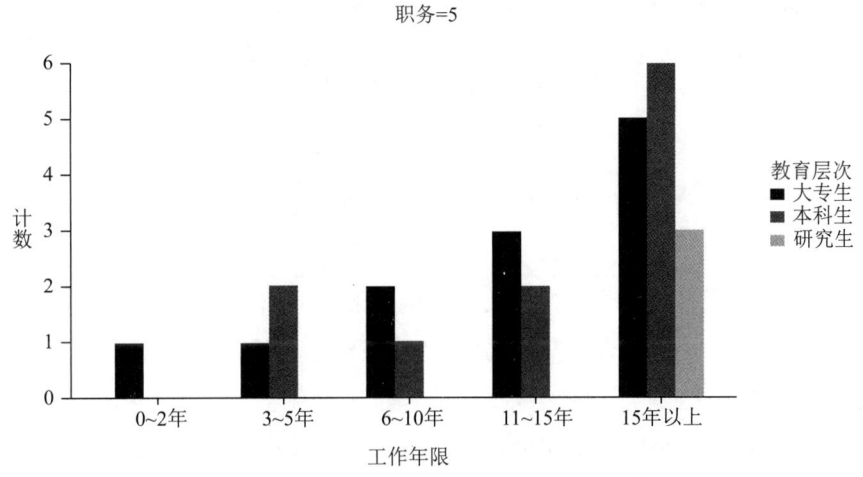

图20　总经理、教育层次、任职时间交叉分析

6. 任职时间、教育层次和职位影响的综合分析

综上分析，三者之间影响职位的最重要因素是时间，教育层次对于职位的影响缺少规律性。

从任职时间与职位的发展变化结果看，毕业后的0~2年是大专、本科与研究生都必须经历基层员工职位，各教育层次之间差异不大，但是本科与研究生在此阶段进入基层管理与中层管理职位的比例比大专生高。工作3~5年是基层管理者及部门经理工作主要阶段，工作时间越长，各教育层次任职基层管理的比例都在递减。工作6~10年的研究生与本科生任职部门经理的人数开始下降，而大专生则略有上升。工作11~15年的人员中部门经理下降到最低点，但是15年以上的部门经理又有回升，其中以大专数量最多，达到所有部门经理任职量最大值。大部分总监是在工作6~10年时做到这个职位，还有一些毕业生工作3~5年就做到这个职位，而工作11年后，毕业生中任总监的人数又开始下降，只有研究生在工作15年后还有2人任总监职位。影响总经理任职重要因素仍然是时间，大部分总经理是工作15年以上的毕业生，但是其他时段都有少量的毕业生任职总经理。无论是大专生、本科生还是研究生，大多数总经理的任职的工作时限在15年以上（图21）。

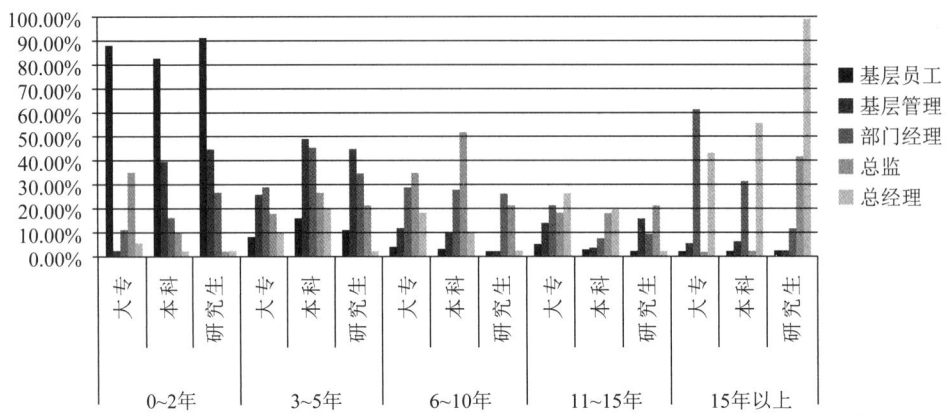

图21 任职时间、教育层次、职位交叉分析

由此可见，旅游业是一个经验非常重要的行业，大部分就业者必须通过经验的积累，才能从事更高层的工作。从基层员工到总经理，大部分从业者需要工作15年以上时间，其中基层管理职位3~5年，部门经理3~10年，总监级6~10年，总经理级11~15年以上。但是有小部分毕业生在工作0~2年里就升格为基层管理者、部门经理或者是总监，甚至个别毕业生已升职为总经理。研究还表明，大部分毕业生可以接受在基层员工职位上工作两年时间，但是超出两年后，大部分毕业生不愿停留在基层员工位置上，旅游高等教育毕业生工作6~10年后还在基层员工职位上工作的基本上就没有了。所以旅游高等教育毕业生职业生涯中第3年为重要的转折年。

六、结论与启发

（一）研究的主要结论

1. 旅游高等教育毕业生就业的影响因素分析

旅游高等教育对毕业生就业具有重要的影响，表现为教育层次和院校等级对毕业生就业企业、就业部门和就业岗位的影响。关于教育层次的影响，从就业企业看，传统旅游行业，人力资源主要来源是大专毕业生；新型旅游业态，受学历影响不明显；政府与学校受学历影响十分显著。从就业部门看，一线服务部门大专毕业生最多，人事与市场营销部门本科毕业生较多，咨询、规划与策划部门里研究生人数较多。可见，随着就业部门所需知识含量的增加，对教育层次的要求逐步提高。从就业职位看，学历对毕业生基层工作和工作类型有影响，但是对毕业生向中高层职位晋升的影响并不显著，这种结果应引起旅游教育院校的重视和思考。关于院校等级的影响，从就业企业看，与学校类型相关，学生就业受社会环境影响高于教育的影响力。从就业部门看，在一线坚持的时间比院校等级更重要。从就业职位看，升职取决于管理经验，时间与经验的积累是升职的重要条件，院校等级并不是首要条件。可见教育层次对旅游高等院校毕业生就业有一定的影响，而院校等级对毕业生就业的影响并不是十分显著。

2. 旅游高等教育毕业生行业胜任水平的影响因素分析

影响毕业生行业胜任力水平的因素主要有教育层次、毕业院校等级、职位和任职时间。教育层次对毕业生行业胜任力水平影响较小，研究生的胜任力水平均值略高，专科其次，本科的胜任力水平最低，但是各学历水平的人员胜任力水平差异不显著。毕业的院校等级一定程度上影响了毕业生胜任力水平，其中海外毕业的学生行业胜任力显著高于国内院校毕业的学生，"985"和"211"毕业的学生行业胜任力也高于一般院校毕业的学生，但是大专毕业的人员的胜任力水平高于普通本科院校毕业的学生。职位对毕业生胜任力水平具有显著影响，基层员工发展到高管有两个质的飞跃，一个是从基层员工发展到基层管理者，一个是中层管理者发展到高层管理者。任职时间对高校毕业生胜任力也具有显著影响，工作3年以上的人员的总体胜任力远高于工作2年以内的人员，如果学生能在旅游行业坚持2年，第3年就会有较大进步，但是往往这两年坚守不易，相当多学生不到2年就离开旅游行业。

从任职时间、教育层次与不同职位之间的交互影响看，三者之间重要影响因素是时间，教育层次对于职位的影响缺少规律性。可见，旅游业是一个经验非常重要的行业，大部分就业者必须通过经验的积累，才能从事更高层的工作，旅游高等教育毕业生职业生涯中第3年为转折年。

（二）研究启示

上述研究结果是旅游专业毕业生行业胜任力状态，但是反思我们的旅游研究，有几点值得我们关注：

1. 各类院校中，高职高专在传统行业就业是最高的，这说明学校定位与培养方案适应当前传统旅游业，同时我们也看到旅游高等教育就业前景的多元化，传统旅游行业是学生就业之选，但是咨询与策划行业已经成为学生就业的重要目标。不同学校类型，直接影响学生在旅游产业链中寻求自己位置，学校层次越高，就业中越重视选择技术含量高的工作。因此旅游教育不仅仅要给学生传授一般的旅游管理的知识与技能，还应关注旅游行业的发展变化以及毕业生职业发展规划，为学生提供坚实的理论基础知识和专业学习技术，提高学生职业胜任力和不断学习提升的能力。

2. 旅游普通本科院校在旅游教育中处于上不去，不愿下的尴尬现状。"985"、"211"等学校，有较为明确的科研导向，培养人才目标相对明确，高职高专培养目标与课程体系设置相对明确。只有普通本科院校，培养目标向上无法与一本院校拼科研，拼学术创新，向下他们不愿意，也无法与高职高专拼服务技能与技术。他们的位置在哪里？目标是什么？这是普通本科院校在培养目标及相对应的培养方案中必须思考的。教育部提出的普通本科院校转向应用型本科，也许是一条光明之路，但是什么是应用？旅游专业的应用是什么？这是我们需要深思的问题。

（致谢所有接受我们访谈的企业管理者，所有帮助我们发问卷的老师和领导，所有帮助我们访谈与处理问卷的老师与学生！）

参考文献

［1］Bueno C. M., S. L. Tubbs. Identifying Global Leadership Competencies: An Exploratory Study［J］. Journal of American Academy of Business, 2004, 5（1）: 80–87.

［2］Lewis O. M..Identifying a competency model for hotel managers［D］. Boston University, 2002.

［3］McClelland C.D. Testing for Competence Rather Than for "Intelligence"［J］. American Psychologist, 1973（1）: 1–14.

［4］Tubbs C. G..Developing global leadership competencies［J］. The Journal of Leadership Studies, 2001, 7（3）: 20–31.

［5］Spencer. L. M., S. M. Spencer. Competence at work: Models for superior performance［M］. New York: John Wiley & Sons, Inc., 1993.

［6］陈万思，赵曙明. 中国最佳雇主人力资源总监胜任力模型研究［J］. 管理学报, 2010, 7（9）: 1308–1315.

［7］李明斐，卢小君. 胜任力与胜任力模型构建方法研究［J］. 大连理工大学学报（社会科学版），2004, 25（1）: 28–32.

［8］刘学方，王重鸣，唐宁玉，朱健，倪宁. 家族企业接班人胜任力建模——一个实证研究［J］. 管理世界, 2006（5）: 96–106.

［9］时勘. 基于胜任特征模型的人力资源开发. 心理科学进展, 2006（4）: 586–595.

［10］时勘. 胜任特征模型、领导行为研究及其在人力资源开发中的应用［J］. 首都经济贸易大学学报, 2007（6）: 13–19.

［11］王重鸣，陈民科.管理胜任力特征分析：结构方程模型检验［J］.心理科学，2002，25（5）：513-516.

［12］魏钧，张德.国内商业银行客户经理胜任力模型研究［J］.南开管理评论，2005，8（6）：4-8.

［13］姚翔，王垒，陈建红.项目管理者胜任力模型［J］.心理科学，2004，27（6）：1497-1499.

［14］赵曙明，杜娟.企业经营者胜任力及测评理论研究［J］.外国经济与管理，2007（1）：33-40.

［15］仲理峰、时勘.胜任特征研究的新进展［J］.南开管理评论，2003（2）：4-8.

简论旅游职业院校专业教师的成长与发展

余昌国[①]

近年来,我国旅游院校教育蓬勃发展,教育规模不断扩大,教育水平逐步提升,教育结构趋于完善。据统计,2015年全国开设旅游管理类本科专业的普通高等院校583所,开设旅游管理类高职高专专业的普通高等院校1075所,开设旅游管理类专业的中等职业学校789所。旅游专业在校生近80万人,专业教师4万多人。

旅游院校教育中,职业教育占绝大部分。对于职业院校教师,国家的总体要求是"双师型"教师,即要求教师既有较高的文化和专业理论水平,又有一定的专业实践能力。现在国家和地方对教师培养越来越重视,每年都举办各种国培班、省培班。国家旅游局高度重视旅游院校教师培养,专门实施了"旅游业青年专家培养计划"和"万名旅游英才计划"。职业院校自身也大力加强教师培养,包括脱岗进修、考察学习、在岗培训、企业锻炼、行业交流等。这些项目的实施,有效地提升了教师的专业素质和专业能力,对促进旅游院校教学水平的提高发挥了积极作用。

外部的因素只能起到推动作用,对于教师自身而言,更要强化成长意识,加强自身修炼,促进自我发展。具体来说,可以从以下五个方面努力,朝"五型教师"发展:

一是增强信息意识与实践能力,做"双师型"教师。随着经济社会的发展、科学技术的进步以及消费者需求的改变,行业也在不断地发展和变化,新业态不断涌现。作为教师要主动及时了解旅游行业发展的最新信息,尤其是行业发展的新趋势与一些成功的案例,并将一些相关信息与案例及时补充到自己的教学内容中,以免教学与实践脱节。同时,还要系统了解并关注信息来源渠道,比如有哪些相关的报纸、刊物、网站、博客、微信等,可以让自己获得更多真实的有价值的信息。要结合自己教学的课程,积极拓展相关人脉关系,多交行业中一些有

---

① 余昌国,男,江西人,教育管理硕士,国家旅游局人事司副司长。

思想的朋友和业界精英，从他们那里及时了解行业一线的动态以及实践的最新情况。有条件的要每年抽出一定时间到行业企业进行深度调研或顶岗锻炼，深入参与行业举办的一些业务交流活动，不断提高自己的实践能力。既会做，也会讲，还会写，努力在行业形成一定的影响力，才能算得上是一个真正的"双师型"教师。

二是增强问题意识与探究能力，做"探究型"教师。作为一个教师，对教学内容不仅要知道其然，还要知道其所以然。要有强烈的问题意识，能够及时发现行业实践中的一些问题，并对问题进行深入探讨和研究，甚至对于行业中一些约定俗成的标准也敢于质疑。只有不断地探究一些问题的来龙去脉，才能够对行业有更深入的理解，在教学中让学生有更多的思考。比如，很多客人到饭店餐厅用餐，上桌后经常会把骨碟和筷子往里面挪，为什么？因为中餐摆台的基本标准是骨碟离桌边1.5厘米。而这个距离标准来源于国际上通行的西餐摆台标准。但中餐用餐是一只手用筷子，而西餐用餐则是双手用刀叉，两者的用餐行为是有所不同的，所以从客人便利性的角度来看，对于中餐摆台骨碟离桌边1.5厘米的标准是否合适，是值得探究的。如果不断探究，行业中的很多细节都可以写成一篇篇的小论文。

三是增强服务意识与沟通能力，做"服务型"教师。旅游是立足以客为本的服务型行业，作为旅游院校专业教师，首先要牢固树立良好的服务意识，要打造为行业服务的能力，塑造自己被别人"利用"的价值。有条件的可在行业中选择相对固定的企业或单位作为自己的服务对象，通过连续的服务把自己的专业理论付诸实践，帮助行业改进管理和服务，同时在服务行业的过程中不断提升自己的专业能力。在日常的工作和生活中，要结合自己所教专业，加强与行业专业人士的沟通，比如教导游的就要有一些高水平的导游朋友，教酒店管理的就要有一些高水平的酒店经理朋友，教景区管理的就要有一些景区的朋友等，相互沟通，共同探讨，共同提高。

四是增强改革意识与创新能力，做"创新型"教师。教师要有不断改变自己的意识，不断创新教学方式方法，突破自我，而不拘泥于一套一成不变的教学内容与教学形式。即使是面对同一个年级同一门课程，每年都要对自己提出一些新的要求，而不是一个教案教到底、一个课件用到底，以创新不断适应新的形势与新的学生。外出考察学习与交流时要多关注行业中创新的东西，并及时补充到自己的教学内容中。即使是给学生布置作业也可以创新，比如采用团队作业的形式，对当地两家知名饭店的前厅氛围进行比较，或对两家品牌餐厅的服务进行比较等。这样的作业是无法从网上复制的，要求学生必须深入实际才能完成，对学生的锻炼无疑会更大，作业也真正能成为促进教学的一个有效的环节。而且类似这样的作业也可以为教师下一步的教学提供很多可用的案例和素材。

五是增强敬业意识与职业能力，做"职业型"教师。旅游院校专业教师自身要敬业，重视自己的职业形象，提升自己的职业能力。只有职业的教师才能培养出职业的学生，学生的养成首先需要教师的养成。旅游职业院校的教师对自己的着装、仪容仪表要有严格的要求，不能穿着圆领衫、牛仔裤，蓬头垢面就进入教室上课，要用自己的形象影响学生、要求学生。这方面，一些国际知名的旅游院校有很多好的经验。教师不注意自己的形象，只要求学生注意形象是不切实际的。教师在日常的教学中要传播行业正能量，用自己对行业的热爱影响和帮助学生树立专业思想。教师如果在教学中经常表露出做旅游没前景、干酒店没希望，那对学生产生的负面影响可想而知。同时，要加强教育学和心理学等的学习，全面深入研究学生的需求，努力提升自己的教学能力和教学水平，这也是一个职业教师的基本要求。

问题与思维：变革时代的旅游教育

郑向敏　殷　杰[①]

摘　要：问题是理论研究的起点，思维是破解各种问题的路径。新常态下，旅游教育变革需要发现问题，寻找突破路径。在分析变革时代旅游教育来自时代、国家、学校、教师以及学生等多层面问题和旅游教育变革面临的渺茫、纠结与困难的基础上，提出旅游教育变革需要关注的9个理念与思维。

关键词：旅游教育；问题；思维；旅游新常态；变革时代

Problems and thinking: the tourism education during the changing time

Abstract: The problem is the starting point for research, and the mind is the path to solve a variety of issues. Under the new normal time, we need to discover problems on tourism education reform and find a breakthrough. The research analyzed some problems which are the time, the nation, schools, teachers and students are facing. Based on that, the research analyzed the vague, tangled and difficult of the tourism education reform. According to these, the author tried to come up with the top nine ideas and thinking which tourism education reform needs.

Key words: tourism education; problems; ideas and thinking; new normality; changing times

一、引言

1978年，上海旅游高等专科学校等第一批旅游院校的成立标志着我国旅游教育正

[①] 作者简介：郑向敏，男，（1954.3— ），博士、教授、博士生导师，华侨大学旅游安全研究院院长；殷杰，男，（1991— ），华侨大学博士研究生。

式形成。经过近40年的探索与发展，我国旅游教育已具规模。截至2015年年末，我国旅游教育院校2474所，在校学生达72.21万人，全行业在职人员培训总量475.4万人次（我国旅游教育发展概况具体如表1所示）。旅游教育的规模化发展与我国火爆的旅游市场息息相关。近年来，我国国内旅游市场、出境旅游市场火爆，入境旅游市场稳步提升，但是相应的旅游人才供给却未满足行业发展的需求，旅游院校供需比达1∶7的就业缺口与不足30%的毕业生留在旅游行业的矛盾突出[1]。我国旅游人才培养呈现出数量不足，质量不高，一专多能人才极其匮乏的局面，旅游教育亟待变革，人才培养模式亟待创新。

表1 近五年我国旅游教育发展概况

年份	旅游院校数（所）			旅游院校在校生人数（万）			全行业在职人员培训总量（万人次）
	合计	普通高等院校数	中等职业学校	合计	普通高等院校在校学生数	中等职业学校在校学生数	
2010	1968	967	1001	108.64	59.61	49.03	426.65
2011	2208	1115	1093	108.32	59.98	48.34	435.65
2012	2236	1097	1139	107.34	57.62	49.72	446.84
2013	1832	959	873	77.16	49.44	27.72	427.3
2014	2055	1122	933	75.33	43.52	31.81	462.13
2015	2474	1685	789	72.21	49.61	22.6	475.4

数据来源：对2010—2015年中国旅游业统计公报、全国旅游教育培训统计整理而得。

从目前来看，我国旅游教育发展面临着空前的机遇与挑战：一方面，我国开设旅游专业的院校共2000余所，旅游教育规模世界第一。另一方面，理论陈旧、观念落后、人才培养同质化等"老问题"与行业加速变革的"新形势"矛盾突出（保继刚，2015）。旅游业正朝大众化、常态化、多元化、复杂化的"新常态"发展。这种业界前所未有的转型暗示着旅游教育需要破立与重塑。

旅游教育必须要与旅游业发展相适应。新常态下，旅游业发生重大变革，旅游教育又该如何变革以适应旅游业发展需求？马克思曾说过，问题是时代的声音。习总书记在《哲学社会科学工作座谈会上的重要讲话》中明确指出"问题是创新的起点，也是创新的动力源。只有聆听时代的声音，回应时代的呼唤，认真研究解决重大而紧迫的问题，才能真正把握住历史脉络、找到发展规律，推动理论创新"。问题与思维是理论研究的起点与路径，理论研究应从问题出发，特别要从关键性、迫切性、软肋性问题出发,而哲学思维是破解各种问题的路径[2]。基于此,本文分析了变革时代的特征、旅游教育变革面对的多层面问题、渺茫与困难,提出旅游教育改革需要关注的新理念与新思维。

二、变革时代：旅游教育面对的问题、渺茫与困难

(一)变革时代旅游教育面对的问题

1. 变革时代引发出的相关问题

旅游教育面临着时代变革带来的诸多问题。马克思曾说过,问题是时代的声音。因此,要辨析旅游教育面临的时代问题必须聆听时代的声音,探究旅游变革时代的时代特征。目前,新常态已成为时代的最强音,旅游新常态也成为旅游变革时代的主流声音。旅游新常态的时代特征体现出：新数据时代(大数据时代)、新技术时代、新休闲时代、新交通时代、新媒体时代、新游客时代。旅游新常态的6个时代表征,使旅游教育面临着诸多的时代问题：

(1)新数据时代。新数据时代的"大数据",是无法通过传统的手工处理来分析和解读的、海量的信息数据。海量化、多源化、高精度化和瞬时可得的各种大数据成为新数据时代的"新常态"。新常态下旅游教育面临的问题已经从教育学生"如何查找和挖掘信息、资料、数据"转向"如何筛选和组合应用信息、资料、数据"。旅游院校应该提供给学生哪些符合时代的知识、理念和信息？教育学生如何精准、多源、有效地获取信息知识、应用信息知识是变革时代旅游教育需要面对的首要问题。

(2)新技术时代。新技术时代"VR 技术""云技术""APP 技术"等新技术不断与旅游业相结合,颠覆了旅游业传统的商业运作模式,互联网、物联网的应用不断催生着旅游新业态,传统旅游教育能否适应新技术时代的发展,培养新常态下旅游新业态、新模式发展所需的专业人才？旅游教育教育者应如何用新的思维去应对新技术时代旅游业的变更？如何用新技术去培养适应新技术时代的旅游专业人才？

(3)新休闲时代。21 世纪人类已真正进入休闲时代。较 20 世纪而言,公民就学、社交、休闲、旅游时间增加了 13.8 万小时,工作时间减少一半,可自由支配的时间是工作时间的 7 倍以上。新休闲时代,旅游需求呈现大众化、常态化以及多样化的趋势,游客出游形式也从团队、群体出游向个体、小众、家庭的出游方式转变。旅游教育与研究应如何应对新休闲时代旅游市场的需求以及游客出游方式的转变？

（4）新交通时代。新交通时代下，航空、高铁、动车、高速公路的快速发展，旅游专列增多，邮轮、游艇、直升机高速发展、私家车拥有量井喷，旅游活动类型、活动范围、活动形式、活动速度发生巨大的变化，旅游目的地游客数量急剧增长，但游客停留时间却现下降趋势。旅游教育又该如何应对旅游目的地游客数量增长与停留时间缩短的矛盾和问题？

（5）新媒体时代。随着微博、微信等自媒体的盛行，我国已经入新媒体时代。在新媒体时代，游客既是信息接收者，又是信息传播者。新媒体时代的信息大爆炸，如何教育学生甄别真假信息？如何筛选有用信息？如何直面新媒体带来的各种便利及引发的相关风险？类似"青岛大虾"等网络舆情危机该如何应对？新媒体能否促进旅游教育的进一步腾飞？传统旅游教育能否适应新媒体时代的发展需求？

（6）新游客时代。随着旅游的大众化与常态化，游客已非信息不对称时代的游客。游客越来越成熟，对旅游产品和服务要求越来越高，个性化产品的需求日益增长。传统的旅游教育模式培育的旅游人才能否适应新时代的游客需求？

2. 国家教育发展层面的问题

变革时代的旅游教育面临诸多来自国家教育发展层面的问题。2015年11月，教育部、国家发展改革委、财政部联合发布《关于引导部分地方普通本科高校向应用型转变的指导意见》，提出教育要服务地方经济社会发展，要走产教融合的校企合作之路，要培养应用型技术、技能型人才的新要求。旅游教育不仅面临着院校发展的转型、专业取向的转型和教育属性的转型，还面临着人才培养模式、课程设置、教学教育方法、理论传授与实践教育等方面的变革与转型。众多院校旅游专业教育面临着院校转型之路该如何走的关键问题。

3. 学校专业教育发展层面的问题

变革时代的旅游教育也面临着学校专业教育发展层面的诸多问题。在学校专业设置方面，全国高校旅游专业设置重复度高，趋同现象严重；部分高校旅游专业设置过于盲目、随意，缺乏办学条件和师资力量；不少地方院校存在专业结构不合理、专业设置不当等问题[3]。在旅游专业教育的课程建设方面，许多院校，特别是地方院校普遍存在课程设置与专业不匹配、因人设课、主干课程缺失、专业课程不足等诸多问题。在专业教学上，不少院校旅游专业培养目标定位模糊、课程设置不合理、教材选用陈旧、学生创新能力培养条件不足等。在旅游专业教育的实践教学方面，不少院校面临着校内实践教学实验室、校外实践实训教学基地缺失或不足，双师型师资不足，实践教学经费受限等问题。旅游教育在专业设置、培养目标定位、课程改革、实践教学等方面该如何创新突破已成为众多院校旅游专业教育面临的共性问题。

4. 教师个人发展层面的问题

旅游教育工作者——教师，也面临着学生培养与个人发展的诸多问题。在专业教学与学术培养上，教师面临着新常态的教学中该教授哪些知识？传授哪些内容？能否用"昨天的知识"教育"今天的学生"去面对"明天的问题"？在科学研究方面，是教研相长，还是追求科研？是追求学术的自由精神和独立思想，还是入时合流、紧追热点？他们之间的关系与平衡度该如何把握？在职称晋升与个人发展方面，多数高校教师面临着职称评定的问题与矛盾；院校专业职称的评定取决于论文、课题的数量与档次，教学授课水平、教书育人成果与职称评定关系不大。教师的科学研究与教学投入、个人发展与育人水平之间的关系如何处理？

5. 学生专业学习与就业层面的问题

在变革时代的旅游教育中，学生也面临着诸多问题。一是专业学习问题。在跨界融合、"+"时代中，专业重要还是不重要？旅游教育的目标是注重学生专业知识培养还是关注学生学习能力、综合素质的提升？学生总有疑问：学校能给我什么？专业老师给我的知识有用吗？我学的东西能支持我今后的就业和发展吗？二是学生就业问题。目前旅游专业学生普遍存在专业爱好度不高、毕业不愿在旅游行业从业的现象，旅游院校供需比达1：7的就业缺口，与不足30%的毕业生留在旅游行业的矛盾突出。旅游教育该如何培养学生的专业爱好度与忠诚度，修补就业缺口，提升毕业生本行业停留率？

（二）变革时代旅游教育的渺茫与困难

旅游新常态下，旅游教育面临着多层面、多方位的问题。在变革转型之路上，旅游教育面临着"渺茫""纠结"与"困难"的岔路口。旅游教育该往哪走？如何走？是开拓进取、创新改革以适应快速多变的旅游人才市场？还是不闻不问、按部就班地、固守传统的教育模式？是人云亦云、没有意识地傻傻跟进？还是一味学习西方和先进？旅游专业的学术型教育与应用型教育两者之间又该如何平衡与发展？

在创新变革过程中，旅游教育也遭遇诸多困难与阻力：旅游教育创新变革面临体制牢笼，专业设置与变革面临着学校的管控，课程创新与教学方法改革得不到领导关注与经费的支持，变革创新与发展没有方向与领路人，专业应用型师资匮乏，院校教育变革自身能力与水平不高等。

变革时代的旅游新常态要求我国旅游教育的转型与创新。变革时代的旅游教育要破解面对的"问题",突破"渺茫""纠结"与"困难"状况,就需要创新变革,需要新思维、新理念!

三、旅游教育改革:需要新的理念与思维

面对我国旅游教育的问题、纠结与困难,旅游教育改革需要以下的新理念与新思维:

(一)学习理念、明天思维

教师当下授课普遍采取"用昨天的知识,教今天的学生,去面对明天的问题"的授课模式。教师将其所学的"昨天的知识"传授给"今天的学生",让学生去应对"明天的问题"。昨天的知识能否能满足今天学生的需求?又能否解决明天的问题?从目前旅游教育的现状来看,在变革时代旅游教育的"教"与"学"均存在渺茫与纠结,存在不匹配、不契合。教师在专业知识传授存在渺茫与纠结:应传授什么知识给学生?自身是否具备学生想要的知识?如何调整自身的知识结构以满足今天学生的知识需求?学生也纠结需要学习什么知识才能面对明天的问题,也不清楚自己明天要干什么、需要学习和储备哪些知识。要面对这些渺茫与纠结,解决旅游教育中教与学的不匹配、不契合问题,就要求旅游教育中的教师和学生具备学习理念和明天思维。学习理念是教育的首要理念,教与学中的教师与学生都必须坚持学习理念,教师有了学习理念才能补充完善自身的知识结构,才能创新发展自身的知识体系,才能使自身的知识体系贴近时代的脉动,符合时代变革的需要;学生坚持学习理念才能主动寻找学习的方向与目标,才能在知识爆炸时代有选择、有目地进行有效的学习。"明天思维"是时代发展对人类的要求,学生具备了"明天思维"的意识,才会去考虑"今天"要学什么?"今天"的学习能否为"明天"服务?教师具备了"明天思维"意识,才会矫正和修改"昨天的知识"、学习今天的知识和迎接明天的知识,才能满足学生对"明天"知识的要求、提高知识传授与学生需求的契合度,才能让今天的学生去适应明天旅游业的变化。

(二)跨界理念、"+"思维

互联网的普及使人类进入了跨界融合的"+"时代,时代的发展态势与旅游新常态要求旅游教育改革需要"跨界理念"与"+"思维。旅游产业的综合性与关联性使旅游产业本身就具有跨界融合的先天基因。作为为旅游产业培养人才的旅游教育更需要"跨界理念"与"+"思维。旅游教育的"跨界理念"要求旅游专业知识教育要跨

界融合金融、经济、保险、电子、历史、地理、管理等多学科知识；要求旅游研究在研究内容、研究方法要跨学科跨专业，研究手段要融新媒体、新技术时代的微博、微信、"VR"技术、APP技术等时代产物；旅游教育思想要打破传统的教育理念，主动融入时代新意识、新动向，新要求。"+"思维则是时代的新宠。"互联网+"思维已经进入全国各行各业，"旅游+""酒店+""景区+""厕所+"也成为旅游新常态，旅游教育的"+"思维，要求旅游教育改革固守传统的专业教育状况，在教育目标、教育内容、教学方法要"+"入更多的要素和元素，"+"入多学科、多行业优势资源，形成多维、多元的知识传授体系和"一专多能、能文能武、德才兼备"的人才培养体系。

（三）共享理念、分享思维

教育资源共享理念已在我国众多旅游院校推行实施，且获得较好的共享效果。根据段文军、王金叶[4]对国内开设旅游类专业的高校调查显示，92%的精品课程网站属于开放式，并依据共生理论提出了高校教学资源的共享模式（表2）。

表2　高校教学资源的共享模式

共生模式	典型形式	开放性	稳定性
寄生	独立学院共享母校资源	较弱	较弱
偏利共生	资源富集高校对资源贫乏高校的援助与扶植	弱	弱
互惠共生	水平相当高校间资源交流与合作办学	较强	较强
一体化共生	大学城或区域高校联合体	强	强

旅游新常态下的共享理念与分享思维，要求旅游教育不仅要重视教育资源的共享与分享，更要关注旅游大数据、教育大数据的分享与共享。新技术时代的到来使旅游院校可以联合形成大数据采集、分析与应用的协同平台、共享与分享平台，并效力于旅游教育。旅游教育的大数据共享平台可以通过技术手段，获取旅游市场、行业发展、知识需求、专业发展、课程改革、学生心理等多元数据，并与传统的基础数据相结合，为旅游教育所需提供更为统一、全面、精准的基础数据来源及对接，通过数据统计口径与分析的协同，实现不同教育单位间信息共享与协同合作的信息联动平台。旅游教育的大数据分享可以帮助旅游教育实现从"粗放式"向"精细化"转变，通过分享平台，旅游教育的课题教学模式更容易从"专家式""授课式"向"学生参与式""讨论式"转变；通过分享平台，不同院校教师可以分享教学经验、分享改革成

果，学生可以分享学习方法，共享学习体会。

（四）水桶理论、长板思维

水桶理论的传统思维是木桶装水量取决于桶最短的一块木板（短板思维）。水桶理论的短板思维已不再适用知识经济时代下的发展。知识经济下的水桶理论需要长板思维：一个"完整的桶"只需要有一块足够长板，并与其他桶的长板合作构成更大的桶，装更多的水。而短板可以通过合作、购买服务等方式将其补齐。水桶理论长板思维告诉我们：在变革时代，专业的细分让我们无法补齐所有的短板，与其花精力治愈自己的某些"短板"，不如花同样的时间和精力把自己的"长板"优势发挥出来。现实的状况显示：成功的公司没有每块板都强，而是把一块长板做到极致，如淘宝做好了交易平台，小米做好了粉丝互动，新东方做好了精神建设，腾讯则抓住了几乎八成的中国网民。因此，借鉴和应用水桶理论长板思维，变革时代旅游教育改革中的人才培养的最好策略是："一专多能零缺陷"。"一专"指让学生真正拥有一项专长，具有核心竞争力；"多能"则要尽可能让学生储备几项能力，以满足时代的不同需求；"零缺陷"则是通过自身一定的努力和协同合作的方式补齐学生的短板和缺陷，让短板、弱势及格而不至于拖其后腿即可。

（五）资本理念、整合思维

知识经济时代资源、资本理念发生了从概念层面到经济层面的转变。从经济层面角度看，变革的社会存在三类资本拥有者：一是资源者，他们是低级资本（资源）的直接拥有者，依靠出售自己资源：技能+时间+体力而生存，他们是社会上分布最多的人群。二是资源配置者，"配置者"不是资源的直接拥有者，他们通过知识、智力去配置与整合社会各种资源、优化资源、运作资源，企业家属于此类，他们通过对资源的配置与整合而拥有资源配置权。资本时代最重要的生产力要素是"资本"，资本的本质就是资源的配置。配置者需要创新精神，是社会最重要的群体，他们的素质和数量决定了社会的资源配置效率，代表了生产力水平。当"资源者"升级到"配置者"，就意味着不用再出卖自己的技能，而是开始经营自己的思想和智慧。三是资源投资者/资本家，他们离资源最远，但他们通过投资资源而掌控、操纵资源，通过金融体系支配大量别人的资本，如孙正义、巴菲特等人。"资本家"是以资本运作为业的人，他们不直接参与企业的经营和管理，而是通过幕后操纵企业家运营企业，通过投资、入股、并购、重组的方式控制企业。"资本家"投资资源、掌控资源的最常见方式是"股权型"关系的投资方式，他们将钱"投"给企业，占有企业股份。这种投资方式不仅可以使"资本家"在所投资企业营运成功时大幅获利，也能使投资的企业在经营困难时通过股权投资的股东能力抵御风险。商业资本运作市场中的这种资本运作理念与整合股权资源思维对新常态下旅游教育改革有什么启示？旅游教育应该投资、整合何种资源？

从理论和现实角度出发，旅游教育资源既有纵向资源，也有横向资源。旅游教育的纵向资源包括教育培训行业、旅游专业教育、相关专业教育的上下游资源，横向资源包括政、产、学、研资源和跨行业的各种资源。因此，旅游教育资源整合有两个方面：一是横向资源整合。即整合政、产、学、研等各界优势资源。"政"即政府、旅游行政管理部门；"产"即旅游行业或企业以及和旅游相关的企事业单位；"学"既包括宏观的学校、教育管理机构也包括微观的办学模式、教学方法和内容及教学管理等；"研"既包括科研机构、科研活动，也包括研究方法、研究技术及器械设备。二是纵向资源整合。即跨学科、跨区域、跨层级、跨专业[5]的教育培训行业、旅游专业教育和相关专业教育资源。跨学科资源整合包括相关学科资源、相关学校资源、相关研究机构资源和教育培训机构资源的整合；跨区域资源整合包括跨行政区域教育资源、跨政府的教育资源、跨产业的教育资源整合等。跨层级资源整合包括跨越不同学校层次（专科院校与本科院校、重点院校与普通院校、部委院校与地方院校、应用型院校与学术型院校）、不同学位层级的资源整合。跨专业资源整合则是指学校之间以及学校内部各专业间教育资源的整合。变革时代的旅游教育改革就需要开发和整合各种可获资源、配置与整合资源，并通过资源的配置与整合，在专业教育的教与学中让学生获得和储备应对明天所需要知识资本、技术资本、心理资本等各种资本。

（六）教育理念、"屌丝"思维

根据易观智库2013年发布的《中国互联网屌丝用户游戏行为调研报告》：我国"屌丝"人数达5.26亿，约占全国人口的1/3，其中调查的90后人群中有67.97%的受访者自称"屌丝"。学生群体中有90.65%的人自称"屌丝"。由此可见，不管是年龄分布还是行业分布来看，目前我国教育面对的90后学生90%以上是"屌丝"或自称"屌丝"。旅游新常态下，"屌丝"不仅是中国旅游消费市场的主要消费群体——"屌丝"旅游者，也是中国旅游教育的主要受教对象——"屌丝"学生。"屌丝"们个性张扬与反传统，是新一代价值观的化身，旅游教育改革必须面对"屌丝"学生的价值取向与教育需求，必须关注如何去教育、培养这类"屌丝"学生，并让这些学生去服务和面对"屌丝"旅游者，以满足旅游市场发展的需要。

既然旅游教育的受教对象是新一代的"屌丝"学生，旅游教育从上至下就该都拥有"屌丝"思维，并变革传统思维。旅游教育理念中的"屌丝"思维必须正视"屌丝"们关注品质、强调自我、追求个性张扬与反传统的价值观与思维方式，突破传统教育的理念与思维禁锢,对传统教育理念与思维进行变革。这种思维变革首先要正视"屌丝"强调自我、拥有强烈意识表达与情绪宣泄的渴望和不受传统思维禁锢的反传统行为,在旅游教育过程中更加关注学生的价值观与需求,以学生为中心、倾听学生的意见与需求,分享学习、共享经历。其次要尊重"屌丝"文化,关注"屌丝"文化中具有调侃和流行语言的元素成分[6],并在旅游教育方法、手段上合理使用"屌丝"文化中积极合理、有趣的元素成分,引发"屌丝"学生的学习兴趣与探索知识、创造知识潜力,增强旅游教育的效用。最后要重视"屌丝"们的生活、工作体验,挖掘和应用他们生活工作中充满正能量的典型"逆袭"案例,为旅游教育提供正面案例,丰富教育素材的同时,拉近与"屌丝"的距离、消除与"屌丝"的沟通障碍,改善教学效果。

(七)产品理念、观念思维

传统的企业产品理念是讲求产品成本、追求产品质量、提升产品数量的生产经营理念。变革时代企业的产品理念除了讲求产品成本、追求产品质量、提升产品数量外,还必须关注产品体验性、重视产品的价值满足感等。观念思维是欲望、信息、经验、知识、思想等要素的集合,是思维过程的一个系统集合体。商业的产品理念、观念思维是将消费者的需求欲望、市场、产品信息、消费者与生产者的经验、知识、思想等要素进行系统集合,并依靠人的智慧、技能和天赋,借助于文化、教育和高科技资源,通过具有知识产权的开发和运用,生产出高附加值的观念产品,从而形成观念经济和观念产业。作为培养旅游专业人才的旅游教育和旅游院校,我们也可以把旅游院校视为"生产"旅游人才的企业。那么,旅游院校这个"企业"在"生产"旅游专业人才时,是否也应具备这种产品理念、观念思维?旅游教育该培养(生产)和提供何种产品(人才),以何种观念、思维来培养(生产)产品(人才)?

新常态下的旅游院校的人才培养与教育应提倡产品理念、观念思维。院校的产品不仅仅是学生,还包括根据社会和企业需求所开设的专业、课程以及实现专业、课程目标的各个教育教学环节[7]。在旅游教育中提倡产品理念,就要在旅游教育的人才培养、专业建设、课程设置以及实现专业、课程目标的各个教育教学环节中,讲求产品成本、追求产品质量、提升产品数量、关注产品的体验性、重视产品的价值满足感,适应旅游教育产品满足用人市场的变革与需求。在旅游教育中提倡观念思维,就是要在人才培养和课堂教学中综合考虑学生学习欲望、知识信息、国际教育经验与理念、各种专业理论知识与先进技术和思想等要素,结合时代的发展与要求,借助各种高科技资源与手段,通过教与学的创新、分享与共享,培养出"一专多能零缺陷"的人才。旅游新常态下,旅游教育不仅要培养传统意义上的知识型人才、学术型人才;也需要培养应用型人才、技能型人才,既要通识教育、普及教育,也要定制教育、专才教育。在不同层次人才的培养上，本科生要重点授予知识、培育素质，硕士生应重点授予方法、培育能力，博士生则应授予视野、培育专才。旅游新常态下，业态变化迅速、商业运营模式变革频繁，旅游教育必须考虑教育对象不同层次的知识需求、欲望，不同用人单位的信息与要求、各层次旅游院校的教育思想与经验，综合考虑政、产、学、研等各方的利益，让人才培养更有针对性和应用性，以"生产"出更合格的旅游教育产品。

（八）生活理念、安全思维

随着高等教育办学规模的不断扩大和招生的人数不断增加，各类大学生安全问题也日益显现，大学生安全现状不容乐观：一是大学生安全事故总量历年剧增。案例统计分析[①]发现，大学生安全事故几乎呈现直线式增长。从2010年的11起事故增至2015年的157起，增速极快。二是大学生安全事故全国高校普遍存在。从案例发生的地域分布来看，大学生安全问题分布于我国34个省、自治区和直辖市。其中，山东、浙江、江苏和广东大学生安全事故发生比例较大。三是大学生安全事故类型多样。自杀、跳楼、溺水、车祸、被骗、失联、中毒、伤人、旅游被困等事故常现。四是学生受害者群体分布各学历层次，事故后果严重。学生受害者学历跨度从专科至本科至硕士、博士均有，学生年级跨度从一年级至毕业生，院校也覆盖了专科、本科院校。此外，在近年发生的400起大学生安全事故案例中，受害大学生人数高达1953人。就安全事故原因看，引发大学生安全事故的主要原因表现为抑郁、自闭、感情纠纷等心理问题和忽视风险、缺乏安全意识与应急能力。从自杀事故占大学生安全事故比例高达27.5%的状况看，大学生心理承受能力较差，生活理念、安全思维缺失。

变革时代学生将面对更多的学习压力和生活挫折，基于当代大学生安全事故的诸多问题，新常态下的旅游教育有必要把学生的生活理念培养和安全思维灌输纳入人才培养的教育过程，关注受教育对象的风险防范与安全问题，培养学生拥有积极向上的生活态度和生存理念，教育学生在学习生活中具备安全思维。新常态下旅游教育提倡的生活理念、安全思维要求：一是学校要重视大学生安全教育，加强大学生安全教育和风险防范意识，提升大学生安全意识与突发事件应急能力；二是开设大学生安全教育课程，强化大学生职业安全教育，提升大学生职业风险防范与安全防护技巧、技能；三是重视大学生的心理疏导与心理素质培养，提升大学生的心理抗压能力和情感受挫承受能力。

---

① 以"大学生安全"等作为搜索关键词进行搜索，案例甄选的基本标准包括：（1）案例发生时间应为2010年1月1日至2015年8月31日之间；（2）案例信息应来自报纸媒体的网络版；（3）案例应具有基本齐全的信息要素，即涵括文章在案例信息编码时所要求的80%以上的编码信息内容。本研究共搜集整理400个案例。

(九)自由理念、入流思维

变革时代旅游教育工作者面临着"自由独立"与"入时合流"的认知"纠结"与解读"渺茫"。我国现代著名历史学家陈寅恪先生自始至终倡导学者、知识分子以至所有的人都应该追求"独立之精神,自由之思想"[8]。在旅游教育中"独立之精神,自由之思想"体现出的自由理念提倡旅游教育工作者坚持独立的学术思想、自由选择教学内容和研究课题,自由发表个人的学术言论及著述。广义的自由理念也包括了旅游教育中学生的专业选择自由与学习自由[9]。我国另一位大家郭沫若先生治学则带有显隐结合的政治倾向[10],倡导"入时代潮流、合主流思想"的学术理念。在旅游教育中"入时代潮流、合主流思想"体现出的入时合流思维要求教育工作者的教育思想要与时代发展同步,要贴近旅游业的变革需求,要"接地气",要依据时代、国家、政府、行业、企业等各层面的实际需求来培养旅游人才。"自由独立"理念与"入时合流"思维实际上是学术与教育的一种辩证思维,是学术与教育中理论研究与实践应用的均衡问题。旅游教育中的学术研究需要"高大上""纯学术"的理论支撑,需要尊重学术的独立精神与自由思考。尊重学术的独立与自由就要与政府、与社会、与行业保持一定的距离,避免来自政府、社会与行业对"纯学术"的干预。旅游教育中的理论应用与实践操作则需要"接地气",需要了解和紧跟时代、国家、政府、行业、企业的需求脉动,需要"入时代潮流、合主流思想"。因此,新常态旅游教育改革必须兼顾学术研究的"自由独立"和人才培养的"入时合流"。

四、结束语

我国正处于一个变革的时代,旅游教育面临着来自时代层面、国家层面、学校层面、教师层面以及学生层面的诸多问题,旅游教育需要变革,而变革则面临着诸多渺茫、纠结与困难。问题是时代的声音、是理论研究的起点。理论研究应从问题出发,而且特别要从关键性、迫切性、软肋性问题出发;思维,特别是哲学思维,是破解各种问题的路径。没有理念指引的大学教育改革实践,是一种"盲";而缺乏实践的大学教育理念,则是一种"空"[11]。因此,旅游教育变革需要新思维与新理念的引导与支撑。本文希望通过所提出的九个思维与理念来回应旅游教育变革时代的声音、分析变革时代的渺茫与纠结和面对变革时代的困难,为研究变革时代旅游教育改革,寻找新常态旅游教育的发展规律抛砖引玉。

参考文献

[1] 张运. 从"青岛天价虾"到《盗墓笔记》——产业变革呼唤旅游教育"仰望星空"[N]. 中国教育报,2015-11-23(01).

[2] 张振华. 问题与思维:理论研究的起点与路径[J]. 中国广播电视学刊,2013(3):25-27.

[3] 杜才平. 目前我国高校专业设置的现状、问题及其对策[J]. 湖北社会科学,2011(4):178-181.

[4] 段文军,王金叶. 基于共生理论的旅游教学资源共享模式研究[C]. 2011年教育科学与管理工程国际学术会议,2011:1904-1907.

[5] 王伟伟,张莹,毛金凤. 辽宁旅游教育资源整合模式研究[J]. 沈阳师范大学学报(社会科学版),2010,34(1):98-100.

[6] 曾庆桃,高宇,王颖. "屌丝"文化盛行下的大学生思想政治教育[J]. 中共山西省委党校学报,2014,37(6):114-116.

[7] 王建华. 高职教育的质量、服务、经营和产品观念在在[J]. 天津成人高等学校联合学报,2005,7(4):14-15.

[8] 廖可斌. 陈寅恪《论〈再生缘〉》、《柳如是别传》的研究旨趣[J]. 中国文化研究,2011,(3):93-105.

[9] 吴兰平,李志峰. 高等教育理念:历史与现实的三个维度[J]. 江苏高教,2014(2):25-27.

[10] 国昊方. 论郭沫若十七年文艺批评的特质[D]. 济南:山东师范大学,2010.

[11] 韩延明. 理念、教育理念及大学理念探析[J]. 教育研究,2003(9):50-56.

国外大学创建世界一流旅游管理学科的经验借鉴

邹统钎 胡 莹[①]

一、前言

2015年旅游业占全球GDP的10%左右,占全球就业总量的9.5%。世界旅游和旅行理事会预测,2015—2025年,旅游业的增长率将继续高于宏观经济增长率,且高于大多数其他行业的增长率;10年间,旅游业将提供7290万个新工作岗位,其中2320万个就业机会将直接在该行业内部产生;到2025年,全球每年国际游客数量将达18亿人次,由此可见,旅游业已跃居第一大产业地位,受到各国领导人及业界重视。在中国,2015年全年接待国内外旅游人数超过41亿人次,旅游总收入突破4万亿元,同比上一年分别增长10%和12%,开启了旅游发展的新时代。旅游业早已上升至国家战略性支柱产业地位,成为国家战略的重要内容,大至国家外交,小至国民消费,其战略地位相当显著。但中国的旅游教育却与旅游实际发展还存在很大差距。我国开始实施创建世界一流大学与世界一流学科("双一流")高校发展战略,创建世界一流旅游管理学科时不我待。

二、旅游管理学科性质分析

旅游管理学科的发展源于旅游研究,而旅游研究的起源与发展过程较为复杂,涉及不同学科的介入和发展演化。作者曾根据《旅游研究纪事》(*Annals of Tourism Research*)对各学科的专辑综述文章及国内学者对国外旅游研究历史发展过程的总结,将旅游研究分为4个阶段,即早期旅游时期、大众旅游时期、可持续旅游时期和体验旅游时期。经过1个多世纪的发展,旅游学走过了从经济学角度的研究到地理学的研

[①] 邹统钎:中国旅游协会旅游教育分会副会长,北京第二外国语学院校长助理、中国"一带一路"战略研究院教授;胡莹:北京第二外国语学院旅游管理学院2015级研究生。

究，再到多学科、跨文化的综合研究，已接近成熟，方法论基础与学科面貌已露端倪，旅游研究正面临一个全新的发展时代[1]。

Kolb 和 Biglan 将学科分为硬科学/软科学，纯科学/应用科学。Becher 结合这两个范畴，提出了包含四个领域的知识分类框架：纯硬科学、纯软科学、应用硬科学和应用软科学。旅游管理学科兼有纯软科学与应用软科学的特征，主要表现为：旅游知识发展具有重复性，呈现为有机与整体的结构；注重特殊性和复杂性；具有个人色彩，价值观影响明显；知识的正误标准存在争议；成果表现为理解或阐释；强调知识的功能性、功利性；关注职业实践，大量使用案例研究和安利法则等。此外，Becher 还重点区分了"趋同与趋异"和"都市型与田园型"等学术特征。旅游管理学科属于趋异、田园型学术部落，即人员—问题比率较低，研究领域较广，问题分散，彼此难以达成共识，问题也难以在短期内得到解决（托尼·比彻，保罗·特罗勒尔.学术部落及其领地：知识探索与学科文化（重译本）[M].北京：北京大学出版社，2015）。

学科建设是科学研究和人才培养的重要基础，是人才强国、科教兴国的必要前提，顺应时代潮流，满足社会发展需要，是学科建设科学合理的内在要求。首先，中国教育制度有其特定社会背景与实用性，而旅游管理学科具有明显不同于其他学科的特殊性，工商管理学科本身的边界不足以将旅游纳入其下级学科中，现有的管理学科体系的全面性与科学性有待斟酌；其次，旅游管理学科和旅游研究的更趋成熟，旅游向其他传统基础学科形成了一定的知识输出，如旅游经济学、旅游地理学、旅游人类学、旅游社会学等专业领域方向的建立，且旅游管理学科本身的理论体系也逐步形成，如旅游动机学说、旅游体验理论、旅游真实性理论、地方与旅游空间学说、旅游服务质量管理学说、旅游地生命周期理论、旅游影响学说、游客凝视理论、可持续旅游与生态旅游理论、旅游目的地竞争力理论、旅游危机管理理论等。再次，中国旅游引起全球关注，而"一带一路"伟大倡议的推进却并非一帆风顺，旅游却因其柔性和灵活性特征，是助推和改善国家关系，进而推动这一倡议落实的开路先锋和最佳载体。最后，2015 年出台的《统筹推进世界一流大学和一流学科建设总体方案》，提出一流大学和一流学科建设的"双一流"目标，为世界一流旅游管理学科的创建提供了重大机遇。

三、国外大学创建一流旅游管理学科的经验借鉴

（一）世界一流管理学院的经验借鉴

在世界知名的商学院中，哈佛商学院和沃顿学院十分突出，其管理学科的建设高

度和经验值得我们认真研究,也为我国旅游管理学科的建设树立了标杆。美国教育界有这么一个说法:哈佛大学可算是全美所有大学中的一项王冠,而王冠上那夺人眼目的宝珠,就是哈佛商学院。哈佛商学院创立于1908年,它最大的特色在于案例教学,以及其在战略学、领导力课程上的突出地位。哈佛成功的原因,不仅在于它超强的教学和科研实力,更在于它受到广泛认可的国际影响力,而这两者的形成,主要依赖于以下几点:培养全球商业领袖的崇高目标;将管理学教育和实践相联系的办学宗旨;遍布全球的研究中心,包括:亚太研究中心、日本研究中心、欧洲研究中心、拉丁美洲研究中心和印度研究中心等;高度重视实践教学等。此外,哈佛商学院每月一期的《哈佛商业评论》(Harvard Business Review)被认为是全球管理领域中"最权威、最有价值和最为独特"的期刊之一。创刊80多年来,《哈佛商业评论》始终致力于发掘和传播工商管理领域最前卫的思想理论、观点和方法,帮助管理者们不断更新理念,开阔视野、适应变化。

沃顿学院创立于1881年,一直以来都被认为是全美最具有开拓精神和创新意识的国际化商学院。它是美国第一所大学商学院,被誉为现代MBA发源地,其超前的商业管理以及工商教育理念造就了沃顿学院许许多多的"第一",并被世界上无数个商科院校所模仿。总结其成功模式,与以下几方面密切相关:通过总结传播商业知识和培养领导人才来促进世界发展的崇高使命;教育理念中非常强调全球化观念;教授质量及其科研水平在商学院中备受推崇;目前拥有25个研究机构,包括中小企业创业管理领域的Sol C. Snider创业研究中心等,金融领域的Rodney L. White金融研究中心等,以及卫生健康管理领域的健康经济与管理研究中心和Leonard Davis健康经济研究所等。沃顿拥有一系列专业化MBA项目——创业、医疗保健管理、金融、信息系统、非营利/公共管理、行政、房地产等;以及数量上超过所有商学院的选修课。沃顿也和全球不同的院校合作,给学生提供深入全面的国际交换经历。沃顿全球的校友会活动非常活跃,其成员可以通过校友间的联络来拓展事业和扩大社交圈。

(二)世界一流旅游院校经验借鉴

中国香港理工大学拥有目前亚洲最好的旅游与酒店学院。旅游管理学科使香港理工大学在全球旅游业界声名鹊起。酒店及旅游管理学院是香港理工大学内独立自治的学术机构,其使命是引领世界旅游业与酒店业,座右铭为"开创酒店及旅游新纪元",专业课程设置参照于欧美模式,重视学术与实践能力的培养。共有69名来自世界各地、各个行业的专家学者,并获得多项学术成果,如2003年荣获国际旅游业教育者协会颁发的"最佳教育学府大奖",2012年学院获国际酒店餐饮及学术教育委员会颁发的"McCool"创新奖,也是联合国世界旅游组织UNWTO知识网络成员之一。

根据2009年发表在 Journal of Hospitality and Tourism Research 的一项研究显示，它在旅游学术研究中排名世界第二。香港理工大学设置有为课程和发展问题提供建议的咨询委员会，提供学术建议的学术顾问。教学和科研一体的唯港荟（ICON）酒店的"明天的客房"作为平台供业界在酒店管理方面进行创新。学院已经上升成为亚洲最大的酒店和旅游学院，并跻身世界同类学院的先进行列。Kaye Chon 院长为 Journal of Travel & Tourism Marketing、Asia Pacific Journal of Tourism Research 和 Journal of Hospitality & Tourism Research 等杂志的主编。唯港荟是香港理工大学全资拥有的酒店，乃全球第一家独具特色的教研酒店，将教、学、研与全套服务的酒店环境完全整合，为中国香港、亚太地区乃至世界各地培养出未来旅游业界的领军人才。

美国康奈尔大学是常春藤中第一个而且是最好的酒店行业专业领导者，旨在培养酒店行业领袖，注重实践能力的培养，共有92名来自世界各地、各个行业的专家学者，主要有酒店研究中心、地产与金融研究中心、Leland C. and Mary M. Pillsbury 酒店创业研究所、康奈尔酒店劳动与雇佣关系研究所、康奈尔健康未来研究所等研究机构。此外还拥有 Hotelie magazine 和 Cornell Hospitality Quarterly 两个酒店行业著名期刊。

美国中佛罗里达大学强调通过学术课程创新，最前沿的研究和强大的产业—社区伙伴关系来培养未来旅游与酒店行业领袖。教师队伍包括74名来自世界各地、各个行业的专家学者。师资队伍强大，学科体系完善，还被公认为是在学术产出和专业活跃度上最好的大学之一。该校的资深教授有迪士尼娱乐业副总裁 Mr. Ronald Logan、被 PCMA 授予教育突出成就奖的 Breiter 博士、旅游、节事和吸引物研究中心主任 Robertico Croes 博士、发表了150多篇文章，编撰了包括世界旅游教科书《旅游学理论和实践》在内的20本书的 Alan Fyall 教授、担任20多本学术期刊的编委的 Pizam 院长、担任十多种国际旅游学术期刊编委的 Youcheng Wang 副院长，酒店餐饮学术教育委员会（CHRIE）成员 Kevin Murphy 博士等。

（三）国际一流旅游管理学科建设的经验总结

国际上一流旅游管理院校如中国香港理工大学、美国康奈尔大学、美国中佛罗里达大学、新西兰怀卡托大学、澳大利亚昆士兰大学、英国萨里大学以及弗吉尼亚理工大学等，其共同特征是：

1. 树立培养旅游产业领袖的教育理念

纵观世界一流旅游管理学科的院校，其学科建设中均十分重视领袖意识的培养，学院的使命可见一斑，如美国康奈尔大学强调"培养酒店业领袖"，美国中佛罗里达大学提出"培养全世界下一代酒店业和旅游业的领袖"，香港理工大学标榜"引领住宿业和旅游业发展"，美国普渡大学提出"为酒店业和旅游业培养具有国际视野的领袖人物等。学院使命可将学科教育提到某种高度，通过理念影响学生的国际视野与人生抱负，激发学生的前进动力。

2. 设立多个区域、国别研究中心以及不同的业务研究中心

针对不同的区域国别市场需要，设立研究中心可以更深入了解国际市场。哈佛商学院拥有亚太研究中心、日本研究中心、欧洲研究中心、拉丁美洲研究中心和印度研究中心等，沃顿学院目前有25个研究机构等，中佛罗里达大学设立了多个区域与国别研究中心以及行业性研究中心。美国普渡大学拥有阿瑟·艾利餐饮研究中心和普渡大学旅游与酒店管理研究中心；这些中心大大提升并传播了本校的科研实力和国际影响力。

3. 创办世界一流的期刊

ESI将一流学科的关键指标分为高被引论文和热门论文，将世界一流学科划分为三个档次：世界顶尖学科、世界高水平著名学科和世界高水平知名学科。国际上评价学科的指标体系虽并未统一，但仍有一定的科学性和说服力。《世界一流大学及学科竞争力评价的意义、理念与实践》对ESI划分的22个学科的科研竞争力构建了评价指标体系，将一级指标设置为科研生产力、科研影响力、科研创新力和科研发展力，分别对应论文发表数，论文被引次数、高被引论文数、专利数、热门论文数，高被引论文占有率[2]，论文在世界一流学科创建中的重要作用由此可见一斑。康奈尔大学的 Hotelie magazine 和 Cornell Hospitality Quarterly，中佛罗里达大学的 International Journal of Hospitality Management，Journal of Destination Marketing and Management，等，Bournemouth 大学拥有 Tourism Management，International Journal of Tourism Research，Tourism Economics 等期刊。这些期刊均得到业界普遍的认可，对院校及学科的崇高地位和重要影响力起到了很大的推动作用。

4. 聚集世界知名的旅游学者

知名的旅游学者是学科建设重中之重。中国香港理工大学的 Kaye Chon 院长无疑是世界旅游学界著名学术领袖之一，他在任何场合都要求香港理工大学做世界级旅游教育与研究中心。国际旅游科学院、亚太酒店、餐馆与机构教育理事会等重要机构秘书处都设在香港理工大学。Kaye Chon 院长还是 Journal of Travel & Tourism Marketing、Asia Pacific Journal of Tourism Research 和 Journal of Hospitality & Tourism Research 等杂志的主编。因个人在旅游界的重要影响力使本校旅游管理学科跻身于世界旅游管理学科

之林的学者不胜枚举，如：美国中佛罗里达大学的 Abraham Pizam 院长、Alan Fyall 教授、Youcheng Wang 院长；新西兰怀卡托大学的 Chris Ryan 教授；澳大利亚格里菲斯大学的 Ralf Buckley，David Weaver 教授；英国萨里大学的 John Tribe 教授等，这些旅游界学术精英成就了这些大学的一流旅游学科。

5. 科学合理设置课程

旅游管理专业是实践性非常强的专业，必须遵循理论联系实际的方针，科学合理地设置旅游管理课程。在美国大学，旅游专业课程开发通常是由以下因素决定：每个专业或项目培养人才的战略目标和计划，学生对专业知识的需求，各院系的行业顾问委员会定期提出的业界动态和对人才的需求和期望[3]。中国香港理工大学酒店及旅游业管理学院开办的所有专业课程都要根据行业的需求以及酒店和旅游教育的最新发展动向为立足点。专业课程立于行业发展趋势潮头，既可保证与时俱进，又能得到行业的支撑，学生也有良好的机会到顶尖的酒店和旅游服务单位实习，从而通过实习实训将理论与实践相结合，确保课程的严谨和相关性。此外，旅游管理课程设置地成功，也能吸引到最优秀、最聪慧的学生，进一步促进学科发展，二者相辅相成。

四、对我国创建一流旅游管理学科的启示

（一）旅游管理一级学科创建的困难及其突破

一级学科（first-level disciplines）是根据科学研究对象、范式、知识体系和人才培养的需要划分的学科分类体系，是具有共同理论基础或研究领域相对一致的学科集合。中国大学的学科评估是以一级学科为对象进行的，因此各个大学普遍重视一级学科的建设，而旅游管理因是二级学科而不被重视。将旅游管理学升格为一级学科，对我国创建世界一流旅游管理学科极其重要，也是中国旅游研究具有全球话语权的重要保障。目前，我国"旅游管理"本科专业虽于2014年升格为专业类（专业代码1209），下设旅游管理、酒店管理、会展经济与管理、旅游教育4个专业，与"工商管理"类平级，但在国务院学位办的学科目录里，旅游管理学仍然是二级学科，难以满足旅游产业快速发展对旅游人才的需要。

结合当下旅游管理学科对人才知识和能力结构的要求，突破培养的人才知识面偏窄问题，打破现有二级学科的局限，拓宽口径，按一级学科实施学位授权审核和开展人才培养工作成为必然的选择[4]。首先，一级学科是目前国家教育资源分配的基本单位。创建旅游管理"一级学科"，获得更多的资源和政策支持，有利于资源配置和

共享，更好地突出特点，办出特色；优化组合科研方向、基础条件及人员配置；形成大型的教学和科研团队优势，提高整体实力和质量。不至于在工商管理或者地理学处于利益分配的边缘。其次，旅游管理创建"一级学科"本身具有很好的基础条件，旅游学、休闲学、酒店管理、会展管理等可成为其下设的学科，在国外已经得到学术界的普遍认同，已开展了较长时间的科学研究和人才培养工作，社会对该学科人才有较稳定和成规模的需求等。最后，有利于丰富学科内涵。在相应一级学科范围内自由地调整和优化学科结构，有利于改变原来学科划分过细、学科面偏窄的问题，在学科内涵上与国际接轨，可以灵活而迅速地调整学科方向，对国际学科发展趋势做出快速及时的反应，为调整和拓宽研究领域创造了更广阔的空间。通过建设旅游一级学科，实现内涵式转变，有效消除一级学科名称的机构壁垒，拓宽旅游管理学科内容，世界一流的旅游管理学科的建设才能更加顺风顺水，也对提升我国旅游的国际影响力极具意义。

但目前一级学科的申请困难很大，相关部门习惯认为旅游管理学科属于工商管理学科，同时旅游管理本身的学科的独立性还存在争议。Jafari 和 Ritchie（1981）指出：就像顾客没有地理边界一样，旅游研究没有学科边界。Tribe（1997）把旅游研究描述成"跨学科和多学科性的（Interdisciplinary and Multidisciplinary）"与"幼稚自明（conscious of youthfulness）"。Bodewe（1981）的话代表了许多旅游学者的心声："旅游还只是一种对已建立学科的应用，还没有足够的学说支撑成为一门成熟的学科。"Tribe 甚至认为应该放弃对把旅游作为一门学科的追求，研究领域的多元化值得颂扬。

（二）创建世界一流旅游管理学科的路径

学科建设是一项长期的、综合性很强的系统工程，需要创新学科发展思路，做好一流学科发展规划；注重学科内涵建设，抓住重大需求牵引；鼓励优先发展，形成研究合力；构建网络整合知识资源，支持特色化发展；加强政府、院校和学者的携手合作，促进学科建设的有序落实等。

（1）从国际化视野看待世界一流旅游管理学科发展，强调以突出重点、形成特色为指导思想，并在学科功能上坚持教学、科研和社会服务紧密结合[5]。在理念上，树立崇高的发展目标，如引领世界旅游研究的潮流、培养具有国际影响力的旅游学者和业界精英等。在实践上，从政策设计、资金支持、院校对接、相关项目等方面统一协调，把握学科总体向前的发展方向，允许不同学校在旅游的不同方向上进行深入钻研，形成旅游研究整体实力强、差异化竞争的良好局面。同时，增强学科的开放性和专业性，吸引相关学科资源向本学科聚集，促进一流学科规模效应和协同创新机制的形成。此外，还应借鉴哈佛商学院吸收有工作经验的研究生；为公司企业的高级主管人员提供在职培训；鼓励教授为公司企业作顾问咨询等举措；加强与业界的联系与融合；不断满足社会发展的需要等经验。

（2）争取政府支持旅游管理学科建设，创新科研工作组织、人才引进和管理等体制机制，探索建立有利于一流人才集聚的政策环境。一方面，借鉴康奈尔大学和瑞士洛桑长期坚持将旅游及酒店作为重点培养专业的成功经验，重点扶持一批院校形成路径依赖。另一方面，积极争取创建旅游管理"一级学科"，获取政府和业界更多的支持和认可；同时顺应政府推动职业技术大学改革的潮流，借鉴中国台湾高雄餐旅大学的职业性大学建设经验，支持某些院校的旅游管理学科发挥自身优势，走自主发展的特色化道路，树立世界一流旅游管理学科的地位。

（3）强化旅游管理学科队伍建设。学科建设的根基在于学科队伍建设。只有建设一支一流水平的学科队伍，才能建成一流水平的学科。应大力推动教师队伍建设的多元化、国际化，吸引和稳定国际一流人才和队伍，带领旅游管理学科走向国际学术前沿；积极吸引国外知名学校的优秀毕业生充实旅游管理学科队伍，促使旅游管理学科可持续发展；鼓励旅游管理学科内的青年学者跟踪国际前沿研究，通过合作研究、国外进修、参加重大学术会议等途径，拓宽视野，丰富经历，提升学科队伍的整体研究水平；加强国际交流与合作，推动旅游知识创新和学科建设成效与人才培养的互动，以高水平科学研究支撑高质量人才培养。此外，还应充分重视名人带动效应，充分利用各种国际场合，传播我国旅游界名人及其研究成果的国际影响力；重点培养国际旅游人才，以获得国际同行的普遍认可，增强我国旅游管理学科的话语权。

（4）提高我国旅游管理学科的科研生产力、科研影响力、科研创新力和科研发展力，并将科研成果广泛地传播出去。国际上认可度高的期刊是优秀思想的重要传播源，要努力创办世界一流的旅游刊物，借助国际旅游界知名华人学者的重要话语权，引导我国旅游刊物的国际化发展。鼓励旅游学者关注国际发展趋势，争取在世界一流旅游学术刊物上发表相当数量有影响的论文，并提高被引量，将我国旅游研究成果广泛地传播出去。同时，加强国际合作，尤其是研究理念、思维方式、研究模式以及绩效评价等方面，努力提升我国的科研质量和影响力。国际合作层次很多，如合作研究、互派学生、短期学术交流等，既可深度理解国际同行的研究理念、思维方式、研究模式，也可准确理解和把握全球视野下旅游管理学科研究的前沿和热点，对提高我国旅游研究质量效果显著。

（5）正确处理工商管理一级学科与旅游管理学科的关系。我国目前无论是学科评估还是博士点申请都是以一级学科为单位，在目前旅游管理学科尚未成为一级学科之前，旅游管理仅为工商管理一级学科下设的二级学科。目前要建设世界一流的旅游管理学科必须依托工商管理一级学科来建设。因此，在中国必须要有强大的会计学、企业管理基础学科作为支撑,才能成就世界一流的旅游管理学科。从国内建设经验看来,采取工商管理学院与旅游管理学院并存的结构一方面有利于工商管理基础学科的发展,另一方面有利于旅游管理作为特色学科的发展。旅游学科并入商学院,由于工商管理基础学科的强势,往往不利于旅游管理学科的发展。

世界一流的学科最关键的是世界一流的人才,牛津大学因为罗素的哲学成就,使牛津大学成为当时世界哲学研究中心。美国的普林斯顿大学当年就是引进了爱因斯坦,加州理工学院就是引进了两位诺贝尔奖获得者,逐步发展成为世界名校。德国洪堡创立的柏林大学的成功也是因为聘请了黑格尔、谢林、雅可比等一批世界级大师。旅游管理学科亦是如此,世界著名旅游大学主要是因为旅游领军人才的存在,比如,中国香港理工的 Kaye Chon, Waikato 的 Chris Ryan, Surrey 的 John Tribe, UCF 的 Abraham Pizam, Griffith 的 David Weaver 等。旅游领军人才的条件有五个:第一,有很强的创新能力,能开创某一新领域;第二,有很高的学术声誉,在自己研究领域是公认的学术领袖;第三,有很宽的知识面,而不只是有某个狭窄领域知识;第四,有很强的组织协调能力,带领队伍攻关拼搏;第五,有很好的学术道德,很强的团队意识。概括讲,要有学术眼力、管理能力、人格魅力、胆识魄力[6]。

参考文献

[1] 邹统钎等. 旅游学术思想流派[M]. 天津:南开大学出版社,2013:1-8.

[2] 邱均平,赵蓉英等. 世界一流大学及学科竞争力评价的意义、理念与实践[J]. 科技进步与对策,2007(5):138-142.

[3] 于良(Larry YU). 美国旅游人才培养:从教育谈起[J]. 旅游学刊,2015(9):4-6.

[4] 张春元,李俭川. 坚持一级学科发展思路 提升学科核心竞争力[J]. 学位与研究生教育,2010(1):40-46.

[5] 罗云,孙东平. 世界一流大学学科建设的基本经验及其启示[J]. 高等理科教育,2006(3):64-69.

[6] 田建国. 努力打造世界一流学科高峰[J]. 山东经济战略研究,2015(9):19-21.

基于文本的酒店管理专业中高职衔接人才培养方案的比较研究

吕胜男　周春林[①]

一、研究背景与目的

（一）政策背景

《国家中长期教育改革和发展规划纲要（2010—2020）》提出要大力发展职业教育，重点是提高质量和促进公平，从而形成能够适应我国发展方式转变和经济结构调整要求、符合终身教育理念、中等和高等职业教育协调发展的现代职业教育体系。2014年，国家教育部等六部门印发了《现代职业教育体系建设规划（2014—2020年）》（以下简称《规划》），根据文件精神，其建设目标是"形成适应发展需求、产教深度融合、中职高职衔接、职业教育与普通教育相互沟通，体现终身教育理念，具有中国特色、世界水平的现代职业教育体系，建立人才培养立交桥，形成合理教育结构，推动现代教育体系基本建立、教育现代化基本实现"。《规划》还提出完善职业人才培养衔接体系，必须加强中高职衔接。要"推进中等和高等职业教育培养目标、专业设置、课程体系、教学过程等方面的衔接。探索对口合作、集团化发展等多形式的衔接方式。逐步扩大职业院校自主招生权和学习者自主选择权，形成多种方式、多次选择的衔接机制和衔接路径。充分发挥开放大学在中高职衔接中的重要作用"。根据国家相关政策可以明确在今后很长的一段时间，中高等职业教育之间的衔接是职业教育发展的关键性问题。

为了落实国家政策，加快现代职教体系建设，各省围绕中高职衔接纷纷进行试点实践。江苏省于2012年发布了《江苏省教育厅关于公布2012年现代职教体系建设试点项目的通知》，启动并批准中高职衔接现代职教体系建设试点项目45项。浙江省教

[①] 吕胜男：南京旅游职业学院副教授。博士；周春林：中国旅游协会旅游教育分会副会长，南京旅游职业学院院长，教授，博士。

育厅于 2012 年印发《浙江省推进中高职一体化人才培养模式改革工作方案》，提出要推进中高职一体化人才培养模式改革，加强中高职衔接，提升职业教育的竞争力和吸引力。2014 年河北省教育厅、河北省发展和改革委员会《关于改革完善中高职分段培养和开展中职与普通本科"3+4"分段培养试点工作的通知》指出试点院校要将开发和完善中高等职业教育相衔接的课程体系作为试点主要任务，构建中高等职业教育相衔接的课程体系。2014 年，湖北省下发了《省教育厅关于开展中高职人才培养一体化改革试点工作的通知》，并下达了 2014 年中高职人才培养一体化招生计划。同年，四川省印发了《四川省人民政府关于加快发展现代职业教育的实施意见》，提出实施中高职教育衔接推进计划。2016 年 3 月，四川省教育厅、发改委和财政厅联合印发《关于开展中等和专科层次职业教育人才培养衔接的指导意见》，明确提出，全面推进中职学校和专科层次职业院校人才培养衔接，打通人才成长通道，加快现代职业教育体系建设。2015 年云南省教育厅等 7 部门印发《云南省现代职业教育体系建设规划（2015—2020）》提出要探索开展基于学分制的中高职衔接培养模式试点。山东省于 2016 年 5 月召开中高职衔接工作战略研讨会，并签订《山东省中高职衔接院校战略联盟合作协议》。

（二）院校现状

随着产业转型升级，新业态不断涌现，一方面，部分专业的中职毕业生已经不能满足行业发展的人才需求。另一方面，中职毕业生升学途径较窄，中职学校招生难、中职学生就业难的现象日趋严重。因此，政府实施中高职衔接教育，是适应产业转型升级需要，是适应中职学生升学、可持续发展的需要，是建立现代职教体系的需要，在一定程度上也激发了中高职院校的办学活力。

高职人才培养的目标是高素质技能型人才，不仅对综合素质、职业素养提出高的要求，同时需要达到高技能的水平。一方面，高技能是以经验积累为基础才能获得。一定的经验积累是技能升成技巧的前提，熟练掌握技能也是形成技术能力的基础。另一方面，高水平职业素质的养成，需要在职业活动和职业熏陶中养成，而这样的职业活动和职业熏陶是需要一定时间基础的。从这两方面来说，中、高职衔接有利于高职学校人才培养达到从熟手向能手的提升，有利于实现学生职业资格证书从初、中级到高级的提升。故而，高职院校需要中、高职衔接推动其人才培养质量的不断提升，与行业产业的有效接轨。

（三）酒店行业人才需求变化

旅游业是国民经济战略性支柱产业，酒店业是旅游业发展的基础性、先导性行业。全行业呈现出供过于求与地域不平衡的局面，集团化、品牌化和智能化成为发展趋势，网络营销成为酒店营销最重要的渠道和手段，酒店服务进入标准化、个性化和定制化的新阶段，酒店对人才需求呈现新的特点。

1. 酒店业的多业态并存局面使对人才素质要求提出全新的挑战

酒店消费群体由原先的小众享受型消费逐渐向大众化方向发展，从而催生了经济型酒店、高档会所、酒店式公寓、主题餐厅等多种酒店新业态的产生。当今酒店业已呈现出市场高度细分化、多种酒店业态共存共生的局面，这使得酒店业对人才的需求呈现出了多样性的特点。酒店业人才需要具备适应多种业态发展的全方位、多功能、多领域综合素质，同时具备支撑酒店行业持续发展的创新能力。

2. 酒店行业的转型升级对酒店管理专业人才培养规格提出新的要求

现阶段，酒店行业不断转型升级，酒店经营管理的重心逐渐发生了转变，酒店业更注重客源市场的细分、服务产品的个性化创新、品牌树立、经营管理信息化程度和国际化水平的提高。酒店业"经验管理"的时期已经过去，科学管理时代已经到来。转型升级带来了人才需求侧重点的改变，除了传统的技能娴熟的服务人员，酒店业同时还需要熟悉国际酒店管理运作、掌握国际酒店服务准则、具有良好职业素养、沟通能力突出，服务操作技能熟练又擅长信息技术和组织策划，懂市场调查、数据统计、收益分析以及产品设计的技术管理型复合人才。

总之，中职酒店管理专业人才很难适应现代酒店发展的需求，参与中高职衔接成为许多中职学校的不二选择。尽管我们无法掌握全国参与中高职酒店管理专业衔接培养学校的具体数量，也不可能全部收集到中高职衔接人才培养方案。但是在相关兄弟院校的全力支持下，我们收集到部分省中高职衔接教育的相关文件和有关院校酒店管理专业中高职衔接人才培养方案，以此作为研究文本，研判酒店管理专业中高职衔接的现状，分析存在的问题，对研制全国中高职衔接酒店管理专业教学标准具有十分重要的意义。

二、研究样本

本文选取江苏省、山东省、浙江省、湖北省、四川省、云南省等省相关职业院校的酒店管理专业中高职衔接试点院校人才培养方案作为研究文本，河北省五年一贯制酒店管理专业人才培养方案作为参照，覆盖了华北、华东、华中、西南等区域，具有一定普遍性和代表性（表1）。此外，还采用了文献综述和个别访谈等，弥补文本分析的不足。

表1 中高职衔接酒店管理专业人才培养分析文本一览

方案名称	试点省份	学段	牵头制订学校	提供者
山东省五年制高等职业教育酒店管理专业教学指导方案	山东	3+2	山东旅游职业学院	陈增红
江苏省中高职院校酒店管理专业（3+3）人才培养衔接方案	江苏	3+3	南京旅游职业学院	苏炜
浙江旅游职业学院酒店管理专业（3+2）人才培养方案	浙江	3+2	浙江旅游职业学院	王忠林
湖北省中高职人才培养一体化改革试点人才培养方案（酒店管理专业）	湖北	3+2	武汉职业技术学院	李俊
成都职业技术学院酒店管理专业中高职衔接一体化人才培养方案	四川	3+3	成都职业技术学院	马友惠
云南旅游职业学院五年制酒店管理专业人才培养方案	云南	3+2	云南旅游职业学院	杨红波

三、文本比较与分析

（一）中高职衔接模式

中高职衔接是指按照建设现代职业教育体系的要求，推动中等和高等职业教育协调发展，系统培养适应经济社会发展需要的技能型特别是高端技能型人才。中等职业教育阶段重点培养技能型人才，发挥基础性作用；高等职业教育阶段重点培养高端技能型人才，发挥引领作用。学生在完成中职教育，通过相关考核后升入高职院校，再接受高职教育，毕业后取得相应中等和高等职业教育学历证书及相关职业等级资格证书，是中高职学校发挥各自优势、与行业企业密切合作联合培养高技能人才的一种办学形式。

根据调研，酒店管理专业中高职衔接的学段模式主要有"3+2"和"3+3"两种形式，即学生在完成3年中等职业教育的基础上，再接受2年或3年高职教育。一般情况下，一所高职院校对接一所或多所中职学校，中、高职学校之间有合作协议，在人才培养，特别是课程衔接和转段考核上有具体约定。经本省教育主管部门批准后，进行分段培养，衔接教育。山东省、浙江省、湖北省、云南省酒店管理专业中高职衔接主要采用"3+2"分段模式，江苏省和四川省主要采用"3+3"分段模式。详见表2。

表2 部分省份酒店管理专业中高职衔接模式

	江苏	山东	浙江	湖北	四川	云南
"3+2"分段模式		√	√	√		√
"3+3"分段模式	√				√	

（二）中高职衔接人才培养目标定位

人才培养目标的定位分为两个大类，一是中、高职阶段人才培养目标分别定位，并注重之间的衔接性，以江苏、湖北、四川等省份为代表；二是中高职培养目标一体化定位，河北、山东、浙江、广东、云南属于此列。无论何种定位，皆涵盖了人才培养的知识目标、素质目标、能力目标、岗位目标和规格定位，体现了中高职人才培养的衔接性和系统性。

中职阶段素质目标涉及"德、智、体、美全面发展""具备良好的职业道德"或"具有良好的文化修养"等；知识能力目标描述较为笼统，四川省描述为"具有较强的酒店运行管理能力和市场营销能力，具有较好的英语听说能力"，定位略显错位；岗位目标定位为现代酒店业、餐饮业等服务业一线岗位；人才规格定位为"高素质劳动者和中等技术技能型人才"（江苏）、"中等应用型专业人才"（湖北）或"较高素质应用型人才"（四川）。

高职阶段素质目标部分大体相同；能力目标各有侧重，江苏省强调具有一定的经营管理能力及创新能力，湖北省强调具备实际工作能力，四川省增加熟悉国际接待服务惯例和酒店会展业务；岗位目标明显高于中职定位，江苏省确定为现代酒店业一线服务及督导管理工作岗位，湖北省提出"以高星级酒店的前厅、客房、餐饮、娱乐、康体等业务部门的领班、主管及部门经理为主要就业岗位，以酒店行政、财务等职能部门的经理、执行经理及总监为发展目标"，四川省定位为高星级酒店中基层部门运营、管理岗位；人才规格定位提升为高素质、高技能，江苏省定位是"复合型、国际化的高技能人才"，湖北省为"高星级酒店管理专门人才"，四川省则是"高素质技能型人才"。

（三）中高职衔接课程体系

试点省份酒店管理专业中高职衔接课程体系大体分为文化基础课程、专业通识课程、专业核心课程、素质拓展课程四类。浙江省根据酒店管理岗位群工作任务与职业能力分析结果，依据高职教育教学规律和学生认知发展规律，将课程分为"基础能力模块"（人文素质课程、行为素质课程）、"专业能力模块"（核心服务能力课程、核心管理能力课程）、"发展能力模块"（职业技能发展课程、职业知识发展课程）三模块、六体系。云南省的课程体系则分为专业能力课、专业基础课、基础素质文化课三类课程，虽然没有明确拓展课模块，想必应有题中之意。具体课程设置见表3。

表3 试点省份酒店管理专业中高职衔接课程设置

课程设置		江苏 中职	江苏 高职	山东 中职	山东 高职	浙江 中职	浙江 高职	湖北 中职	湖北 高职	四川 中职	四川 高职	云南 中职	云南 高职
文化基础课	德育（修养基础）	√		√									
	思想道德修养与法律基础（职业道德与法律/职业道德）		√		√			√	√	√	√	√	√
	毛泽东思想与中国特色社会主义理论体系概论		√		√					√			
	形势与政策		√		√				√		√		√
	大学英语（高职英语）		√				√				√		√
	英语听力								√				
	英语口语								√				
	英语（基础英语）			√	√		√			√		√	
	高中英语（基础英语）	√											
	专业英语								√				
	基础应用英语								√				
	听说过级（英语听说）								√				
	自主学习英语												
	计算机应用基础（计算机基础）	√		√		√		√				√	
	计算机信息技术（大学计算机基础/计算机应用基础）		√				√		√		√		√
	网页制作			○	○								
	体育（体育与健康）	√	√	√	√	√	√	√	√	√	√	√	√
	形体（形体与基本礼仪/形体与体育舞蹈）		√			√		√					
	职业礼仪（现代礼仪/礼仪）	√						√		√			
	职业生涯规划与就业指导（就业指导/就业创业指导/酒店职业规划）		√	√		√		√	√	√	√	√	√
	创新创业教育					○				√			
	军事理论（军事理论与军事技能训练）				√				√				
	普通话							√	√				
	心理健康（心理健康指导/大学生心理健康教育）			○	○	○	√						√
	公共卫生与健康教育	√											
	卫生急救常识												√
	经济政治与社会						√			√			
	哲学与人生						√			√			

续表

课程设置		试点省份	江苏 中职	江苏 高职	山东 中职	山东 高职	浙江 中职	浙江 高职	湖北 中职	湖北 高职	四川 中职	四川 高职	云南 中职	云南 高职
文化基础课	音乐欣赏（音乐）				○	○	√							
	书法（硬笔书法）				○	○	√							
	公共艺术				√									
	环境美化										√			
	语文		√	√	√	√	√		√		√		√	√
	国学经典（国学）				√							√		
	应用文写作（应用写作）			√					√	√				
	演讲与口才									√				
	沟通技巧										√			
	数学		√		√		√		√		√		√	
	高中历史（中国历史文化）		√		√									
	高中地理（中国旅游地理）		√						√					
	国防教育与军训		√	√										
	安全知识								√					
	必修课程门数		11	11	10	6	12	5	14	14	12	9	7	9
专业通识课	酒店英语（饭店英语/饭店专业英语/酒店职业英语/酒店实用英语）		√	√	√	√		√			√	√		
	岗位英语口语实训								√					
	旅游概论						√		√		√			
	旅游产业综合认知										√			
	当今饭店业										√			
	管理概论（管理学基础）			√		√								
	饭店概论（酒店管理概论/饭店管理概论/饭店业概论）		√		√				√					√
	服务心理学（饭店服务心理）		√		√		√							
	旅游心理学											√		
	基础会计											√		
	饭店信息系统						√							
	饭店营销技巧					√								
	饭店法规（酒店法律实务）		√											
	旅游法规									√				
	会所服务与管理													√
	酒店礼仪							√						
	中外饮食民俗							√						
	食品营养与卫生（食品安全与卫生）		√		√				√					
	救护知识		√											

续表

课程设置	试点省份	江苏 中职	江苏 高职	山东 中职	山东 高职	浙江 中职	浙江 高职	湖北 中职	湖北 高职	四川 中职	四川 高职	云南 中职	云南 高职
专业通识课	形象设计							√					
	茶艺学							√					
	应用文写作	√										√	
	旅游文化					√							
	导游基础知识					√							
	旅游地理（中国旅游地理）					√							
	沟通技巧（职业语言与沟通技巧）			√	√				√		√		
	演讲与口才（口语与口才）					√	√						
	跨文化沟通与交流												√
	普通话训练指导（普通话）					√						√	
	形体训练			√								√	
	德行礼仪（礼仪修养）			√									
	服务礼仪（服务接待礼仪）					√						√	
	饭店公关（饭店公共关系学/酒店公关原理与实务/公共关系）					√		√				√	
	客源国概况（旅游客源国概况）			√		√							
	必修课程门数	6	3	9	2	10	3	7	4	2	4	9	3
专业核心课	饭店服务与管理（现代酒店管理）					√		○					
	饭店礼仪规范					√							
	前厅管理（前厅管理实务）						√						
	前厅服务					√							
	前厅服务与管理（饭店前厅运行与管理）			√	√			√		√		√	
	前厅服务与酒店管理软件应用			√									
	客房管理（客房管理实务）			√			√						
	客房服务	√				√							
	客房实训教程							√					
	前厅与客房管理										√		
	饭店客房运行与管理（客房服务与管理）			√	√	√		√		√			
	餐饮管理（餐饮经营与管理/餐饮管理实务/餐厅经营与管理）			√			√						√
	餐饮服务	√		√		√							
	餐饮实训教程							√					
	西餐服务												√
	饭店餐饮运行与管理（餐饮服务与管理）			√	√	√		√		√	√		

续表

课程设置		江苏 中职	江苏 高职	山东 中职	山东 高职	浙江 中职	浙江 高职	湖北 中职	湖北 高职	四川 中职	四川 高职	云南 中职	云南 高职
专业核心课	茶事服务与管理									√			
	酒水知识与酒吧管理（调酒与酒吧管理/酒吧服务与管理）	√	√			√	√		√				
	康乐服务与管理	√									√		
	饭店服务质量管理（现代饭店质量管理）					√	√						
	饭店收益管理						√						
	饭店信息化管理（酒店管理信息系统/饭店信息管理）				√						√		√
	饭店基建与装饰				√								
	西餐烹饪基础										√		
	酒店市场营销（饭店市场营销/饭店产品营销）	√	√	√		√		√		√			
	品牌与营销												√
	酒店人力资源管理		√		√				√		√		
	酒店财务管理		√										
	酒店安全管理		√										
	酒店工程管理		√										
	酒店电子商务		√										
	酒店督导（酒店督导管理实务/饭店督导/酒店业督导）				√						○		√
	酒店综合服务技能								√		√		
	酒店综合实训（酒店岗位实操）								√		√		
	酒店领导力										√		
	厨房管理		√										
	会展实务											√	
	实用英语口语											√	
	饭店管理概论											√	
	中外饮食文化与习俗												√
	餐厅实用英语												√
	必修课程门数	3	13	5	8	5	7	7	5	6	9	6	8
素质拓展课	国际品牌酒店与连锁经营	○	○										
	旅游与民俗	○	○										
	烹饪工艺			√									
	会议组织与服务（会议服务与管理）			√				○					
	酒店商务文秘			√									
	宴会设计（宴会设计与组织）				√						○		○

续表

课程设置	试点省份	江苏 中职	江苏 高职	山东 中职	山东 高职	浙江 中职	浙江 高职	湖北 中职	湖北 高职	四川 中职	四川 高职	云南 中职	云南 高职
素质拓展课	宴会及会议服务						√						
	饮品服务						√						
	经济型酒店经营与管理				√								
	经济学概论			○	○								
	旅游概论			○	○								
	管理原理与技巧						√						
	饭店公共关系			○									
	饭店安全管理			○									
	饭店人力资源管理						√						
	花式调酒（调酒/酒水与调酒技术）			○	○	√				○			
	酒店花艺（花艺/插花）			○	○	√				○			
	茶艺					√				○			
	西点					√							
	咖啡制作（咖啡制作与品鉴）												○
	洗衣房服务与管理			○	○								
	康乐服务与管理（饭店康乐服务）			○	○								
	饭店星级标准解读				○		√						
	饭店企业文化			○									
	酒店环境艺术						√						
	饭店基建与装饰						√						
	公共卫生与旅游保健			○	○								
	旅游电子商务			○	○								○
	旅游急救知识						√						
	酒店服务心理学							○					
	酒店设备使用与保养							○					
	酒店设施管理与设计									○			
	湖北导游基础							○					
	中国旅游文化							○					
	酒店产品设计								○				
	饭店制度和表单									○			
	职业形象设计											√	
	云南旅游基础知识											√	
	人际交流与沟通											√	
	葡萄酒品鉴												○

注："√"表示必修课程，"○"表示选修课程。

从表3粗略统计可以看出：①试点省份中高职衔接的必修课程数量多在50门左

右，相对一致。②文化基础课程、专业通识课程和专业核心课程模块的多数课程设置具有一定的相似性，但不同模块内课程设置呈现出不平衡和交叉性；素质拓展课程模块的课程离散度非常大，体现了明显的区域差异。③课程体系模块划分标准和模块内涵缺乏统一认识，导致课程设置杂乱。部分课程在不同的试点省份被归入不同的模块类别。④中高职分段培养目标定位不清，部分试点省份中、高职阶段课程衔接性不够，课程设置倒挂和重复的现象依然存在，如一些专业核心课程。⑤相似的课程教学内容，因拆分或因循传统或因随性，课程冠名五花八门，如英语类课程。⑥执行国家相关课程政策力度不一，中职酒店管理类专业国家指导性方案规定的课程、高职教育部规定的相关课程没有能够完全纳入课程体系，设置创新创业教育课程的仅有两个省份。

（四）专业核心课程

比较试点省份酒店管理专业中高职衔接专业核心课程，中职阶段主要集中在三个方向：一是餐饮方向，如餐饮服务与管理、茶事服务与管理、酒水知识与管理等；二是客房方向，如客房服务、客房运行与管理、康乐服务与管理等；三是前厅方向，如前厅管理、前厅服务、前厅服务与管理等。个别省份将应属高职阶段的课程列入中职阶段，如饭店服务质量管理、酒店市场营销等。高职阶段核心课程主要分为四个方向：一是餐饮方向，如餐饮经营与管理、西餐服务、酒水服务与管理、酒水知识与酒吧管理、宴会设计等；二是客房方向，如客房运行与管理、康乐服务与管理等；三是前厅方向，如前厅运行与管理、前厅服务与酒店管理软件应用等；四是其他管理或技术方向，如饭店服务质量管理、饭店收益管理、饭店信息化管理、酒店市场营销、酒店人力资源管理、酒店财务管理、酒店安全管理、酒店工程管理、酒店电子商务、酒店督导、酒店领导力等。

从核心课程名称来看，中高职衔接课程体现出一定的衔接性。多数省份在餐饮、客房、前厅方向的核心课程设置上能够体现出人才培养规格要求的层次性与阶段性，中职阶段重在服务技能培养，高职阶段重在管理能力培养。同时，高职核心课程与中职相比，更体现出技术技能培养和经营管理人才的培养目标。当然，中高职课程衔接方面也还存在主要核心课程方向雷同、课程内容重复，个别课程中高职倒挂的现象。

四、结果与讨论

酒店行业的转型升级与结构调整，需要酒店管理专业中高职衔接的教育模式为其带来多层次、多类型、多价值功能的酒店人才。目前国内酒店管理专业中高职衔接试点院校在人才培养方案制定过程中，积累有一定的经验，形成一系列的理念、实践方案及文本成果，但仍然存在一定的问题。

1. 中高职衔接模式各省之间存在差异，需要更加统一化

就目前调研结果看来，我国酒店管理专业中高职衔接主要存在两种模式：一贯制和分段式。一贯制即五年制高职，该模式的人才培养过程是由高职院校独立完成的，不存在中职学校与高职学校之间的衔接问题。分段式即"3+2"和"3+3"中、高职分段培养，通过培养目标、培养规格、课程体系等方面的衔接，充分实现学生对酒店行业发展的工具性价值和自身能力持续发展的人本性价值。从多数试点省份来看，建议以"3+2"分段培养作为全国统一学段要求。

2. 中高职衔接试点工作部分省份前期调研不足，需要更加科学化

前文提及中高职衔接需要实现学生对酒店行业发展的工具性价值和自身能力持续发展的人本性价值，这是酒店管理专业中高职衔接的根本宗旨。这需要对国内酒店行业发展现状、酒店行业岗位设置及各岗位人才需求规格、酒店行业岗位职业能力、中高职衔接毕业生与酒店行业需求的契合度、毕业生和在校生对社会行业的适应性和满意度以及对自身发展的要求等，进行充分的调研。教学标准的制定是要让培养出的人才既能现代酒店行业的持续发展，又能拉动相对落后地区酒店业的改革，同时能够满足自身综合发展的多元要求。充分调研是保证中高职衔接教学标准价值与功效实现的基础和依据。

3. 中高职衔接人才培养目标定位表述不一，需要更加精准化

根据调研结果，我国酒店管理专业中高职衔接的人才培养目标主要存在以下几个问题：一是目标描述较为随意，标准不一，缺乏规范，如此在人才培养的过程中会缺乏目标引领的指导性；二是培养目标缺乏衔接性，多数省份未有区分中、高职阶段的培养目标。培养目标应体现出层次上、社会适应性上、职业能力上以及自身发展方面的衔接，应分别提出中职及高职阶段的培养目标，使中、高职阶段的人才培养更加具有针对性，避免重复、倒挂、缺乏系统性等现象；三是部分省份人才培养目标层次不清，且有一定的重叠性。如中职目标描述有部分内容明显高于中职生培养应达到的目标要求，不仅不符合学生专业目标定位，还会造成衔接上的错位。目标定位应通过对综合素质、专业知识、职业能力、就业领域、目标岗位等方面的准确定位，科学区分中高职专业培养目标，并保证中高职培养目标的有效衔接。

4. 中高职衔接课程模块设计与体系衔接存在不妥，需要更加规范化

课程体系需要体现出中高职阶段的教学衔接性，但国内酒店管理专业中高职衔接多数省份课程体系及课程内容设置皆没有在衔接性上有所体现。为确保合理科学的教学顺序与实施路径，避免课程内容的重复与交叉，促进课程衔接的连续性、逻辑性与梯度性，在课程设置上，应体现出其中高职阶段不同的培养规格、目标要求，体现出不同层次的区分。试点省份课程体系分类、课程设置与命名、国家课程与地方课程、校本课程布局的不平衡、交叉性、随意性亟须修正，系统化、标准化和规范化是设置课程体系必须优先考虑的原则。中高职课程体系的设置：一要充分体现酒店行业对不同层次的人才需求特征，符合不同层次的酒店行业人才培养目标定位；二要充分保证中、高职阶段课程在专业知识传授、学生习得规律和能力发展方面的衔接性；三要体现人的全面发展和可持续发展，满足社会和行业多样化、高素质的人才需求。

五、结语

基于文本分析和作者所在学校的"3+3"酒店管理专业中高职衔接项目试点的实践，结合前人研究和作者承担的教育部委托旅游行业职业教育教学指导委员会《中高职酒店管理专业教学标准》项目的研究成果，拟以国家职业标准为基础，以综合职业能力为主线，整体设计酒店管理专业中高职衔接课程体系为工作思路。在操作层面，一是基于工作过程导向设计职业学习领域课程。职业学习领域课程模块遵循从"服务员—领班（主管）—部门经理"的职业成长及学生认知规律，实践教学"整体设计、分段递进、持续贯穿"，将职业技能训练贯穿整个课程体系；二是基于社会生活过程设计基础课程体系。构建以社会生活过程为导向的、与专业课程相融合的基础课程体系，促进学生的可持续发展，培养具有社会生活素质的全面发展的人。期待以此为基础，系统研制中高职衔接酒店管理专业教学标准，为构建酒店管理专业现代职教体系做出贡献。

致谢：感谢山东旅游职业学院、南京旅游职业学院、浙江旅游职业学院、武汉职业技术学院、云南旅游职业学院、成都职业技术学院、河北旅游职业学院、四川旅游学校、广东旅游职业技术学校、太原旅游职业学院的相关领导和专业负责人友情提供研究资料。

旅游高职院校校园文化建设的理论思考与实践探索

陈国忠　马保烈[①]

党的十八大提出：大学不但要履行人才培养、科学研究、服务社会的功能，而且要勇于承担文化传承和创新的使命。这是新时期党和国家对于大学的新要求。党的十八届三中全会通过的《中共中央关于全面深化改革若干重大问题的决定》提出：要深化教育领域综合改革。全面贯彻党的教育方针，坚持立德树人，加强社会主义核心价值体系教育，完善中华优秀传统文化教育，形成爱学习、爱劳动、爱祖国活动的有效形式和长效机制，增强学生社会责任感、创新精神、实践能力。文化建设事关"培养什么人"和"怎样培养人"这一教育的核心问题。文化在现代大学教育包括职业教育内涵提升中具有基础性意义，直接关系到大学使命的完成和育人目标的实现。文化应该成为现代大学之魂，成为衡量办学质量的重要指标和综合实力的集中体现，成为管理的基石和育人的法宝。作为一所育人特色鲜明的高职院校，山东旅游职业学院自建校以来，特别是2004年升格进入高等职业教育领域以来，始终坚持"文化立校"战略，努力做好文化建设与行业特色接轨，与职教特色接轨，与地域文化接轨，与国际文化接轨，与社会实践接轨"五个接轨"，高度重视文化在学校管理和人才培养中的重要作用，以现代大学精神引领校园文化建设，积淀形成了底蕴深厚的山旅文化。

一、文化是现代大学治校理政和人才培养中的基础性要素

文化在现代大学内涵提升中具有基础性意义，理应成为现代大学之魂，成为衡量办学质量的重要指标和综合实力的集中体现，成为管理的基石和育人的法宝。

[①] 陈国忠（1963—），男，汉族，山东费县人，山东旅游职业学院党委书记，山东大学兼职教授，硕士导师，中国旅游协会旅游教育分会副会长。研究方向为区域旅游、旅游规划、乡村遗产保护；马保烈（1973—），男，汉族，山东寿光人，山东旅游职业学院副教授，硕士，研究方向为旅游职业教育、饭店管理。

（一）文化及校园文化的概念、组成

词源"文化"在来源于西方拉丁文 cultura，原义是指农耕及对植物的培育。15世纪以后，逐渐引申使用，把对人的品德和能力的培养也称之为文化。在中国的古籍中，"文"既指文字、文章、文采，又指礼乐制度、法律条文等。"化"是"教化""教行"的意思。从社会治理的角度而言，"文化"是指以礼乐制度教化百姓。汉代刘向在《说苑》中说："凡武之兴，谓不服也，文化不改，然后加诛。"此处"文化"一词与"武功"相对，含教化之意。南齐王融在《曲水诗序》中说："设神理以景俗，敷文化以柔远。"其"文化"一词也为文治教化之意。文化一词的中西两个来源，殊途同归。按照范畴的不同，现代学者多将文化区分为广义文化和狭义文化。广义的文化是指人类创造的一切物质和精神产品的总和。狭义的文化专指语言、文学、艺术及一切意识形态在内的精神产品。

校园文化是文化的一个子系统，既具有文化的一般特性，也具有自身的独特性。校园文化是以师生为主体，以校园为主要空间，以育人为主要导向，以精神文化、制度文化、行为文化和物质文化建设等为主要内容的一种群体文化。从结构层次上来看，校园文化由内向外划分为四层，分别是精神层、制度层、行为层和物质层，其中精神文化如校训、校风、理念、愿景等处于核心地位，它是校园文化的灵魂和统领。如果将校园文化比喻成一枚鸡蛋的话，文化的构成就具有典型的同心圆结构，物质文化是蛋壳，制度文化和行为文化是蛋清，精神文化是蛋黄。就特征和导向来讲，校园文化不同于企业文化等形形色色的文化系统，其主要特征和导向是育人，是培养具有文化素养的高素质人才。育人是衡量校园文化建设成效的根本尺度。

（二）现代大学必须高度重视校园文化建设

对文化的传承培育向来是教育特别是高等教育的神圣使命之一。中国古代典籍《大学》开篇即讲道："大学之道，在明明德，在亲民，在止于至善。"意即大学的精神首要在于发扬人性之善，培养健全人格，改良社会风气，体现了一种强烈的人文意识和人文精神。习近平总书记在视察山东时特别指出："国无德不兴，人无德不立。必须加强全社会的思想道德建设，激发人们形成善良的道德意愿、道德情感，培育正确的道德判断和道德责任，提高道德实践能力尤其是自觉践行能力，引导人们向往和追求讲道德、尊道德、守道德的生活，形成向上的力量、向善的力量。"现代大学要实现人才培养、科学研究、服务社会、文化传承和创新的使命，要实现内涵提升、管理水平提高和人才培养质量提升，要突出办学特色，首要的是立德树人，就必须高度重视校园文化建设，将校园文化建设作为一项基础工程、战略工程、系统工程、特色工程来培育。对于高校来讲，校园文化既是育人的重要手段，也是管理的重要手段，是提升学校核心竞争力，体现办学特色的重要途径和载体，是学校综合实力的重要体现。究其根本，在于校园文化在现代大学治校理政和人才培育中所具有的独特功能。一是导向功能，是指校园文化对师生价值和行为的方向起着重要的引导作用，规定着学校的发展方向；二是推动功能，是指通过校园文化可以使学校摆脱发展中的困境，推动观念转型、管理升级，克服暂时的困难，持续健康发展，不断提升竞争力；三是凝聚功能，是指校园文化通过共同价值观和愿景的塑造，从各方面把师生聚合起来，产生一种巨大的向心力和凝聚力，构筑正能量；四是辐射功能，是指校园文化不仅对学校内部发挥作用，还通过各种渠道对外部产生影响，不断提高学校美誉度、知名度、品牌度；五是激励功能，是指校园文化能够激发师生工作和学习的动机和潜能，使其从内心产生一种高昂激越的斗志和奋发向上的精神；六是约束功能，是指校园文化对师生的思想道德和日常行为具有约束和规范作用。学校制度是硬约束，校园文化是软约束；七是陶冶功能，古人讲"近朱者赤、近墨者黑"，良好的校园文化对教师的职业素养、学生的行为气质、领导者的管理素质具有潜移默化的熏陶和固化作用。

审视我们现在的大学教育，对于校园文化建设的重视不够，也存在诸多认识误区和行为谬误。长期以来，我们将知识传授等同于文化培育，或者过于重视对专业知识和技能的培养，而对于培育学生的文化素养并没有给予足够的重视，或者说没有摆到应有的位置，导致了一系列教育问题的产生，甚至在培养学生健全人格方面也出现了很多的问题。其中有些问题的后果是严重的，教训是惨痛的。近几年引起社会广泛关注的马加爵恶意杀人事件、复旦学生林森浩投毒事件，以及校园内呈上升趋势的学生打架伤人、自杀自残等现象，从反面反映出我们的校园文化建设存在严重的缺失和缺位。再看职业教育，长期以来，在中国教育体系中，职业教育一直扮演着"二等公民"的角色，处境十分尴尬。许多学生和家长宁可选择一所毫无特色可言的本科院校，也不选择到最好的职业院校就读。在他们眼里，职业教育就是低端教育、简单技能教育的代名词。为什么会出现这种情况？究其原因，固然有诸多体制机制、社会偏见等方面的原因，但不可否认，职业教育内在机制的不完善和培养模式的不成熟也是重要原因之一。一直以来，由于受传统思维定式和实用功利主义意识的影响，职业教育不同程度地存在着重专业轻素质、重智育轻德育的现象，只考虑解决人"怎样活"的问题，而不考虑解决人"为何活"的问题。"有技能没文化"是很多人对于职业教育的直观印象。突出表现就是：职业教育不是以人为本而是以需为本，把学生作为满足社会需要的工具，不注重其主体自我价值的实现。这种功利主义的教育模式使职业教育背离了"成人之学"的存在根基，造成职业教育文化培育的缺失。"形而上者谓之道，形而下者谓之器"，教育要以提高人的素质、培养身心和谐发展为根本目的。

构建现代职业教育体系是一项宏大的系统工程，需要进行艰辛的探索和创新。在这一过程中，我们必须将校园文化建设作为基础性的要素来对待和培育，从而有效保证学校内涵提升和人才培养质量的提高。

旅游业的产业属性决定了旅游职业院校必须更加重视文化培育和塑造。旅游业是服务型产业，旅游院校的学生将来面对的是活生生的人而不是冷冰冰的物品，需要与客人进行面对面的沟通，为客人提供面对面的服务。旅游从业人员在与客人交往时，必须具有较高的文化素养和人文主义情怀，能够始终以顾客为中心，尊重顾客的人格、尊严、需求和选择；另外，旅游业是开放型产业，旅游者来自四面八方，国籍和文化背景不同，生活习俗各异，这就要求旅游从业人员具有一种宽广的文化情怀，具有正确的人生观、价值观和世界观，能够正确看待并尊重一切文化的差异，一视同仁地对待所有顾客。而这些职业精神、职业素养和职业态度等人文素养方面的要求，仅仅通过职业技能的培养是做不到的，必须通过多元化的校园文化建设实现对学生人文精神的培育和塑造。

二、山东旅游职业学院校园文化建设的实践与探索

作为一所育人特色鲜明的高职院校，山东旅游职业学院自建校以来，特别是2004年升格进入高等职业教育领域以来，始终坚持"文化立校"战略，努力做好"五个接轨"：与行业特色接轨，与职教特色接轨，与地域文化接轨，与国际文化接轨，与社会实践接轨，高度重视文化在学校管理和人才培养中的重要作用，以现代大学精神引领校园文化建设，积淀形成了特色鲜明的山旅文化。

（一）山东旅游职业学院概况

学院的前身是山东省旅游学校，1988年由国家旅游局和省人民政府共同投资建设，1991年招生办学。2004年改建为专科层次高等职业院校。现设有饭店管理系、旅行社管理系、旅游外语系、营养与烹饪系、休闲产业管理系、计算机网络中心和基础部等7个教学系部，开设酒店管理、旅行社经营管理、航空服务、高尔夫休闲管理等31个专业及方向。现有在校生7000余人，教职工380余名。

经过建校20余年来的发展，学院从小到大，由弱变强，从燕子山下的弹丸之地到百脉泉畔的千亩校园，从建校之初的1个专业到建成涵盖旅游业各重要领域的完善的专业体系，从首届95名学生到如今7000多名在校生，从一名行业和职教新兵到山东省名校建设工程首批特色名校、中国旅游职业院校"五星联盟"盟校、全国职业教育先进单位，实现了跨越式发展。学院连续5年承办全国职业院校技能大赛中餐主题

宴会设计赛项，9名学生参加中餐、导游、西餐三个旅游类赛项的比赛全部获奖，其中4个全国一等奖第1名。20余年来，学院以服务经济社会发展为己任，向社会培养输送了28000多名优秀毕业生，培训了近70000名旅游及相关行业的从业人员。毕业生供不应求，近几年用人单位需求量与毕业生数量一直保持在5∶1至8∶1的比例，一次就业率保持在97%以上，海外就业率超过15%。办学水平得到了各级领导和社会各界的充分肯定。

（二）山旅文化的内涵与构成

山旅文化是指山东旅院在长期的办学实践和教育教学中，将各种力量统一于共同方向所形成的价值观念、精神支柱、学校传统、行为准则、道德规范和生活观念的总和。其内核是全院师生员工共同的价值观念，其最基本的功能是管理和育人。它是一种具有自身特色，区别于其他学校的个性化校园文化形态。

1. 山旅文化的结构形态

从结构形态上看，由四个子系统组成：一是观念系统。这是山旅文化的核心层，是山旅精神风貌的形象体现，主要形式为办学宗旨、育人目标、校训、校歌、校旗、校徽等。二是制度系统。这是山旅文化的中间层，指的是在观念体系的指导下，制定的各种规章制度，包括学校发展规划、师生管理、教学管理、后勤管理以及奖惩制度等。三是环境系统。这是山旅文化的物质层，包括独具特色的建筑风格，高雅健康的育人环境，优美自然的校园景观，现代化的办公设备等。四是活动系统。这是山旅文化的行为层。包括各类文体大赛、社团活动、师生行为规范等。

2. 山旅文化的来源

从文化来源上看，山旅文化包含了多种文化元素，形成了兼容并蓄的文化系统，主要由五个方面组成：一是服务文化。现代社会是服务型社会，旅游业是服务型产业，旅游院校文化建设必须突出行业服务特色。二是职教文化。作为高等职业院校，必须结合行业特色和需求，注重对师生职业精神和素养的培育和熏陶。三是齐鲁文化。山东是孔孟之乡，是中国优秀传统文化的杰出代表，山旅文化根植于齐鲁大地，与地域文化水乳交融。四是百川水文化。山东旅院位于泉城济南东部，坐落于有"小泉城"美誉的章丘市百脉泉畔。依托当地底蕴深厚的泉水文化，我们以"海纳百川，有容乃大"为主题，打造了百川文化系列品牌。五是国际文化。改革开放是时代的主旋律，旅游业是国际型、开放性的产业，旅游职业院校文化建设必须坚持与国际接轨，着力突出国际化特色。

(三)以现代大学精神引领校园文化建设

多年来,山东旅游职业学院坚持"文化立校"战略,着力突出文化在学校管理和人才培养方面的作用,取得了一定的成效,探索形成了一些成熟的做法和经验。

1. 以先进的办学理念来引领,形成立德树人的先进文化导向

办学理念是学校发展的引擎,是校园文化的灵魂。在长期的办学实践中,山东旅院始终遵循旅游产业运行规律和职业教育发展规律,紧紧围绕"培养什么人才和怎样培养人才"这一核心问题,开拓创新,大胆探索,始终坚持"旅游教育与市场接轨,与国际一流水准接轨"的办学方向,将人文化理念确立为核心价值观,以教育学生"学会求知,学会做事,学会共处,学会做人"为基本培养目标,确立了"我们的天职是创造幸福"这一充满浓郁人文关怀色彩的校训,将"服务精神"确立为旅院精神,提炼形成了"我们是绅士淑女,我们培养绅士淑女"等人才培养理念,以"职业精神、职业素养、职业技能"三大核心能力为重点,创新人才培养模式,致力于将学院建设"人文化、生态化、数字化、国际化"的国内一流、世界知名的旅游高等院校、现代旅游管理服务精英的摇篮。先进的办学理念引导学校各级各方面形成了管理育人、教书育人、服务育人的行为导向,让山东旅院的校园文化建设步入了发展的快车道。

2. 以健全的制度体系来保障,构筑校园文化建设的坚固平台

先进的理念要落到实处,必须通过制度体系来保障。制度体系,是围绕核心价值理念,要求全体师生共同遵守的,按一定程序办事的行为方式及与之相适应的组织机构、规章制度的综合。为了强化师生文化意识,让文化建设落地,我们成立了专门机构,制定了系列制度,提出了明确要求。一是成立文化传播中心,负责校园文化策划、实施、调研等工作,加强文化建设的整体规划。国家一级学会山东大学华夏文化研究中心、中国李清照辛弃疾学会在山东旅院建立了研究基地,加强对中国传统优秀文化的探掘研究。二是对校园文化建设成就及时总结、提炼、固化,编辑出版了《山东旅游职业学院文化手册》,走在了国内高校的前列。三是让文化成为全体师生的行动指南。将服务精神确立为旅院精神,院领导为全体师生服务,行政后勤人员为教学和教师服务,教师为学生服务,学生以服务社会、服务国家、服务他人为荣。倡导走动式管理,要求干部职工走进教室、走进宿舍、走进餐厅、走进操场、走到学校的每一个角落,勤走勤看;重视日常养成教育,把学习成绩、日常表现、社会实践、思想品德等纳入评价体系,凡达不到规

定要求的，不得参与评比各类奖学金和荣誉称号，也不得参加由学院统一安排的实习；教育学生"不但要养成不乱扔垃圾的习惯，而且要养成随手捡拾垃圾的习惯"，要求老师在操作课结束后，必须使教室恢复到整洁如初再下课；坚持每周进行仪表仪容检查，要求衣着发型端庄，不能染发，即使是炎炎夏日也不准穿短裤、拖鞋。

3. 以优美的校园环境来塑造，营造浓郁的特色校园环境

校园环境是校园文化体系的重要组成部分和外在的表现形式。优美的校园环境有利于师生形成高尚的品格，保持健康的心态、养成良好的行为。山东旅院一贯重视校园环境建设。一是全力打造景观化校园，对一草一木、一砖一瓦均精心设计，注入文化内涵，发挥育人功能，着力突出地域文化、职教文化特色，建设了百川花园酒店、高尔夫球练习场、航空实训楼、饭店生态体验馆、鲁菜文化博物馆等众多一流的实践教学场馆，将整个校园建成了国内高校为数不多的国家AAA级景区。二是全力打造生态化校园。保持与环境的协调，校园布局突出生态化、低密度和人地合一，所有建筑均设计为低高度、宽基座、灰色调，与周围的青山、田园融为一体。绿化面积16万平方米，绿化覆盖率达到45%以上，除花草树木绿化外，分区域放养鱼、鹅、鸽子、小白兔、养鸟，整个校园鸟语花香；专门建设了中水处理回用系统，安装中水管道1500多米，把处理过的中水再利用到绿化浇灌和水体景观营造，每天节水150立方左右。三是建设文化墙系列，分别以齐鲁文化、世界文明、旅游业的朝阳、泉水文化、李清照词文化、社会公德、涂鸦文化为主题建成七大主题文化墙，成为学院文化建设的一大亮点。四是精心设计校园标识系统。为所有的建筑物、道路等进行命名并制作精美的标识牌。楼宇均以儒家文化经典格言命名，百川花园酒店的餐饮包间均以世界上著名的大江大河命名，学院所有的道路均以世界上著名的奇山峻岭命名，标志性建筑"天行健"雕塑取材于章丘的汉代文化。其他诸如兰亭茶社、百川广场、真趣园、果然亭等一个个充满诗意和哲理的名字，连同校园内随处可见的花鸟虫鱼，共同营造出优美亮丽、氛围浓郁的环境文化。

4. 以精品的文化载体来固化，形成化人化物的浓厚氛围

文化建设能否成功，除了先进的理念、完善的制度、优雅的举止、优美的环境等要素之外，能否打造和推出一批精品文化载体是关键。如果说校园文化是一座高耸的灯塔，精品文化载体就是塔顶熠熠生辉的航灯；如果说校园文化是一湾碧蓝的海湾，精品文化载体就是美丽精巧的贝壳。只有打造出一批文化精品，校园文化才有亮点，才有活力，才有吸引力，才有生命力。在这方面，学院的探索和尝试主要包括：

一是创办《百川》报。2006年12月创刊。刊名取"海纳百川，有容乃大"之意，寓意学院将以兼容并包的精神融会一切先进文化之精华，以开拓深广视野、充实学生头脑、培养优秀人才为己任，在全院上下形成乐于求知、勇于探索、能思善疑、求真务实的文化氛围。每月一期，内容丰富翔实，成为传播先进理念、展示师生风采、传承校园文化的有效载体。

二是创办百川论坛。创建于2006年10月。以"贴近时代，贴近行业，启迪思想，熔铸真知"为宗旨，每月组织一期，已成功举办50余期，邀请了马瑞芳、王大千、曹永安等一批校外著名专家、学者前来主讲，从不同角度阐释了人类文明的精髓，为学院师生带来了丰盛的文化大餐。主讲人的演讲稿经整理修改后，取名《人文百川》结集出版。作为山东省齐鲁讲坛旗下的山东省职业院校协会分坛，百川论坛于2008年10月获得山东省社会科学界联合会颁发的齐鲁讲坛优秀分坛奖，于2009年6月，荣获山东省高校工委颁发的全省高校校园文化建设活动类优秀成果二等奖。

三是创办百川辩坛。2009年4月创建。以"思则慧，辩则强"为宗旨，本着"以辩促思，以思强辩"的思想，以科学的态度来探索时代发展进程中的新问题，带来新时代大学生智慧的激荡、思想的冲击、情感的体验及价值观的重构，激发全院学生探索真理、整合信息，营造良好的校园文化氛围。

四是举办"与院长面对面"活动。2006年11月创办。宗旨是"沟通交流、释疑解惑、建言献策、共建和谐"，每月第二周周二举行，每期一个主题。活动的主题在征求同学们意见的基础上经院领导批准后确定，并事先以海报等形式进行通知，使同学们做到有备而来。

五是创办"社会公益日"活动。2006年11月创办。每月第三周的周四定为"社会公益活动日"，定期组织学生参加形式多样的公益活动，让学生走出校园，进入社区，服务社会，增长才干。帮助学生在助人中收获快乐，在奉献中升华品格。

六是创办百川旅游管理服务创新沙龙。2011年6月创建。目标是打造山东旅院"学术特区"，倡导创新精神，聚合业界行政管理、企业经营、学术科研、教育培训等各项资源，把握行业动态，剖析发展趋势，用全球化视野观照中国旅游业，做东方旅游管理服务创新的推动者与引领者。

七是创办"兰亭茶叙"活动。创建于2012年10月。以"沟通、成长、荣誉"为主题，每月举行一次，选拔优秀学生代表和学院领导在环境幽雅、格调清幽的兰亭茶社品茶聊天，沟通交流，零距离接触。

八是山旅风采季和文化季。2014年10月创建。风采季上半年举行，以特色专业活动为主题，提升专业素质，增强职业认同感；文化季下半年举行，以特色师生活动为主题，丰富业余生活，增强文化认同感。

在长期的办学实践中，山东旅院探索遵循旅游职业教育发展规律，坚定不移地奉行"文化立校"战略，扎根于地域文化、行业文化、职教文化，不断从传统优秀文化和世界优秀文化中汲取养分，坚持以人为本，坚持贴近时代，坚持贴近行业，坚持传承与创新相结合，形成了独具特色的校园文化体系。我们期盼这些做法和探索能够对中国旅游职业院校开展校园文化建设发挥借鉴和启示作用。

第五部分

中国旅游教育典型案例

旅游管理专业品牌建设与教学模式创新

——湖北大学旅游管理专业

马 勇 包 雪[①]

湖北大学旅游研究工作开始于1983年，1988年湖北大学正式开办旅游管理专业，是国内华中地区最早开办旅游管理专业的院校之一。经过近30年的开拓进取与不断探索发展，湖北大学旅游管理专业已成为教育部财政部授予的国家级特色专业和国家级本科综合改革试点，同时也成为中国高等旅游教育TOP10名校之一，在国内外具有广泛的品牌影响力和认知度。

长期以来，湖北大学都坚持以专业品牌建设和教学模式创新来推动自身发展，依托国家的政策平台，凭借本专业骨干成员的探索和创新，经过近30年的共同努力，湖北大学旅游管理专业不断发展壮大，培养层次不断上升，现拥有本科、硕士、博士及博士后学位授权点；专业规模稳步扩大，不断拓展专业培养方向，涉及酒店管理、旅行社管理、景区管理与会展管理四个方向，培养综合素质高、专业能力强的旅游管理人才；专业品牌逐渐形成，目前已拥有国家级特色专业建设点、国家级创新创业人才培养模式实验区、中组部首批"万人计划"国家教学名师、国家级教学团队、国家级精品课程、国家级精品资源共享课、国家级本科综合改革试点项目和国家级大学生管理学（旅游）校外实践教育基地等八大"国字号"品牌，通过品牌师资、品牌教材、品牌课程、品牌基地等品牌工程的建设，成为旅游管理专业建设的重要典范，在社会上得到广泛认可，社会影响力显著提升。

纵观湖北大学旅游管理专业近30年来的发展历史以及在发展中取得的诸多成果，在此总结并提炼本专业在发展过程中的专业品牌建设经验及教学模式上的理念创新，一方面是梳理我校旅游管理专业过去的发展历程，为我专业后续的发展之路提供方向；另一方面也为我国各大旅游院校及专业品牌建设和教学提供参考，期望能为我国旅游

---

① 马勇，教授/博导，中组部国家"万人计划"教学名师，教育部旅游管理教学指导委员会副主任，中国旅游协会旅游教育分会副会长，湖北大学旅游发展研究院院长；包雪，湖北大学旅游发展研究院硕士研究生。

人才培养和教育教学的发展提供一些启示，共同提高我国旅游教育水平，培养社会发展需要的旅游管理人才。

一、湖北大学旅游管理专业品牌建设体系构建

湖北大学旅游管理专业自成立以来，经历了近30年的发展，不断改革与创新，始终坚持品牌化、特色化的发展战略，通过品牌师资、品牌课程、品牌基地、品牌教学等"品牌工程"的相辅相成和协调发展，逐渐形成一套旅游管理专业品牌化的建设体系（图1）。在系统化的建设过程中，专业品牌建设取得了令人瞩目的成就，成为湖北首推、国内知名的特色专业，培养出一批素能结合型、跨界思维型、个性发展型"三型"于一体的品牌化旅游管理人才，为旅游产业甚至其他产业的发展提供了更具实力的人力支撑。

旅游管理专业品牌化建设体系贯穿于高校人才培养全过程，从旅游管理专业人才培养方案的制订、专业师资队伍的建设、专业课程体系的构建与教材建设、专业实习基地建设到教学评价与管理等各方面进行。体系以旅游管理人才培养方案的制定为根基，以培养目标、师资队伍、课程体系和实践教学四个方面为核心进行品牌建设，同时通过教学理念、教学手段、研究平台、教学管理和宣传推广五个方面进行教学模式创新，为四个方面的品牌化建设提供支撑和保障，最终目的是实现实践型、复合型、创新型品牌旅游人才的培养和输出，为旅游产业的发展提供人才支持。

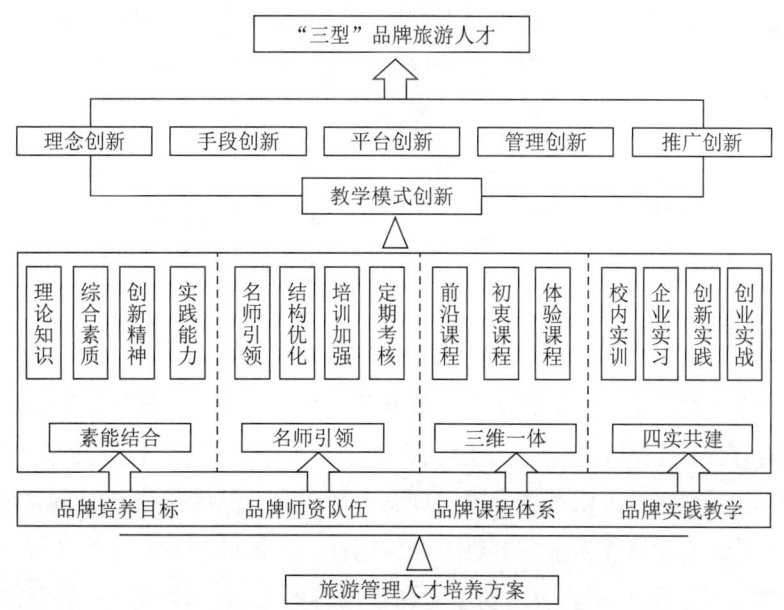

图1 旅游管理专业品牌化建设体系

（一）以人才培养方案为根基

人才培养方案的制订和优化是专业品牌建设的核心，它体现专业人才培养的特色，并根据社会发展需要制定人才培养的目标、规格及具体方案，从而指导专业品牌化建设的全过程。因此，在旅游管理专业品牌化建设体系中，人才培养方案被作为体系的根基。湖北大学旅游管理专业注重人才培养方案的制订，结合目前社会对旅游人才的需求，以理论与实践结合、全面与个性兼顾为理念，以"厚基础、高素质、重实践、求创新"为特色，来制订品牌专业培养方案，指导我专业核心品牌的建设，在文中第三部分也将对湖北大学旅游管理专业在人才培养方案制订上的一些经验做具体阐释。

（二）以四大品牌建设为核心

高校的专业建设内容广泛，其中培养目标、师资队伍、课程体系和实践教学是建设的核心板块，品牌化建设体系从这四大核心板块入手，重点打造品牌培养目标、品牌师资队伍、品牌课程体系和品牌实践教学，形成具有自身特色的旅游管理专业品牌。凭借多年的办学经验，湖北大学旅游管理专业品牌建设突出自身特色：一是"素能结合"，实现培养目标品牌化，结合社会对应用型、复合型、创新型旅游管理人才的需求，强调学生的理论知识、综合素质、创新精神与实践能力的培养；二是"名师引领"，实现师资队伍品牌化，以教学名师带动整个专业教学团队发展，提升教学水平，同时从教师聘任、教师培训和教师考核等方面进行系统化师资建设；三是构建"三维一体"的课程体系，跳出传统课程分类模块，将旅游管理专业课程从理论性、经验性和参与性三个维度进行划分，理论性课程强调理论课程的前沿性，紧跟社会发展对相关理论知识的需求，经验性课程强调课程的实用性，通过实用性培训课程提升学生专业技能水平，参与性课程强调学生主体性，让学生更多参与课堂，体验教学过程；四是"四实共建"，打造品牌实践教学体系，从实习、实训、实践、实战"四实"出发，为学生提供系统化实践教学平台，提升学生的应用能力、创新精神和创业能力。

（三）以五大创新为保障

教学理念、教学手段、研究平台、教学管理和专业的宣传推广是专业品牌化建设中的重要内容，教学理念创新、手段创新、平台创新、管理创新和推广创新将为专业品牌的核心内容建设提供重要保障。理念创新在专业品牌化建设中是关键，通过理念创新保证旅游人才培养方案的制订不会偏离社会发展的需要，也使品牌化建设的核心内容能够不断创新。教学手段创新为课程内容的丰富、教学方式的多样提供了可能，学生可以通过互联网等更加多样有趣的形式进行学习，有利于提升学习主动性和学习效率，同时教师能够使用更加便利的教学方法和手段，也有利于整体教学水平的提高。研究平台的创新是湖北大学旅游管理专业建设的一大特点，借助旅游发展研究院、武汉市会展研究中心等科研平台以及中国饭店业十佳人才培养基地等行业平台，为专业实践教学提供更加有力的支持。管理创新是从专业管理机制体制上进行创新，结合全国旅游管理专业建设经验和学校教学管理平台来进行，为专业品牌化建设提供政策保障。另外，品牌专业建设致力于提升在社会中的知名度与美誉度，而推广创新则是将品牌专业由学校推广至全省、全国乃至世界品牌的重要保障。

二、湖北大学旅游管理专业品牌建设经验总结

基于湖北大学旅游管理专业品牌化建设体系，在此总结了我专业在培养目标品牌、师资队伍品牌、教材课程品牌及实践教学品牌四个方面的建设经验，为我专业梳理品牌化发展过程，同时也为我国旅游管理品牌化建设提供一些参考和借鉴。

（一）培养目标品牌建设

湖北大学旅游管理专业人才培养强调理论与实践结合、全面与个性兼顾的理念，通过明确人才培养目标构成要素、制定标准化与个性化相结合的培养路径、实施人才培养优才计划等，来打造本专业品牌化、特色化的人才培养目标，最终为提升学生创新精神与实践操作能力，满足当前市场的人才需求提供正确的引导。

1. 明确培养目标构成要素

为提高人才培养质量，湖北大学旅游管理专业紧跟社会人才需求导向，从知识目标、素质目标、能力目标、实践目标四大主体出发，明确以培养"素能结合型、跨界思维型、个性发展型"旅游"双创"人才为总目标，坚持"厚基础、高素质、重实践、求创新"的育人特色，注重学生自然素质、文化素质、思想素质、心理素质、职业素质以及学习能力、适应能力、沟通能力、组织能力、决策能力、应变能力、创新能力的综合培养。鼓励学生思维跨界，打破常态，勇于创新，积极举办并鼓励学生参与创新创业竞赛，发掘学生潜质，鼓励个性发展。致力于培育德才兼备和具有创造性思维、全球化视野和责任感的旅游人才。

2. 制定特色化的培养路径

在"三型"旅游管理人才培养的过程中，本专业坚持实行标准化与个性化的有机统一的培养路径。标准化即树立精品意识，以强化基础理论、拓宽学科视野、培育创

新能力和提升实践技能为原则,从而形成"三段式"培养模式(图2):大一阶段夯实基础,学习本科通识课程,形成专业基本理念;大二、大三阶段注重能力培养,系统深入学习专业课程,进行校内模拟实验课程,参与课外实践及专业竞赛,培养实践能力和创新意识;大四阶段综合能力集成,撰写毕业论文,参加校外实习实训,提升实战能力。个性化即树立个性化培养理念,以培育德才兼备和具有创造性思维、全球化视野和社会责任感的人才为目标,充分考虑学生的个性特征、兴趣爱好和能力所长,因材施教地制订个性化培养方案。同时,专业加强与华侨城、碧桂园、万达等知名旅游企业开展校企合作,共同制订旅游管理人才培养方案,定期协商,共同培养,把企业由单纯的用人单位变为联合培养单位,提高学生的实践应用能力。

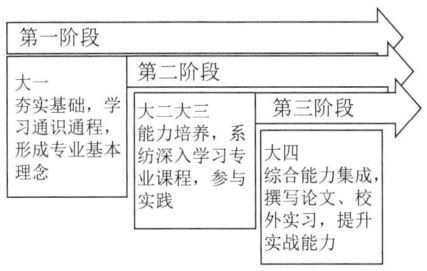

图2　旅游管理专业"三段式"培养模式

3.实施人才培养优才计划

为培养适应社会发展需要的"三型"人才,湖北大学旅游管理专业,坚持育人为本、德育为先、能力为重和创新为魂的培养方针,注重学生"为学"与"为人"并重,努力培养学生的沟通能力、创新能力、思考能力、写作能力和执行能力,培育学生科学精神、探索精神、团队精神和求知精神。推行实施"优才计划",该计划提出"四个一"工程,要求学生有"一篇好文章、一个好幻灯、一个好口才、一个好兴趣",培养学生撰写文章、制作幻灯、发表演讲等专业综合素质与能力。本专业也定期组织学术沙龙活动,师生共同参与探讨学习。设立英才基金,每年选拔优秀学生参加高水平国际学术会议,提供去北大以及中国澳门、中国台湾、新加坡、韩国、日本、美国、欧洲等国内外游学机会,开拓学生视野,为学生提供更加广阔的发展平台(表1)。

表1　湖北大学旅游管理专业国内外游学计划部分合作院校

北京	北京大学
中国澳门	澳门城市大学

续表

中国台湾	云林科技大学
韩国	韩国东国大学、仁济大学、平泽大学
日本	新潟大学
新加坡	南洋理工大学

（二）师资队伍品牌建设

高质量的师资团队是决定旅游人才培养发展前景的基础性人力资源，是搞好专业品牌化建设的关键。湖北大学旅游管理专业在中组部"万人计划"国家级教学名师的引领下，打造出了一批综合素质高、教学能力强的国家级教学团队，从教师引进、培养、聘任以及师德建设等各方面进行师资品牌的建设。

1. 名师引领，发挥名师效应

旅游教学名师更能从推动行业发展、提高教学质量、保障教学品质等方面彰显名师效应，湖北大学旅游管理专业在师资品牌建设上充分发挥了"名师效应"。马勇教授凭借在旅游教育教学中多年的经验，于2014年入选中组部"万人计划"国家级教学名师，湖北大学旅游管理专业在马勇教授的引领下，建立了一支高水平的学术梯队，其主编的教材《旅游规划与开发》连续被评为"十五""十一五""十二五"国家级规划教材，该课程还被评为全国旅游院校首个国家级精品课程和首个国家级精品资源共享课程，得到各方好评。带头组建的《旅游规划与开发》教学小组荣获教育部国家级教学团队称号，团队成员都具有较强的教学及科研水平，其中李志飞教授及余意峰副教授都被国家旅游局列入旅游业青年专家培养计划。另外，借助马勇教授带头组建的湖北省旅游学会、中国会展研究中心及中国旅游饭店业十佳人才培养基地等平台对本专业的品牌进行广泛推广，多次获得国家级省级教学成果奖等奖项。此外，通过名师效应，还能增加本专业对学生的吸引力，提升了专业乃至学校的知名度。

2. 优化结构，扩大双师队伍

师资品牌建设除了名师的支撑，同时也需要一支结构合理、高水平的教师队伍。湖北大学旅游管理专业注重教师团队的组成结构，在国家级教学名师的引领下，打造了一批"双导师"和"双师"的品牌教学团队。目前拥有专业教师13名，其中博士研究生学历的教师共5名，占总人数的38.5%，硕士研究生学历的教师7名，占总人数的53.8%，超过60%的教师都获得了教授职称。要求旅游管理专业教师既能够进行理论教学，又具备丰富的工作经验，要求专业教师进入非营利性组织担任要职，掌握行业动态，也为高校旅游大学生在认知实习与模拟实习阶段打下良好的基础。另外，借鉴国外"实践教授"模式，聘请了来自华侨城集团、湖北省中国青年旅行社、黄鹤楼景区等企事业单位8名旅游合作企业的高层决策人才、中层管理人员与基层工作人员担任兼职教师，开展课程教学、指导实践、实践讲座等。这些教师以其优秀的教学水平、较高的科研能力、丰富的管理经验带动了专业的发展，获得了学生的支持，为专业品牌的形成发挥着推波助澜的作用。

3. 加强培训，提升专业水平

为了打造品牌师资队伍，实现人才培养的最终目标，本专业制订了专门的教师培养计划，完善教师培训制度，提升教师的整体教学和科研水平。培养计划从三个方面进行，一是教学水平培训，支持教师参加国内外旅游教育培训会，学习国内外经验，选拔青年教师及教学突出的教师进行教学建设的重点培养；二是学术水平的提升，根据教师的科研能力选派老师赴澳大利亚、美国、英国等国家进行访问学者交流学习，参加高水平学术研讨会等；三是实践能力的强化，组织旅游管理专业老师到旅游企业挂职学习企业管理经营，丰富课堂教学内容。该培养计划实施后，湖北大学旅游管理专业师资队伍力量增强，师资团队结构不断优化，目前已形成了一个强大的师资团队，在全国院校中有较强的竞争力。

4. 定期考核，严把教学质量

湖北大学专业采取严格的考核制度，对教师每年的教学效果及满意度、科研成果及社会贡献率进行评价考核，教学效果及满意度以学生成绩及课后打分为评价标准，科研成果及社会贡献率以教师论文发表情况、参加学术会议及影响力、参与社会服务情况等为依据。通过严格执行该考核制度，有效地督促了教师严格履行自身职责，保障本专业的教学质量，对推动教师教学、科研水平以及对产业发展贡献上具有显著的效果，为打造品牌师资队伍起到了促进作用。

（三）课程体系品牌建设

湖北大学旅游管理专业实施"三维一体"的课程体系，从理论性、经验性和参与性三个维度设置基础理论课、专业技能课及参与体验课，在课程品牌建设上遵循重点培育原则，通过线上线下多手段推广，实时更新与互动，以此来实现品牌课程体系的建设。

1. 依托现有资源，打造重点课程

湖北大学旅游管理专业积极培育重点课程，依托国家"十二五"规划教材《旅游规划与开发》进行了一系列的建设。为了把该课程建设成为一门专业性、实用性、创新性课程，马勇教授及其课程团队始终围绕该课程的培养目标，在课程体系开发上做出了众多努力，取得了丰硕的成果，积累了丰富的经验。目前，该课程已成为教育部确立的全国高校本科旅游管理专业的必修课程之一，课程的建设直接得到了教育部旅游管理教学指导委员会的大力支持，同时本门课程由教育部旅游管理教学指导委员会副主任马勇教授亲自主持课程建设，最好地吸收了教育部学科专业建设新精神和教育前沿理论的新成果，课程与时俱进，具有较强的应用和实践性。依托已拥有的优势教材、名品教师及学科资源，该课程被打造成为旅游管理国家级精品课程、国家级资源共享课等线上课程，并在此基础上建设国家级教学团队，为该课程提供专业师资队伍。

2. 线上线下结合，实现全面推广

为了提高网络课程利用率，增加课程利用效果，湖北大学旅游管理专业积极推进课程线上与线下的相互结合，发挥网络信息技术在教育教学上的强大作用，在本科专业教学中合理利用本课程网络资源，阶段性推广微课、慕课、公众号移动课堂等新方式，为国家级精品课程、国家级资源共享课程《旅游规划与开发》《旅游生态经济学》等建设校内课程学习网站，并开设微信公众号，为学习者提供最新的行业发展动态和研究情况，吸引了众多专业爱好者网上学习，课程访问量不断增加，为社会及在校学生该课程的学习提供一个更加方便实用的交流及共享平台。通过线上线下结合，学生在课堂之余可以通过网络课程中的视频和演示文稿等对课程进行巩固，并通过拓展资源强化知识。通过爱课程互动平台，在学习过程中学生通过学习笔记、资料分享等加强课程重点提炼，对课程学习中不懂的问题进行提问和课程互动。同样，老师通过该在线课程也可以及时回复学生问题，实现师生互动。

3. 课程实时更新，展示行业动态

近年来旅游产业受到广泛关注，产业动态不断更新，旅游教育教学同样要与时俱进才能培养出适应社会需求的人才。湖北大学旅游管理专业在课程建设中重视课程的实时性，一方面强调课程的理论性与实践性相结合，课程逐步实现由纯理论教学向以理论为基础、实践为目的的转变，课程课时安排合理增加实践教学部分，学生通过将理论在实践中的运用既强化了理论知识的掌握，又提高了实践能力。另一方面通过课

程网络平台更新教学内容，展示行业发展动态，"旅游规划与开发"作为国家级精品资源共享课通过网络课程为广大专业爱好者提供了便利的学习平台，本课程在提供专业的理论专题知识讲解之外，还通过爱课程平台不断更新学习案例、参考书目和学习文献等，目前还在进一步开发建设课程网站，以期为旅游规划的学习提供更多行业研究动态。

（四）实践教学基地建设

旅游业本身就是具有较强实践性的行业，同时伴随着"大众创业，万众创新"时代的来临，高校学生的动手能力及实践创新能力越发得到重视。湖北大学旅游管理专业以培养实践型、复合型、创新型旅游管理人才为目标，经过长期的实践与总结，构建了以实习、实训、实践、实战为核心的"四实一体"的双创人才实践教学体系，为旅游人才培养的跨越式发展提供优质平台。

1. 校内实训与企业实习相互结合

实习实训基地建设是实践教学建设的重要组成部分，搞好实习实训教学基地的建设与规划对于专业品牌化建设具有重要意义。本专业通过建立校内模拟实验室开展校内实训，通过模拟实际工作环境，理论结合实践的方法，培养学生礼仪形体、导游解说以及饭店酒店基本操作技能，让学生在最短的时间内提升实践应用、团队合作等方面的能力，为后期校外实习以及参加工作奠定良好的基础。在校外实训中，本专业基于现有的国家级教学团队、国家级精品课程、国家级资源共享课等专业特色品牌，与优势企业强强联手，依托旅游景区、酒店、旅行社、会展场馆等开展实习，致力于打造最具实力的实习实训基地品牌，发挥示范与带动作用。早于2011年本专业便与中国主题公园代表、最具实力的旅游央企华侨城实业发展有限公司共同建立了旅游管理实习实训基地，并与湖北省鄂西生态文化旅游圈投资有限公司、湖北省旅游集团有限公司、武汉黄鹤楼公园管理处等旅游企业建立合作关系。

2. 创新实践与创业实战相辅相成

本专业通过创新实践与创业实战相结合来提升学生的创新精神与创业能力。一方面鼓励学生在校期间积极参与各种类型的比赛和实践活动，学生表现也相当优异，积极参加全国大学生"挑战杯"创业计划竞赛、大学生创新创业实践项目等培养创新意识；积极组织参与各项社会实践活动，提升组织沟通能力，培养团队合作精神；充分发挥湖北大学旅游管理专业导游人才培养的特色，参与国家及省市各级导游大赛并多次摘得桂冠，打造了本专业一大品牌。另一方面实施创业支撑战略，为学生创业提供全方位支持。创立创业基金，为优质的学生创业项目提供财力支持；组织优秀指导教师团队，为学生创业提供智力支持，并借力旅游创客空间、双创云平台、创业孵化器等载体来促进学生创业实战。通过该战略实施，目前学生创业意识不断强化，取得显著成就，如学生自己开发经营的周生活科技有限公司以及慢姑娘青年旅行社等，都得到了良好的反响。

三、旅游管理专业教学模式创新

经过长期的经验积累与总结，我校旅游管理专业在教学模式上不断突破与创新，通过教学理念创新、方式创新、平台创新、管理创新和宣传推广等方面来突破传统教学中的弊端，成功打造旅游管理专业品牌，凸显自身特色。

（一）理念创新

理念创新是提高教学质量的根本，在经济新常态背景下，旅游产业也在创新发展，旅游人才的培养越发强调人才与市场需求的无缝对接，传统灌输式的教学理念很难从根本上提高学生的综合素质与能力，难以适应产业发展对人才的创新意识和创新能力的需求。我校旅游管理专业积极应对挑战，顺应社会发展，创新教学理念。一方面，从培养传统的唯知识性人才转变为培养素能结合型人才，在培养学生掌握理论知识的同时，更加重视学生创新能力和实践能力的训练，强调"理论与实践相结合"，开发学生的综合性素质及多元化能力，实现人才与社会需求的有效对接。另一方面，从培养学科型人才转变为培养跨界思维型人才，在关注学生旅游专业素养的同时，加强其他学科的通识性教育，实行开放式跨学科教育，并在课程设计中加入金融、互联网信息技术等选修课程，拓展学生视野，培养学生跨界思维能力，应对产业间的渗透融合发展的需求。另外，本专业也强调学生个性发展，从培养普适型人才逐渐注重因材施教，培养个性发展型人才，使学生扬长避短，激发自身潜质，找到属于自己的成功之道。

（二）方式创新

教学方式与手段是传递知识、将知识转变为学生能力的关键，不同类型的课程要想达到理想的教学效果，需要采取不同的教学技术手段。本专业基于"理论性—经验性—参与性"三维一体的课程体系，构建"四轮驱动"的教授手段，即以课堂教学为核心，以学术活动为发展导向，以实习实训为技能提升手段，以社会实践活动为综合素能提升手段，共同推动旅游管理专业教学模式创新。在具体应用中，湖北大学旅游管理专业结合旅游专业教育和创新创业平台，完善课堂教学方式，充分利用国家级精品课程、资源共享课、微信移动课堂等资源，积极推广"线上学习、线下互动"的翻转课堂模式，培养学生自主学习能力；实行"科教结合"，组织开办相关学术活动，通过专业交流了解专业前沿动态，提升学生原始创新能力；整合校内外资源，与华侨城等优势旅游企业强强联手，实行校企合作，为学生提供实习实训设施与企业平台；开展创新创业竞赛，鼓励学生积极参与社会实践活动，在实践中提升自身综合素质与能力。

（三）平台创新

湖北大学旅游管理专业以培养具有国际视野、能支撑旅游产业发展的"三型"旅游管理人才为目标，坚持"厚基础、高素质、重实践、求创新"的育人特色，在注重学生理论知识奠定的基础上，也更加强调学生实践能力的锻炼。在实践能力培养上，整合来自学校、政府及社会等各方资源，为学生打造集创意、创造、创业"三创一体"的多元化实践平台。在学校层面，依托湖北大学校园平台及旅游管理专业品牌，加大对实践教学人、财、物的投入，联合兄弟院校举办多样化的专业竞赛与活动，鼓励学生积极参与大学生创新创业科研项目申报，培养学生将理论知识转化为科技成果的意识与能力，为学生的自我创造提供基础平台；在社会层面，充分整合社会资源，以社会需求为核心导向，以产教融合为重要途径，联合企业建立校内实训实验室、校外实习基地、校企互动示范基地、产业研究基地等实践平台；在政府层面，充分借力政府关于创新创业国家行动计划的政策支持，引入政策对高校人才培养中的各项激励和扶持，为学生打造坚实的实践创新平台。

（四）管理创新

专业有序的教学管理是提升教学质量的有力保障，湖北大学旅游管理专业作为国家级特色专业建设点和旅游管理专业本科综合改革试点，经过长期的尝试与探索，在教学管理上不断改革创新，形成了以学生为中心、教师为主导、学校为支撑的教学管理模式。一方面推行柔性管理，体现以人为本的原则，构建持续性与实用性相结合的课程教学体系，同时优化课程内容，开设跨专业开放课程，并为学生提供自主选择课程的权利，从而丰富课程内容，提升教学质量，也激发学生自主学习的能力。另一方面，在教学效果评估上，采用多角度、全方位、跨时段的绩效评估方法，即以教学满意度、学生创新实践能力、社会影响力等方面为衡量指标，并根据反馈效果不断纠正培养方式与实际目标之间的差异，调整并完善教学目标和方案的制定，进而提升专业整体教学质量。另外，学校在教学管理上也在不断创新与完善，本专业紧跟学校政策制度安排，做到教师管理的标准化与精细化相结合，借助学校网络管理平台，对学生学习及教师教学水平进行监督管理，同时，加强学生与教师之间的互动交流与相互监管，并严格执行政策制度，确保教学工作的有序进行。

（五）推广创新

在信息时代下，合理的宣传与推广是建立专业品牌、凸显专业特色的重要途径，湖北大学旅游管理专业在专业品牌和特色的宣传与推广上也做出了许多努力。一方面，通过多种途径积极展示专业的教学及科研成果，依托国家级特色专业建设点、国家级创新创业人才培养模式实验区、中组部首批"万人计划"国家教学名师、国家级教学团队、国家级精品课程、国家级精品资源共享课、国家级本科综合改革试点项目和国家级大学生管理学（旅游）校外实践教育基地等八大"国字号"品牌，充分发挥专业的示范辐射作用。另一方面，借助湖北大学旅游发展研究院、旅游规划与开发管理中心、湖北省旅游学会、中国旅游饭店业十佳人才培养基地、武汉市会展研究中心等多个行业平台，对专业品牌及特色进行广泛宣传，并积极与国内外知名旅游院校合作，相互交流旅游人才培养经验，探讨教学模式的创新，共同做大做强旅游管理专业品牌，培养出现代社会需要的新型旅游管理人才。

结语

专业品牌化建设对于彰显专业自身特色，提升所在学校知名度，优化专业结构和提高教学质量，获得专业核心竞争力等方面具有重要的作用。湖北大学旅游管理专业拥有近30年的专业建设经验，从过去发展为今天国内屈指可数的旅游管理品牌专业，并得到国内外旅游业界的广泛认可，也经历了艰难的发展过程。在这个过程中，专业不断总结经验，改革创新教学模式，在理论总结与实践尝试中前进，成为今天湖北大学首创品牌专业之一、全国十佳旅游名校之一，在旅游行业中屡获佳绩。尽管如此，品牌专业的建设也不是一劳永逸的，如今旅游管理人才的社会需求仍处于失衡状态，专业建设仍然是任重道远，面对社会经济结构的不断调整，人才培养的方案和教学模式等都需要不断更新，各旅游院校在专业建设上同样需要不断创新，打出自己的品牌和特色，为社会发展培养更多有用之才。

项目驱动型实践教学案例

康 年　王承云　宋 波[①]

摘　要：中国（上海）星座文化博览会是上海旅游高等专科学校会展策划与管理专业在项目驱动型人才培养模式下开展的校园综合实践项目，是在结合国家文化产业发展趋势和奉贤海湾旅游区特色文化资源和旅游资源基础上形成的品牌实践教学活动。经过七年的不断探索，星座文化博览会已成为上海市奉贤区"大学校区、科技园区和公共社区"三区联动的品牌活动。本案例主要介绍星座文化博览会的发展历程，通过归纳星座文化博览会组展过程中存在的成功与不足之处，总结会展专业校园自办展览实践教学的重难点，进一步提出相应的建议。

关键词：会展策划与管理；项目驱动型；星座文化博览会；实践教学案例

一、星座文化博览会发展历程

近年来，上海旅游高等专科学校会展专业一直秉承"大会展"的理念，全力推动"项目驱动型会展专业人才培养模式"，推进教学改革，加强校企合作，努力提升学生的综合素质和职业能力。中国（上海）星座文化博览会就是上海旅游高等专科学校会展策划与管理专业师生于2010年创办的一个以教师为主导、以学生为主体的会展专业综合实践教学项目，集休闲、健康、娱乐、都市、时尚、创意、文化等元素为一体的创意性质的文化驱动型的校园自办展览会。自2010年首届中国（上海）星座文化博览会举办以来，在学校和政府等社会各方面力量的支持下，七年来星座文化博览会一步一个脚印，展会已经成为上海市奉贤海湾"大学校区、科技园区和公共社区"三

[①] 康年（1965—　），男，教授，中国旅游协会旅游教育分会副会长，上海师范大学副校长、上海旅游高等专科学校校长；王承云（1961—　），女，教授，上海师范大学旅游学院、上海旅游高等专科学校会展与经济管理学院院长；宋波（1981—　），男，副教授，上海师范大学旅游学院、上海旅游高等专科学校会展与经济管理学院副院长。

区联动的品牌项目，并且入选 2015 年上海市会商旅文体联动示范项目，成为与中国华东进出口商品交易会（简称"华交会"）、上海旅游节、上海艺术节和上海网球"大师杯"等比肩的大型会展活动。纵观星座文化博览会的发展历程，主要包括：

第一阶段：初试校园自办展。首届星座文化博览会经过前期的孕育，于 2010 年 6 月 1 日和 2 日在上海旅游高等专科学校马踏飞燕广场举行，吸引了来自江浙 32 家参展商的踊跃参与，展品以星座文化为主题，类型丰富，参展观众达 8000 余人次，首届星座文化博览会是上海旅专会展策划与管理专业实践教学道路探索的积极尝试，成为上海旅游高等专科学校极具特色的专业生产性实训教学活动。上海旅专会展专业师生的校园自办展取得了初步的成果。

第二阶段：校内孕育扩展。2011 年第二届星座文化博览会邀请了奉贤区旅游局和海湾旅游区管委会作为共同主办单位，并邀请了同处于奉贤海湾大学城区的华东理工大学团委、上海师范大学团委、上海应用技术学院团委和上海旅游高等专科学校团委作为协办单位，成功实现了星座文化博览会功能和规模的全面发展，从而使其不仅成了上海旅游高等专科学校的会展品牌活动，也成了奉贤大学城乃至整个海湾旅游区的文化品牌活动。

第三阶段：积极探索校际合作。上海旅专会展策划与管理专业师生积极寻求突破创新，深化展会的市场化运作，经过三届校内办展的孕育及打下的基础，自 2014 年开始，第五届星座文化博览会正式踏出校园与海湾旅游区首次展开校际合作，将展会举办地点设在了海湾旅游区渔人码头景区内，成功实现校外办展，并取得了良好的口碑与成绩。近年来，在三区联动的办展指导思想下，通过与海湾旅游区的合作，很好地将上海旅游高等专科学校的旅游教育资源和海湾旅游区的旅游资源实现对接，展示海湾大学城校园文化风采，同时提升海湾旅游区的环境质量，提升海湾旅游区的形象，丰富奉贤的休闲旅游资源。

二、星座文化博览会的组织运营

会展专业老师依托"星座文化博览会"开展实操性的实践教学，展会完全运用市场化运作模式，历经立项调研、方案设计、融资推广、组织协调、现场管理及后期评估服务等会展活动策划与管理的全过程。系统地将专业理论知识应用于展览会运营实践，从而达到学以致用、解决会展策划与管理运营活动中实际问题的目的。

（一）星座文化博览会运营阶段

按照展览会策划与组织流程，星座文化博览会的运营大致分成三个阶段：

(1)展前阶段。策划并确定星座博览会总体实施方案、审核展位所需合同及相关申请等,明确工作任务后分组。

(2)展中阶段。根据展会性质灵活调动人员,大密度集中对靠近展期的预热活动以及展会当天进行宣传,并做好嘉宾邀请、媒体接待等展中相关事宜。

(3)展后阶段。撤展清场,并进行展后评估总结,答谢各方支持并做出最终财务预算表,新闻宣传的相关报道等展后工作。

(二)星座文化博览会实施步骤

1.项目组织架构

根据星座博览会实际需要,设置九大部门,包括:项目经理部、招商部、招展部、宣传部、活动部、观众部、财务部、后勤部、秘书部,组织结构如图1所示。每个部门设置部长、副部长,较大的部门应分成若干小组,并配有小组长进行管理。可根据展会要求进行人员合理流动分配。各经理及部长必须起到组织协调的责任。

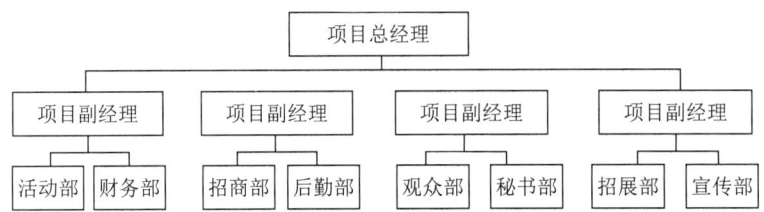

图1 项目组织结构

2.实践教学指导任务

根据星座文化博览会运营实际所设置部门,鼓励会展专业教师积极参与实践教学的指导工作,具体分工如表1所示。

表1 指导老师任务分工

部门	指导老师任务分工
项目经理部	整体组织统筹策划,指导项目经理组进行展会方案策划,控制展会进程,负责校内外相关部门协调对接
活动策划部	指导学生进行展前、展中等系列活动的策划,如何策划出有趣并吸引人的展会活动及活动全程管理
新闻宣传部	指导学生进行日常新闻宣传报道及把关,提供媒体资源并指导多方位宣传
秘书部	指导秘书部各类事宜,包括文案写作、会议纪要等

续表

部门	指导老师任务分工
招商部	指导招商部同学进行招商，将所学服务心理学课程、沟通课程、会展营销课程知识应用于实践来解决现实招商问题
招展部	指导招展部学生有技巧地开展网络、电话、拜访等形式的招展，及时培训并指导
观众组织部	指导学生准确定位自身展会，寻求目标市场，并组织观众参展
财务部	指导财务部与学校财务处对接、展会收入支出预算、报销等相关事宜
后勤部	指导后勤部同学设计展台、宣传物料等

3. 实践教学活动形式

星座文化博览会所有工作在专业老师指导下确定，项目经理下达命令至各管辖部门部长，由部长传达给组员，展会前期每个部门每周进行部门例会，汇报工作进度。部门例会时间由各部门自行决定；项目经理部及其他所有部门形成正常的例会制度，完成相关会议记录。展会期间开展展示型活动时，各部门之间人员流动安排，确保展会的正常进行；展会结束后，跟进后期服务，做好收尾工作。

（三）实践教学活动保障措施

1. 加强指导老师与学校职能部门的沟通，将实践教学活动中遇到的问题及时与教务处等行政职能部门沟通解决，明确自身定位，以顺利圆满完成教学任务，培养学生实践能力为目标。

2. 加强学生与专业指导老师的及时沟通指导以及答疑。要求各部门负责人向指导老师每周汇报工作，并与相关指导老师确认其他空余时间，对各部门进行现场指导沟通，建立微信群，方便指导老师了解所负责部门的最新情况并实时进行指导。

3. 加强实践教学的财务监督。实践活动市场化运作产生的收支须在学校财务处的监督下使用，所有活动所需费用可由部门成员先行垫付，开具正确抬头的正规发票，在与学校财务处沟通后，进行财务转账。财务部必须建立清晰的收支明细账目。特殊情况如需急用，应填写相应单据，由指导老师签字后方可使用。

三、星座文化博览会成功经验总结

（一）构建会展实践教学体系

上海旅游高等专科学校会展策划与管理专业围绕星座文化博览会生产性实训，初步建立了校园实训活动运作体制和模式,除了开展有关培养会展管理人才基础知识和技能、专业知识的课程外,还建立了感知实习、校园综合实践和毕业顶岗实习的实践教学体系。在专业教师的指导下,学生独立策划和组织大型综合活动,将"会展概论""项目管理""展览会策划与管理""会展营销学""会展融资""会展文案""客户服务管理""财务管理"等会展策划与管理专业的核心课程灵活运用,会展课堂教学和课外实践教学实现互补,大大提高了学生会展专业知识和技能的学习效果。

(二)完善会展人才培养模式

星座文化博览会的举办是项目驱动型人才培养模式的成功实践,不同于传统的会展现场短期实习,学生会用半年的时间参与整个展会从策划到组织的全过程,涵盖策划、招展、观众组织、宣传推广、融资等各个环节。整个星座文化博览会的操作完全模拟展览公司的管理方式,成立虚拟的项目公司,进行市场化运作,实行财务独立核算,每个同学可以自由选择加入不同的职能小组,全程参与展会的运作,在展会筹备、组织期间,同学们通力协作、不断磨合,培养了团队协作能力和沟通能力,提升了专业知识和实践能力。同时,学生由校园走向社会,与展商沟通,与赞助商洽谈,向新闻媒体推广,有助于学生全面了解市场与社会,为将来就业或创业积累经验,积攒人脉。

(三)创新生产性实训运作模式

星座文化博览会第二届开始,便邀请奉贤区旅游局和海湾旅游区管委会作为主办单位,以及邀请华东理工大学团委、上海师范大学团委、上海应用技术学院团委和上海旅游高等专科学校团委作为协办单位,开展了会展实践教学跨校合作以及大学与社区合作的新模式。以星座文化博览会为纽带,加强了上海旅游高等专科学校与华东理工大学和上海应用技术学院的联系,也实现了奉贤大学城与海湾旅游区的融合互补,大学为社区提供新的想法、新的理念,社区为大学营造良好的发展环境。通过校际合作、校企合作以及三区联动的项目驱动型实践活动,将创意文化与实体展会有机融合,为海湾旅游区增添了新的文化旅游产品和特色活动,推动了文化创意产业的发展。

(四)打造校园自办展品牌

星座文化为题材的博览会系国内院校首创,选择星座文化为题材,迎合了大学生群体求新求异、追赶时尚潮流的兴趣爱好特点,也符合国家文化创意产业的相关政策,经过七年的发展,星座文化博览会不仅成为了奉贤大学城的校园展会品牌活动,也成为了奉贤区以及海湾旅游区的文化旅游品牌。此外,上海旅游高等专科学校建立了常设的机构和平台,实现了展会的品牌管理,成立虚拟项目公司,建立星座文化博览会官方网站和微信公众号等,在新媒体时代,整合各种宣传工具,实现了校园展会品牌长效运作。

四、星座文化博览会的不足之处

(一)展会主题创意单调,吸引力有待提高

历届星座文化博览会主题较为单一(表2),展会主题具有很大的局限性,缺乏创新和突破点,展会参展商的吸引力有限,展品以食品、日常用品、旅游纪念品为主,大多吸引的为学校周边的小商小贩,展会质量有待提高。最初由于题材和形式新颖可以吸引商家和学生参与,但随着展会新鲜度的降低,学生参与度下降,再加上地处奉贤,位置偏远,参展商和赞助商积极性也随之减弱,很难维持长期的客户关系,也导致了星座文化博览会规模和吸引力的下降。

表2 星座文化博览会历届主题一览

星座文化博览会	主题
第一届(2010年)	星座人生,靓丽生活
第二届(2011年)	酷炫乐园,随星所驭
第三届(2012年)	时尚节奏,心随星动
第四届(2013年)	时尚无界,星缘无限
第五届(2014年)	魅力七彩,星海相承
第六届(2015年)	时空星旅程,海湾悦人生
第七届(2016年)	观浩瀚星海,享奇趣之旅

(二)学生实践经验欠缺,管理水平有待改进

星座文化博览会项目团队主要成员是在校大二会展策划与管理专业学生,缺乏实践经验,实际工作能力相对较弱,在人员分工方面,大多数学生也并未深入了解相关部门职责与任务,不能很好地做到各司其职,人尽其才。因此,星座文化博览会在策划组织、宣传推广、布展和现场管理等工作上难免会出现纰漏,展会运作专业化程度不高,管理水平相对较低。再加上星座文化博览会是校园实训课程体系的一部分,每一届都由新的年级学生承办,组织者不具有连续性,很难汲取往届经验和不足,导致

展会的运作管理水平提升缓慢。

（三）招展招商渠道单一，展会质量有待提升

作为校园实训项目，星座文化博览会在发展初期，主要依靠学校实践教学资金的投入和支持，学生往往只需要寻求一定的现金和实物赞助即可。但随着展会规模的扩张、品牌宣传、设施设备更新，所需经费逐渐加大，学校烦琐的报销流程和经费限制等体制障碍在很大程度上制约了星座文化博览会品质的提升。另外，星座文化博览会更多注重于前期筹备工作，而对于后期经济效益评价、展会收入管理投入较少，往往与其他活动经费混用，以至于本届展会盈余很难用于下一届。而在招展方面，学生大多以海湾镇为主要招展方向，形式为实地走访和致电为主，渠道和形式较为单一，尚未充分利用当前互联网时代的大众媒体和网络社交等形式。

（四）同期活动创新不足，形式内容有待丰富

2016 年第七届星座文化博览会的配套系列活动包括有：与星座文化、创意文化及相关周边文化的展商展示，前期宣传的线上活动星咖秀、快闪，以及展会现场的五大活动（文化巡游、熊本遗失的二十四小时、"星邮寄语"邮递站、星尚任我行 DIY 以及"无边际"定向跑活动）等。每届星座文化博览会都会举办大约 8 个展会同期活动，大多以快闪秀、文化讲座和现场游戏活动为主，一方面反映了当下流行趋势和健康生活方式；但另一方面没有很好地与展会主题、参展商展品相结合，而且主要以线下活动为主，通过派发小礼品吸引人员参与，活动前无法准确地估算参与人数，同时活动举办时间较为集中，缺乏持续性，对于线上工具的应用较少，形式还有待创新。

五、星座文化博览会未来发展的建议

星座文化博览会项目不仅丰富了校园文化生活，也锻炼了学生的实践能力，有效提高了学生的实际工作能力，但在发展过程中，也存在着一些不足和制约性因素，还需要在实践教学道路上进一步探索。

（一）注重展会主题创新，提升展会吸引力

星座文化博览会当前的主题多是突出星座、时尚，以展出食品、旅游纪念品为主，主题雷同，缺乏主题创意的创新，影响了展会的发展潜力和持续吸引力。实际上，民间手工业品、优秀画作、科技发明等创意文化产业的产品都有很大的市场。展会配套活动也应更为多样，可以结合学校其他旅游类专业，推出培训交流会、休闲垂

钓大赛、慈善捐赠、团队拓展运动等活动，这些不仅可以提高学生的实践能力，也有助于传播积极向上的校园文化，提升学生的艺术欣赏水平、开拓会展市场等。

（二）引入业界专家指导，提升展会管理水平

积极引入会展企业具有丰富展会运作和管理经验的专职工作人员作为兼职指导老师，可向学生传达最新的展会运作理念，并进行岗位技能实训指导。此外，为了保证星座文化博览会运作管理的稳定性，项目团队构建模式还需创新，每届项目团队应加入一部分优秀的大一学生，保留一部分上届项目团队的核心成员，这样可以将每届展会的经验教训有效传递，通过老成员的指导，可以使新的项目团队尽快了解星座文化博览会的运作情况，尽快适应展会筹备工作，从而提升展会的管理水平。另外还可以吸收一部分其他专业学生共同参与星座文化博览会的策划与组织工作，以丰富展会的内容，强化和完善展会的功能。

（三）切实推进校企合作，实行资金专项管理

星座文化博览会在争取学校更多投入和支持的同时，还应切实推进校企合作办展的进程，鼓励会展专业教师到公司挂职进行产学研践习，以不断丰富自身实践知识，提高实际操作能力、及时掌握行业动态，从而更好地推进校园综合实训活动的开展。同时，会展或旅游企业的合作加盟，不仅可以解决星座文化博览会的资金约束问题，增加展会的前期投入，还可以提供相关技术支持和专业指导，提升展会的专业化程度。此外，还要加强展会资金专项管理，制订科学、合理的资金使用计划，进行必要的展会资金积累，以服务于下一届展会，实现星座文化博览会的可持续发展。

六、结语

上海旅游高等专科学校高度重视星座文化博览会的实践教学工作，不仅建立了校内指导教师团队，而且会展专业相关课程设计和考核都围绕星座文化博览会开展，此外，还给予实践教学资金的支持，促进学生会展专业知识和实践操作技能协同发展。在政府、学校、企业的共同努力下，中国（上海）星座文化博览会已经举办了7届，从校园实训活动演变成了海湾旅游区特色文化旅游产品和标志活动，在取得巨大成功的同时，我们也不能忽视其不足之处，如何改善这些不足，优化展会运营管理流程，提升展会管理水平，实现星座文化博览会会主题创新、形式创新、组织创新，是我们当下考虑的重点。

创特色名校　育旅游能人
——桂林旅游学院应用型人才培养典型案例

程道品　高元衡[①]

桂林旅游学院坐落在国际旅游胜地桂林，前身是 1985 年成立的桂林旅游高等专科学校。学校在应用型人才培养方面勇于创新，锐意改革，艰苦探索，大胆实践，为社会和旅游业培养输送了 10000 多名高素质应用型旅游人才，连续 10 年被评为广西高校毕业生就业先进单位，223 名毕业生成为国内旅游行业精英、企业总经理、部门领导，208 名毕业生在境外就业，近 3 年来，在校生在省级以上专业大赛荣获一、二、三等奖 209 项，其中，荣获全国旅游院校服务技能大赛一等奖 19 项。2015 年 3 月 29 日，中共中央政治局委员、国务院副总理刘延东莅临学校视察指导工作时，充分肯定了学校特色化应用型办学成就，鼓励学校"要向世界旅游教育的制高点迈进，不仅要做中国的一流，也要做世界的一流，也要走在世界的前列，培养一流的旅游人才"。

问渠哪得清如许，为有源头活水来。建校 30 年来，桂林旅游学院在应用型人才培养方面取得的成绩来自于旅游业快速发展的推动与促进，来自各级党委、政府及社会各界尤其是旅游界的关心支持和帮助，更来自于学校自身在应用型人才培养上始终"坚守一个理念、坚定两个方针、坚持三大战略"的大胆改革与不懈探索。

一、坚守"创特色名校 育旅游能人"的理念：中国洛桑，由理想走向现实

1985 年，时任桂林市副市长袁凤兰考察瑞士洛桑酒店管理学院，当她了解到全球 16 家大型酒店集团中有 9 家酒店集团的总裁或董事长是洛桑的毕业生时，深感到旅游教育的重要性，提出桂林作为世界知名的旅游地，也应有一所像瑞士洛桑那样的旅游院校，为中国旅游业培养高端旅游人才。1985 年学校成立后，袁凤兰出任首任校长，

---

① 程道品，男，1962 年生，博士、教授，博士生导师，桂林旅游学院院长，广西本科高校旅游管理类专业教学指导委员会主任委员。主要研究领域：旅游开发与规划设计、生态旅游；高元衡，男，1976 年生，博士、副教授。桂林旅游学院发展规划处处长。广西本科高校旅游管理类专业教学指导委员会委员，广西旅游职业教育教学指导委员会委员。主要研究领域：旅游区开发规划、区域旅游发展。

在她的带领下,学校一开始就提出了"创特色名校、育旅游能人"的办学理念,走上应用型旅游院校的办学之路。

1994年,学校正式定名为桂林旅游高等专科学校,1997年开始面向全国招生;2003年,总投资5.5亿元,占地2000亩的学校雁山校区奠基,经过两年的紧张建设,新校区在2005年10月正式启用;2005年,学校与世界旅游组织正式签订了合作协议,学校成为世界旅游组织重点支持单位及教育委员会附属成员单位,成为世界旅游组织在中国选定发展协作的第一所高等院校;2007年,学校通过了教育部高职高专院校人才培养工作水平评估,并被确定为"优秀"等级;2011年旅游管理等6个专业,获得国际旅游质量教育认证("TedQual"认证);2016年,学校通过瑞士洛桑酒店管理学院学术体系认证,成为全球10所通过认证的院校之一。为更好地消化、吸收瑞士洛桑酒店管理学院的教学经验,学校成立了国际酒店管理学院,由学校和洛桑酒店管理学院共建共管,按"洛桑模式"以"全真生产运营+教学酒店"为教学实践场所。探索形成具有中国特色的"四合一"教学模式:中外合一,国内国外教学标准一致;校企合一,即教学场所也是运营酒店,全真环境下教学、工作;师生与员工合一,即在酒店运营中,老师和学生都为酒店员工,负责不同岗位工作;员工与顾客合一,即在酒店运营过程中,身为员工的师生须经常化身顾客,相互检验、体验教学成效。

2015年,经教育部批准,学校在原来基础上成立本科层次的桂林旅游学院。学校清醒地认识到,办学层次提高了,应用型办学定位,培养应用型旅游人才的历史使命不仅没有变,而且要求更高。2016年5月,学校召开桂林旅游学院第一次党代表大会,大会站在时代背景、国际背景、国内背景、行业背景的高度考量学校的办学定位和人才培养类型,再次以学校党代会决议的形式明确学校的应用型办学定位和培养应用型旅游人才的历史使命,指出:我国将进入大众旅游时代,旅游业将为国家经济转型和社会发展做出新的更大贡献,适应旅游业发展的新趋势、新要求,培养现代旅游业所需的高层次应用型人才,是桂林旅游学院在新的历史阶段应肩负的历史使命。

三十而立,建校30年来,学生毕业了一届又一届,学校领导换了一任又一任,培养应用型旅游人才的理念薪火相传,愈久弥坚,不仅在实践中逐渐形成"创特色名校、育旅游能人"的办学理念,而且随着时代的前进和形势的发展,不断丰富其理论与实践内涵,"中国洛桑",正从最初的理念逐步走向现实。

二、坚定"专业设置紧跟产业发展方向,专业水平紧贴企业实践需求"的方针:脚踏实地服务旅游产业发展

旅游产业具有综合性、复杂性和易变性的特点,旅游人才的结构性矛盾我国早已

存在，并日益尖锐。主要表现为应用型、复合型、创新型人才供不应求，解决这一矛盾的关键是紧密依据旅游行业需求积极推进旅游教育教学改革创新。

专业设置紧跟产业发展方向。建校初期，正是中国改革开放之初，中国旅游业发展以观光型为主。学校的专业建设主要是与"食、住、行、游、购、娱"六大旅游传统要素对接，开设了旅游管理、宾馆管理、导游和英语等紧缺专业，较好地适应了传统旅游业发展。随着旅游业的新发展，随着中国旅游业从入境市场为主向入境国内并重转变，从观光旅游为主向观光和休闲度假并重转变，逐步进入大众旅游时代，不断出现商、养、学、闲、情、奇等新要素，特别是进入新世纪以来，绿色、智能、泛在和大融合等新的时代特征越来越明显，旅游业综合性、复杂性和易变性的特点也越来越明显。这就给旅游教育与人才培养的专业建设提出了一个十分尖锐的现实问题，即如何解决旅游本行业与跨行业，旅游本专业与跨专业的矛盾。经过多年实践探索，特别是经过2005年以来的改革实践与探索，学校逐渐找到了解决旅游本行业与跨行业、旅游本专业与跨专业有机统一的新模式。新模式的要点是：以应用型为导向，以教学和人才培养创新为驱动，按旅游产业新发展和旅游市场新需求不断解构与重组人才培养结构和流程，努力构建紧密对接旅游产业链、价值链、创新链的动态开放的学科专业体系。目前，学校设置的旅游管理、酒店管理、会展经济与管理、工艺美术、旅游外语、旅游交通、旅游文化与传播等7个特色专业集群、41个涉旅专业，不仅涵盖了旅游"食、住、行、游、购、娱"等六大传统要素，而且蕴含了"商、养、学、闲、情、奇"等旅游新要素，一个教学系部对应一个专业群，1个专业对应1个职业岗位群。这样的专业教学体系不仅遵循了旅游本专业的本质和规律，而且体现了旅游专业与经济、管理、艺术等临近相关专业的跨界性和融合性，较好适应了行业融合型、知识密集型、技术密集型的旅游新业态的新发展，毕业生深受旅游人才市场和旅游企业的欢迎。如高铁服务、会展经济与管理、旅游工艺、旅游英语、旅游文化与传播等专业的毕业生就业率（含创业和深造）多年来保持在96%以上。

专业建设紧贴企业实践需求。建校初期，学校积极参与应试教育与素质教育的大讨论，在实践中逐渐确立了知识、能力、素质三要素结构，并落实和体现在人才培养方案，教学大纲、计划，课程建设规划、标准等教学与人才培养的各项工作实践中。随着旅游高等教育所依赖的环境尤其是旅游业的发展变化，学生创新创业方面的知识、能力和素质的要求越来越高，适应新形势新要求，学校不断改革创新知识、能力、素质三要素本身的内在结构，并逐渐形成新的人才培养目标结构。

新的人才培养目标结构在坚持素质教育的基础上突出了大学生创新创业方面的教育与培养，顺应了我国经济发展新常态和国家创新驱动战略对人才培养提出的新要求，经过反复学习、实践和制度强化，已经深深扎根于旅院人心中，形成了价值认同基础上的行为自觉，为培养适应旅游发展需要的应用型人才奠定了扎实深厚的思想基础。

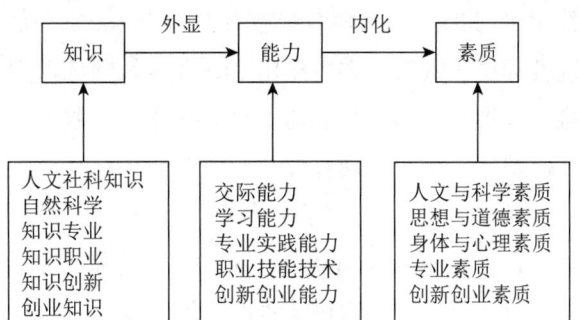

课程是专业的基础和展开，专业目标必须通过课程教学才能实现。30多年来学校以广西社会经济发展和旅游产业技术进步推动人才培养方案和课程改革，努力构建课程标准与职业标准、教学过程与生产过程有机统一的课程体系，夯实应用型人才培养的教学基础。学校成立了由专家教授和旅游行业企业领导、管理人员、技术人员组成的专业教学指导委员会，制订和修改了人才培养方案、教学大纲、课程规划与标准，初步形成了课程标准与职业标准、教学过程与生产过程有机统一的专业教学新课程体系即专业模块课程体系。为了进一步推进课程标准与职业标准、教学过程与生产过程的有机统一和无缝对接，学校启动和实施了校企合作课程改革实验示范班，与旅游相关企业量身定做特色专业方向和特色教学班。如工艺美术专业：其专业模块课程主要由"工艺品设计""工艺品生产与制作""工艺品营销"三大基本模块构成；基本模块下再设若干子模块，每个基本模块下设的子模块数量及其教学内容主要取决于生产环节、工艺流程及其对应的职业岗位。学校与台湾美葆公司合作开办的"美葆班"学生的玉器雕刻作业被俄罗斯副总理戈洛杰茨称为"个人印象最深"，并主动要求拍照留念。

三、坚持"人才兴校、校企合作和国际化办学"的战略：引领中国旅游教育改革创新

教师是教学主导，是人才培养主体，有什么样的教师就会有什么样的学生。培养高素质应用型人才，教师是关键。而我国高校教师基本上是研究型大学培养出来的，教师的专业理论水平毋庸置疑，但实践应用能力尤其是行业职业方面的实践应用能力满足不了行业发展对应用型人才培养的需要。为了加强"双师双能型"教师队伍建设，夯实应用型人才培养师资基础，学校主要实施了三大战略举措：一是完善提升师资建设传统路径，将深造进修、挂职锻炼、继续教育等教师传统培养路径制度化、

常态化。学校一直重视教师的继续教育，通过在职学习、脱产培训、双师型教师培训等形式，强化教师终生学习理念，教师继续教育覆盖率100%。适应应用型人才培养需要，学校十分重视教师挂职锻炼，先后派出210多名教师分别到亚太旅游协会、国家旅游局、自治区旅游发展委和国内外旅游企业挂职锻炼，挂职锻炼率达40%以上。二是拓展提升校企合作基地功能，在现有校企合作基地中选择一些骨干、先进企业建立教师培训基地，将原有的学生实践教学平台提升为学生实践、教师培训双功能基地。如学校与上海奥普计算机有限公司联合开发的"智慧旅游大数据云平台"，这个平台原来是学生专业学习实验平台，通过技术改造提升功能后，成为学生实践教学和教师专业培训双功能基地，既为旅游商务专业学生的实践教学提供实验实训平台，又为教师适应旅游新业态提高旅游行业职业能力提供前沿阵地，是前景十分看好的双功能基地，深受学生和教师欢迎。三是开辟教师培训新路径，建立"互联网+"教师培训新平台。通过校企合作，构建"互联网+旅游""互联网+专业""互联网学分""互联网学习超市"等教师培训和继续教育新平台，如上面提到的"智慧旅游大数据云平台"，还有诸如学校与国家开放大学、广西电大联合开发的教师远程课程等，都是适应科技新发展、旅游新发展而推出的教师培训新举措，深受广大教师欢迎。春华秋实，人才队伍建设的辛勤汗水浇开了喜人成果。现有专任教师515人，40%以上教师有境外留学、访学或培训经历，49.81%的教师是"双师双能型"教师。涌现了一批享誉业界的名师和大师，如"中国画坛百杰"帅立功教授，"中国烹饪大师"黄忠老师，吉尼斯纪录保持者"全国五一劳动奖章"获得者谭兴勇老师等。在这些行业大师、名师的带领和影响下，学校的应用型人才培养不断跃上新台阶，不断取得高端成果，不仅学生的成长进步也步入超常快车道，中青年教师发展也进入快车道。如帅立功教授带领青年教师和学生创作的"象山水月""贵妃乳韵"等陶艺茶具设计荣获"首届中国旅游工艺品设计大赛"银奖、中国专利技术发明一等奖，这些产品推向市场后救活了濒临破产的企业，对振兴钦州坭兴陶产业起到极大推动作用。

校企合作是产教融合和应用型人才培养的基本模式，这已成社会共识。30多年来，学校紧密围绕拓展校企合作空间，深化校企合作层次，提高校企合作效益和质量三大问题在校企合作制度、平台、形式三个方面进行探索创新。一是校企合作制度探索与创新，早在建校初期，学校就通过合同、协议等形式构建校企合作的约束性规定，这些合同、协议为校企合作的顺利启动和初级运行特别是在"实习实训基地建设""订单培养"的合作模式中起到了制度性的保障作用，有的合同、协议至今还在生效。但随着形势发展对校企合作要求的不断提高，仅有合同、协议是远远不够的，必须要有稳定的制度体系和灵活的体制、机制保障。为此，学校在实践中不断摸索，逐步建立一整套校企合作的制度体系及其体制、机制。建立了以学校理事会为核心的外部治理机制，聘请了旅游行业、企业专家为理事，参与学校治理；建立了以学术委员会、教学指导委员会为核心的学科专业治理机制，聘请了来自旅游行业、企业公认的拔尖人才为专业建设指导委员会委员，担任实践教学专业带头人；聘请了来自旅游行业、企业的技术人员、管理人员、能工巧匠141人担任兼职教师，参与专业实践课程教学。在二级学院和系部层面，成立了学术委员会各专门委员会，各专门委员会负责各相关专业的学术标准、人才培养质量评价标准及人才培养方案的制订，形成一套行业企业参与构建的教育教学制度体系，如《桂林旅游学院校企合作管理办法》《桂林旅游学院校企专业教学合作试行办法》《桂林旅游学院校企课程合作试行办法》等。为使校企合作各项制度落地生根、开花结果，学校特别注重构建和创新校企利益机制，鼓励引导行业企业参与多元投入，改革创新企业投入与受益机制，建立校企利益共同体、命运共同体，通过利益机制创新激发企业的合作激情及其主动性、积极性和创造性。企业投入由过去的单纯设备、人员、场所投入，发展到资金、人才、技术、设备、信息等多元投入，企业受益由单纯的员工补充发展到人力资源补充与提升、技术创新提升，产能提升等多元受益。如学校与维伯教育集团、金通航空公司等企业的合作，由于有稳定的校企合作基本制度和灵活的利益机制做保障，一直发展顺利，与维伯教育集团共建的"酒店实训中心"、与金通航空公司投资共建的"空乘模拟仿真实训中心"均获得中央财政支持，均被评为自治区职业教育示范性实训基地。二是校企合作平台探索与创新，建校初期，适应"学生实训实习"和"订单培养"的需要，学校与广西区内相关企业开始共建实践教学基地，为学生实习实训提供平台、载体。随着形势的发展，学校通过制度创新，不断拓展校企合作平台空间，提升平台承载力，按照产教融合、知行合一的要求，根据旅游生产、服务的真实技术流程构建技术技能训练体系和实验实训实习环境，按照旅游行业前沿科学和先进技术水平，引导鼓励企业通过经费、人才、技术等多元投入，加快校企合作基地与平台建设，引导鼓励美葆、维伯、金通等境内外著名企业投入资金4000多万元，建立起产教融合、校企共建、产学研用一体化、功能集约、资源共享、利益互补、开放充分、运作高效的专业类和跨专业类实验教学基地和大学生创新创业基地，目前，学校与160多家国内外旅游企业建立了180多个稳定的校内校外实践教学基地，初步建起校政企、产学研一体化的旅游管理、酒店管理、会展经济与管理等七大实验实训实习中心和大学生创新创业中心。同时在国家旅游局、广西旅发委等部门的大力支持下，学校还设立了国家职业技能鉴定所，可鉴定旅游行业工种38个，为培养高素质的应用型旅游人才搭建了高端实践平台。这些校企校政合作平台为培养高素质应用型旅游人才提供了坚实的物质保障与载体，有力地支撑和促进了应用型人才的培养。如学校与台湾美葆公司的合作，美葆公司投资3000万元，与学校共建"旅游工艺品教学与研发展示中心"，中心下设美葆首饰设计实验室、制作实验室、产品展示中心、产品营销中心,从实验室硬件建设到首饰选材用材、设计、制作、展示、营销等首饰生产和工艺流程进行全过程合作,教学活动即生产活动,实践教学过程即现代师徒技艺传授过程,合作研发的首饰产品深受消费者欢迎。学生毕业即可就业、创业。据不完全统计,"美葆班"历届毕业生中37.04%已实现创业,学生创作的翡翠艺术品获得"八桂天工奖"等自治区和国家级奖项16个,国家外观专利10项。三是校企合作模式探索与创新。校企合作模式包括经费、人才、技术、设备、运作、分配等各环节、各层面的合作模式。早期典型合作模式是"实训实习基地"和"订单式培养",经过30多年的探索创新,如今校企合作已发展到"共定方案、共建基地、共建师资、共编教材、共开课程、共评质量"的"六共模式",校企合作专业覆盖率95%,其中,本科专业覆盖率100%。为了提升校企合作综合效益,最近几年来,学校通过与国际和境外高端企业、旅游组织、旅游名校、国内省部级政府部门等共同搭建的高端合作平台,开始试验特色班模式,取得了意想不到的效益。如与世界旅游组织和香港理工大学合作,从2007年开始共办"酒店管理专业国际项目班",2009年该项目成果就获得国家教学成果二等奖。

现代旅游具有鲜明的国际特征,在实现旅游大国向旅游强国转变的进程中,中国旅游的国际化特征将发展更快、要求更高,适应新时代新要求,必须持续打造一批又一批高素质国际应用型旅游人才。这类人才除了具有一般旅游人才的知识、能力和素质外,还要具有丰厚扎实的国际旅游知识,较高的国际旅游领导管理组织、策划营销运行能力,过硬的国际旅游职业、人文、科学、心理综合素质。这类国际人才培养必须打开国门,与国际接轨,引进优质高端国际资源。30多年来,学校一直积极探索国际化办学之路,不断拓展应用型人才培养的国际化路径,开展了全方位、多层次的国际合作培养人才的多种尝试,逐渐走出了国际合作"三高"之路和"中国洛桑四合一"教学模式。一是对接国际组织,立足高平台开展合作。学校与世界旅游组织、亚太旅游协会等国际组织,在师资国际化培训、旅游教育质量认证、专业国际化改造等方面开展了卓有成效的合作。与世界旅游组织和中国香港理工大学合作开办的"酒店管理专业国际项目班"获得国家教学成果二等奖。与世界旅游组织的合作得到时任世界旅游组织秘书长瑞法依先生的高度评价:"与学校在相关领域的合作,值得在全世界范围内推广。"二是打造"中国洛桑",坚持高起点人才培养。"中国洛桑"即"国际标准,中国特色"。在刘延东副总理和教育部、广西壮族自治区党委、政府的关心和支持下,学校成立了国际酒店管理学院,该学院2015年开始面向全国招生。与瑞士洛桑酒店管理学院的成功合作促进了与中国香港理工大学、加拿大乔治布朗学院、英国伯明翰大学等国际及境外其他旅游名校、强校的原有合作,迅速优化和提升了学校教学与人才培养国际资源,促进专业教学与人才培养进入国际学术系统,截至目前,学校有8个专业通过国际旅游质量教育认证。三是紧贴国际学术前沿,搭建旅游专业教育与人才培养国际学术交流高端平台,先后成功举办和承办了旅游教育国际论坛、中俄旅游教育国际论坛。研讨会期间,学校利用举办者和东道主的便利,组织学生国际学术沙龙,让学生与国际大师、国外学生现场交流互动,直接感受和体验国际学术交流,与会学生深受教育、倍感激动。此外,学校还借助国际社会服务尝试国际旅游人才教育输出,搭建旅游教育培训国际平台。最近几年来,学校为越南、老挝、柬埔寨等国举办了13期旅游人才培训班,为亚洲开发银行举办了4期大湄公河次区域高层旅游管理人员培训班,受中国东盟中心委托赴印尼、文莱举办了4期的援外培训班,共培训国际学员近千人,培训工作得到国家旅游局、国际机构以及学员的高度肯定。2015年12月16日,老挝国家信息文化旅游部部长波显坎·冯达拉博士(Dr. Bosengkham Vongdara)专门致信中国国家旅游局李金早局长,就桂林旅游学院2015年老挝旅游景区标准化建设的高规格高质量培训给予充分肯定和感谢。

30多年来学校在应用型人才培养方面取得了初步成效。站在新的历史起点上深感任重道远。"十三五"期间,学校将按照党和国家提出的"四个全面"战略部署和"创新、协调、绿色、开放、共享"五大发展理念,认真学习和贯彻落实刘延东副总理视察学校时提出的"不仅要做中国一流,也要走到世界前列,培养一流的旅游人才"的重要精神,努力完成国务院同意、国家发展改革委批复《桂林国际旅游胜地建设发展规划纲要》对学校发展提出的国家级"三中心两基地"的重要任务和广西壮族自治区党委、政府对学校发展提出的"把学校建设成为培养高素质、应用型、国际化旅游人才的国内一流、国际知名的应用型旅游本科院校"的伟大目标。为了实现上述要求、任务和目标,学校将在应用型人才培养的目标和战略举措方面努力实现四大历史性突破。一是人才培养目标实现历史性突破,"十三五"期间学校将加大学生的创新创业教育,培养一大批旅游技术创新骨干和卓越人才;二是师资建设有历史性突破,"十三五"期间学校将重点打造以行业顶端拔尖人才为龙头的中国和世界一流师资团队,面向海内外公开招聘学科带头人,通过一流师资团队建设,带动创新团队和双师双能型师资队伍建设;三是平台载体建设有历史性突破,"十三五"期间学校将进一步更新理念,进一步完善多功能融合发展、多主体互动共赢、多资源高效配置、多要素协同创新的人才培养现代服务体系,重点实施"旅游文化研究与展示中心"和"国际酒店管理学院"两大基础项目,让国内外应用型旅游人才培养的优质资源在学校搭建的新平台上充分涌流;四是体制机制建设有新突破,"十三五"期间学校将进一步改革完善和创新以应用型为导向的现代大学制度,为培养更多更好的应用型旅游人才提供更有力更有效的制度保障。

四川省旅游学校如何提升社会服务能力
——以大坪村为例

赵晓鸿　张宏敏[①]

社会服务能力的提升既是旅游职业学校自身持续发展壮大的内在需要,也是提高我国旅游职业教育整体服务发展水平的基础。四川省旅游学校始终将为各地方政府、企业等提供专业社会服务、为促进旅游经济社会发展和进步提供智力产品和智力服务为宗旨,从增强服务意识、建设服务队伍、拓展服务领域、创新服务机制等方面,不断提升学校社会服务能力。现以四川省彭州市通济镇大坪村的发展为例,介绍我校如何通过"校地互动"来实现各类资源的合理配置和优化组合,促进地方旅游产业发展,使校地资源利用和共享达到最优化。

一、立足实际　准确定位

彭州市通济镇大坪村位于"5·12"大地震极重灾区——彭州市通济镇北部的龙门山区,在汶川地震灾区有一定的代表性。其占地面积约5000亩,地形以深丘和山地为主,间有浅丘、平坝。由于大坪村地处龙门山脉,地理位置相对偏僻,植被丰富,农业生产和农村生活污染较少,整体生态环境优良,具有发展生态产业的良好条件。

"5·12"大地震造成大坪村大量民房损毁,但对农业生产的影响不大。灾后,因"乐和家园"模式的推行,山药、猕猴桃两个外来物种已在大坪村落根,已初步建成山药产业基地、猕猴桃种植基地,但山药、猕猴桃的生长情况及经济效益并不是十分理想。大坪村以玉米、土豆、洋姜等传统农作物种植为主的生产方式并没有发生太大的变化。

[①] 赵晓鸿(1966—),男,教授、硕导,四川省旅游学校党委书记、校长,国家社科基金项目主持人,中国旅游协会旅游教育分会副会长。主要研究方向:旅游规划与区域旅游发展;张宏敏(1985—),女,旅游管理硕士,四川省旅游学校科研与校地合作处副主任,主要研究方向:旅游规划与景区管理。

四川省旅游学校根据大坪村实际情况，展开了灾后对口帮扶工作，致力于将该地区打造成为集旅游开发、农业生产、农村经济发展和生态环境治理与保护、资源培育和高效利用融为一体的新型综合农业体系，带动其乡村旅游发展。

二、夯实基础　优化服务

（一）全方位资源普查

1. 区域内整体资源普查

采取自行普查的方式对大坪村区域内资源进行整体普查。

2. 资源评价与优势资源筛选

根据资源整体普查结果，对大坪村资源进行评价评级，其资源评价评级等级为3级、4级。确定发展乡村旅游目标客户群为成都地区。

3. 确定优先开发资源

以难度优先、品质优先、回报优先等为优先开发原则，在优势资源中确定优先开发资源。

（二）科学制定各项规划

1. 编制总体发展规划

先后编制了《大坪村村域生态产业体系建设规划》《木瓜坪生态旅游开发总体规划》等。

2. 编制优先发展规划

根据优先发展原则，我校旅游规划设计研究院为大坪村免费编制了《大坪村天山人家规划设计》，成为指导大坪村乡村旅游建设的科学依据。

3. 编制可研报告、立项

对大坪村开展乡村旅游产业发展可行性研究、形成报告并申报立项。

（三）制订招商引资方案

在确定获益人群的基础上，制订出以获益人最大化为原则的最佳方案，选择最有实力的投资人，目标锁定为有公益需求的投资人。以自行开发、委托开发、合作开发等方式，加大招商引资力度。

三、产业联动　立体发展

乡村旅游的特点，决定乡村旅游具有立体发展的特殊要求，要使乡村旅游的参与者受益，周边地区受益，地方政府受益（非仅经济利益），最终实现多产业联动、多群体受益。

我校带领乡村旅游专家团队，指导大坪村发展乡村旅游产业，带动了生态旅游业、生态种植业、生态林业及其他产业实现产业联动、立体发展的目标。充分发挥乡村旅游的产业带动作用，推动区域全面发展。

四、科学治理　成功保障

乡村旅游在乡村进行，目前的基础条件差异很大。特别是很多地方村民素质与乡村结构尚不足以支撑旅游产业发展。许多地区的乡村旅游中途夭折，与缺乏科学的乡村治理直接相关。因此，需要解决乡村的包容性、树立共同致富观念。

乡村治理是通过对村镇布局、生态环境、基础设施、公共服务等资源进行合理配置和生产，促进当地经济、社会的发展以及环境状况的改善。不断提高广大农村居民的物质生活水平和精神文明水平，改变"脏乱差"的农村现状，不断加强基层治理。乡村治理必须解决利益分配、产权明晰、安全稳定问题。

我校派驻专家长期坚守在大坪村，实地指导，实时跟踪，协助大坪村实现科学的乡村治理。其主要方式是通过灾后重建的"乐和家园"项目，采取建立"生态协会"并发展生态产业、崇尚低碳生活方式等重要手段，使大坪村的淳朴民风、生态协调、低碳生活成为重要的旅游资源。

五、突出重点　全面建设

（一）改善基础设施

在我校的建议下，通过政府项目投入、旅游企业投入及村民投入等渠道，推动其实施"八通四化两改一有"工程和综合配套设施的完善。

(二) 打造乡村旅游景观

1. 最大限度地满足村民和旅游者需求

通过景观功能布局对乡村旅游场地、空间、环境进行合理地规划，创造出兼顾当地居民和旅游者行为要求的场地空间。

2. 营造美好的乡村旅游形象

通过对乡村旅游空间实体景物形象的打造，使其符合人类的审美需求，创造恬淡愉悦的乡村旅游形象。

3. 实现乡村旅游可持续发展

合理利用当地动植物、土壤、水等自然要素，通过进行景观环境的整治、生态恢复与重建，创造舒适宜人的乡村环境，既满足乡村旅游发展需要，又可以保证景观生态系统的完整性，实现乡村旅游可持续发展。

大坪村景观改造工程以着力于混合游憩区和度假居住区的整合开发，将大坪村打造成为集"旅、居、养"于一体的完善度假区。以优质的度假设施建设塑造度假生活的丰富度，相应的游憩活动组织提升区域活力，吸引游客停留。

(三) 提升乡村旅游接待能力

提升游客接待设施，住宿餐饮设施，购物消费设施，公共娱乐设施等接待能力。

(四) 建设旅游产业链

根据乡村特色，就地取材，设计制作具有乡土文化气息的旅游商品；鼓励发展观光农业，满足生产和游览的需求，增强乡村旅游造血功能；打造与乡村环境协调、具有本土文化气息的美观独特的休闲农业景观；建立科技农业园区，引进特有农业新品种，通过高科技手段，展示科技文化景观及新奇特的高科技农业新产品和成果；将休闲农业与民俗风情相结合，以特殊的文化景观向游客呈现丰富多彩的民族文化等，构建乡村旅游产业链。

六、强化人才培育

乡村旅游实施的人才解决方案是经营乡村旅游成败的关键所在，实现"生产发展、生活宽裕、乡风文明、村容整洁、管理民主"的基本目标,实现乡村旅游跨越式发展的主要目标,实现乡村旅游健康可持续发展的终极目标,都要有人才保障。乡村旅游人才既包括现有从业人员也包括从外部引进高端人才。

(一)现有人才培养

1. 培训对象

加强"三支队伍"建设,包括乡镇旅游行政管理队伍、乡镇村干部队伍、乡村旅游从业人员队伍的建设。重点培训乡村旅游经营户、乡村旅游带头人、能工巧匠传承人、乡村导游、乡土文化讲解人员等。

2. 培训内容

(1)乡村旅游的基本理论。旨在提高乡村旅游参与者对乡村旅游的认识,并在一些基础而重要的观念上达成共识。

(2)乡村旅游资源的保护与开发问题。包括科学合理地认识本地的特色乡村旅游资源,如何进行乡村旅游资源的传承、保护与开发,如何形成乡村旅游产品以及如何有效协调旅游资源开发过程中的保护问题等。

(3)乡村旅游市场开拓问题。包括乡村旅游市场的现状、如何进行市场细分和市场定位、如何运用市场组合理论进行市场开拓、如何进行农户或区域间的联合经营、如何进行市场开拓等,使仍处于农耕经济状态中的现有劳动力尽快地接受现代市场观念。

(4)乡村旅游发展过程中的法律与政策问题。顺应我国建设社会主义法治国家需要,引导基层政权组织依法管理,指导市场经营主体依法经营等。

(5)乡村旅游的规范发展问题。规范餐饮住宿卫生安全、消防安全、紧急救援管理、医疗卫生管理等,保障游客生命财产安全、促进乡村旅游整体素质提升。

(6)乡村旅游的操作技能。包括餐饮、客房服务、对游客沟通与交流、特色餐饮制作与创新、游客招徕与市场开拓、管理的方式与手段等技能培训。

(7)提升农民的职业素养。为旅客创建和谐的旅游环境,用农民的质朴和善良吸引旅客,突出乡民的"农味"和"人情味"。

3. 培训方式

采取集中授课、交流互动、现场观摩等方式,结合外出学习、顶岗学习、定向体验等形式对培养对象进行培训。

四川旅游学校对大坪村的现有乡村旅游从业人员进行的培训包括：特色餐饮技术培训（农家川菜、药膳、野菜系列等）、客房服务技术、餐饮服务技术、接待礼仪及流程、环境打造与景观布局、厨房改造与食材选择、茶艺与保健、商品销售与定价技巧、礼品设计与包装、食品安全管理、医疗卫生与紧急救援、消防与安保等。

（二）外部人才引进

协助引进具有乡村旅游管理经验的中层管理人员，乡村旅游项目策划、产品开发、市场营销、酒店管理等方面的紧缺人才，精通乡村旅游市场运作的经营管理人员，熟悉乡村旅游行业发展及操作规则的资深旅游管理人才等。

此外，还将引导当地政府开展与乡村旅游发展先进地区的人才交流合作，建议政府部门选派省城和发达地区的高端旅游人才定期到乡村旅游人才薄弱的地区进行扶持和带动。帮助大坪村筹办与乡村旅游相关的各类大赛，选拔人才。如乡村旅游商品设计大赛、湖鲜大赛、"农家乐"厨艺大赛、乡村导游大赛等行业性比赛，搭建优秀人才脱颖而出的平台，使一批行业特色人才和拔尖人才走上乡村旅游前台。

责任编辑：郭海燕
责任印刷：冯冬青
封面设计：鲁　筱

图书在版编目（CIP）数据

中国旅游教育蓝皮书．2016／中国旅游协会旅游教育分会编．－－北京：中国旅游出版社，2016.10
ISBN 978-7-5032-5694-3

Ⅰ．①中… Ⅱ．①中… Ⅲ．①旅游教育－研究报告－中国－2016 Ⅳ．① F590-05

中国版本图书馆CIP数据核字（2016）第249712号

书　　名：	中国旅游教育蓝皮书2016
作　　者：	中国旅游协会旅游教育分会编
出版发行：	中国旅游出版社
	（北京建国门内大街甲9号　邮编：100005）
	http://www.cttp.net.cn　E-mail:cttp@cnta.gov.cn
	发行部电话：010-85166503
排　　版：	北京旅教文化传播有限公司
经　　销：	全国各地新华书店
印　　刷：	北京工商事务印刷有限公司
版　　次：	2016年10月第1版　2016年10月第1次印刷
开　　本：	787毫米×1092毫米　1/16
印　　张：	20.5
字　　数：	390千
定　　价：	58.00元
ISBN	978-7-5032-5694-3

版权所有　翻印必究
如发现质量问题，请直接与发行部联系调换